개인사업자 세금 실무서

세금 개요 및 절세
부가가치세 종합소득세
직접 세무신고하기

- ▶ 사업자등록 및 세금 개요
- ▶ 부가가치세 해설
- ▶ 부가가치세 직접 신고하기
- ▶ 종합소득세 해설
- ▶ 간편장부대상자 종합소득세 신고하기
- ▶ 복식부기기장의무자의 종합소득세 신고
- ▶ 원천징수 실무

"이제부터 세금 신고는 내가 직접 한다."

◨ 저자 이진규 (약력)
(현)삼일인포마인 세무상담위원
(현)비즈폼, 이지분개 세무상담위원
　20여년간 세무상담
(현)경영정보사 도서 집필 및 발간
(전)국세청 세무조사관

◨ 저자 저서
법인관리 및 법인세무 컨설팅
법인기업의 세무회계실무
세법의 가산세 및 세무회계실무
부가가치세 및 원천세 실무
세금개요 및 절세

세금개요 및 세금절세
부가가치세·종합소득세 직접 신고하기

2023. 03. 20. 개정판 발행
저　　자 : 이　진　규
발 행 인 : 강　현　자
발 행 처 : 경영정보사
신고번호 : 제2021 - 00026호

주　　소 : 대구시 동구 동촌로 255
　　　　　태왕 아너스 101동 401호
전　　화 : 080 - 250 - 5771
홈페이지 : www.ruddud.co.kr
E-Mail　 : lee24171@naver.com

머리말

이 책은 개인사업자 및 중소기업의 경리담당자를 위한 세무신고 실무서로 부가가치세 및 종합소득세에 대한 내용을 알기 쉽게 설명하고 있습니다. 그리고 지출증빙의 중요성 및 정규영수증 제도에 대하여 상세히 설명하여 두었습니다.

이 책은 세금계산서 발급 시기, 수정 발급, 부가가치세 매입세액공제와 불공제 사례, 부가가치세 신고와 관련하여 유의할 사항 등에 대하여 수록하였습니다. 또한 전자세금계산서의 수취 및 발급에 관한 내용을 수록하여 전자세금계산서 발급의무대상사업자가 아닌 개인사업자라도 전자 세금계산서를 발급하여 세금계산서 발송비 등의 비용을 절감할 수 있도록 구체적 업무내용을 제시하고 있습니다.

이 책은 특히 개인사업자로서 간편장부대상자의 경우 세무사사무소에 장부기장을 맡기지 않고도 사업자 본인이 직접 부가가치세, 종합소득세 신고를 국세청 세무신고 사이트인 「홈택스」에서 직접 신고할 수 있도록 구체적인 사례를 제시하고 있으며, 국세청 홈페이지 및 홈택스에서 제공하는 있는 각종 세무자료 및 사용방법 등을 수록하였습니다.

끝으로 사장님 및 중소기업의 경리업무에 종사하시는 분들에게 본서가 업무에 유익한 도서가 되기를 바랍니다.

2023년 3월 저자 이 진 규

부가가치세 종합소득세
세무 실무 및 세금 절세

[제1부] 세금개요 및 세금절세

세금과 관련하여 개인사업자가 반드시 알아야 하는 사업자등록과 세금개요에 대한 전반적인 내용, 세금절세는 어떻게 가능한 것인가? 세금 납부일정표, 국세청 홈페이지 활용등 다양한 내용을 수록하였습니다.

[제2부] 부가가치세 실무 및 전자신고

부가가치세의 전반적인 내용 및 신고실무, 전자세금계산서 및 세금계산서 발행과 관련하여 주의할 점, 부가가치세 수정신고, 경정청구, 기한 후 신고방법, 2021년 하반기부터 개정된 간이과세자와 관련 개정 세법등에 대한 실무 사례를 상세히 수록하였습니다.

[제3부] 종합소득세 실무, 종합소득세 신고

종합소득세 세금 계산 절차, 종합소득세 신고유형, 복식부기의무자, 간편장부대상자, 성실신고확인대상자, 추계신고대상자, 종합소득세 신고 관련 유의사항, 사업용계좌 신고, 각종 소득공제 및 감면제도 및 세액공제 등과 관련한 내용을 수록하였습니다.

[제4부] 지출증빙 및 세무조사, 증빙관리

정규영수증 제도, 정규영수증 수취대상 거래, 정규영수증을 수취하지 않아도 되는 거래, 정규영수증 과소 수취에 대한 관할 세무서의 해명 요구, 세무조사 및 세무조사 선정기준, 영수증의 보관 및 관리 방법 등에 대하여 수록하였습니다.

[제5부] 근로소득세 등 원천세 신고

급여·임금·상여금 및 퇴직금 지급과 관련한 세무신고, 일용근로자의 임금 지급에 대한 노무 및 세무실무, 기타 원천징수대상 소득 지급에 대한 세무실무 내용을 수록하였습니다.

[제6부] 장부기장 및 재무제표 이해

개인사업자의 장부기장 방법, 손익계산과정, 계정과목 분류, 개인사업자의 자본금 관리, 재무제표인 손익계산서, 재무상태표에 대한 내용을 쉽게 이해할 수 있도록 체계적인 방법으로 관련 내용을 수록하였습니다.

부가가치세 종합소득세 세무 실무 및 세금 절세

목차

CONTENTS •••••

사업자등록 세무일정

CHAPTER 01 개인사업자 사업자등록

01 사업자등록 신청은 어떻게 하나요?	5
02 통신판매업자의 경우 통신판매업 신고는 어떻게 하나요?	9
03 일반사업자로 하여야 하나요? 간이사업자로 하여야 하나요?	10
04 직원이 없는 경우 세금 신고는?	11
05 직원이 있는 경우 세금 신고 및 4대보험 신고는?	11
06 세무사사무소에 세무신고 및 장부기장을 맡겨야 하나요?	12
07 사업장 임차보증금도 확정일자를 받을 수 있나요?	15

▣ 창업연도 매출액과 관련한 세무상 유의사항

08 창업연도 매출에 따라 다음 연도에 달라지는 것이 있나요? 20
09 복식부기의무자에 해당하면 사업용계좌를 신고하나요? 20
10 복식부기의무자에 해당하면 승용차 운행기록부를 작성하나요? 20
11 창업연도 매출이 8천만원 이상이 되면 어떻게 되나요? 22
12 창업연도 매출이 8천만원에 미달하면 어떻게 되나요? 23

CHAPTER 02 개인사업자 세금 개요

13 종합소득세는 언제까지 신고납부하여야 하나요? 26
14 부가가치세란 무엇인가요? 28
15 사업자의 경우 신고·납부하여야 하는 지방세 및 지방소득세는? 31
16 개인사업자의 세금 신고 및 납부일정은 어떻게 되나요? 32

CHAPTER 03 세금 절세 오해 및 가이드

17 합법적으로 절세를 한다는 것이 무슨 의미인가요? 36
18 탈세는 어떻게 이루어지나요? 37
19 부가가치세는 어떻게 절세할 수 있나요? 39
20 종합소득세는 어떻게 절세할 수 있나요? 40

CHAPTER 04 개인사업자 4대보험료, 건강보험료 부과

21 창업을 하였는데 4대보험 가입은 어떻게 하나요? 43

22 직원 유무에 따른 4대보험 가입은?	43
23 직원이 없는 경우 건강보험료는 어떻게 부과되나요?	44
24 배우자를 직원으로 등록하는 경우 좋은 점이 있나요?	44
25 2022년 9월 이후 건강보험료 개편 내용은?	51

부가가치세 실무

CHAPTER 01 부가가치세 개요

26 과세사업자 및 면세사업자는 어떻게 구분되나요?	61
27 부가가치세 신고 및 납부기한은 어떻게 되나요?	65
28 일반과세자 최초 부가가치세 신고는 언제까지 하여야 하나요?	66
29 간이과세자 최초 부가가치세 신고는 언제까지 하여야 하나요?	66

CHAPTER 02 세금계산서 발급 및 수정발급

30 사업자는 모두 세금계산서를 발급하여야 하나요?	67
31 신용카드로 결제받은 경우 세금계산서를 발급하여야 하나요?	68
32 소매업의 경우에도 세금계산서를 발급하여야 하나요?	68
33 부동산을 매각한 경우 세금계산서를 발급하여야 하나요?	69
34 세금계산서를 발급하지 않아도 되는 업종은?	69
35 세금계산시 발급시 유의할 내용은?	72
36 세금계산서는 언제 발급하여야 하나요?	75
37 세금계산서를 제 때 발급하지 못한 경우 어떻게 되나요?	80
38 당초 세금계산서를 잘못 발급한 경우 수정발급할 수 있나요?	80

CHAPTER 03 전자세금계산서 발급 및 관리

39 과세사업자는 반드시 전자세금계산서를 발급하여야 하나요?   89
40 전자세금계산서는 어디에서 발급하나요?   91
41 전자세금계산서는 어떻게 발급하나요?   92
42 전자세금계산서를 잘못 발급한 경우 수정발급할 수 있나요?   99

CHAPTER 04 현금영수증 발급

43 현금영수증가맹점으로 가입을 하여야 하는 업종은?   101
44 현금영수증가맹점으로 가입하지 않는 경우 어떻게 되나요?   104
45 현금영수증을 의무적으로 발급하여야 하는 경우는?   105
46 현금영수증 의무발급자가 현금영수증을 발급하지 않은 경우   107
47 부가세 신고시 현금매출명세서를 제출하여야 하는 업종은?   110

CHAPTER 05 부가가치세 과세표준

48 부가가치세 과세표준이란?   111
49 간주공급이 무엇인가요?   112
50 부가가치세 과세대상이 아닌 것?   115

CHAPTER 06 영세율 및 면세제도

51 영세율이란 무엇인가요?   116

52 영세율이 적용되는 재화 또는 용역은? 118
53 면세란 무엇이며, 면세사업자 세무신고는 어떻게 되나요? 122

▣ 부가세 신고서 작성 (과세표준 및 세액) 125

전자세금계산서 또는 종이세금계산서 발급분 125
매출처별세금계산서합계표 작성 127
과세 → 신용카드·현금영수증발행분 128
과세 → 기타 129

CHAPTER 07 매입세액공제, 매입세액불공제

54 사업자등록 신청전 매입세액도 공제받을 수 있나요? 132
55 간이과세자로부터 현금영수증을 받은 경우 매입세액공제는? 132
56 신고 누락한 매입세금계산서의 매입세액을 공제받는 방법은? 133
57 신용카드전표, 현금영수증 매입세액을 공제받을 수 있나요? 133
58 신용카드전표로 매입세액을 공제받을 수 없는 지출은? 134
59 사업용신용카드 및 현금영수증 홈택스 등록 및 조회 방법은? 136
60 의제매입세액이 무엇인가요? 138
61 거래대금을 받을 수 없는 경우 납부한 부가세 공제는? 141
62 매입세액 중 공제를 받을 수 없는 것은? 144

▣ 부가세 신고서 작성 (매입세액) 146

전자세금계산서 또는 종이세금계산서 수취분 146
매입처별세금계산서합계표 작성 146
일반매입과 고정자산매입을 구분하는 이유 147
부가율 계산 148

CHAPTER 08 부가가치세 경감 공제세액 및 기타

63 매출대금을 신용카드로 결제받은 경우 세액공제는? 151
64 결제대행업체를 통하여 신용카드결제를 받은 경우 세액공제는? 152
65 부가가치세 예정고지세액이란? 153
66 부가가치세 신고서의 과세표준명세란 작성방법은? 154
67 면세 계산서 발급 및 수취금액 부가세 신고서 작성방법은? 154

CHAPTER 09 일반환급, 조기환급, 기한후 신고, 경정청구

69 일반환급 또는 조기환급이란? 156
69 매입세액이 매출세액보다 많은 경우 매입세액공제는? 157
70 부가세 신고를 기한내 하지 못한 경우 어떻게 하나요? 158
71 매입세금계산서를 누락한 경우 공제를 받을 수 있나요? 159

CHAPTER 10 간이과세자 부가세 신고 및 납부 특례

72 간이과세 적용대상 사업자는? 160
73 간이과세자도 세금계산서를 발급할 수 있는 경우가 있나요? 162
74 간이과세자 관련 개정 세법내용은? 163
75 간이과세자의 납부할 세액 계산 방법은? 166
76 간이과세자도 예정신고를 하여야 하는 경우가 있나요? 168
77 간이과세자의 경우 부가세 납부가 면제될 수 있나요? 169
78 일반과세자의 연간 매출이 8천만원에 미달하게 되는 경우? 170

▣ 홈택스에서 부가가치세 신고하기 173

종합소득세 실무 및 사업자 지원제도

CHAPTER 1 종합소득세 개요

79 종합소득세 신고시 합산하여야 하는 소득은? 188
80 사업자의 경우 소득은 어떻게 계산하나요? 192
81 사업소득 신고유형은? (복식부기, 간편장부, 추계) 196
82 종합소득세 기장의무 구분 및 신고 유형 요약 200
83 창업한 연도에도 장부기장하여 소득세 신고를 하여야 하나요? 201
84 종합소득세 홈택스 전자신고 203
85 종합소득세에 대한 지방소득세 신고 및 납부기한은? 204
86 종합소득세 신고시 유의할 사항은 어떤 것들이 있나요? 205
87 복식부기사업자가 자산을 처분한 경우 수입금액에 포함하나요 213
88 공동사업자의 종합소득세 신고 관련 유의사항 213

CHAPTER 2 간편장부대상자 소득세 신고

89 간편장부대상자란? 215
90 간편장부대상자의 사업소득금액은 어떤 방법으로 계산하나요? 217
91 총수입금액 및 필요경비명세서는 어떻게 작성하나요? 218
92 간편장부대상자 종합소득세 신고서 작성절차는? 231
93 장부기장을 하지 않는 경우 사업소득금액 계산 방법은? 233
94 간편장부대상자의 추계소득금액 계산 234
95 복식부기의무자의 추계소득금액 계산 237
96 단순경비율, 기준경비율 적용 대상사업자 및 무기장가산세 239

97 기준경비율에 의한 추계소득금액계산서 작성 240
98 기준경비율에 의한 소득금액 계산 241
99 기준경비율 적용시 매입비용의 범위 241

CHAPTER 3 복식부기기장자 소득세 신고

100 간편장부대상자에서 복식부기의무자로 변경된 경우 주의사항 244
101 사업용계좌란 무엇이며, 신고대상사업자는? 245
102 세무사에게 외부조정을 받아야 하는 사업자는? 247
103 성실신고확인대상 사업자란 249
104 사업소득금액 및 종합소득금액 확정 255
105 접대비 한도초과액 필요경비불산입 259
106 기부금 한도초과액 필요경비불산입 261
107 종합소득금액 및 산출세액 확정 264

CHAPTER 4 소득공제, 과세표준, 산출세액, 세액공제

108 사업소득금액에서 공제를 받을 수 있는 것들이 있나요? 267
109 배우자공제 및 부양가족공제를 받을 수 있는 조건은? 268
110 국민연금불입액 및 소상공인 공제부금 공제 269
111 종합소득세 과세표준이란 무엇을 말하나요? 271
112 소득세 세율은 어떻게 되나요? 271
113 소득세 산출세액은 어떻게 계산하나요? 271
114 자녀세액공제는 어떤 경우에 받을 수 있나요? 272
115 연금불입액이 있는 경우 세액공제를 받을 수 있나요? 273

■ 연금계좌 세제혜택 확대 274

CHAPTER 5 세금 절세의 핵심 세금 감면제도

116 특정한 업종의 창업중소기업에 대한 감면 277
117 특정한 업종의 중소기업특별세액감면 281
118 창업사업자 및 직원 증가시 공제받는 고용증대세액공제 295
119 직원 증가시 공제받는 사회보험료 세액공제 292
120 연구개발비 지출시 공제받는 연구개발세액공제 294
121 '23년 이후 통합고용세액공제 신설 296

CHAPTER 6 업무용 승용차 비용 한도 및 증빙

122 복식부기의무자의 업무용승용차 관련 비용 필요경비 산입 298
123 업무용승용차 적용대상 차량 및 비용인정 범위 300
124 승용차 운행기록 작성 301
125 업무용승용차 관련비용 등에 관한 명세서 작성 302
126 승용차 감가상각비 한도액 303
127 업무용차량을 매각한 경우 세무회계 306

CHAPTER 7 소득이 적은 사업자에 대한 지원제도

128 사업소득이 적은 경우 근로장려금을 지원받을 수 있나요? 309
129 근로장려금 지원기준은 어떻게 되나요? 309
130 근로장려금 지원금액은 얼마나 되나요? 313
131 사업자가 만18세 미만 자녀가 있는 경우 자녀장려금은? 316
132 자녀장려금 지원기준 및 지원금액은 어떻게 되나요? 316

지출증빙, 과세자료, 세무조사, 가산세

CHAPTER 1 정규영수증 제도

133 사업 경비 지출시 왜 정규영수증 수취를 의무화하고 있나요? 322
134 세법에서 인정하는 증빙에는 어떤 것이 있나요? 324
135 어떤 경우 정규영수증을 수취하여야 하나요? 326
136 정규영수증 수취하지 않아도 되는 경우가 있나요? 328
137 간이과세자와 거래시 어떤 증빙을 받아야 하나요? 331
138 정규영수증을 과소 수취한 경우 어떤 문제가 발생하나요? 332

CHAPTER 2 정규영수증 등 지출증빙 관리

139 세금계산서 관리 및 보관 방법 335
140 면세 계산서 관리 및 보관 방법 339
141 신용카드매출전표 관리 및 보관 방법 340
142 현금영수증 관리 및 보관 방법 341
143 간이영수증, 기타영수증 관리 및 보관 방법 342

CHAPTER 3 과세자료 해명안내 및 세무조사

144 세무조사란? 343
145 탈세 및 탈세 사례 344
146 세무조사를 최소화하기 위한 방법은? 345

147 세무조사와 관련하여 알아 두어야 하는 사항	346
148 세무조사 선정 기준은?	347
149 세무조사 선정시 성실도는 어떻게 분석되고 있는가요?	347
150 간편장부대상자도 세무조사를 받을 수 있나요?	348
151 과세자료 해명 안내가 무엇인가요?	349
152 부가세 신고한 내용도 과세자료 해명안내문을 받게 되나요?	350
153 종합소득세 신고 내용도 해명안내문을 받게 되나요?	351
154 수정신고하는 경우 가산세 적용은 어떻게 되나요?	352

원천세 신고납부, 국세청 자료, 홈택스

CHAPTER 1 원천징수제도, 원천세 신고·납부

155 원천징수제도	364
156 지급명세서 제출	365
157 근로소득 간이지급명세서 제출	366
158 간이세액표에 의한 근로소득세 징수	368
159 식대 비과세 한도 확대 10만원 → 20만원	369
160 인적공제대상자의 소득금액과 공제 대상 여부	373
161 원천징수이행상황신고서 신고 및 세금납부	374
162 중도퇴사자 원천징수이행상황신고서 작성방법	375
163 중도퇴사자 연말정산 및 유의사항	375
164 원천세 수정신고 및 수정신고서 작성방법	376
165 원천세 가산세	377
166 근로소득세 및 4대보험료를 회사가 모두 부담하는 경우?	379
167 청년 등 취업자에 대한 소득세 감면	381

168 확정기여형 퇴직연금의 퇴직소득세 원천징수　387
169 확정급여형 퇴직연금의 퇴직소득세 원천징수　389
170 퇴직소득 및 퇴직소득세 계산　390
171 퇴직소득세 과세이연 및 지급명세서 제출　392
172 퇴사자 4대보험 정산 등　394
173 반기(6개월)별 근로소득세 신고 및 납부　395
174 연말정산　399
175 이자소득세 원천징수　400
176 기타소득세 원천징수　402
177 원천징수대상 사업소득 원천징수　408

CHAPTER 2 일용근로자 원천징수 세무실무와 4대보험

178 일용직 근로자란?　411
179 일용직 근로자의 법정수당 및 퇴직금　412
180 일용직 근로자의 연장·야간·휴일근로 가산수당　413
181 일용직 근로자 4대보험 가입대상 및 제외자　414
182 일용직 근로자의'근로내용확인신고서'제출　416
183 일용직 근로자 근로소득세 원천징수　417
184 배우자가 일용근로자인 경우 배우자공제를 받을 수 있나요?　418
185 일용근로자 지급명세서 제출　420

▣ **국세청 홈페이지 살펴보기**　421

▣ **국세청 홈택스 살펴보기**　423

▣ **국세법령정보시스템**　425

장부기장 및 재무제표

CHAPTER 1 개인기업 장부기장

186 복식부기의무자 장부기장   430
187 간편장부대상자 및 간편장부기장   431

CHAPTER 2 사업자 소득계산, 손익계산서, 재무상태표

188 수익과 비용은 무엇을 의미하는가요?   432
189 매출원가 및 기말상품재고액   437
190 자산인 상품과 비용인 매출원가   440
191 자산인 차량운반구와 비용인 감가상각비   440
192 자산의 취득과 관련한 비용 계정과목   442
193 계정과목은 어떻게 정하며, 법적 근거가 있나요?   442
194 손익계산서   444
195 표준손익계산서   445
196 손익계산서에서 이익이 발생하면, 재무상태표의 영향은?   448
197 인출금과 자본금   450
198 자본금이 마이너스가 되는 경우 어떤 문제가 있나요?   451
199 재무상태표 구성항목인 자산, 부채, 자본   452
200 표준재무상태표   456

세금과 관련한 법률 이해

대한민국의 모든 법률은 법제처 홈페이지에서 확인할 수 있으며, 한글문서로 다운로드받아 생활 및 업무에서 유용하게 사용할 수 있습니다.

한편, 국세 관련 세법 및 기본통칙, 집행기준, 예규 심판사례, 판례등은 국세법령정보시스템에서 확인할 수 있습니다.

세금 납부의무 근거 법령

Q 헌법 (제38조)

모든 국민은 법률이 정하는 바에 의하여 납세의 의무를 진다.

Q 법률

국회의원과 정부는 법률안을 제출할 수 있으며, 법률은 국회에서 의결합니다.

소득세법, 법인세법, 부가가치세법, 조세특례제한법 등

◐ 대통령령

대통령은 법률에서 구체적으로 범위를 정하여 위임받은 사항과 법률을 집행하기 위하여 필요한 사항에 관하여 대통령령을 발할 수 있습니다.

소득세법 시행령, 법인세법 시행령, 부가가치세법 시행령, 조세특례제한법 시행령 등

◐ 총리령·부령

국무총리 또는 행정각부의 장은 소관사무에 관하여 법률이나 대통령령의 위임 또는 직권으로 총리령 또는 부령을 발할 수 있습니다.

소득세법 시행규칙, 법인세법 시행규칙, 부가가치세법 시행규칙 등

◐ 예규, 통칙, 판례

예규란 세법적용에 대한 질의에 대하여 행정관청의 해석한 것을 말합니다.

통칙이란 예규 중에서 중요한 내용 등에 대하여 세법의 조문에 따라 체계화한 것으로 세법의 경우 기본통칙 및 세법집행기준이 있습니다.

판례란 조세쟁송에 대한 법원의 판결내용을 말합니다.

법령자료 및 주의할 사항

해당 법령의 '부칙'에서 반드시 **시행일**을 확인하여야 하며, 개정된 법률 중 그 시행시기를 따로 정하고 있는 경우가 많이 있습니다.

소득세법의 가산세 규정 개정 및 시행시기

시행시기

시행시기란 해당 법률의 효력이 발생하는 날로 예를 들어 "주택임대소득이 있는 사업자가 소득세법 제168조제1항 및 제3항에 따라 「부가가치세법」 제8조제1항 본문에 따른 기한까지 등록을 신청하지 아니한 경우에는 사업 개시일부터 등록을 신청한 날의 직전일까지의 주택임대수입금액의 1천분의 2에 해당하는 금액을 해당 과세기간의 결정세액에 더한다."는 개정 규정은 개정 소득세법 부칙 조항에 의하여 2020년 1월 1일부터 시행하는 것입니다.

☐ 소득세법 제81조(가산세) ⑮ 주택임대소득이 있는 사업자가 제168조제1항 및 제3항에 따라 「부가가치세법」 제8조제1항 본문에 따른 기한까지 등록을 신청하지 아니한 경우에는 사업 개시일부터 등록을 신청한 날의 직전일까지의 주택임대수입금액의 1천분의 2에 해당하는 금액을 해당 과세기간의 결정세액에 더한다. <신설 2018. 12. 31.>

☐ 부칙 <제16104호, 2018. 12. 31.>
제1조(시행일) 이 법은 2019년 1월 1일부터 시행한다. 다만, 제2조, 제81조제15항, 제118조의11(제94조제1항제3호나목에 따른 중소기업의 주식등에 한정한다), 제119조의2, 제129조제1항제1호나목, 제156조의2제2항, 제

156조의6제2항, 제165조의3제2항·제3항(같은 조 제2항 관련 부분만 해당한다) 및 제176조제2항의 개정규정은 2020년 1월 1일부터 시행한다.

● 경과조치

경과조치란 기존의 법령이 개정, 폐지되거나 새로운 법령이 제정된 경우에 구법과 신법의 대체를 원활하게 하기 위한 규정으로 대부분 개정법(신법) 마지막 부분에 부칙으로 규정됩니다.

☐ 부가가치세법
[시행 2019. 1. 1] [법률 제16101호, 2018. 12. 31, 일부개정]

☐ 부칙 <제16101호, 2018. 12. 31.>
제1조(시행일) 이 법은 2019년 1월 1일부터 시행한다. 다만, 제53조의2제1항의 개정규정은 2019년 7월 1일부터 시행한다.
제10조(가산세에 관한 경과조치) ① 이 법 시행 전에 재화나 용역을 공급하는 분에 대해서는 제60조제2항제3호 및 제4호의 개정규정에도 불구하고 종전의 규정에 따른다.
② 이 법 시행 전에 재화나 용역을 공급받는 분에 대해서는 제60조제5항의 개정규정에도 불구하고 종전의 규정에 따른다.

● 세법 관련 법령 자료

세법에 관한 법률 및 대통령령, 시행규칙, 기본통칙, 세법집행기준, 예규, 개정세법 해설 등은 **'국세청법령정보시스템'**에서 모든 내용을 확인할 수 있습니다.

🅀 **세법은 다음의 과정을 거쳐 개정됩니다.**

(1) 매 년 8월 기획재정부에서 다음해 세법 및 시행령 개정안 보도
기획재정부 홈페이지 → 정책 → 세제

(2) 매 년 12월 세법 관련 법률을 국회 기획재정위원회에서 의결

(3) 다음해 2월 경 세법 관련 시행령(대통령령)을 국무회의 심의를 거쳐 개정

(4) 세법 및 시행령(대통령령)과 관련한 시행규칙 개정

🅀 **도서 내용 중 소득세법 시행규칙에서 정하는 사항**

[소득세] 간주임대료 이자율(정기예금 이자율)
제23조(총수입금액계산의 특례) ① 영 제53조제3항제1호 산식에서 "기획재정부령으로 정하는 이자율"이란 연 1천분의 12를 말한다.
<개정 2018. 3. 21., 2019. 3. 20., 2020. 3. 13., 2021. 3. 16.>

[소득세] 간편장부대상자 또는 복식부기의무자가 단순경비율에 의하여 추계신고하는 경우 적용하는 배율
제67조(소득금액 추계결정 또는 경정 시 적용하는 배율) 영 제143조제3항제1호 각 목 외의 부분 단서에서 "기획재정부령으로 정하는 배율"이란 3.4(법 제160조에 따른 간편장부대상자의 경우에는 2.8)를 말한다.
<개정 2016. 3. 16., 2020. 3. 13.>

아래 내용은 반드시 읽어 보아야 합니다.

[1] 도서 내용 중 수정 사항 및 개정세법 등은 홈페이지를 통하여(공지사항 및 최신 개정세법) 확인할 수 있으며, **홈페이지에 수정 내용 등을 수록하여 두었음에도 이를 확인하지 아니하는 경우 중대한 세무적 문제가 발생할 수도 있으므로** 홈페이지 내용을 확인하여 주시기를 간곡히 당부드립니다.

[2] 세법은 정부의 정책에 따라 수시로 개정이 됩니다. 따라서 이러한 개정내용을 경영정보사 홈페이지에 게재하여 두었으며. 또한 지면 관계상 책에 수록하지 못한 내용은 홈페이지에 올려 두었습니다.

[3] 경영정보사에서 발간한 도서를 구입하신 분은 경영정보사 홈페이지의 다양한 자료를 무료로 사용할 수 있습니다.

▶ 경영정보사 홈페이지 이용방법
경영정보사 홈페이지(www.rudud,co,kr)에 접속하시어 특별한 절차 없이 사용할 수 있습니다.

1

사업자등록·세무일정 창업 초기 주의사항

SECTION 01

개인사업자 사업자등록

사업상 독립적으로 물품 또는 서비스를 계속, 반복적으로 공급하는 자를 사업자라고 합니다. 사업자는 법인사업자와 개인사업자로 구분합니다.

법인사업자는 법인설립등기라는 별도의 절차를 거쳐 사업자등록을 하여야 하나 개인사업자는 별도의 등기 절차없이 세무서에 사업자등록을 하여 사업을 할 수 있습니다.

사업자와 사업장

◉ 사업자

사업자란 사업상 독립적으로 재화(물품 등) 또는 용역(서비스)을 계속, 반복적으로 공급하는 자를 의미합니다.

예를 들어 중고자동차를 계속, 반복적으로 공급하는 경우에는 사업자에 해당하지만, 개인 목적으로 사용하던 차량을 매각하는 경우는 사업자에 해당하지 않는 것입니다.

또한 토지나 건물을 계속, 반복적으로 매입하여 판매하는 경우에는 사업자(부동산매매업)에 해당하는 것이나 주거 목적으로 사용하던 주택을 양도하거나 투자 목적으로 보유한 토지를 양도하는 경우로서 부동산매매업에 해당하지 않는 경우에는 사업자에 해당하지 않는 것이며, 이 경우 양도소득세를 신고 및 납부하여야 합니다.

사업자는 사업장 소재지별로 사업개시 20일 전 이내에 사업자등록을 하여야 하며, 부가가치세가 과세되는 사업자는 과세사업자로 부가가치세가 면제되는 사업자는 면세사업자로 신고를 하여야 합니다.

Q 사업장

사업을 하고자 하는 경우 거래를 행하는 장소가 필요할 것이며, 사업자 또는 그 사용인이 상시 주재하여 거래의 전부 또는 일부를 행하는 장소로 사업장이라고 합니다.

Q & A 개인사업자가 주거용인 자택을 사업장으로 하여 사업자등록을 할 수 있나요?

사업장이 별도로 필요하지 않은 통신판매업 또는 자택에서 사실상 사업이 가능한 출판업종 등은 자택을 사업장으로 하여 사업자등록을 할 수 있습니다.

사업자등록 신청 및 사업자등록증 발급

❓ 사업자등록 신청은 어떻게 하나요?

관할 세무서에 신청

사업자등록은 사업장 소재지를 관할하는 세무서를 방문하여 사업자등록을 하거나, 홈택스에서 인터넷으로 사업자등록 신청을 할 수 있으며. 관할세무서는 사업장이 소재한 지역을 관할하는 세무서로 국세청 홈페이지에서 확인할 수 있습니다.

[국세청홈페이지] → [국세청 소개] → [전국 세무관서]

관할 세무서를 방문하여 사업자등록 신청을 하는 경우 사업자등록 신청서에 사업자 본인이 자필로 서명하거나 홈택스에서 신청하는 경우 공인인증서로 로그인을 하여야 합니다.

▶ 업태 및 종목

국세청에서는 사업자의 업종(업태 및 종목)에 대하여 코드를 부여하여 관리하며 업태 및 종목코드는 사업자등록신청시 사업자의 확인을 받아 관할세무서에서 부여합니다. 코드번호에 의하여 사업자의 사업소득 신고의 성실도, 무신고시 세금결정등을 위한 중요한 내용이므로 업태 및 종목코드는 정확히 확인하여야 합니다.

- 국세청 홈택스 → 조회·발급 → 기타조회 → 기준(단순)경비율관리

▶ 사업장 관할세무서와 주소지 관할세무서

1) 사업장 소재지 관할 세무서란 사업장에서 발생하는 세금 업무(부가가치세, 원천세(원천세 편 참고)를 관할하는 세무서를 말합니다.

2) 개인사업자의 경우 종합소득세는 주소지 관할세무서에 신고 및 납부하여야 하며, 종합소득세 관할 세무서를 주소지 관할세무서라 합니다. 사업장 소재지 관할 세무서에 사업자등록을 한 경우 주소지 관할 세무서에는 별도의 사업자등록 신고는 하지 않으며, 사업자는 종합소득세 신고 및 납부만 주소지 관할 세무서에 하면 됩니다.

사업장마다 사업개시일로부터 20일 이내 신청

사업자등록은 사업장마다 하여야 합니다. 예를 들어 사업장이 2개 이상인 경우 각각의 사업장마다 별도로 사업자등록을 하여야 합니다. 사업자등록은 사업을 시작한 날로부터 **20일 이내**에 사업장 소재지 관할세무서 민원봉사실에 신청하여야 합니다.

단, 사업을 시작하기 전에 상품이나 시설자재 등을 구입하는 경우에는 예외적으로 사업을 개시하기 20일 전에라도 사업자등록을 하여 세금계산서를 발급받을 수가 있습니다.

보 충 사업개시일부터 20일 이내 사업자등록을 하지 않는 경우 불이익

1. 사업개시일로부터 등록을 신청한 날의 직전일까지의 공급가액에 대하여 100분의 1에 해당하는 금액을 가산세로 물게 됩니다.
▶ 공급가액이란 부가가치세(10%)가 포함된 매출액(공급대가)에서 부가가치세를 제외한 금액을 의미합니다. 즉, 부가가치세가 포함된 매출액이 11,000,000원인 경우 공급가액은 10,000,000원이고, 부가가치세는 1,000,000원이 되는 것입니다.
2. 매입세액을 공제 받을 수 없습니다. 즉, 사업자등록을 하지 않으면 세금계산서를 발급받을 수 없어 상품을 구입할 때 부담한 부가가치세를 공제받지 못하게 됩니다.

▶ 개인사업자 사업자등록 신청서류

1. 사업자등록신청서 1부
2. 임대차계약서 사본 (사업장을 임차한 경우에 한함)
- 상가건물을 임차한 경우 해당 부분의 도면(상가건물의 일부분을 임차하는 경우에 한함)
3. 허가 및 등록을 요하는 사업의 경우 허가(등록, 신고)증 사본
- 허가(등록, 신고) 전에 등록하는 경우 허가(등록)신청서 등 사본 또는 사업계획서
4. 2인 이상 공동으로 사업하는 공동사업자인 경우 동업계약서

보 충 공동사업자 사업자등록 신청 및 소득분배

1) 2인 이상의 사업자가 공동으로 사업을 하는 경우 사업자등록신청은 공동사업자 중 1인을 대표자로 하여 대표자 명의로 신청하여야 하며, 공동사업을 하는 경우 '공동사업자명세'를 제출하여야 합니다.
2) 공동사업자는 공동사업에서 1년간 발생한 소득에 대하여 지분비율에 따라 '공동사업자별분배명세서'를 작성하여 공동사업자 각각의 소득에 대하여 종합소득세 신고를 하여야 합니다.

◼ 사업자등록증 교부

사업자등록 신청일로부터 **2일 이내**에 사업자등록증을 교부합니다만 개인사업자의 경우 특별한 사유가 없는 한 즉시 발급하여 줍니다.

다만, 신청내용으로 보아 명의위장 또는 신용카드 위장가맹, 자료상 등 혐의가 있다고 판단되는 경우에는 사업자등록증을 교부하기 전에 세무서에서 현지확인을 실시하여 정상 사업자인지 여부를 확인한 후 교부합니다.

■ 사업자등록번호 구성

○○○ - ○○ - ○○○○○
　①　　　②　　　③

① 세무서코드 (예: 반포세무서 114)

　사업자가 최초 사업자등록을 한 세무서의 고유번호 코드입니다.

② 사업자의 종류
- 법인본점 81, 86, 87
- 지점법인 85
- 국가 83
- 비영리법인 82
- 개인사업자 01 ~ 79
- 면세사업자 9○

③ 일련번호 ○○○ - ○○ - ○○○○●

● 일련번호의 마지막 숫자는 검증번호로 사업자등록번호가 정확한지 여부를 검증하는 기능입니다. 예를 들어 전산 프로그램을 사용하는 경우 사업자등록번호를 잘못 입력하면 오류가 발생합니다.

Q&A 사업자등록을 하지 않는 경우 어떻게 되나요?

사업을 하는 자는 반드시 사업자등록을 하여야 하며, 사업자등록을 하지 않는 경우 세금계산서를 발급할 수 없으며, 세무조사를 받아 세금을 추징당하게 됩니다. 즉, 세무서는 사업자등록을 하지 않는 사업자에 대하여 세무조사를 하며, 매출금액을 확인하여 부가가치세 및 미등록가산세, 무신고가산세, 미납부가산세 등을 추징하고, 소득세 및 무신고가산세, 미납부가산세를 부과하게 됩니다. 따라서 사업자에 해당하는 경우 반드시 사업자등록을 하여야 합니다.

📋 통신판매업 신고

인터넷사이트 또는 옥션등 전자상거래업체를 이용하여 상품을 판매하는 사업자의 경우 반드시 통신판매업 신고를 하여야 합니다.

구 분	내 용		
신 고 대 상	통신판매업(인터넷쇼핑몰포함)을 하는 사업자(간이과세자 및 면세사업자 포함)는 신고를 하여야 하며, 쇼핑몰하단(카피라이트 부분)에 통신판매업 신고번호를 명시하여야 합니다.		
신 고 처	각 사업장 소재지관할 시,군,구청 지역경제과		
제 출 서 류	대표자가 직접 신고할 경우 서류는 필요없습니다. 단, 대리인이 신고하는 경우 대표자 및 신고인의 주민등록증을 가지고 가야 합니다.		
비 용	인구 50만 이상 시 40,500원	그 밖의 시 22,500원	군 12,000원
	납세의무자가 매년 1월 1일 현재 간이과세자에 해당하는 경우는 과세제외함		
처 리 기 간	3일 이내 (통상 1시간내에 처리하여 교부합니다.)		

<관련사이트> 통신판매업신고 - 민원24

▶ 통신판매업신고를 이행하지 않으면 영업정지 15일 이상 및 최고 3천만원 이하의 벌금에 처해질 수 있으므로 반드시 신고를 하여야 합니다.

□ 통신판매업 신고 면제 기준에 대한 고시

[공정거래위원회고시 제2020-11호, 2020. 7. 29., 일부개정.]
제2조(통신판매업 신고 면제 기준) ① 다음 각 호의 하나에 해당하는 통신판매업자는 법 제12조제1항에 따른 통신판매업 신고를 아니할 수 있다.
1. 직전년도 동안 통신판매의 거래횟수가 50회 미만인 경우
2. 「부가가치세법」 제2조제4호의 간이과세자인 경우

Q 사업자등록 신청을 하는데 일반사업자로 하여야 하는지 간이과세자로 등록을 하여야 하는지요?

1) 세금계산서를 발급하지 않아도 되는 업종[소매, 음식업, 미용업, PC방 등]인 경우 간이과세자로 신청을 하시면 됩니다만,

2) 다음의 경우 일반과세자로 신청을 하여야 합니다.
1. 세금계산서를 발급하여야 하는 업종(제조업, 건설업, 도매업 등)
2. 연간 예상매출액이 8천만원 이상으로 예상되는 경우
3. 8천만원 미만이더라도 세금계산서를 발급하여야 하는 경우
 - 간이과세자 중 신규사업자, 직전연도 공급대가 합계액이 4,800만원 미만인 경우 세금계산서를 발급할 수 없습니다.
4. 사업 초기 시설투자 등이 많아 매입세액을 환급받고자 하는 경우 (간이과세자는 매입세액 환급 불가)
5. 간이과세자로 사업자등록을 할 수 없는 업종

◆ 연간 공급대가 예상액이 8,000만원 미만이라도 간이과세를 적용받을 수 없는 업종
1. 제조업 (단, 과자점, 떡방앗간, 양복, 양장점은 간이과세 가능)
2. 도매업 (소매업 겸업시 도, 소매업 전체), 부동산매매업
3. 시 이상 지역의 과세유흥장소
4. 전문직사업자 (변호사, 법무사, 공인회계사, 세무사, 약사업 등)
5. 현재 일반과세자로 사업을 하고 있는 자가 새로이 사업자등록을 낸 경우 (다만, 개인택시, 용달, 이발·미용업은 제외)
6. 건설업, 전기·가스·증기·수도업, 전문·과학·기술서비스업
7. 사업시설관리·사업지원 및 임대 서비스업

Q&A 간이과세자로 사업자등록을 하였는데 직원은 없습니다. 세금 신고와 관련하여 무엇을 하여야 하나요?

1) **[부가가치세 신고]** 창업한 과세연도의 다음해 1월 1일부터 1월 25일 기간 중 부가가치세 신고·납부를 하시면 됩니다. 단, 매출액이 4800만원 미만인 경우 납부의무가 면제됩니다.

2) **[종합소득세 신고]** 창업한 과세연도의 다음해 5월 1일부터 5월 31일 기간 중 종합소득세를 신고 및 납부하여야 합니다. 신규사업자의 경우 장부 기장을 하지 않아도 되며, 이 경우 추계로 계산한 소득금액 (매출액 - 매출액 × 단순경비율)을 계산하여 소득세를 납부하시면 되므로 홈택스에서 안내하는대로 간단하게 신고를 할 수 있습니다.

Q&A 간이과세자(일반사업자 포함)로 사업자등록을 하였는데 직원이 있습니다. 세금 신고 및 4대보험과 관련하여 무엇을 하여야 하나요?

1) 직원이 있는 경우 직원에 대하여 4대보험에 가입을 하여야 하며,

2) 매월 지급하는 급여에 대하여 근로소득 간이세액표에 의하여 계산한 **근로소득세 및 지방소득세**(근로소득세의 10)를 징수하여 두었다가 매월 또는 6개월 단위(반기 신고라 함)로 세무서에 신고(**원천징수이행상황신고서**) 및 납부하고, 시·군·구에 지방소득세를 납부하여야 합니다.

3) 다음해 2월 말일까지 연말정산을 한 후 3월 10일까지 세무서에 **지급명세서**를 제출하여야 합니다.

4) 또한 전반기(1.1 ~ 6.30.) 급여 지급분에 대하여 7월 31일까지 하반기(7.1 ~ 12.31.) 지급분은 다음해 1월 31일까지 **근로소득간이지급명세서**를 제출하여야 합니다.

▶ 직원이 있는 경우 이와 같은 복잡한 업무로 인하여 통상 세무사사무소에 장부기장을 맡기는 것이 현실입니다.

Q&A 창업을 하였는데 세무사사무소에 세무신고 및 장부기장을 맡겨야 하나요?

1) 처음 사업을 하다보면, 세법에 대하여 별로 하는 것이 없고, 세금에 대한 막연한 두려움으로 세무사사무소를 찾게 되는데 소규모 사업자로서 직원이 없는 경우 조금만 시간을 내어 세금 신고 업무 등과 관련하여 공부를 하시면, 세무사사무소에 대한 수수료 부담없이 본인이 직접 세무신고를 할 수 있습니다. 본서 및 국세청 유튜브 등을 활용하여 한 번만 신고를 하여 보시면, 그 다음부터는 어렵지 않게 신고를 할 수 있습니다

2) 부가가치세 신고는 본서 및 <국세청 홈페이지> "개인신고안내 → 국세신고안내 → 부가가치세"와 "동영상자료실(업종별 부가가치세 신고안내)"을 참고하신 후 홈택스에서 부가가치세 신고를 할 수 있습니다.

3) 종합소득세 신고는 다소 복잡합니다만, 장부기장(간편장부)에 대한 내용을 충분히 이해하신 후 간편장부대상자에 해당하는 경우 본서 내용 및 국세청 동영상 자료를 참고하신 후 직접 홈택스에서 종합소득세 신고를 할 수 있을 것입니다.

4) 복식부기기장의무자 및 직원이 있는 경우에는 4대보험 가입 및 직원 급여 등과 관련한 여러 가지 복잡한 세무신고 업무로 세무사사무소에 세무신고 및 기장을 맡겨야 할 것입니다

과세사업자 및 면세사업자 구분은 어떻게 하나요?

사업자는 과세사업자와 면세사업자로 구분하며, 과세사업자는 일반과세자와 간이과세자로 구분합니다.

과세사업자란 **부가가치세**가 과세되는 재화 또는 용역을 공급하는 사업자를 말하며, 다음의 면세사업자에 해당하지 않는 사업자는 과세사업자에 해당합니다.

과세사업자는 물품 등의 판매시 거래상대방으로부터 판매금액 10%를 부가가치세('매출세액'이라 합니다.)로 징수하여 3개월 또는 6개월 단위로 부가가치세를 신고 및 납부하여야 합니다.

면세사업자란 부가가치세 징수의무가 면제되는 사업자를 말하며, 다음의 업종을 영위하는 자로서 면세사업자는 부가가치세 신고 및 납부의무가 없습니다.

1. 가공되지 아니한 식료품(쌀, 미가공 농.축.수산물 등)
2. 병원, 의원(단, 성형목적의 의료시술은 과세됨)
3. 허가 또는 인가를 받은 학원, 강습소, 기타 비영리단체 등
4. 도서, 신문
5. 토지의 공급 및 주택과 그 부수토지의 임대용역
6. 개인이 일의 성과에 따라 수당 또는 이와 유사한 성질의 대가를 받는 인적용역(직업 강사, 번역 전문인) 등
7. 국민주택(전용면적 85㎡) 이하의 공급 및 당해 주택의 건설용역
8. 토지의 공급
9. 금융·보험용역

사업자등록 정정

🅠 사업자등록 정정 신청

사업자가 사업자등록 정정 사유 중 어느 하나에 해당하는 경우에는 지체없이 '사업자등록정정신고서'에 사업자등록증과 이를 증명하는 서류를 첨부하여 사업장 관할세무서장에게 제출하여야 합니다. 지체없이에 대한 기간은 법에서 별도로 명시하고 있지 않으므로 가능한 빠른 시간내에 사업자등록 정정신청을 하여야 합니다.

🅠 사업자등록 정정신청 사유

○ 상호 또는 업종 변경 및 추가
○ 통신판매업자가 사이버몰 명칭 또는 인터넷 도메인 이름을 변경하는 때
○ 상속에 의한 사업자 명의 변경
○ 사업장 이전 및 사업자단위 과세사업자가 사업자단위 과세 적용 사업장을 이전 또는 변경하는 때
○ 사업자 단위 과세 사업자가 종된 사업장을 신설하거나 이전하는 경우 또는 종된 사업장의 사업을 휴업하거나 폐업하는 경우
○ 공동사업자의 구성원 또는 출자지분 변경되는 경우

▶ 개인사업자 주소변경은 사업자등록 정정 사유가 아님

대표자의 주소가 변경된 경우 사업자등록정정신고를 하지 않습니다. 이는 국세청과 행정안전부의 주소지 자료 연계로 별도의 신청이 없어도 자동으로 변경이 되기 때문입니다.

사업장 임차와 확정일자

◎ 확정일자

① 사업장을 임차한 경우 확정일자를 받아 두어야 합니다. '확정일자'란 건물소재지 관할 세무서장이 임대차계약서의 존재사실을 인정하여 임대차계약서에 기입한 날짜를 말합니다.

② 건물을 임차하고 사업자등록을 한 사업자가 확정일자를 받으면 등기를 한 것과 같은 효력을 가지므로 임차한 건물이 경매나 공매로 넘어갈 때 확정일자를 기준으로 보증금을 우선변제 받을 수 있습니다. 만약, 확정일자를 받아놓지 않으면 임대차계약 체결 후 당해 건물에 근저당권 등이 설정된 경우 우선순위에서 뒤지기 때문에 보증금을 받을 수 없는 경우가 생길 수 있습니다.

③ 확정일자의 효력은 상가건물을 빌린 모든 임차인에 대하여 적용하는 것이 아니라 환산보증금(보증금+월세의 보증금 환산액)이 지역별로 다음 금액 이하인 경우에만 적용합니다.

지 역	환산보증금
서울특별시	9억원 이하
수도권정비계획법에 의한 수도권 중 과밀억제권역(서울특별시 제외)	6억9천만원 이하
광역시(수도권 과밀억제권역과 군지역 제외) 안산시, 용인시, 김포시, 광주시(경기)	5억4천만원 이하
기타지역	3억7천만원 이하

• 월세의 보증금 환산 : 월세 × 100

□ 상가건물 임대차보호법 -요약-
제2조(적용범위) ① 이 법은 상가건물(제3조제1항에 따른 사업자등록의 대상이 되는 건물)의 임대에 대하여 적용한다. 다만, 제14조의2에 따른 상가건물임대차위원회의 심의를 거쳐 대통령령으로 정하는 보증금액을 초과하는 임대차에 대하여는 그러하지 아니하다. <개정 2020. 7. 31.>

□ 상가건물 임대차보호법 시행령
제2조(적용범위) ①「상가건물 임대차보호법」제2조제1항 단서에서 "대통령령으로 정하는 보증금액"이란 다음 각 호의 구분에 의한 금액을 말한다. <개정 2018. 1. 26., 2019. 4. 2.>
1. 서울특별시 : 9억원
2. 과밀억제권역(서울특별시는 제외한다) 및 부산광역시: 6억9천만원
3. 광역시(과밀억제권역에 포함된 지역과 군지역, 부산광역시는 제외한다), 세종시, 파주시, 화성시, 안산시, 용인시, 김포시 및 광주시: 5억4천만원
4. 그 밖의 지역 : 3억7천만원

제3조(대항력 등) ① 임대차는 그 등기가 없는 경우에도 임차인이 건물의 인도와「부가가치세법」제8조,「소득세법」제168조 또는「법인세법」제111조에 따른 사업자등록을 신청하면 그 다음 날부터 제3자에 대하여 효력이 생긴다. <개정 2013. 6. 7.>

제4조(확정일자 부여 및 임대차정보의 제공 등) ① 제5조제2항의 확정일자는 상가건물의 소재지 관할 세무서장이 부여한다.

제5조(보증금의 회수) ② 제3조제1항의 대항요건을 갖추고 관할 세무서장으로부터 임대차계약서상의 확정일자를 받은 임차인은「민사집행법」에 따른 경매 또는「국세징수법」에 따른 공매 시 임차건물의 환가대금에서 후순위권리자나 그 밖의 채권자보다 우선하여 보증금을 변제받을 권리가 있다.

[법령자료] 법제처 홈페이지 → '상가' 검색

🇶 확정일자를 받은 경우 임차인이 보호받는 사항

① 건물의 소유권이 제3자에게 이전되는 경우에도 사업자등록을 마친 임차인은 새로운 소유자에게 임차권을 주장할 수 있습니다.

② 사업자등록을 마치고 확정일자를 받은 임차인은 경매 또는 공매시 임차건물의 환가대금에서 후순위권리자보다 우선하여 보증금을 변제받을 수 있습니다. (확정일자를 받아야 함)

▶ 최우선변제를 받을 수 있는 소액임차인

확정일자를 받은 임차인은 경매·공매시 확정일자를 기준으로 변제순위가 결정되지만, 환산보증금이 일정액 이하인 소액임차인이 사업자 등록을 마친 경우(즉, 대항력 요건을 갖춘 경우)에는 건물이 경매로 넘어가는 경우에도 다른 권리자보다 최우선하여 보증금의 일정액을 변제 받을 수 있습니다.

▷ 최우선변제를 받을 수 있는 소액임차인 및 보증금의 한도
<상가건물 임대차보호법 제14조>
<상가건물 임대차보호법 시행령 제6조 및 제7조>

지 역	보증금 중 최우선 변제를 받을 금액 (환산보증금)	우선 변제받을 보증금의 범위 (보증금)
서울특별시	6,500만원 이하	2,200만원까지
수도권정비계획법에 의한 수도권 중 과밀억제권역(서울특별시 제외)	5,500만원 이하	1,900만원까지
광역시(수도권 과밀억제권역과 군지역 제외), 안산시, 용인시, 김포시, 광주시(경기)	3,800만원 이하	1,300만원까지
기 타 지 역	3,000만원 이하	1,000만원까지

• 월세의 보증금 환산 : 월세 × 100

계약갱신 요구

☐ 상가건물 임대차보호법 제10조 (계약갱신 요구 등) -요약-
① 임대인은 임차인이 임대차기간이 만료되기 6개월 전부터 1개월 전까지 사이에 계약갱신을 요구할 경우 정당한 사유 없이 거절하지 못한다. 다만, 다음 각 호의 어느 하나의 경우에는 그러하지 아니하다.
<개정 2013. 8. 13.>
1. 임차인이 3기의 차임액에 해당하는 금액에 이르도록 차임을 연체한 사실이 있는 경우
2. 임차인이 거짓이나 그 밖의 부정한 방법으로 임차한 경우
3. 서로 합의하여 임대인이 임차인에게 상당한 보상을 제공한 경우
4. 임대인의 동의 없이 목적 건물의 전부 또는 일부를 전대(轉貸)한 경우
5. 임차한 건물의 전부 또는 일부를 고의나 중대한 과실로 파손한 경우
6. 임차한 건물의 전부 또는 일부가 멸실되어 임대차의 목적을 달성하지 못할 경우
7. 임대인이 다음 각 목의 어느 하나에 해당하는 사유로 목적 건물의 전부 또는 대부분을 철거하거나 재건축하기 위하여 목적 건물의 점유를 회복할 필요가 있는 경우
  가. 임대차계약 체결 당시 공사시기 및 소요기간 등을 포함한 철거 또는 재건축 계획을 임차인에게 구체적으로 고지하고 그 계획에 따르는 경우
  나. 건물이 노후·훼손 또는 일부 멸실되는 등 안전사고의 우려가 있는 경우
  다. 다른 법령에 따라 철거 또는 재건축이 이루어지는 경우
8. 그 밖에 임차인이 임차인으로서의 의무를 현저히 위반하거나 임대차를 계속하기 어려운 중대한 사유가 있는 경우
② 임차인의 계약갱신요구권은 최초의 임대차기간을 포함한 전체 임대차기간이 10년을 초과하지 아니하는 범위에서만 행사할 수 있다.
<개정 2018. 10. 16.>

③ 갱신되는 임대차는 전 임대차와 동일한 조건으로 다시 계약된 것으로 본다. 다만, 차임과 보증금은 제11조에 따른 범위에서 증감할 수 있다.
④ 임대인이 제1항의 기간 이내에 임차인에게 갱신 거절의 통지 또는 조건 변경의 통지를 하지 아니한 경우에는 그 기간이 만료된 때에 전 임대차와 동일한 조건으로 다시 임대차한 것으로 본다. 이 경우에 임대차의 존속기간은 1년으로 본다. <개정 2009. 5. 8.>
⑤ 제4항의 경우 임차인은 언제든지 임대인에게 계약해지의 통고를 할 수 있고, 임대인이 통고를 받은 날부터 3개월이 지나면 효력이 발생한다.

차임등의 증감청구권

□ 상가건물 임대차보호법 제11조(차임 등의 증감청구권) -요약-
① 차임 또는 보증금이 임차건물에 관한 조세, 공과금, 그 밖의 부담의 증감이나 「감염병의 예방 및 관리에 관한 법률」 제2조제2호에 따른 제1급감염병 등에 의한 경제사정의 변동으로 인하여 상당하지 아니하게 된 경우에는 당사자는 장래의 차임 또는 보증금에 대하여 증감을 청구할 수 있다. 그러나 증액의 경우에는 대통령령으로 정하는 기준에 따른 비율을 초과하지 못한다. <개정 2020. 9. 29.>
② 제1항에 따른 증액 청구는 임대차계약 또는 약정한 차임 등의 증액이 있은 후 1년 이내에는 하지 못한다.
<신설 2020. 9. 29.>

□ 상가건물 임대차보호법 시행령 제4조(차임 등 증액청구의 기준) 법 제11조제1항의 규정에 의한 차임 또는 보증금의 증액청구는 청구당시의 차임 또는 보증금의 100분의 5의 금액을 초과하지 못한다.
<개정 2008.8.21., 2018.1.26.>

창업연도 매출액과 관련한 세무상 유의사항

소득세 및 장부기장의무

Q&A 창업연도 매출에 따라 다음 과세연도에 달라지는 것이 있나요?

창업한 과세연도에는 간편장부대상자에 해당하나 창업한 연도의 매출규모가 아래 금액 이상(수입금액은 연간으로 환산하지 않음)인 경우 다음 해에는 복식부기의무자가 되어 복식부기로 장부기장을 하여야 합니다.

▶ 복식부기기장의무자 [직전연도 수입금액이 아래 금액 이상인 사업자]

업 종 별	기준금액
가. 농업·임업 및 어업, 광업, 도매 및 소매업(상품중개업 제외), 부동산매매업, 그 밖에 나목 및 다목에 해당되지 아니하는 사업	3억원
나. 제조업, 숙박 및 음식점업, 전기·가스·증기 및 공기조절 공급업, 수도·하수·폐기물처리·원료재생업, 건설업(비주거용 건물 건설업은 제외), 부동산 개발 및 공급업(주거용 건물 개발 및 공급업에 한정), 운수업 및 창고업, 정보통신업, 금융 및 보험업, 상품중개업	1억5천만원
다. 부동산임대업, 부동산업(부동산매매업은 제외), 전문·과학 및 기술서비스업, 사업시설관리·사업지원 및 임대서비스업, 교육서비스업, 보건업 및 사회복지서비스업, 예술·스포츠 및 여가 관련 서비스업, 협회 및 단체, 수리 및 기타 개인서비스업, 가구내 고용활동	7천500만원

Q&A 창업연도 매출이 복식부기의무자에 해당하는 경우 사업용계좌 신고를 하여야 한다는데 신고기한은 어떻게 되나요?

복식부기의무자의 경우 거래대금(매입, 매출) 수수 및 인건비, 임차료를 지급하는 때 반드시 세무서에 신고한 계좌를 통하여 결제를 하여야 하며, 창업연도 매출액이 복식부기의무자에 해당하는 경우 다음해 6월 말일까지 사업용계좌를 사업장 관할 세무서에 신고하여야 합니다.

Q&A 사업용계좌를 신고하지 않은 경우 어떤 불이익이 있나요?

1) 복식부기의무자가 사업용계좌를 신고하지 않은 경우 사업용계좌 미사용금액의 0.2%를 가산세로 부담하여야 하며,

2) 창업중소기업감면, 중소기업특별세액 감면 등을 받을 수 없으므로 각별히 유의를 하여야 합니다.
<조세특례제한법 제128조 ④>

Q&A 창업연도 매출이 복식부기의무자에 해당하면 승용차 운행기록부를 작성하나요?

1) 창업한 연도의 다음해부터 승용차 관련 비용에 대하여 연간 감가상각비는 800만원 한도로 하며, 종합소득세 신고시 '업무용승용차 관련 비용 등에 관한 명세서'를 제출하여야 합니다.

2) 연간 승용차 관련 비용이 1500만원을 초과하는 경우 업무용승용차 운행기록부를 작성하여야 합니다.
(상세내용 → <도서> 업무용승용차 과세합리화)

Q&A 창업연도 매출이 복식부기의무자에 해당하는 경우 기타 세무상 주의할 사항은 어떤 것이 있나요?

1) 신규사업자이만, 사업 개시연도의 수입금액(연으로 환산하지 않음)이 복식부기의무자에 해당하는 경우 추계신고시 기준경비율을 적용하여야 합니다.
(상세내용 → <도서> 추계에 의한 종합소득세 신고)

2) 창업한 연도의 다음해부터 복식부기기장을 하여야 하므로 세무사 사무소에 장부기장을 맡겨야 할 것입니다.

부가가치세

Q&A 창업시 *간이과세자로 사업자등록*을 하였으나 창업한 연도의 매출이 8000만원 이상이 되는 경우 어떻게 되나요?

1) 창업한 연도의 매출(연으로 환산함)이 8000만원 이상이 되면, 다음해 7월 1일자로 일반과세자로 전환이 됩니다.

2) 일반과세자로 전환이 되는 경우 간이과세자임으로 인하여 공제받지 못한 매입세액을 공제받을 수 있으며, 이를 재고매입세액이라고 합니다.
1. 상품 및 제품, 재공품, 재료
재고매입세액 = 재고금액 × 10/110 × (1 - 0.5퍼센트 × 110/10)
2. 화물차량, 비품, 인테리어 등
재고매입세액 = 취득가액 × (1 - 50/100 × 경과된 과세기간의 수) × 10/110 × (1 - 0.5퍼센트 × 110/10)

3) 간이과세자가 일반과세자로 변경되는 경우 변경되는 날 현재(7. 1.)에 있는 재고품, 감가상각자산 등에 대하여 '일반과세 전환 시의 재고품등 신고서'를 작성하여 직전 과세기간(1.1. ~ 6.30.)에 대한 부가가치세 신고와 함께 세무서에 7. 25. 까지 신고하여야 합니다.
[상세내용] <부가가치세법 제44조> <부가가치세법 시행령 제86조>

▶ 경과된 과세기간의 수
창업연도에 감가상각자산(화물차량, 비품, 인테리어 등)을 취득한 경우 과세기간의 개시일에 당해 재화를 취득한 것으로 보아 과세기간 수를 계산합니다.[간이과세자 과세기간 1.1.(창업의 경우 사업개시일) ~ 12.31.] 예를 들어 2022년도 중에 간이과세자로 사업장등록을 하였으나 창업한 연도 매출이 8천만원 이상이 되어 2023. 07. 01 일반과세자로 전환이 되는 경우 감가상각자산의 경과된 과세기간 수는 '1'(2022년)이 됩니다.

Q&A 창업한 연도에 *일반과세자로 사업자등록*을 하였는데 창업한 연도의 매출액이 8000만원에 미달하는 경우 어떻게 되나요?

1) 창업한 연도의 매출액(연으로 환산함)이 8000만원 미만이 되는 경우 다음해 7월 1일자로 간이과세자로 전환이 됩니다.

2) 간이과세자로 전환되는 경우 일반과세사업자임으로 인하여 공제받았던 매입세액을 다시 납부하여야 하며, 이를 재고납부세액이라고 합니다.
1. 상품 및 제품, 재공품, 재료
재고납부세액 = 재고금액 × 10/100 × (1- 0.5% × 110/10)
2 화물차량, 비품, 인테리어 비용 등
재고납부세액 = 취득가액 × (1-25/100 × 경과된 과세기간의 수) × 10/100 × (1-0.5% × 110/10)

3) 일반과세자가 간이과세자로 변경되는 경우 재고납부세액을 그 변경되는 날의 직전 과세기간에 대한 확정신고와 함께 '간이과세 전환시의 재고품등 신고서'를 작성하여 세무서장에게 신고하고(전년도 공급대가에 의하여 전환되는 경우 다음해 7월 25일), 간이과세자로 변경된 날이 속하는 과세기간에 대한 확정신고(다음해 1월 25일)를 할 때 납부할 세액에 더하여 납부하여야 합니다.

▶ 경과된 과세기간의 수
창업연도에 감가상각자산(화물차량, 비품, 인테리어 등)을 취득한 경우 과세기간의 개시일에 당해 재화를 취득한 것으로 보아 과세기간 수를 계산합니다. [일반과세자 과세기간 1.1. ~ 6.30., 7.1. ~ 12.31.]
예를 들어 2022.7.20. 일반과세자로 사업자등록을 하였으나 창업연도 매출액이 8000만원 미만이 되어 2023. 7. 1 유형전환되는 경우 2022. 7. 20 취득한 유형자산의 경과된 과세기간 수는 '2'(2022년 2기, 2023년 1기)입니다.

Q&A 창업한 연도 매출이 8천만원에 미달할 것으로 예상되더라도 일반과세사업자로 사업자등록을 하여야 하는 경우가 있나요?

1) 간이과세자로 등록할 수 없는 업종(제조업, 도매업, 건설업 등)의 경우 일반과세사업자로 사업자등록을 하여야 합니다.
<부가가치세법 시행령 제109조 ②>

2) 간이과세자로 등록할 수 있는 업종이더라도 사업자에게 세금계산서를 발급하여야 하는 경우(서비스업 등)에는 창업연도 매출액이 8000만원에 미달할 것으로 예상되더라도 일반과세자로 등록을 하여야 합니다.

3) 간이과세자는 매입세액이 매출세액보다 많더라도 부가가치세 환급을 받을 수 없습니다. 따라서 창업연도 매출이 8000만원에 미달할 것으로 예상되더라도 시설 투자 등으로 매입세액이 많아지게 되어 부가가치세 환급을 받아야 하는 경우 일반과세자로 사업자등록을 하여야 합니다.

4) 한편, 일반과세사업자로 사업자등록을 하였으나 창업연도의 매출액이 8000만원에 미달하게 되는 경우 다음연도 7월 1일 자로 간이과세자로 전환(간이과세자가 될 수 없는 업종은 전환되지 않음)이 되어 환급받은 부가가치세를 도로 납부하여야 문제가 발생하게 되므로 간이과세 포기신고를 하여 일반과세사업자로 유지를 하여야 합니다.

5) 창업연도 매출이 4800만원에 미달하는 간이과세자는 세금계산서를 발급할 수 없으므로 세금계산서를 발급하여야 하는 업종인 경우 다음연도 6월 30일까지 간이과세 포기신고를 하여 일반과세사로 유지를 하여야 합니다.
- 전년도 매출액이 4800만원 이상 8000만원 미만으로 간이과세자로 전환된 경우에는 세금계산서를 발급할 수 있으나
- 4800만원 미만인 경우 세금계산서를 발급할 수 없음

SECTION 02

세금 개요

개인사업자는 1월 1일(신규사업자의 경우 개업일)부터 12월 31일까지의 사업과 관련한 소득에 대하여 다음해 5월 31일까지 종합소득세를 신고 및 납부하여야 합니다.

부가가치세 과세사업자는 1기(1.1~6.30)와 2기(7.1~12.31) 종료일로부터 25일 이내에 부가가치세를 신고 및 납부를 하여야 합니다.

면세 사업자는 다음해 2월 10일까지 사업장현황신고를 하여야 합니다.

사업자는 매 월 급여 지급시 종업원의 근로소득세 및 지방소득세를 징수 및 신고·납부하여야 하며, 4대보험에 가입을 하여야 하고, 급여 지급시 근로자 본인 부담분을 징수한 다음 급여 해당 월의 다음달 10일까지 사업주 부담금을 포함하여 납부하여야 합니다.

종합소득세

Q 종합소득세는 언제까지 신고납부하여야 하나요?

사업자의 사업과 관련한 소득을 사업소득이라고 합니다. 사업자는 사업과 관련한 수익 및 비용을 장부기장에 의하여 사업소득금액(수입금액 - 필요경비)을 계산하여 다음해 5월 1일부터 5월 31일까지 사업자의 주소지 관할 세무서에 신고 및 납부하여야 합니다.

① 종합소득세는 개인(거주자)이 1년간의 경제활동으로 얻은 소득에 대하여 납부하는 세금으로서 원칙적으로 모든 과세대상 소득을 합산하여 계산합니다. 다만, 납세의무자의 편의를 위하여 근로소득만 있는 경우에는 근로소득을 지급하는자가 연말정산을 하여 신고.납부하도록 하고 있으며, 이자소득 및 배당소득의 연간 합계액이 **2천만원 이하**인 경우 그 소득을 지급하는 자가 이자소득세 및 배당소득세를 징수하여 납부하게 함으로서 종합소득세 신고의무를 면제하고 있습니다. 따라서 개인이 근로소득만 있거나 이자 및 배당소득의 연간 합계액이 2천만원 이하인 경우 종합소득세를 신고할 의무가 없는 것입니다.

② 개인의 소득세를 종합소득세라 함은 사업과 관련한 소득외의 다른 소득 예를 들어 근로소득, 이자소득 및 배당소득의 연간합계액이 2천만원을 초과하는 경우 이를 합산하여 신고하여야 하기 때문에 종합소득세라고 하는 것입니다.

③ 종합소득세는 연령, 성별 등에 불문하고 한 개인(거주자)의 소득을 기준으로 신고하여야 합니다. 예를 들어 사업자의 배우자가 별도의 사업을 하는 경우 사업자 및 그의 배우자가 각각 별도로 종합소득세를 계산하여 신고 및 납부를 하여야 하는 것입니다.

Q&A 퇴직소득 또는 양도소득도 종합소득세 신고시 합산을 하여야 하나요?

퇴직소득은 퇴직소득세로 별도로 신고하며, 토지 및 건물 등 자산의 양도로 인하여 발생하는 양도소득은 양도소득세로 별도로 신고하여야 하는 것으로 종합소득세 신고시 합산하지 않습니다.

Q&A 배당소득이란 무엇을 말하나요?

법인기업의 경우 출자자(투자자)를 주주라 합니다. 주주는 기업의 이익이 발생하였을 때 그 이익에 대한 배당을 받을 목적으로 투자를 한 자입니다. 투자를 한 기업에서 배당을 하게 되면, 주주는 소득을 얻게 되며, 이 소득을 배당소득이라고 합니다.

Q&A 상속으로 인하여 발생한 소득 또는 증여에 의한 소득은 어떻게 신고하나요?

상속 또는 증여에 의한 소득은 「상속세 및 증여세법」의 규정에 의하여 종합소득과는 별도의 소득으로 신고·납부하여야 합니다.

♣ 종합소득세와 관련한 자세한 내용은 '종합소득세' 편을 참고하시기 바랍니다.

부가가치세가 무엇인가요?

사업자가 부가가치세가 과세되는 물품 또는 서비스를 제공하는 경우 공급받는자(거래상대방 또는 소비자)로부터 물품대금 또는 서비스요금 외에 거래금액의 10%를 부가가치세로 더 받아 두었다가 일정기간 단위로 세무서에 신고 및 납부하도록 규정하고 있습니다.

따라서 세법에서 부가가치세 징수를 면제하고 있는 면세사업자 등 이외의 일반과세자에 해당하는 개인사업자는 반드시 재화(물품 등) 또는 용역(서비스)을 공급할 시 부가가치세를 더 받아 두었다가 3개월마다 납부(세무서의 예정고지에 의한 납부)하고, 6개월 마다 **사업장 관할세무서**에 신고 및 납부하여야 하는 것입니다.

부가가치세는 재화 또는 용역의 소비행위에 대하여 부과되는 일반 소비세로 재화 또는 용역을 공급하는 자가 공급받는자로부터 징수하여 납부하는 간접세입니다. 간접세란 세금을 부담하는 자(부가가치세의 경우 최종소비자)와 납부하는 자가 다른 세금을 말합니다.

예를 들어 컴퓨터 대리점이 컴퓨터를 1,000,000원에 판매하고자 하는 경우 공급가액 1,000,000원의 10%인 100,000원을 부가가치세로 더 받아 두었다가 일정기간 단위로 관할 세무서에 납부하여야 하는 것입니다.

♣ 부가가치세와 관련한 자세한 내용은 '부가가치세' 편을 참고하시기 바랍니다.

근로소득세

임금을 받을 목적으로 근로를 제공하는 자를 근로자라고 하며, 근로자는 사업주로부터 임금을 받게 됩니다. 임금소득을 세법용어로는 근로소득이라고 합니다.

근로소득이 있는 경우 그 소득에 대하여 근로자 본인이 세금을 신고.납부하여야 하나 근로소득자의 납세편의를 위하여 급여를 지급하는 사업주로 하여금 1년간의 급여총액이 확정되기 전 매 월 급여지급시 간이세액표에 의하여 근로소득세를 조금씩 미리 징수하여 두었다가 다음해 **3월 10일**까지 **연말정산**을 하여 근로소득세를 확정한 다음 근로소득 지급 및 근로소득세 징수에 관한 내역서인 '근로소득지급명세서' 제출을 하도록 하고 있는 것입니다.

따라서 근로자를 고용하는 사업주는 매 월의 급여 지급시 종업원의 근로소득세를 징수하여 급여지급일의 다음달 10일까지 **사업장 관할 세무서**에 신고 및 (이 신고서의 명칭을 '원천징수이행상황신고서'라고 하는 것입니다.) 납부하여야 하는 것입니다.

단, 종업원 20인 이하 사업자의 경우 반기(6개월) 마다 신고 및 납부를 할 수 있습니다.

근로소득세를 징수 및 신고.납부하는 경우 근로소득세의 10%를 지방소득세로 같이 징수하여 납부하여야 합니다.

퇴직소득세

1년 이상 근로한 직원이 퇴사하는 경우 사업주는 1년에 30일분 이상의 평균임금을 퇴직금으로 지급을 하여야 합니다. 퇴직금을 지급받는 퇴직자는 퇴직소득이 발생하므로 그에 대한 세금을 납부하여야 할 것입니다만, 퇴직소득자의 납세편의를 위하여 퇴직금을 지급하는 사업주로 하여금 퇴직금 지급시 퇴직소득세 및 지방소득세를 계상하여 징수 및 납부하도록 규정하고 있습니다.

따라서 퇴직금을 지급하는 사업주는 종업원의 퇴직소득세 및 지방소득세를 징수하여 퇴직금 지급일의 다음달 10일까지 **사업장 관할 세무서**에 신고(이 신고서의 명칭을 '원천징수이행상황신고서'라고 하는 것입니다.) 및 납부하여야 합니다. 단, 종업원 20인 이하 사업자의 경우 반기(6개월) 마다 신고 및 납부를 할 수 있습니다.

그리고 다음해 3월 10일까지 퇴직소득세 징수에 관한 내역서인 '퇴직소득지급명세서'를 제출하여야 합니다.

한편, 종업원의 퇴직금에 대하여 퇴직연금(확정기여형퇴직연금)에 가입한 사업주는 퇴직연금사업자가 퇴직소득세에 관한 사항을 신고 및 납부하므로 퇴직연금을 불입함으로서 퇴직금 지급 및 퇴직소득세 신고 및 납부의무가 종결됩니다.

퇴직소득세를 징수 및 신고.납부하는 경우 퇴직소득세의 10%를 지방소득세로 같이 징수하여 납부하여야 합니다.

지방세 및 지방소득세

지방세는 지방세법에 의하여 지방자치단체(시.군.구)에 납부하여야 하는 세금으로 자산의 취득 및 보유등과 관련하여 납부하여야 하는 지방세와 소득에 대하여 납부하는 지방소득세로 구분이 됩니다.

지방소득세는 종합소득세, 양도소득세, 법인세 등 국세(직접세)의 10%에 해당하는 금액을 지방소득세로 납부하여야 합니다. 단, 상속세 및 증여세의 경우 지방소득세 신고 납부의무는 없습니다.

원천징수대상소득(근로소득, 이자소득, 배당소득, 퇴직소득)의 지방소득세 납부기한일은 국세 납부일과 동일하며, 지방세법에서는 특별징수분이라고 합니다.

▣ 지방세 종류 신고납부대상자 [참고사이트 →위택스]

납부기한	신고 또는 납부대상 세금	대 상 자
1월 31일	등록면허세	면허를 받고 사업을 하는 자
5월 31일	소득세분 지방소득세 납부	개인사업자 종합소득세 납부자
6월 30일	자동차세	자동차소유자
7월 31일	재산세	부동산소유자(재산세)
7월 31일	지방세 재산분(1차분)	연면적 330㎡초과 사업장
8월 31일	주민세 균등분	전 사업자
9월 30일	재산세(2차분)	부동산소유자(재산세)
9월 30일	토지분 재산세	토지를 보유한 사업자
12월 31일	자동차세	자동차를 보유한 사업자

▶ 주민세 사업소분 : 사업소 연면적이 330제곱미터를 초과하는 경우 연면적 1제곱미터당 250원을 8월 중 신고·납부하여야 합니다..

[개정 세법] 주민세 사업소분(균등분) 신고 및 납부(지방세법 제83조)
종전에는 시·군·구에게 고지를 하였으나 2022년 이후 주민세 5만원을 사업자가 8월 중 시·군·구에 신고 및 납부하여야 합니다.

세금 신고 및 납부일정표

▶ 과세사업자로서 종업원이 있는 개인사업자

납부기한	신고 또는 납부대상 세금	신고	납부	대 상 자
1월 25일	부가가치세 (전년도 2기)	O	O	개인사업자
1월 31일	근로소득 간이지급명세서 제출	O		전년도 하반기 임금 지급자
2월 말일	이자, 기타소득 지급명세서 제출	O		이자, 기타소득 지급 사업자
3월 10일	건강보험 연말정산 신고	O		종업원 있는 사업자
3월 10일	연말정산 신고·납부	O	O	종업원이 있는 전 사업자
3월 10일	지급명세서 제출	O		근로, 퇴직소득 지급 사업자
3월 15일	고용보험, 산재보험 정산신고	O		종업원 있는 사업자
4월 25일	부가가치세 (1기) 예정고지세액		O	신고는 하지 않음
5월 31일	종합소득세 신고·납부	O	O	개인사업자
5월 31일	지방소득세 납부		O	종합소득세 납부자
7월 25일	부가가치세 (1기) 신고납부	O	O	개인사업자
7월 31일	근로소득간이지급명세서 제출	O		상반기 상용근로자 임금 지급자
10월 25일	부가가치세 (2기) 예정고지세액		O	신고는 하지 않음
11월 15일	종합부동산세 납부		O	신고는 하지 않음
11월 30일	소득세 중간예납예정고지세액		O	신고는 하지 않음
11월 30일	소득세 중간예납 신고 및 납부	O	O	전년도 납부세액 없는 경우

▶ 매 월 10일 신고 또는 납부
1) 근로소득원천징수이행상황신고서 제출 및 간이세액표에 의한 근로소득세 및 지방소득세 납부, 단, 종업원 20인 이하 반기별 신고자(반기별 신고자로 신청한 경우)의 경우 반기의 다음달 10일까지 신고 및 납부
2) 4대보험료 납부

▶ 근로소득 간이지급명세서 제출
직원급여를 지급하는 사업자는 지급일이 속하는 반기 마지막 달의 다음 달 말일까지 간이지급명세서를 제출하여야 합니다.

▣ 과세사업자로서 종업원이 없는 경우

납부기한	신고 또는 납부대상 세금	신고	납부	대 상 자
1월 25일	부가세 (전년도 2기) 신고납부	O	O	개인사업자
4월 25일	부가세 (1기) 예정고지세액		O	신고는 하지 않음
5월 31일	종합소득세 신고납부	O	O	개인사업자
5월 31일	지방소득세 납부		O	종합소득세 납부자
7월 25일	부가세 (1기) 신고납부	O	O	개인사업자
10월 25일	부가세 (2기) 예정고지세액		O	신고는 하지 않음
11월 30일	소득세 중간예납예정고지세액		O	신고는 하지 않음
11월 30일	소득세 중간예납 신고 및 납부	O	O	전년도 납부세액 없는 경우

▶ 소득세 중간예납 (상세 내용 : 매 년 국세청 발간 자료 참조)
납부할 종합소득세의 일부를 미리 납부하는 제도로서 직전 과세기간의 종합소득세액(중간예납기준액)의 1/2을 고지하게 됩니다.
다만, 전년도에 결손등으로 중간예납기준액이 없거나 중간예납추계액 (1.1~ 6.30. 기간 사업소득에 대하여 계산한 세액)이 전년도 종합소득세액의 30%에 미달하는 경우 중간예납세액을 계산하여 중간예납추계액을 계산하여 신고·납부할 수 있습니다.

▣ 면세사업자로서 종업원이 있는 개인사업자

납부기한	신고 또는 납부대상 세금	신고	납부	대 상 자
1월 31일	근로소득간이지급명세서 제출	O		전년도 하반기 임금 지급자
2월 10일	세금계산서, 계산서 합계표 제출	O		복식부기의무자
2월 10일	사업장현황신고	O		
2월 말일	건강보험 연말정산 신고	O		종업원 있는 사업자
3월 10일	연말정산 및 지급명세서 제출	O	O	종업원이 있는 전 사업자
3월 15일	고용보험, 산재보험 정산신고	O		종업원 있는 사업자
5월 31일	종합소득세, 지방소득세 신고납부	O	O	개인사업자
7월 31일	근로소득간이지급명세서 제출	O		상반기 상용근로자 임금 지급자
11월 30일	소득세 중간예납 예정고지세액		O	신고는 하지 않음

Q 면세사업자로서 종업원이 없는 경우 세무신고 업무는 어떤 것이 있나요?

1) 면세사업자는 다음해 2월 10일까지 면세사업장현황신고를 하여야 하며, 직전연도 수입금액이 4800만원 이상인 경우 매출계산서합계표 및 매입계산서합계표, 매입세금계산서합계표를 제출하여야 합니다.

2) 면세사업자는 부가가치세 신고납부가 없으므로 다음해 5월 1일부터 5월 말일까지 종합소득세 신고납부만 하시면 됩니다.

3) 전년도 소득세 납부세액인 100만원 이상(고지금액이 50만원 미만인 경우 부징수)인 경우 11월 중 소득세 중간예납세액을 납부하여야 합니다.

◼ 세금 신고 및 납부 관할 행정기관

국 세	지방세	관할 행정기관	신고 및 납부기한
종합소득세		주소지 관할세무서	5월 31일
	지방소득세	주소지 시·군·구청	5월 31일
근로소득세		사업장 관할세무서	지급일의 다음달 10일
	지방소득세	사업장 시·군·구청	지급일의 다음달 10일
퇴직소득세		사업장 관할세무서	지급일의 다음달 10일
	지방소득세	사업장 시·군·구청	지급일의 다음달 10일
부가가치세		사업장 관할세무서	과세기간 (6개월) 종료일의 다음달 25일

SECTION 03

세금 절세

사업자의 경우 가능한 세금을 적게 내고 싶어 하는 것은 당연하며, 합법적으로 세금을 적게 낼 수 있다면, 누구든지 세금을 적게 낼 것입니다. 세금을 줄이는 것을 절세라고는 하지만, 현실적으로 절세라는 용어는 적절하지 않는 것 같습니다.

우리가 흔히 말하는 절세란 "세법을 정확히 알아 법이 정하는 범위내에서 납부하여야 할 세금에서 공제 또는 감면을 받는 것과 세법을 잘 몰라 억울한 세금을 추징당하는 것을 미리 방지하는 것이다." 라고 이해하시면 됩니다.

세금 절세와 관련한 자료들은 국세청에서 정리하여 국세청 홈페이지에 게재(PDF 파일)하고 있으며, 세금 절세에 관한 내용은 국세청 홈페이지에서 다운로드 받아 참고하시면 됩니다.

◼ 국세정책/제도 → 통합자료실 → 국세청발간책자

합법적인 절세

사업자의 경우 가능한 세금을 적게 내고 싶어 하는 것은 당연하며, 합법적으로 세금을 적게 낼 수 있다면, 누구든지 세금을 적게 낼 것입니다. 세금을 줄이는 것을 절세라고는 하지만, 현실적으로 절세라는 용어는 적절하지 않는 것 같습니다.

왜냐하면, 세금을 적게 내기 위한 가장 확실한 방법은 사업자의 경우 매출을 누락하거나 실제 발생하지 않은 경비를 발생한 것으로 하여 사업소득금액을 줄여 부담할 세금을 줄이는 것으로서 사업자가 매출을 누락하거나 경비를 가짜로 계상하여 소득을 줄이는 것은 탈세행위에 해당하는 것입니다.

절세란 "세법을 정확히 알아 법이 정하는 범위내에서 납부하여야 할 세금에서 적법하게 공제 또는 감면을 받는 것과 국세청에서 사업자에게 제공하는 납세편의내용을 잘 이용하는 것 및 세법을 잘 몰라 억울한 세금을 추징당하는 것을 미리 방지하는 것이다."라고 이해하시면 됩니다.

지금부터 살펴볼 내용들은 이러한 관점에서 사업자가 법을 잘 몰라 세금을 줄일 수 있음에도 세금을 많이 내는 사례 및 억울한 세금을 추징당하는 것을 사전에 예방하는 차원에서 관련 내용을 살펴보도록 하겠습니다.

■ 국세청 세금절약 자료
국세청 홈페이지 → 국세정책/제도 → 통합자료실 → 국세청발간책자
세금안내 책자 → 세금절약가이드

탈세 및 탈세 사례

◘ 개요

소득을 적법하지 않는 방법으로 줄여 세금을 적게 내는 것을 탈세라고 하며, 탈세의 경우 국세청은 세무조사등을 통하여 납세의무를 성실히 이행하지 않은 책임을 물어 원래 부담하여야 할 세금외에 무거운 가산세 등을 추징하며, 그 금액이 중요한 경우 국세청이 납세자를 검찰에 고발하여 형사처벌까지도 받게 하는 것입니다.

탈세의 대표적인 방법은 소득을 줄이는 것으로 그 구체적인 사례는 다음과 같습니다.

◘ 세금 탈세 유형

○ 수입금액(매출, 장려금 등) 누락하여 소득금액을 줄이는 경우
○ 정부로부터 받은 각종 보조금(기술개발관련 보조금, 고용촉진 등과 관련한 고용노동부 보조금)을 누락하여 소득금액을 줄이는 경우
○ 실제 매입하지 않은 물품 등을 매입한 것으로 처리하여 비용을 과다하게 계상하여 소득금액을 줄이는 경우
○ 실제 지급하지 않은 임금을 지급한 것으로 처리하는 경우
○ 사업자의 개인적인 지출비용을 사업과 관련한 비용으로 처리하여 소득을 줄이는 경우
○ 자산을 비용으로 계상하여 소득을 줄이는 경우

부가가치세 절세 및 세무리스크

◎ 사업자가 공제대상 매입세액을 누락하는 경우

부가가치세가 과세되는 사업자의 경우 자기의 사업과 관련하여 재화 또는 용역을 공급받으면서 공급가액의 10%로 더 준 부가가치세 매입세액 중 공제를 받지 못하는 세액으로 특정한 경우(승용차 취득 및 유지비용, 접대비 등)외에는 매출세액에서 공제를 받을 수 있으며, 공제대상 매입세액이 매출세액보다 많은 경우 환급을 받을 수 있습니다.

세금계산서에 의한 매입세액은 일반 과세사업자가 공제를 모두 받지만, 신용카드매출전표 또는 현금영수증상의 매입세액 또한 공제를 받을 수 있음에도 이를 누락하는 사례가 종종 있으며, 이와 관련한 자세한 내용은 부가가치세 편을 참고하시기 바랍니다.

◎ 매입세액을 부당 공제받아 세금을 추징당하는 경우

신용카드매출전표 또는 현금영수증상의 매입세액의 경우에도 매출세액에서 공제를 받을 수 없는 경우가 있음에도 이를 잘 알지 못하여 부가가치세 신고시 매출세액에서 공제를 받고 나중에 세금을 추징당하는 경우가 있으며, 그 내용은 다음과 같습니다.

사 례 신용카드매출전표 및 현금영수증으로 매입세액을 공제받을 수 있는 지출
- 종업원 식대 및 회식비용, 작업복 구입비용
- 화물차, 승합차, 밴차량, 경승용차(모닝, 마티즈 등)의 유류대 및 수선비
- 사업과 관련한 소모품, 비품 구입비

사 례 신용카드매출전표 및 현금영수증으로 매입세액을 공제받을 수 없는 지출
- 거래처 접대비, 상품권 또는 입장권 결제금액, 종업원 선물구입비용
- 여객운송사업자(항공사, 고속철도, 고속버스 등)에게 결제한 것
- 승용차(배기량 1,000cc 초과)의 유류대 및 수선비, 기타 유지비용
- 간이과세자와의 거래 및 면세물품(쌀, 화환, 도서구입비) 구입비용
- 사업과 관련없는 사업주 개인용도 지출

사업개시 전 매입과 매입세액공제

사업자등록을 하지 아니하고, 사업 준비단계에서 지출한 사업장 인테리어비, 비품 구입비, 기타 사업과 관련한 경비지출 등의 경우 부담한 매입세액은 원칙적으로 공제를 받을 수 없습니다.

단, 구입하는 시점에 사업자등록번호 대신 사업자의 주민등록번호를 기재한 세금계산서를 발급받거나 신용카드로 결제하는 경우로서 사업자등록신청일이 공급시기가 속하는 과세기간이 끝난 후 20일 이내인 경우 그 과세기간 내 매입세액은 공제를 받을 수 있습니다. 따라서 사업자등록은 가능한 **빠른** 시간내에 신청하여야 합니다.

특히 사업과 관련하여 사용하고자 하는 화물차(포터 등), 9인승 이상승합차, 경승용차를 사업자등록신청전 취득하더라도 주민등록기재분으로 세금계산서를 수취하는 두는 경우로서 공급시기가 속하는 **과세기간이 끝난 후 20일 이내**에 사업자등록을 신청한 경우 그 공급시기 내 매입세액은 공제받을 수 있으므로 반드시 주민등록기재분으로 세금계산서를 받아 두어야 합니다. (부가가치세법 제39조 ① 8)

종합소득세 절세 사례

❓ 창업중소기업등에 대한 세액감면

수도권과밀억제권역 외의 지역에서 창업한 중소기업은 해당 사업에서 최초로 소득이 발생한 과세연도(사업 개시일부터 5년이 되는 날이 속하는 과세연도까지 해당 사업에서 소득이 발생하지 아니하는 경우에는 5년이 되는 날이 속하는 과세연도)와 그 다음 과세연도의 개시일부터 이후 4년 이내에 끝나는 과세연도까지 해당 사업에서 발생한 소득에 대한 소득세의 100분의 50에 상당하는 세액을 감면합니다.

♣ 자세한 내용 → '종합소득세' 편

❓ 창업중소기업 취득세 · 재산세 등 지방세 면제

취득세 면제(지방세특례제한법 제58조의3)

다음 각 호의 어느 하나에 해당하는 기업이 해당 사업을 하기 위하여 **창업일부터 4년 이내에 취득하는 사업용 재산**(「지방세법」 제127조제1항제1호에 따른 비영업용 승용자동차는 제외한다)에 대해서는 **취득세의 100분의 75**에 상당하는 세액을 감면합니다.

다만, 취득일부터 2년 이내에 그 재산을 정당한 사유 없이 해당 사업에 직접 사용하지 아니하거나 다른 목적으로 사용·처분(임대를 포함)하는 경우 또는 정당한 사유 없이 최초 사용일부터 2년간 해당 사업에 직접 사용하지 아니하거나 처분하는 경우에는 감면받은 세액을 추징당하게 됩니다.

1. 2023년 12월 31일까지 수도권과밀억제권역 외의 지역에서 창업한 중소기업
2. 2023년 12월 31일까지 「벤처기업육성에 관한 특별조치법」 제2조제1항에 따른 벤처기업 중 대통령령으로 정하는 기업으로서 창업 후 3년 이내에 같은 법 제25조에 따라 벤처기업으로 확인받은 기업

♣ 자세한 내용 → '종합소득세' 편

재산세 감면

창업중소기업 및 창업벤처중소기업은 당해 사업에 직접 사용하는 사업용 재산에 대하여 창업 후 5년간 재산세의 50%가 감면됩니다.

[개정 세법] 2018년 이후 창업의 경우 창업일부터 3년간 재산세를 면제하고, 그 다음 2년간은 재산세의 100분의 50에 상당하는 세액을 경감함

♣ 성실사업자는 교육비·의료비 공제가 됩니다.

사업소득자는 근로소득자가 받을 수 있는 교육비 및 의료비 지출에 대한 소득공제를 받을 수 없습니다만, 성실사업자 요건을 모두 충족하는 사업자의 경우 교육비 및 의료비 지출액 중 일정 **한도내 지출금액의 15%를 세액공제**받을 수 있습니다.

♣ 자세한 내용 → 종합소득세 편 참조

SECTION 04
개인사업자 4대보험 건강보험료 부과기준

개인기업 사업주의 4대보험료

🇶 국민연금

● 직원이 없는 경우

① 사업장에 직원이 없는 경우 국민연금 가입의무는 없습니다.
② 직원이 없더라도 노후 보장을 위하여 가능한 가입을 하여야 하며, 이 경우 임의가입을 할 수 있습니다.

● 직원이 있는 경우

사업자등록 후 1인 이상의 직원을 고용할 경우, 당연적용사업장에 해당하기 때문에 사용자와 가입자는 사업장가입자로 국민연금을 의무적으로 가입하여야 합니다. 국민연금보험료는 기준소득월액의 9%이며, 사업주가 4.5%를 부담하여야 합니다.

▶ 직원 유무에 따른 4대보험 가입

구 분	직원이 없는 경우	직원이 1인 이상 있는 경우	
	사업주	사업주	종업원
국민연금	×	○	○
건강보험	×	○	○
고용보험	×	×	○
산재보험	×	×	○

◎ 건강보험료

● 직원이 있는 경우 사업장으로 신고 및 가입

① 창업을 하고 직원을 채용하는 경우 건강보험 직장가입자로 가입을 하여야 하며, 다음의 서식(국민건강보험공단 홈페이지에서 다운로드)을 작성하여 국민건강보험공단에 팩스(팩스는 공단지사에 제출하여야 합니다. 지사 팩스번호 문의: 1577-1000)로 제출을 하시면 됩니다.

```
국민연금  [●]당연적용사업장 해당신고서
건강보험  [●]사업장(기관) 적용신고서

고용보험  ([ ]보험관계성립신고서 [ ]보험가입신청서)
산재보험  ([ ]보험관계성립신고서 [ ]보험가입신청서)
```

```
국민연금 [ ] 사업장가입자      건강보험 [ ] 직장가입자
자격취득 신고서               자격취득 신고서
고용보험 [ ]                  산재보험 [ ]
피보험 자격취득 신고서         근로자 고용 신고서
```

② 사업주 본인의 소득은 급여가 가장 많은 직원 급여 이상으로 신고를 하여야 합니다.

③ 건강보험공단은 신고한 월소득액을 기준으로 자격취득일(통상 신고일)부터 보험료율을 곱한 금액을 매월 고지합니다.

● **직원이 없는 경우 건강보험료로 어떻게 부과되나요?**

① 사업장에 종업원이 없는 경우 건강보험 지역가입자가 되며, 사업주 및 피부양자의 소득금액, 재산, 차량 등 보유상황에 따른 부과기준에 의하여 계산한 지역건강보험료를 부과합니다.

② 재산이 많아 지역건강보험료가 부담이 되는 경우 배우자 또는 자녀 등을 사업장에 채용하여 사업장 적용 대상자가 되면, 본인 및 배우자 또는 자녀 등은 직장가입자로서 본인은 사업소득을 기준으로 배우자 및 자녀등은 책정한 급여를 기준으로 건강보험료를 각각 납부할 수 있습니다.

> **Q&A 배우자를 직원으로 등록하는 경우 좋은 점이 있나요?**
> 재산 등이 많아 지역건강보험료 부담이 큰 경우 배우자를 직원으로 등록하여 급여를 지급하는 경우 사업주는 사업소득을 기준으로 배우자는 급여 수준으로 직장가입자 건강보험료를 납부하게 되므로 건강보험료 부담이 줄어들 수 있으며, 배우자의 급여는 사업자의 소득에서 필요경비에 산입하게 되므로 소득세 부담이 줄어들 수 있습니다.

③ 사업장 적용을 받는 경우 국민연금도 직장가입자로 가입하여 각각 납부를 하여야 합니다만, 책정한 급여가 230만원 이하인 경우 배우자 또는 자녀의 국민연금불입액 중 80%를 국가로부터 보조를 받을 수 있습니다. (두루누리)

▶ 두루누리 지원대상 → 두루누리 홈페이지 참조
근로자 수가 10명 미만인 사업에 고용된 근로자 중 월평균보수가 260만원 미만인 신규가입 근로자와 그 사업주
• 신규가입자 : 지원신청일 직전 1년간 고용보험과 국민연금 자격취득 이력이 없는 근로자

■ 회사에 다니다가 퇴사한 이후 개인사업을 하는 경우로서 작원이 없는 경우 건강보험료 납부 특례
(지역 건강보험료 > 퇴사한 직장에서 납부한 보험료)

사용관계가 끝난 직장가입자 중 지역가입자로 자격이 변경된 사람으로서 실업 전 해당 사업장에서 1년 이상 계속하여 직장가입자의 자격을 유지한 사람은 지역가입자가 된 이후 최초로 고지받은 지역가입자 보험료의 납부기한 이내에 공단에 직장가입자로서의 자격을 유지할 것을 신청하면, 사용관계가 끝난 날의 다음 날부터 **3년이 되는 날까지의 기간 동안** 직장가입자의 자격을 유지할 수 있습니다.

공단에 신청한 가입자는 사용관계가 끝난 날이 속하는 달을 제외한 직전 3개월간 지급받은 보수의 평균액을 기준으로 보수월액을 산정하며, 공단은 보수월액을 기준으로 산정한 건강보험료의 50%를 경감하여 주므로 퇴직 전 근로자 본인이 부담한 건강보험료(보수월액의 3.924%)와 지역 보험료(고지금액 또는 공단에 문의)로 납부하여야 하는 금액을 비교하여 직장가입자로서 부담한 건강보험료가 지역보험료보다 적은 경우 공단에 신청을 하시면 건강보험료를 절약할 수 있습니다.

따라서 직장 가입자로서 부담하던 수준의 건강보험료를 납부하고자 하는 경우 지역가입자가 된 이후 최초로 고지받은 지역가입자 보험료

의 납부기한 이내에 국민건강보험공단(1577-1000)에 전화하여 신청을 하시면 됩니다.

다만, 신청인이 신청 후 최초로 내야 할 보험료를 그 납부기한까지 내지 아니하면 직장가입자의 자격을 유지할 수 없습니다.

고용보험 및 산재보험

종업원이 있는 경우 직원은 고용보험 및 산재보험에 가입을 하여야 하나 사업주 및 사업주의 동거가족은 가입대상이 아닙니다.

배우자, 직계존비속의 직원채용과 4대보험 가입

급여 책정
배우자 또는 직계존비속을 근로자로 채용하는 경우로서 배우자 또는 직계존비속외의 다른 근로자가 없는 경우 근로기준법의 적용을 받지 아니하므로 최저임금 미만으로 급여를 책정하더라도 특별히 문제가 될 점은 없으므로 국민연금, 건강보험료 부담을 줄이고자 하는 경우 최저임금 미만으로 급여를 책정하여도 무방할 것입니다.

국민연금 및 건강보험
가족을 직원으로 채용하는 경우 가족 개인의 소득이 발생하므로 국민연금 및 건강보험 직장가입자로 가입을 하여야 하며, '사업장적용신고서' 및 '사업장가입자 자격취득 신고서'를 국민연금공단 또는 건강보험공단에 제출을 하여야 합니다.

자영업자의 지역 건강보험료 부과기준

> 건강보험료는 자녀의 학비지원, 의료비환급 등 국가 복지지원정책의 기준금액이 되는 기본자료 이므로 건강보험료 부과기준 금액을 알아 두면 매우 유용합니다.

Q 개요

건강보험료 직장가입자가 아닌 경우(근로자가 없는 개인 사업자인 세대주 또는 직업이 없는 세대주 등)에는 지역가입자로 건강보험료를 납부하여야 합니다.

지역가입자의 경우 **소득, 재산 보유현황, 자동차의 종류** 등을 기준으로 건강보험료를 계산하여 건강보험공단에서 매 월 보험료를 고지합니다. 따라서 재산을 취득하거나 자동차를 구입할 시 건강보험료 추가 부담액을 미리 계산하여 본 다음 재산 취득 또는 자동차 구입을 하는 것이 도움이 될 것입니다.

▶ 피부양자 대상 여부 판정시 소득기준

피부양자의 소득[공적연금소득, 이자소득, 배당소득, 기타소득금액)]이 연간 3,400만원(2022년 9월 이후 2천만원)을 초과하는 경우 피부양자에서 제외되며, 이 경우 소득의 합계액으로 하되, 비과세소득 및 이자소득, 배당소득의 합계액이 1천만원 이하인 금액은 포함하지 않습니다.

■ 공적연금소득 : 국민연금, 공무원연금, 군인연금, 사립학교 연금등

■ 부양가족 중 소득이 있는 경우 건강보험료 납부

배우자(맞벌이부부), 부모, 자녀가 근로소득이 있는 경우
본인, 배우자, 부모, 자녀가 각각 직장에 근무하는 경우에는 본인 및 배우자, 부모, 자녀는 직장가입자로 각각 건강보험료를 납부하여야 합니다.

근로자의 배우자, 부모, 자녀가 사업자등록이 있는 경우
세대구성원이라 하더라도 배우자, 부모, 자녀가 사업소득이 있는 경우에는 배우자, 부모, 자녀는 근로자 본인의 피부양자가 될 수 없으며, 직장가입자(해당 사업장에 근로자가 있는 경우) 또는 지역가입자로 건강보험료를 별도로 납부하여야 합니다.

단, 소득이 없던 배우자, 부모, 자녀가 새로 사업자등록을 하였으나 종업원이 없는 경우 그 소득이 국세청의 통보에 의하여 건강보험공단에서 확인되기 전까지는 근로자 본인의 피부양자이므로 별도의 지역가입자에 해당하지 않습니다.

◆ 본인이 근로자인 경우로서 부양가족이 사업자등록이 있거나 소득이 있더라도 본인인 근로자의 피부양자(부양가족)에 해당하는 경우
1. 사업자등록을 하였으나 최초 종합소득세 신고를 하기전까지의 기간
2. 사업자등록이 되어 있지 않는 자로서 사업소득(보험모집인 등), 기타소득 등의 연간 합계액이 500만원 이하인 자
* 소득금액 : 총수입금액에서 필요경비를 차감한 금액(수익 - 비용)

◆ 본인의 부양가족 중 건강보험료 피부양자가 될 수 없는 경우
국민건강보험법 시행규칙 [별표 1의2]
1. 부양가족이 사업자등록이 있는 경우로서 사업소득이 발생한 사업연도 이후
2. 부양가족이 사업자등록 여부에 관계없이 주택임대소득이 있는 경우
3. 사업자등록이 되어 있지 않더라도 사업소득(보험모집인 등), 기타소득 등의 연간 합계액이 500만원을 초과하는 자
4. 부양가족이 소유한 재산의 재산세 과세표준이 9억원을 초과하는 자
5. 부양가족이 소유한 재산이 재산세 과세표준이 5.4억원 초과 9억원 이하이나 연간소득이 1천만원을 초과하는 자
6. <u>영 제41조제1항 각 호</u>에 따른 소득의 합계액이 연간 2,000만원을 초과하는 경우

◆ 건강보험료 부과기준대상 소득에 포함하는 금액
○ 이자소득과 배당소득의 합계액이 1천만원을 초과하는 경우 전액
○ 사업소득 : 사업소득에서 필요경비를 차감한 금액
○ 근로소득 : 근로소득 전액의 30%[22.9. 이후 50%]
- 비과세 급여[월 10만원(2023년 이후 20만원) 이하 식대, 월 20만원 이하 차량유지 실비 등]는 제외하며, 근로소득공제를 차감하기 전의 총급여를 말함
○ 공적연금소득 : 공적연금소득의 30%[22.9. 이후 50%]
- 총 연금액을 연금소득으로 보며, 연금소득공제를 차감하기 전의 연금
○ 사적연금소득 : 연금운용수익 소득의 30%[22.9. 이후 50%]
- 세액공제 받지 않은 납입액 : 비과세
- 세액공제 받은 납입액, 운용수익 : 연금소득세 과세
○ 기타소득 : 기타소득에서 필요경비를 차감한 금액

피부양자에서 제외되는 소득금액 인하

피부양자의 연간 소득(사업소득이 없는 경우 → 연금, 이자배당소득등)이 3천4백만원 이하인 경우 피부양자 자격을 유지할 수 있었으나 2022년 9월 이후 피부양자의 연 소득이 2000만원을 넘는 피부양자는 지역가입자로 전환되어 별도로 보험료를 부담하여야 합니다.
- 피부양자 27만 3000명(피부양자의 1.5%) 지역가입자로 전환

◆ 보험료 경감고시

경제 상황을 고려해 피부양자 인정기준 강화에 따라 지역가입자로 전환되는 피부양자의 보험료를 2026년 8월까지 일부 경감할 예정이다.

<경감률> 1년차 80%→ 2년차 60% → 3년차 40% → 4년차 20% 등 단계적으로 적용된다.

[재산 기준금액을 인하하여 피부양자 기준 강화] → 보류

(현행) 재산세 과세표준이 9억원을 초과하는 자 및
재산세 과세표준 5.4억원 초과 9억원 이하 + 연간소득 1천만원
(개정) 현행 유지

◆ 재산세 과세표준
○ 주택 : 공시가격의 60%, 토지 및 기타건축물 : 공시가액의 70%
○ 공시가격 → 부동산공시가격알리미 홈페이지

▶ 피부양자가 될 수 없는 경우 최소보험료 납부

지역가입자로 건강보험료를 납부하여야 하며, 지역가입자가 되는 경우 소득이 없더라도 최소보험료는 납부하여야 합니다.

지역가입자 건강보험료 부과체계 개편

시행시기

2018년 7월부터 2022년 8월까지 1단계
2022년 9월부터 2단계 시행

지역가입자

[소득 부과기준 변경] 지역가입자 소득평가율 인상
(현행) 소득보험료 등급제, 연금소득, 일용근로소득 평가율 30%
(개정) 정률제로 전환, 연금소득, 일용근로소득 평가율 50%

[재산공제 확대]
(현행) 재산에서 500~1,350만원 공제
(개정) 재산에서 5천만원 공제

[자동차보험료 축소]
(현행) 승용차가액이 4천만원 미만 경우에도 등급별 점수 적용
(개정) 4천만원 이상 차량에만 배기량, 경과연수에 따라 등급별 점수 적용

[지역가입자 하한보험료] 직장가입자 하한보험료와 같게 함
(현행) 월 14,380원
(개정) 월 19,140원(노인장기요양보험료 별도)
<부칙 제2조> 1. 2022년 9월분 보험료부터 2024년 10월분 보험료 : 인상된 금액의 전액 감액

🅠 지역건강보험료 부과 체계

● 세대 단위 산정 및 부과점수

지역가입자의 월별 보험료액은 세대 단위로 산정하며, 보험료부과점수는 지역가입자가 속한 세대의 보험료 부담능력을 표시하는 점수로서 가구별 소득, 재산, 자동차에 부과하는 등급별 점수의 합계액에 보험료부과 점수당 금액[건강보험법 시행령 제44조 제2항(2022년 205.3원, 2023년 208.4원)]을 곱한 금액으로 산정합니다.

[1] 소득에 부과되는 점수
금융소득(이자 + 배당소득)이 1천만원을 초과하는 경우 금융소득 전액, **사업소득, 기타소득은 전액을 소득으로 하며, 근로소득 및 연금소득은 해당 소득의 100분의 30[2022년 9월 이후 100분의 50]**을 소득으로 평가하여 합산한 소득금액을 등급별로 구분하여 산정합니다.

▶ 소득월액(연간 소득 ÷ 12)
○ 이자소득 및 배당소득 : 1천만원을 초과하는 금액
○ 사업소득 : 총수입금액에서 필요경비를 차감한 소득
○ 근로소득 : 근로소득의 30%[2022년 9월 이후 100분의 50]
(소득세법의 비과세소득은 제외, 근로소득공제를 차감하지 않은 금액)
○ 연금소득 : 공적연금 전액 및 사적운용수익의 30%[2022년 9월 이후 100분의 50]
○ 기타소득 : 기타소득에서 필요경비를 차감한 금액

[개정] 소득평가율 인상 등
○ 지역가입자 소득보험료 등급제 → 정률제로 전환
○ 연금소득, 근로소득 평가율 30% → 50% 인상

[개정] 소득금액이 연 336만원 이하인 경우 부과점수 → 93점
지역가입자의 월별 보험료액의 하한액(19,140원)을 보험료부과점수당 금액(205.3원)으로 나누어 얻은 값

[개정] 소득금액이 연 336만원 초과하는 경우 부과점수
건강보험료 부과대상 소득 ÷ 12 × 보험요율(6.99%) ÷ 보험료부과점수당 금액(205.3원)

<사례> 월별보험료 계산 (2022년 9월 이후 기준)
국민연금 연간 12,000,000원
사업소득금액 24,000,000원
재산금액 : 아파트 공시가격 500,000,000원
자동차 1대 : 4천만원 미만
<풀이>
○ 소득 : 851점
3000만원(사업소득금액 2400만원 + 국민연금평가액 600만원)
○ 재산 : 637점
5억원 × 60% - 5천만원 = 250,000,000원
○ 월 보험료 : 305,480원(부과점수 1,488 × 205.3원)

[2] 재산에 부과되는 점수

재산(자동차는 제외)에 부과하는 점수는 1)과 2)의 금액을 합산한 금액에서 다음 표에 따른 기본공제액을 뺀 금액을 등급별로 구분하여 산정합니다.

1) 토지, 건축물, 주택, 선박의 재산세 과세표준금액
2) 임차주택에 대한 보증금 및 월세금액을 보건복지부령으로 정하는 기준에 따라 평가한 금액
[보증금 + (월세금액을 1000분의 25로 나눈 금액)] × 100분의 30

[재산공제 확대]
(현행) 재산에서 500~1,350만원 공제
(개정) 재산에서 5천만원 공제

■ 주택 담보대출금 또는 전세보증금 대출금 공제
1) 9월부터 지역가입자로서 무주택자(전·월세) 또는 1주택자(자가)가 실거주 목적으로 주택을 구입·임차하기 위하여 빌린 부채는 건강보험료 부과 대상에서 제외됩니다.
2) 대상이 되는 주택은 공시가격 5억원(재산과표 3억, 시가 7~8억 상당) 이하(전·월세의 경우 보증금 5억원 이하)이며, 주택담보대출·전세담보대출 등으로서 취득일·전입일 등으로부터 전후 3개월 이내에 발생한 대출이어야 합니다.
3) 대출액에 30%(임차), 60%(자가)를 곱하여 평가한 금액*을 건강보험료 재산과표에서 공제하되, 자가 세대는 과표 5,000만 원(대출원금 8,300만 원 상당)**까지, 임차 세대는 보증금의 범위에서 1.5억 원 (대출원금 5억 원)까지 공제 받을 수 있습니다.
* 보험료부과 시 재산의 30%(임차), 60%(자가)를 곱하여 부과하고 있음
** 60% 평가된 뒤 5천만원이므로 대출원금 기준으로는 8,300만원 상당

◇ 2022년 7월 1일부터 공단 누리집과 지사에서 주택부채공제신청할 수 있으며, 공제대상으로 확인된 경우 9월분 보험료부터 반영 예정임

[문] 주택 취득·입주 후 1년 뒤 생활·사업자금 목적으로 진 주택담보대출은 공제받을 수 없는지?
[답] 주택 소유권 취득 후 3개월 뒤에 진 부채(주택담보대출 등)는 실제 거주목적의 대출로 보기 어려워, 공제 대상이 될 수 없음

[문] 주택 실거주 목적으로 과거(2022년 이전)에 진 부채가 있는데, 공제 받을 수 있을지?
[답] 과거에 발생한 부채라 하여도, 공제 신청일 현재 남아있는 부채잔액에 대해서는 공제 신청 가능(완제된 부채는 공제 불가)

[문] 전세 임차인은 얼마까지 부채를 공제 받을 수 있는지?
[답] 전세 보증금 5억원 이하의 주택에 대해 적용되므로, 보증금 5억원의 범위(최대 1억 5,000만 원까지)에서 공제받을 수 있음

■ 국민건강보험법 시행령 [별표 4] 개정(안) <개정 2022. 9. 1.>

보험료부과점수의 산정방법(제42조제1항 관련)

1. 제42조제1항에 따른 보험료부과점수는 지역가입자가 속한 세대의 보험료 부담능력을 표시하는 점수로서, 가목부터 다목까지의 규정에 따른 소득·재산 및 자동차에 부과하는 점수를 합하여 산정합니다.

다만, 가목에 따른 소득금액이 연 336만원 이하인 경우에는 가목에 따른 소득에 부과하는 점수가 아닌 제32조제2호나목에 따른 지역가입자의 월별 보험료액의 하한액을 제44조제2항에 따른 보험료부과점수당 금액으로 나누어 얻은 값에 나목 및 다목의 규정에 따른 재산 및 자동차에 부과하는 점수를 합하여 산정합니다.

　가. (제42조제2항에 따른 소득을 보건복지부령으로 정하는 바에 따라 평가하여 합산한 금액)
÷ 12 × 제44조제1항에 따른 보험료율) ÷ 제44조제2항에 따른 보험료부과점수당 금액

　나. 재산(자동차는 제외합니다. 이하 이 표에서 같다)에 부과하는 점수는 다음의 금액을 합산한 금액에서 5천만원 및 제42조의2제3항 각

호의 구분에 따른 금액을 뺀 금액을 등급별로 구분하여 산정합니다. 이 경우 재산의 등급별 점수는 제2호의 표와 같다.
  1) 제42조제3항제1호에 따른 토지, 건축물, 주택, 선박 및 항공기의 재산세 과세표준금액
  2) 제42조제3항제2호에 따른 임차주택에 대한 보증금 및 월세금액을 보건복지부령으로 정하는 기준에 따라 평가한 금액

 다. 자동차에 부과하는 점수는 제42조제3항제3호에 따른 자동차에 사용연수에 따른 감액률을 반영하여 자동차 종류별 배기량에 따라 등급별로 구분하여 산정합니다. 이 경우 자동차의 등급별 점수는 제3호의 표와 같으며, 자동차가 2대 이상인 세대는 각각의 자동차에 대한 등급별 점수를 합산합니다.

2. 재산등급별 점수

등급	재산금액(만원)	점수	등급	재산금액(만원)	점수
1	450 이하	22	31	38,800 초과 ~ 43,200 이하	757
2	450 초과 ~ 900 이하	44	32	43,200 초과 ~ 48,100 이하	785
3	900 초과 ~ 1,350 이하	66	33	48,100 초과 ~ 53,600 이하	812
4	1,350 초과 ~ 1,800 이하	97	34	53,600 초과 ~ 59,700 이하	841
5	1,800 초과 ~ 2,250 이하	122	35	59,700 초과 ~ 66,500 이하	881
6	2,250 초과 ~ 2,700 이하	146	36	66,500 초과 ~ 74,000 이하	921
7	2,700 초과 ~ 3,150 이하	171	37	74,000 초과 ~ 82,400 이하	961
8	3,150 초과 ~ 3,600 이하	195	38	82,400 초과 ~ 91,800 이하	1,001
9	3,600 초과 ~ 4,050 이하	219	39	91,800 초과 ~ 103,000 이하	1,041
10	4,050 초과 ~ 4,500 이하	244	40	103,000 초과 ~ 114,000 이하	1,091
11	4,500 초과 ~ 5,020 이하	268	41	114,000 초과 ~ 127,000 이하	1,141
12	5,020 초과 ~ 5,590 이하	294	42	127,000 초과 ~ 142,000 이하	1,191
13	5,590 초과 ~ 6,220 이하	320	43	142,000 초과 ~ 158,000 이하	1,241
14	6,220 초과 ~ 6,930 이하	344	44	158,000 초과 ~ 176,000 이하	1,291
15	6,930 초과 ~ 7,710 이하	365	45	176,000 초과 ~ 196,000 이하	1,341
16	7,710 초과 ~ 8,590 이하	386	46	196,000 초과 ~ 218,000 이하	1,391
17	8,590 초과 ~ 9,570 이하	412	47	218,000 초과 ~ 242,000 이하	1,451
18	9,570 초과 ~ 10,700 이하	439	48	242,000 초과 ~ 270,000 이하	1,511
19	10,700 초과 ~ 11,900 이하	465	49	270,000 초과 ~ 300,000 이하	1,571
20	11,900 초과 ~ 13,300 이하	490	50	300,000 초과 ~ 330,000 이하	1,641
21	13,300 초과 ~ 14,800 이하	516	51	330,000 초과 ~ 363,000 이하	1,711
22	14,800 초과 ~ 16,400 이하	535	52	363,000 초과 ~ 399,300 이하	1,781
23	16,400 초과 ~ 18,300 이하	559	53	399,300 초과 ~ 439,230 이하	1,851

24	18,300 초과 ~ 20,400 이하	586	54	439,230 초과 ~ 483,153 이하	1,921
25	20,400 초과 ~ 22,700 이하	611	55	483,153 초과 ~ 531,468 이하	1,991
26	22,700 초과 ~ 25,300 이하	637	56	531,468 초과 ~ 584,615 이하	2,061
27	25,300 초과 ~ 28,100 이하	659	57	584,615 초과 ~ 643,077 이하	2,131
28	28,100 초과 ~ 31,300 이하	681	58	643,077 초과 ~ 707,385 이하	2,201
29	31,300 초과 ~ 34,900 이하	706	59	707,385 초과 ~ 778,124 이하	2,271
30	34,900 초과 ~ 38,800 이하	731	60	778,124 초과		2,341

3. 자동차등급별 점수

구분		사용연수별 점수		
등급	배기량	3년 미만	3년 이상 6년 미만	6년 이상 9년 미만
		100%	80%	60%
1	800시시 이하	18	14	11
2	800시시 초과 1,000시시 이하	28	23	17
3	1,000시시 초과 1,600시시 이하	59	47	35
4	1,600시시 초과 2,000시시 이하	113	90	68
5	2,000시시 초과 2,500시시 이하	155	124	93
6	2,500시시 초과 3,000시시 이하	186	149	111
7	3,000시시 초과	217	173	130

[3] 승용자동차에 부과되는 점수

승용자동차에 부과하는 점수는 자동차에 사용연수에 따른 감액률을 반영하여 자동차 종류별 배기량에 따라 등급별로 구분하여 산정하며, 자동차가 2대 이상인 세대는 각각의 자동차에 대한 등급별 점수를 합산합니다.

[자동차보험료 축소]
(현행) 승용차가액이 4천만원 미인 경우에도 등급별 점수 적용
(개정) 4천만원 이상 차량에만 배기량, 경과연수에 따라 등급별 점수 적용
(179만대 → 12만대)

2

부가가치세 실무
홈택스 전자신고

SECTION 01

부가가치세 개요

> 과세사업자가 물품을 공급하거나 서비스를 제공하는 경우 공급가액(물품대금 또는 서비스요금)의 10%를 부가가치세로 징수하여 일정 기간 단위로 신고 및 납부하여야 합니다.

과세사업자, 면세사업자

Q 과세사업자

과세사업자란 **부가가치세**가 과세되는 재화(물품 등) 또는 용역(서비스)을 공급하는 사업자를 말하며, 면세사업자에 해당하지 않는 사업자는 모두 과세사업자에 해당합니다.

🅠 면세사업자

면세사업자란 부가가치세 징수의무가 면제되는 사업자를 말하며, 다음의 업종을 영위하는 자로서 면세사업자는 부가가치세 신고 및 납부의무가 없습니다.

1. 가공되지 아니한 식료품 (미가공 농·축·수산물 및 임산물 포함)
2. 병원, 의원(단, 성형목적의 의료시술은 과세됨)
3. 허가 또는 인가를 받은 학원, 강습소, 기타 비영리단체 등
4. 도서, 신문
5. 토지의 공급 및 주택과 그 부수토지의 임대용역
6. 개인이 일의 성과에 따라 수당 또는 이와 유사한 성질의 대가를 받는 인적용역(강사, 번역 전문인) 등
7. 국민주택(전용면적 85㎡ 이하) 및 당해 주택의 건설용역

🅠 부가가치세 및 부가세예수금

부가가치세

부가가치세법에서는 부가가치세가 **과세**되는 물품 또는 서비스를 계속, 반복적으로 공급하는 사업자의 경우 공급가액의 10%를 물품 또는 서비스를 공급받는자로부터 더 받아 일정 기간 단위로 세무서에 신고 및 납부하도록 규정하고 있습니다. 따라서 과세사업자는 반드시 재화 또는 용역을 공급할 시 부가가치세를 더 받아 두었다가 세무서에 신고 및 납부하여야 하는 것입니다.

예를 들어 컴퓨터 대리점이 컴퓨터를 1,000,000원에 판매하고자 하는 경우 공급가액 1,000,000원의 10%인 100,000원을 부가가치세로 더

받아 두었다가 일정기간 단위로 관할 세무서에 납부하여야 하는 것입니다.

■ **컴퓨터 판매대금으로 받은 금액 1,100,000원**
컴퓨터가격(1,000,000) + 부가가치세 (100,000)

부가세예수금

부가가치세로 받은 돈은 매출금액이 아니라 나중에 세무서에 납부하여야 하는 빚(부채)으로 계상하여야 하는데 이 빚의 명칭을 '부가세예수금'이라고 합니다. 예를 들어 은행에서 돈을 빌린 경우 나중에 갚아야 할 것입니다. 나중에 갚아야 할 돈의 명칭을 부채 항목인 '차입금'이라고 하듯이 '부가세예수금'도 세무서에 나중에 갚아야 할 돈이므로 부채인 것입니다.

한편, 컴퓨터대리점이 컴퓨터를 팔기 위해서는 컴퓨터를 구입할 것입니다. 컴퓨터 대리점이 본사로부터 컴퓨터를 800,000원에 구입하는 경우 본사 또한 과세사업자이므로 컴퓨터대금의 10%인 80,000원을 매입자로부터 더 받아야 합니다. 따라서 본사는 대리점에 컴퓨터대금 800,000원에 부가가치세 80,000원을 덧붙여 880,000원에 판매하고, 본사 역시 대리점으로부터 받은 부가가치세 80,000원은 세무서에 납부하여야 하는 것입니다.

이와 같이 부가가치세는 물품을 구입한 자가 부담하고 물품을 판매한 자가 물품을 구입한 자로부터 부가가치세를 받아 두었다가 물품을 구입한 자를 대신하여 납부하는 세금인 것입니다. 이 경우 사업자(사업상 독립적으로 재화 또는 용역을 공급하는 자로 세무서에 사업자등록을 한 자 중 과세사업자)에 한하여 사업과 관련한 물품 구입시 물품대금의 10%를 부가가치세로 더 준 금액 인 매입세액 80,000원은 사업자가 물품판매시 물품대금의 10%로 더 받아 납부할 부가가치세 100,000원에서 공제받을 수 있도록 부가가치세법은 규정하고 있습니다. 즉, 사업자는 20,000원만 부가가치세로 납부하는 것입니다.

컴퓨터 제조공장			컴퓨터 대리점			소비자	
컴퓨터 판매		→	컴퓨터 매입	→	컴퓨터 매출	→	매 입
공급가액	800,000		공급가액	800,000	공급가액	1,000,000	1,100,000
매출세액	80,000		매입세액	80,000	매출세액	100,000	

사 례 컴퓨터대리점의 부가가치세 납부 계산 사례

① 매출 공급가액 1,000,000원 + 매출 부가가치세   100,000원
② 매입 공급가액 800,000원 + 매입 부가가치세   80,000원
③ 납부할 부가가치세 (매출세액 - 매입세액)   20,000원

매출시 소비자로부터 받은 부가가치세(매출세액) 100,000원에서 매입시 컴퓨터 생산공장에 지급한 부가가치세 80,000원(매입세액)을 공제한 금액을 납부합니다.

Q & A 사업자가 자기의 사업과 관련하여 재화 또는 용역을 공급받으면서 부담한 부가가치세(매입세액)는 사업과 관련한 비용(세금과공과금)인가요?

"아닙니다." 부가가치세 매입세액은 납부할 부가세예수금에서 상계(공제)할 수 있으므로 자산에 해당합니다. 예를 들어 고길동에게 줄 돈(차입금) 2백만원이 있고, 고길동에게 받을 돈(대여금) 1백만원이 있는 경우에 나중에 빚을 갚을 때 받을 돈과 상계하고 변제할 것입니다. 즉 줄 돈은 빚이고, 받을 돈은 자산인 것입니다. 부가가치세 매입세액은 부가가치세 매출세액과 상계처리할 수 있으므로 자산에 해당하는 것이며, 이 자산의 명칭을 부가세대급금이라고 하는 것입니다.

부가가치세 신고·납부기한은 언제까지인가요?

사업자는 계속 반복적으로 물품을 판매하거나 서비스를 제공할 것입니다. 세법에서 과세사업자로 하여금 물품 등의 판매시 징수한 부가가치세를 매일 신고 및 납부하도록 규정하고 있다면, 사업자는 매우 불편할 것이며, 세무서 또한 번거로운 일입니다.

따라서 일정 기간 단위로 신고 및 납부하도록 규정하고 있으며, 개인사업자의 경우 신고 및 납부기한은 다음과 같습니다.

부가가치세 신고 및 납부기한 (계속사업자)

부가가치세 신고기준은 일반적으로 물품 또는 서비스를 공급한 날을 기준으로 하며, 세금계산서를 발급한 경우 작성일자를 기준으로 해당 과세기간의 다음달 25일까지 신고 및 납부를 하여야 합니다. 다만, 휴업 또는 사업부진 등으로 인하여 각 예정신고기간의 공급가액 또는 납부세액이 직전과세기간의 공급가액 또는 **납부세액의 3분의 1에 미달하는 자**와 각 예정신고기간분에 대하여 **조기환급(영세율, 시설투자 등)** 대상인 경우 예정신고를 할 수 있습니다.

부가가치세 신고 및 납부기한 (개인사업자)

구 분	제 1 기		제 2 기	
	과세기간	기 한	과세기간	신고기간
예정고지 및 납부	1.1~3.31	4.1~4.25	7.1~9.30	10.1~10.25
신 고 및 납 부	1.1~6.30	7.1~7.25	7.1~12.31	다음해 1.1~1.25

🅠 신규사업자 및 폐업자 부가세 과세기간 및 신고기한

① 신규사업자는 사업개시일부터 해당 과세기간의 종료일까지의 기간을 과세기간으로 하여 해당 과세기간의 사업실적에 대하여 부가가치세 신고 및 납부를 하여야 합니다. 예를 들어 개인사업자가 2월 10일 사업을 개시한 경우 2월 10일부터 6월 30일 기간 동안의 사업실적에 대하여 7월 25일까지 부가가치세 신고 및 납부(또는 환급)를 하여야 합니다.

② 폐업자는 폐업일이 속하는 해당 과세기간의 개시일부터 폐업일까지의 기간을 과세기간으로 하여 폐업일이 속하는 날의 다음달 25일까지 신고 및 납부를 하여야 합니다.

Q&A 일반과세사업자로 사업자등록을 하였는데 최초 부가가치세 신고는 언제까지 하여야 하나요?

사업자등록증을 발급받은 날이 속하는 반기(과세기간이라 함) 마지막 달의 다음달 25일까지 신고 및 납부를 하시면 됩니다.
예를 들어 2월 10일 사업자등록을 한 경우 7월 1일부터 7월 25일 기간 중 부가가치세 신고 및 납부를 하여야 합니다.

Q&A 창업을 하고 간이과세자로 사업자등록을 하였는데 최초 부가가치세 신고는 언제까지 하여야 하나요?

간이과세자는 1월 1일부터 12월 31일까지의 기간을 과세기간으로 하며, 신규로 사업을 시작하는 자에 대한 최초의 과세기간은 사업 개시일부터 그 날이 속하는 과세기간의 종료일까지로 합니다 따라서 다음해 1월 25일까지 신고를 하시면 됩니다. <부법 제67조>

SECTION 02

세금계산서 발급
수정발급 가산세

> 매출 세금계산서 발급시 공급받는자 사업자등록번호는 반드시 사업자등록증을 확인하여 정확히 기재하여야 하며, 매출 세금계산서를 중복 발급하거나 부가가치세 신고시 누락하여서는 안됩니다.

사업자는 모두 세금계산서를 발급하여야 하나요?

Q 세금계산서 발급

① 영수증발급대상 업종이 아닌 **제조업, 도매업, 건설업등**을 운영하는 사업자가 재화 또는 용역을 공급하는 경우에는 반드시 세금계산서를 발급하여야 합니다. 따라서 제조업, 도매업, 건설업을 영위하는 사업

자가 물품 등을 사업자등록이 없는 일반개인에게 물품 등을 판매하는 경우 거래시기(물품 등의 인도시기)에 신용카드로 결제받고 신용카드매출전표를 발행하는 경우를 제외하고는 반드시 공급받는 자란에 주민등록번호를 기재한 주민등록기재분 세금계산서를 발급하여야 하는 것이며, 세금계산서를 발급하지 않은 경우 세금계산서미발급가산세(공급가액의 2%)가 적용됩니다.

Q & A 제조 및 도매업을 운영하는 사업자가 물품대금으로 신용카드로 결제받은 경우에도 세금계산서를 발급하여야 하나요?

신용카드로 결제받은 경우 세금계산서를 발급할 의무가 없습니다. 다만, 세금계산서를 발급하고 그 대금을 신용카드로 결제받은 경우 신용카드로 결제받은 금액은 매출금액에서 제외하여야 합니다. 이 경우 '신용카드매출전표 등 발행금액 집계표'를 작성하여 부가가치세 신고시 제출하여야 하며, '3. 신용카드매출전표 등 발행금액(⑤합계) 중 세금계산서(계산서) 발급내역'란에 기재합니다.

② 영수증발급 대상 업종인 **소매업, 음식점업, 숙박업** 등을 영위하는 사업자는 세금계산서 발급의무가 없습니다. 이러한 사업자는 재화 또는 용역 공급시 현금영수증을 발급하거나 신용카드로 결제를 받으시면 됩니다. 다만, 소비자가 신용카드로 결제하지 않거나 현금영수증 발급을 원하지 않는 경우 간이영수증을 발급하시면 됩니다.

Q & A 소매업 또는 음식점업의 경우에도 세금계산서를 발급하여야 하는 경우가 있나요?

일반과세사업자로서 소매, 음식숙박업, 서비스업, 정보통신업 등을 영위하는 업종이라 하더라도 공급받는자가 세금계산서 발급을 요구하는 경우 세금계산서를 발급하여야 합니다.

> **Q&A** 사업에 사용하던, 토지 및 건물을 매각한 경우 세금계산서를 발급하여야 하나요? 그리고 세무상 유의사항은 어떤 것이 있나요?
>
> 1) 토지는 (면세)계산서를 발급하여야 하며, 건물은 세금계산서를 발급하여야 합니다. 단, 매수자가 개인인 경우 계산서 또는 세금계산서 발급의무가 없습니다.
>
> 2) 사업에 사용하던 토지 및 건물을 양도하는 경우 개인사업자는 양도소득세를 신고 및 납부를 하여야 하며, 건물에 대하여 감가상각비로 계산하여 사업소득 필요경비에 산입한 금액은 건물 취득가액에서 차감을 하여야 합니다.

영수증 및 영수증발급대상 업종

영수증

영수증이라 함은 세금계산서와 달리 세금계산서의 필요적 기재사항 중 **공급받는 자를 별도로 기재하지 아니하고** 공급자의 사업자등록번호, 상호, 성명, 공급가액 및 세액, 작성연월일이 기재된 것으로 주로 사업자가 아닌 다수의 소비자를 상대로 하는 사업자와 간이과세자는 영수증 또는 현금영수증을 발급하여야 합니다.

세금계산서를 발급하지 않아도 되는 업종(영수증발급대상 사업자)

주로 사업자가 아닌 일반소비자에게 재화 또는 용역을 공급하는 사업자의 경우 공급받는 자 및 부가가치세를 별도로 기재하지 아니한 영수증(통상 간이영수증이라 함)을 발급할 수 있도록 규정하고 있으며, 다음에 정하는 사업자는 영수증발급대상사업자에 해당합니다.

1. 소매업, 음식점업(다과점업 포함), 숙박업
2. 목욕·이발·미용업
3. 여객운송업
4. 입장권을 발행하여 영위하는 사업
5. 우정사업조직이 소포우편물을 배달하는 용역을 공급하는 사업
6. 무도학원 및 자동차운전학원
7. 변호사업, 변리사업, 법무사업, 공인회계사업, 세무사업, 경영지도사업, 기술지도사업, 감정평가사업, 기술사업, 건축사업, 도선사업, 측량사업 기타 이와 유사한 사업서비스 및 행정사업(사업자에게 공급하는 것 제외)
8. 주로 사업자가 아닌 소비자에게 재화 또는 용역을 공급하는 사업인 도정업, 제분업중 떡방앗간, 양복점업·양장점업·양화점업, 주거용건물공급업, 운수업 및 주차장운영업, 부동산중개업, 개인서비스업, 가사서비스업 등
9. 자동차제조업 및 자동차판매업

▶ **영수증 발급의무자 중 세금계산서를 발급하여야 하는 경우**

일반과세자가 영수증 발급의무자로부터 재화 또는 용역을 공급받고, 공급자에게 세금계산서 발급을 요구하는 때에는 영수증 발급의무자는 세금계산서를 발급하여야 합니다.

한편, **목욕·이발·미용업, 여객운수업(전세버스 운송사업은 제외함), 입장권을 발행하여 영위하는 사업**의 경우에는 공급받는 자가 세금계산서의 발행을 요구하여도 공급자는 세금계산서를 발행할 수 없으나 **감가상각자산을** 공급하는 경우로서 공급받는 사업자가 세금계산서의 발급을 요구할 때에는 세금계산서를 발급할 수 있습니다.
(부가가치세법 시행령 제73조 ① ~④)

▶ 영수증발급의무 면제대상 업종

다음에 해당하는 업종은 영수증발급을 면제하고 있으므로 영수증을 발급하지 않아도 됩니다.
1. 택시운송 사업자, 노점 또는 행상을 하는 자가 공급하는 것
2. 무인자동판매기를 이용하여 재화 또는 용역을 공급하는 자
3. 개인적 공급, 사업상 증여 및 폐업시의 잔존재화 등과 간주공급에 해당하는 재화
4. 부동산임대용역중 전세금.임대보증금에 대한 간주임대료
5. 영세율 적용이 되는 재화.용역의 공급으로 직접 수출하는 재화
6. 국외에서 제공하는 용역, 「항공법」에 의한 상업서류 송달용역 등

◪ 사업자등록이 없는 개인에게 매출

① 소매, 음식숙박업 등 영수증발행대상사업자가 사업자등록이 없는 개인에게 재화 또는 용역을 공급하는 경우 세금계산서 발급의무가 없습니다. 이 경우 현금영수증 또는 간이영수증을 발행하거나 신용카드로 결제를 받으면 됩니다.
② 영수증 발행사업자가 아닌 일반과세사업자(제조, 도매, 건설업 등)가 사업자가 아닌 개인에게 상품 등을 판매하는 경우 주민등록기재분으로 세금계산서를 발행하여야 합니다. 단, 신용카드로 결제받는 경우에는 주민등록기재분 세금계산서를 발급하지 아니합니다.
③ 주민등록기재분으로 세금계산서를 발행하는 경우 세금계산서 공급받는자의 성명란에는 성명을, 비고란에는 주민등록번호를 기재하여야 하며, 작성연월일, 공급가액, 세액 등을 기재하여야 합니다.
④ 매출처별세금계산서합계표(세금계산서 발급분과 주민등록기재분) 작성시 개인 판매분에 대하여는 '주민등록번호발행분'으로 신고하여야 합니다.

세금계산서 발급시 유의할 사항은 무엇인가요?

◘ 세금계산서 발급방법

① 세금계산서 발급시 공급자는 신규거래처의 경우 거래 상대방의 사업자등록증 사본 등을 요구하여 정확한 등록번호를 선명하게 기재하여야 합니다. 착오에 의하여 잘못 기재하거나 희미하게 기재되어 있는 경우 세무서에 다시 정확한 사업자등록번호를 확인하여 주어야 하는 번거로움이 있으므로 주의를 요합니다. 한편, 세금계산서를 발급하는 프로그램에 의하여 발급하는 경우 사업자등록번호 마지막 번호(○○○-○○-○○○○●)는 검증번호로 잘못 입력한 경우 수정하라는 메시지가 뜹니다만, 수기로 세금계산서를 작성하는 경우 반드시 재확인하여 정학한 사업자등록번호를 기재하여야 합니다.

② 세금계산서는 2부를 발급하여 '공급자용'(적색)은 공급자가 보관하고, '공급받는자용'(청색)은 매입자에게 발급하여야 합니다.

③ 세금계산서 발급 또는 작성시에는 반드시 기재하여야 하는 사항이 있습니다. 이를 필요적 기재사항이라고 하며, 필요적 기재사항을 기재하지 않은 경우 세금계산서를 미발급한 것으로 보아 세금계산서 미발급가산세(공급가액의 100분의 2)가 적용됩니다.

■ 세금계산서 필요적 기재사항
1. 공급하는 사업자의 등록번호와 성명 또는 명칭
2. 공급받는 자의 등록번호
3. 공급가액과 부가가치세액
4. 작성 연월일

④ 세금계산서 작성일자 ~ 세금계산서의 작성일자는 물품을 인도(판매)한 날 또는 서비스의 제공이 완료된 날입니다. 다만, 다음의 같은 예외는 있습니다.

1. 월합계세금계산서의 경우 : 해당 월의 말일
2. 선수금을 받고 세금계산서를 발급하는 경우 : 그 대가를 받은 날
3. 중간지급조건부거래 : 각각의 대가를 받기로 한 날

⑤ 세금계산서 발급일자 ~ 세금계산서는 거래일의 다음달 10일까지 발급하여야 합니다. 종이세금계산서의 경우 발급일을 별도로 기재하는 란이 없으므로 특별한 문제는 없습니다만, 전자세금계산서의 경우에는 발급일이 전산에 남아 있으므로 반드시 작성일자의 다음 달 10일까지 발급하여야 합니다.

⑥ 영수/청구란에는 세금계산서를 발급하고 그 대금을 즉시 수령한 경우 영수란에 체크하여야 하며, 그 대금을 외상으로 한 경우 청구란에 체크를 하시면 됩니다. 영수란에 체크한 경우 입금표와 같은 효력이 있습니다.

⑦ 거래품목이 5가지 이상으로 세금계산서에 거래내역을 모두 기입할 수 없는 경우에는 "****외"라고 기재하고 거래명세서를 별도로 작성하여 발급합니다.

⑧ 법인사업자 및 전년도 매출금액이 **3억원** 이상인 개인사업자는 반드시 전자세금계산서를 발급하여야 합니다. 단, 전년도 매출액이 **3억원** 미만인 개인사업자는 전자세금계산서발급의무가 없습니다.

⑨ 제조업, 도매업, 건설업을 운영하는 사업자가 개인에게 물품 등을 판매한 경우로서 신용카드로 결제를 받지 아니한 경우 주민등록기재분으로 세금계산서를 발급하여야 합니다. 이 경우 성명, 주소 등을 기입하시고 세금계산서의 비고란에 주민등록번호를 기재하여야 합니다.

⑩ 매출세금계산서는 돈과 직접 관련되는 것이므로 매출세금계산서는 어떠한 경우에도 부가가치세 신고시 누락하여서는 안됩니다. 매출세금계산서를 부가가치세 신고시 누락한 경우 각종 가산세를 부담하여야 합니다. 뿐만 아니라 종합소득세 신고 이후에 매출세금계산서를 누락한 사실이 발견되는 경우 개인사업자는 종합소득세 및 가산세를 추가로 부담하여야 하는 등 심각한 문제가 발생합니다.

◨ 세금계산서 공급가액 및 세액 구분

공급가액에는 판매가액을, 세액에는 물품 판매가액의 10%를 기재합니다. 거래 관행상 부가가치세를 포함한 금액('공급대가' 라 합니다.)을 판매금액으로 정하고 세금계산서를 발급하는 경우가 있는데 예를 들어 거래금액을 1,000,000원으로 정하고 세금계산서를 발급한다면 공급가액란에는 909,091원을 세액란에는 90,909원을 기재합니다. 사업자는 물품 등의 판매 또는 공급계약시 '공급대가' 와 '공급가액'이란 용어를 반드시 구분하여 사용하여야 합니다.

세금계산서는 언제 발급하여야 하나요?

▣ 세금계산서 발급 개요

① 세금계산서 작성일자는 재화등을 공급한 날 또는 용역을 제공한 날입니다. 세금계산서의 발급은 원칙적으로 물품을 인도(판매) 하는 날짜에 발급하여야 합니다.(대금 수령일이 아님) 다만, 계속적인 거래가 있는 거래처의 경우 매 번의 거래시에는 거래명세서를 작성하여 발급하고, 1개월간의 거래를 합하여 그 달의 말일자를 작성일자로 하여 월합계 세금계산서를 발급할 수 있습니다.

② 사업자가 공급시기가 도래하기 전에 대가의 전부 또는 일부를 미리 받은 경우('선수금'이라고 합니다.) 그 금액에 대하여 대가를 받은 날을 작성일자로 하여 세금계산서를 발급할 수 있습니다.

③ 세금계산서는 작성일자의 다음 달 10일까지 반드시 발급하여야 합니다. 예를 들어 20×7년 8월 15일 거래분의 작성연월일을 20×7년 8월 15일로 하여 반드시 20×7년 9월 10일까지 발급하여야 합니다.

▣ 월합계 세금계산서 발급

다음 각 호의 어느 하나에 해당하는 경우에는 재화 또는 용역의 공급일이 속하는 달의 다음 달 10일(그 날이 공휴일 또는 토요일인 경우에는 바로 다음 영업일)까지 세금계산서를 발급할 수 있습니다.

1. 거래처별로 1역월(1曆月)의 공급가액을 합하여 해당 달의 말일을 작성 연월일로 하여 세금계산서를 발급하는 경우

2. 거래처별로 1역월 이내에서 사업자가 임의로 정한 기간의 공급가액을 합하여 그 기간의 종료일을 작성 연월일로 하여 세금계산서를 발급하는 경우
3. 관계 증명서류 등에 따라 실제거래사실이 확인되는 경우로서 해당 거래일을 작성 연월일로 하여 세금계산서를 발급하는 경우

▶ 1역월이라 함은 달력상의 월을 말하는 것으로 1역월을 벗어나 발급할 수 없음 (서삼46015-11127, 2003.07.14.)

장기할부판매, 완성도, 중간지급조건부 공급

대가의 각 부분을 받기로 한 때를 재화의 공급시기로 본다. 다만, 완성도기준지급조건부, 중간지급조건부의 경우 재화가 인도되거나 이용가능하게 되는 날 이후에 받기로 한 대가의 부분에 대해서도 재화가 인도되거나 이용가능하게 된 날을 공급시기로 봅니다.

1. 장기할부판매의 경우
2. 완성도기준지급조건부로 재화를 공급하는 경우
3. 중간지급조건부로 재화를 공급하는 경우

장기할부판매

장기할부판매란 재화를 공급하고 그 대가를 월부, 연부 또는 그 밖의 할부의 방법에 따라 받는 것 중 다음 각 호의 요건을 모두 갖춘 것을 말합니다.

1. 2회 이상으로 분할하여 대가를 받는 것
2. 해당 재화의 인도일의 다음 날부터 최종 할부금 지급기일까지의 기간이 1년 이상인 것

중간지급조건부 거래 [부칙 제18조]

계약금을 받기로 한 날의 **다음 날**부터 재화를 인도하는 날 또는 재화를 이용가능하게 하는 날까지의 기간이 6개월 이상인 경우로서 그 기간 이내에 계약금 외의 대가를 분할하여 받는 경우

완성도기준지급조건

완성도기준지급조건이란 당해 용역의 제공이 완료되기 전에 건설공사의 완성도에 따라 그 완성비율만큼 대가를 지급하기로 한 계약에 의한 공급을 말하는 것으로서 계약금을 지급하기로 한 날로부터 잔금을 지급하기로 한 날까지의 기간이 6월 미만인 경우에도 용역의 제공이 완료되기 이전에 완성도에 따라 그 완성비율에 해당하는 대가를 받기로 하는 경우에는 완성도기준지급 조건부 공급에 해당합니다.

공급시기 도래 전 세금계산서 발급

사업자가 공급시기가 도래하기 전에 대가의 전부 또는 일부를 받고 (반드시 대가를 받은 경우에 한함) 세금계산서를 발급하는 경우에는 그 발급하는 때를 당해 재화 또는 용역의 공급시기로 합니다.

한편, 사업자가 재화 또는 용역의 거래시기가 도래하기 전에 세금계산서를 발급하고 그 세금계산서 발급일로부터 **7일 이내**에 대가를 지급받는 경우에는 그 세금계산서를 발급한 때를 재화 또는 용역의 공급시기로 봅니다.

다음 각 호의 어느 하나에 해당하는 경우에는 재화 또는 용역을 공급하는 사업자가 그 재화 또는 용역의 공급시기가 되기 전에 제32

조에 따른 세금계산서를 발급하고 그 세금계산서 발급일부터 7일이 지난 후 대가를 받더라도 해당 세금계산서를 발급한 때를 재화 또는 용역의 공급시기로 봅니다.

1. 거래 당사자 간의 계약서·약정서 등에 대금 청구시기(세금계산서 발급일을 말한다)와 지급시기를 따로 적고, 대금 청구시기와 지급시기 사이의 기간이 30일 이내인 경우
2. 세금계산서 발급일이 속하는 과세기간(공급받는 자가 제59조제2항에 따라 조기환급을 받은 경우에는 세금계산서 발급일부터 30일 이내)에 재화 또는 용역의 공급시기가 도래하고 세금계산서에 적힌 대금을 지급받은 것이 확인되는 경우

[세법 개정] 선발급 세금계산서 공급시기 특례 요건 완화
(부가법 §17③)

현 행	개 정
□ 공급시기 전에 세금계산서를 발급하더라도 다음의 경우에는 세금계산서 발급시기를 공급시기로 간주(공급시기 특례)	□ 공급시기 특례 요건 완화
○ 동일 과세기간 내*에 ❶공급시기 도래 및 ❷대가수령 　* 조기환급을 받는 경우 30일 이내	○ 동일 과세기간 내*에 ❶공급시기 도래 　* (좌 동)

<적용시기> '22.1.1. 이후 재화 또는 용역을 공급하는 분부터 적용

세금계산서 지연발급에 대한 가산세

Q&A 세금계산서를 공급시기에 발급하지 못한 경우 세무상 어떤 문제가 있나요?

세금계산서를 지연발급하는 경우 공급자는 공급가액의 1%를 가산세로 부담하여야 하며, 공급받는자는 공급가액의 0.5%를 가산세로 부담하게 되므로 반드시 공급시기에 세금계산서를 발급하여야 합니다.

공급시기가 속하는 확정신고기간내에 지연발급한 경우

세금계산서는 **공급시기를 작성일자로 하여** 다음달 10일까지 발급하여야 함에도 지연 발급한 경우 매출자는 공급가액의 1%를, 매입자는 공급가액의 0.5%를 가산세로 부담하여야 합니다.

공급시기가 속하는 확정신고기간 이후에 발급한 경우

공급시기가 속하는 확정과세기간 이후 세금계산서를 발급한 경우 매출자는 세금계산서 미발급가산세(공급가액의 2%)가 부과되고, 매입자는 매입세액 공제를 받을 수 없습니다. 단, 실제 공급시기가 속하는 과세기간의 확정신고한 다음날부터 6개월 이내에 발급받은 것으로서 수정신고·경정청구하는 경우 매입세액은 공제를 받을 수 있습니다.

[세법 개정] 공급시기가 지난 후 발급된 세금계산서의 매입세액공제 인정 범위 확대 (부가령 §75)
(중전) 확정신고기한 다음날부터 6개월 이내에 세금계산서를 발급받고 납세자가 경정청구, 수정신고 하는 경우
(개정) 6개월 이내 → 1년 이내
<적용시기> 2022.2.15. 이후 재화·용역을 공급하는 분부터

세금계산서 수정 발급 및 가산세 적용

◙ 세금계산서 작성일자를 잘못하여 발급한 경우

공급시기와 세금계산서 작성일자가 다른 경우
공급시기(거래일자)와 세금계산서 작성일자가 착오로 잘못 기재한 경우 작성일자를 수정하여 수정세금계산서를 발급하여야 합니다. 다만, 세금계산서는 발급시기가 속하는 달의 다음달 10일까지 발급을 하여야 하므로 수정한 작성일자의 다음달 10일 이내에 수정세금계산서를 발급하여야 가산세 적용이 없습니다.

▶ 작성일자를 잘못 기재하여 해당 공급시기가 속하는 달의 다음달 10일 이내 수정발급 하는 경우 가산세는 없음
예를 들어 20×7년 1월 31일 거래에 대해 작성일자를 잘못하여 2월 3일로 하여 2월 3일 발급하였으나 이를 수정발급 하고자 하는 경우 늦어도 2월 10일까지는 작성일자를 1월 31일로 하여 발급하여야 가산세가 없습니다.

공급시기와 작성일자는 같아도 발급일자가 늦은 경우
세금계산서는 재화 또는 용역의 공급일을 작성일자로 하여 해당 재화 또는 용역의 공급일에 세금계산서를 발급(공급일 = 작성일자 = 발급일자)하여야 합니다. 따라서 정당한 공급일을 작성일자로 세금계산서를 발급하더라도 발급일자가 늦어지는 경우 다음의 가산세가 적용됩니다. 다만, 월합계 세금계산서나 실제거래사실이 확인되는 경우 해당 월의 말일 또는 거래일을 작성 연월일로 하여 해당 월의 다음달 10일까지 발급을 할 수 있습니다.

▶ 공급시기가 속하는 다음 달 11일 이후 부가가치세 확정신고기한 내 전자세금계산서를 발급하는 경우 지연발급가산세가 적용됨

작성일자는 정당하더라도 다음 달 11일 이후에 세금계산서를 발급한 경우 동일 과세기간의 확정신고기한내인 경우 공급자는 공급가액의 1%를 가산세로 부담하여야 하며, 공급받는자는 공급가액의 0.5%를 가산세로 부담하여야 합니다.

[개정 세법] 세금계산서 지연발급에 대한 가산세 개정 내용
(2017.01.01. 이후) 과세기간의 다음달 11일 이후 25일 이내에 발급하는 경우 가산세 → 공급자 : 공급가액의 1%, 공급받는자 : 공급가액의 0.5%

▶ 공급시기가 속하는 확정과세기간의 신고기한 이후에 전자세금계산서를 발급하는 경우

공급자가 세금계산서를 발급하지 않은 것으로 보아 공급자는 공급가액의 2%를 가산세로 부담하여야 하며, 매입자는 매입세액을 공제받을 수 없습니다.

다만, 세금계산서를 발급받았으나, 실제 공급시기가 속하는 과세기간의 확정신고기한 다음날부터 6개월 이내에 발급받은 것으로서 수정신고·경정청구하거나, 거래사실을 확인하여 결정·경정하는 경우 매입세액공제를 받을 수 있습니다.

◎ 계약 해제 또는 반품 관련 수정세금계산서 발급

계약 해제시 수정 전자세금계산서 발급
① 계약이 해제된 경우 계약해제일을 작성일자로 적고 비고란에 처음 세금계산서 작성일을 덧붙여 적은 후 붉은색 글씨로 쓰거나 음(陰)의 표시를 하여 발급하여야 합니다.

② 재화를 공급한 후 하자 등의 사유로 반품된 경우 재화가 **환입된 날을 작성일자**로 하여 비고란에 당초 세금계산서 작성일자를 부기한 후 붉은색 글씨로 쓰거나 부(負)의 표시를 하여 발급합니다.

③ 재화의 환입 또는 계약 해제로 그 사유가 발생한 날 정당하게 세금계산서를 수정 발급한 경우 매출자 및 매입자 모두 가산세 적용은 없습니다.

◆ 사업연도 이후 계약 해제 또는 환입된 경우 매출 차감
(법인-1434, 2009.12.28.) 내국법인이 상품·제품 또는 기타의 생산품을 판매한 경우 그 손익의 귀속시기는 그 상품 등을 인도한 날이 속하는 사업연도로 하는 것이며, 판매한 상품 등이 반품된 경우에는 그 반품일이 속하는 사업연도에 매출의 취소로 보아 매출액에서 차감하는 것임

재화·용역 공급없이 착오로 세금계산서를 발행한 경우

재화나 용역을 공급함이 없이 매출 세금계산서를 잘못 발급한 경우에는 수정세금계산서 발급사유에 해당하지 아니하므로 수정세금계산서를 발급할 수 없으며, 재화나 용역을 공급함이 없이 매출세금계산서를 발급한 공급자는 공급가액의 2%를 가산세로 부담하여야 합니다.

한편, 거래없이 타 사가 세금계산서를 잘못 발행한 매입세금계산서를 수취한 해당 업체는 매입세액을 불공제처리 하여야 하며, 매입세액 공제를 받은 경우에는 수정신고를 하여야 하고, 수정신고시 신고불성실가산세 및 납부지연가산세를 추가로 부담하여야 합니다.

반품시 전자세금계산서 수정발급

재화가 환입된 날을 작성일로 입력하고, 음(陰)의 표시를 하여 발급

합니다. (종이 세금계산서의 경우 비고란에 처음 세금계산서 작성일을 덧붙여 기재함)

▶ **불량재화는 반품받고 동일 제품으로 교환하여 주는 경우**
부가가치세가 과세되는 재화의 공급에 해당되지 아니하므로 반품 또는 교환에 대하여 세금계산서 발급대상이 아닙니다.

▶ **불량재화는 반품받고 동종 유사 제품으로 교환하여 주는 경우**
반품에 따른 수정세금계산서 및 교환에 따른 세금계산서를 각각 발급하여야 합니다.

▶ **반품받지 아니하고 동종 유사 제품을 무상으로 주는 경우**
무상 공급시 시가를 과세표준으로 하여 세금계산서를 발급하여야 합니다.

필요적 기재사항을 잘못 기재(입력)한 경우

필요적 기재사항을 착오로 잘못 입력한 경우

처음에 발급한 세금계산서의 내용대로 세금계산서를 음(陰)의 표시를 하여 발급하고, 수정하여 발급하는 세금계산서는 양수로 작성하여 발급합니다. 다만, 다음의 어느 하나에 해당하는 경우로서 과세표준 또는 세액을 경정할 것을 미리 알고 있는 경우는 제외합니다.

1. 세무조사의 통지를 받은 경우
2. 세무공무원이 과세자료의 수집 또는 민원 등을 처리하기 위하여 현지출장이나 확인업무에 착수한 경우
3. 세무서장으로부터 **과세자료 해명안내 통지**를 받은 경우

필요적 기재사항을 착오 외의 사유로 잘못 입력한 경우

재화나 용역의 공급일이 속하는 과세기간에 대한 **확정신고기한**까지 세금계산서를 작성하되, 처음에 발급한 세금계산서의 내용대로 세금계산서를 음(陰)의 표시를 하여 발급하고, 수정하여 발급하는 세금계산서는 양(陽)의 표시를 하여 작성합니다.

공급받는 자를 잘못 기재하여 세금계산서를 발행한 경우

공급받는자를 잘못 기재한 경우 재화 또는 용역의 공급시기가 속한 과세기간의 **확정신고기한**까지 공급받는 자를 수정하는 세금계산서를 발행할 수 있으며, 이 경우 적용되는 세금계산서 관련 가산세는 없습니다. 단, 공급받는 자의 수정은 기재사항 착오로 볼 수 없으므로 **확정신고기한 이후**에는 수정세금계산서를 발급할 수 없으며, 확정신고기한 이후 세금계산서를 발급한 경우 세금계산서를 발급하지 않은 것으로 보아 공급자는 공급가액의 2%를 곱한 금액의 가산세가 적용되며, 매입자는 매입세액을 공제받을 수 없습니다.

폐업자에게 세금계산서를 발급한 경우

재화 또는 용역을 공급받는 자가 사업자가 아닌 경우(폐업자 포함)에는 공급받는 자의 주소·성명 및 주민등록번호 기재하여 발급하여야 합니다. 단, 매입자가 폐업자인줄 모르고 사업자번호로 세금계산서를 발행한 경우 재화 및 용역의 공급일이 속하는 과세기간에 대한 **확정신고기한**까지 수정세금계산서를 작성 발급할 수 있는 것으로 이 경우 당초분은 취소하고 공급받는 자의 주민등록번호를 기재한 수정세금계산서를 **확정신고기한**까지 발급할 수 있으며, 확정신고기한까지 수정세금계산서를 발행하는 경우 가산세 적용은 없습니다. 한편, 확정신고기한을 경과한 경우에는 세금계산서를 수정하여 발행할 수 없으므로 이 경우 세금계산서불성실가산세가 적용됩니다.

[세법 개정] 수정세금계산서 발급기한 확대(부가령 §70①)

현 행	개 정
□ 필요적 기재사항*을 잘못 기재한 세금계산서에 대한 수정세금계산서 발급기한 * 공급자, 공급받는자, 공급가액, 작성연월일	□ 수정세금계산서 발급기한 확대
ㅇ 재화·용역의 공급시기가 속하는 과세기간의 확정신고기한까지	ㅇ 확정신고기한까지 → 확정신고기한 다음날부터 1년까지

<적용시기> 2022. 2. 15. 이후 재화·용역을 공급하는 분부터

기타 수정 전자세금계산서 발급

착오로 전자세금계산서를 이중으로 발급한 경우

① 매출자는 처음에 발급한 세금계산서의 내용대로 음(陰)의 표시를 하여 발급 : 당초 작성일자로 하여 부(-)의 수정세금계산서를 발행하고 당초 과세기간분에 대하여 '경정청구'하여 환급을 받아야 합니다. 이 경우 가산세 적용은 없습니다.

② 매입자는 매입세액을 공제받은 사실이 없는 경우 가산세 적용은 없으나 매입세액을 중복으로 공제받았다면, 수정신고를 하여야 하며, 수정신고시 신고불성실 및 납부지연가산세가 적용됩니다. 단, 수정전자세금계산서를 발급받고 수정신고시에는 매입처별세금계산서합계표 불성실가산세는 적용되지 않습니다.

과세표준 및 세율을 실제보다 과다하게 발급한 경우

① 처음에 발급한 세금계산서의 내용대로 세금계산서를 붉은색 글씨로 쓰거나 음(陰)의 표시를 하여 발급하고, 수정 발급하는 세금계산서는 양의 표시를 하여 발급합니다.

② 공급가액 또는 세액을 착오로 과다 기재한 경우 공급가액을 정정하는 수정세금계산서를 발급할 수 있으며, 수정신고를 하는 경우 필요적 기재사항의 수정으로 공급자의 경우 가산세 적용은 없습니다. 단, 공급받는자의 경우 과세기간 이후에는 당초 매입세액을 과다하게 공제받은 금액에 대하여 신고불성실가산세 및 납부지연가산세를 부담하여야 합니다.(세금계산서 관련 가산세는 없음)

과세표준 및 세액을 실제보다 과소하게 발급한 경우

착오사실을 인지한 날 처음에 발급한 세금계산서의 내용대로 세금계산서를 붉은색 글씨로 쓰거나 음(陰)의 표시를 하여 발급하고, 수정 발급하는 세금계산서는 양의 표시를 하여 발급합니다.

단, 예정신고기한 또는 확정신고기한 이후 수정하여 발급하는 경우 부가가치세를 과소신고 및 납부한 것이므로 신고불성실가산세 및 납부지연가산세를 추가로 부담하여야 합니다.(세금계산서 관련 가산세는 없음) 한편, 매입자의 경우 수정세금계산서에 의해 매입세액 공제가 가능합니다.

사업자를 주민등록기재분으로 세금계산서 발급한 경우

공급자가 거래 상대방이 사업자인 것을 모르고 주민등록번호를 기재하여 발행한 세금계산서는 주민등록번호를 사업자등록번호로 수정한 세금계산서를 발급할 수 있습니다. 이 경우 관할 **세무서장이 경정하여 통지하기 전까지** 당초에 발급한 세금계산서의 내용대로(당초 작성일자) 세금계산서를 수정하여 발급합니다. 다만, 공급받는 자가 사업자등록을 하기 전에 공급받는 자의 주민등록번호를 기재하여 발급한 세금계산서에 대하여는 사업자등록번호로 수정한 세금계산서를 발급할 수 없습니다.

세금계산서를 발행하여야 하나 면세 계산서를 발행한 경우

부가가치세가 과세되는 재화 또는 용역을 공급하였으나 면세 계산서를 발급한 경우 소급하여 세금계산서를 발급할 수 없는 것이며, 세금계산서 미발급 가산세(공급가액의 2%), 신고불성실가산세, 납부지연가산세가 적용됩니다.

면세 계산서를 발행하여야 하나 세금계산서를 발행한 경우

부가가치세가 면제되는 재화나 용역을 공급하면서 착오로 계산서가 아닌 세금계산서로 발급한 경우 부가가치세법의 가산세는 없으나 법인세법 또는 소득세법의 규정에 의한 계산서 미발급가산세(공급가액의 2%)가 적용됩니다. 단, 영수증 발급대상사업자 등 계산서 발급의무가 없는 업종의 경우 계산서 관련 가산세 적용은 없습니다.

Q 전자세금계산서 발급대상자가 종이세금계산서를 발급한 경우

전자세금계산서 발급의무대상 사업자가 종이세금계산서를 발행한 경우 매출자는 세금계산서 불성실가산세(공급가액의 1%)를 부담하여야 하나 매출자가 정당한 거래시기에 종이세금계산서를 발행한 경우 매입자는 매입세액을 공제받을 수 있습니다.

SECTION 03

전자세금계산서 의무발급사업자

전자적 방법에 의하여 발급한 것을 전자세금계산서라 하며, 법인 및 개인사업자 중 직전 연도의 사업장별 재화 및 용역의 공급가액의 합계액이 2억원 (고정자산 매각분 포함)이상인 사업자는 세금계산서 발급시 반드시 전자세금계산서를 발급하여야 합니다.

전자세금계산서를 발급하여야 하는 기간은 다음 해 제2기 과세기간과 그 다음 해 제1기 과세기간으로 합니다. 예를 들어 2022년도 공급가액이 1억원 이상이 되는 경우 전자세금계산서 의무발급 기간은 2023년 7월 1일 ~ 2024년 6월 30일입니다.

전자세금계산서 발급 및 발급받은 전자세금계산서를 확인하기 위하여 반드시 국세청 홈택스에 공인인증서 등록을 하여야 합니다.

전자세금계산서 의무발급 대상 사업자

① 법인 및 개인사업자로서 직전년도 공급가액이 2억원 이상인 사업자는 전자세금계산서를 의무적으로 발급하여야 합니다. 2억원 기준금액에는 고정자산매출분은 포함하되, 과세·면세 겸업사업자의 경우 면세수입금액은 포함하며, 2개 이상 사업장이 있는 경우 해당 사업장별로 2억원 이상인 사업장만 전자세금계산서를 의무적으로 발급하여야 합니다. 단, 전자세금계산서 발급의무대상사업자가 아니더라도 전자세금계산서는 발급할 수 있습니다.

[개정 세법] 전자세금계산서 의무발급 개인사업자 확대(부가령 §68)
(종전) 직전연도 사업장별 공급가액 합계액이 2억원 이상인 개인사업자
(개정) 직전연도 공급가액 합계액 1억원 이상
<적용시기> '23.7.1. 이후 재화 또는 용역을 공급하는 분부터 적용
○ 사업장별 재화·용역의 공급가액 합계액을 기준으로 1억원 이상 여부를 판단

② 개인사업자의 전자세금계산서 의무발급기간은 매출금액이 2억원 이상인 해의 다음 해 제2기 과세기간과 그 다음 해 제1기 과세기간으로 합니다.

Q&A 새로 창업을 하였는데 전자세금계산서를 발급하여야 하나요?
창업한 연도는 전자세금계산서 발급의무가 없으나 홈택스에서 전자적으로 세금계산서를 발급하는 것이 업무적으로 매우 편리하고, 분실 등의 우려가 없으므로 국세청 홈페이지의 전자세금계산서 발급방법(국세정책제도 → 전자(세금)계산서)을 참고하여 홈택스에서 전자세금계산서를 발급하시기 바랍니다.

■ 전자(세금)계산서 발급에 대한 세액공제 신설

(부가법 §47, 소득법 §56의3, 부가령 §89, 소득령 §116의4)

현 행	개 정
<신 설>	□ 전자(세금)계산서 발급·전송에 대한 세액공제 ㅇ (공제대상) 직전연도 공급가액(총수입금액)이 3억원 미만인 개인사업자 - 전자(세금)계산서를 발급일의 다음 날까지 국세청장에게 전송 ㅇ (공제금액) 전자세금계산서 발급 건수 당 200원 ㅇ (공제방식) 부가가치세·소득세에서 공제 ㅇ (적용기한) '22.7.1. ~ '24.12.31.

<적용시기> '22.7.1. 이후 재화와 용역을 공급하는 분에 대한 전자(세금)계산서를 발급하는 분부터 적용

■ 전자세금계산서 발급세액공제 간이과세자 적용

(부가법 §63, 부가령 §114)

현 행	개 정 안
□ 간이과세자에게 적용되는 세액공제	□ 세액공제 항목 추가
ㅇ 매입세금계산서등 수취세액공제	ㅇ (좌 동)
ㅇ 신용카드매출전표등 발행세액공제	ㅇ (좌 동)
<추 가>	ㅇ 전자세금계산서 발급세액공제

<적용시기> '23.7.1. 이후 재화나 용역을 공급하는 분부터 적용

전자세금계산서는 어디에서 발급하나요?

국세청 홈택스를 이용하여 발급하는 방법과 전자세금계산서 발급용 프로그램을 구입하여 발급하는 방법이 있으며, 국세청 홈택스를 이용하는 경우 무료로 발급할 수 있습니다.

◪ 국세청 홈택스에서 발급

① 「홈택스」에서 공인인증서로 로그인하고, 세금계산서를 작성하여 거래처에 발급하는 방법으로「홈택스」에서 세금계산서 발급내용을 입력한 다음 전자세금계산서를 발급하면, 거래상대방에서 자동으로 전송이 됩니다.

② 전자세금계산서 발급시 거래상대방의 이메일을 입력하여야 합니다만, 단, 이메일을 입력하지 않아도 세금계산서의 효력에는 영향이 없으며, 국세청 「홈택스」에서 전자세금계산서를 발급하는 경우 모든 사업자가 무료로 이용가능합니다.

◪ 세금계산서 발행시스템 사업자를 통한 발급

전자세금계산서 발행시스템을 개발하여 그 시스템을 제공하는 것을 주업으로 하는 임대사업자(ASP)의 시스템에 접속하여 발행하고, 국세청에 전송하는 방법으로 이 경우 사용료를 지급하여야 합니다.

전자세금계산서는 어떻게 발급하여야 하나요?

◎ 전자세금계산서 발급 방법

유튜브에서 "전자세금계산서"를 검색하시면 전자세금계산서 발급방법에 대한 동영상 강좌를 볼 수 있습니다.

◎ 공인인증서 발급

전자세금계산서를 발급하기 위해서는 반드시 **전자세금계산서 발행용 공인인증서**가 필요합니다.

국세청 「홈택스」에서 전자세금계산서를 발급하려는 사업자의 경우 공인인증서로 로그인하여 전자세금계산서를 발급하여야 하므로 반드시 전자세금용 공인인증서를 준비하여야 합니다.

개인사업자는 거래은행을 통해「전자세금용 공인인증서」를 발급받아야만 「홈택스」에서 전자세금계산서를 발급할 수 있습니다.

은행용이나 증권용 등 개인이 인터넷뱅킹을 목적으로 발급받은 공인인증서는 전자세금용 공인인증서로 사용이 불가능합니다.
이 경우 **전자세금용 공인인증서를 발급**받아야 하며, 거래은행에서 발급받는 것이 가장 저렴합니다.

> **참 고** 공인인증서 발급

○ 법인범용인증서 (단, 법인은행/보험/신용카드인증서는 사용불가)하므로 법인 범용인증서를 교부받아야 합니다.)

○ 전자세금용인증서
1. 기업인터넷뱅킹을 가입하여 사용하고 있는 사업자(법인, 개인사업자)는 거래 은행 홈페이지에서 발급이 가능합니다.
2. 기업인터넷뱅킹에 가입하지 않은 사업자는 반드시 거래은행 창구를 방문하여 **전자세금용 인증서를 발급받아야** 합니다.
법인은 대리인 신청이 가능하나 개인사업자는 반드시 본인이 은행을 방문하여야 발급을 받을 수 있습니다.
• 방문신청시 구비서류(개인사업자) : 사업자등록증사본, 신분증, 출금계좌용통장

국세청 「홈택스」 로그인 (공인인증서)

1. 회원가입 (메인화면 상단)
2. 공인인증서 로그인
3. 홈택스 하단 "전자세금계산서 발급" 클릭

건별 발급

공급받는자 인적사항 및 거래 내용 입력

1. 공급받는자 **사업자등록번호, 상호, 성명, 작성일자, 공급가액**은 반드시 입력을 하여야 합니다.
   ▶ 품명, 수량, 단가 입력없이 공급가액만 입력을 하여도 됩니다만, 공급가액은 반드시 입력을 하여야 합니다.
2. [발급] 버튼을 누르시면 정상적으로 발급이 됩니다.

▶ 홈택스 전자세금계산서 발급

◆ 거래처 e-mail

매출자는 전자세금계산서를 발급하기 위해 매입자가 수신할 수 있는 포털 e-mail을 확보하여야 하며, 전자세금계산서 발급시 e-mail주소를 입력하여야 합니다. 단, e-mail 주소를 입력하지 않아도 세무상 불이익은 없습니다.

거래처 등록

전자세금계산서 발급시 별도의 거래처 등록없이 건별 발행 화면에서 거래처를 직접 입력하여 발급을 할 수 있습니다만, 계속 거래처의 경우 다음 절차에 의하여 거래처등록을 한 다음 전자세금계산서를 발급하시는 것이 편리합니다.

1. My NTS → 일괄등록
2. 거래처양식 내리기(다운로드) : 엑셀 파일 또는 텍스트 파일
   '전자세금계산서' 폴더를 만들어 저장함 → 파일명 : '거래처양식'
3. 엑셀 파일 또는 텍스트 파일에서 거래처 명단 작성
4. '찾아 보기'를 클릭하여 파일명 : '거래처양식' 올리기(업로드)
5. [거래처 일괄등록] 메뉴바(버튼) 클릭

▶ **등록된 거래처의 전자세금계산서 발급**
1. [거래처 검색] 메뉴바(버튼)를 클릭하여 공급받는자 거래처를 선택합니다.

2. 작성일자 및 공급가액은 반드시 입력을 하여야 합니다.
   품명, 수량, 단가 입력없이 공급가액만 입력을 하여도 됩니다만, 공급가액은 반드시 입력을 하여야 합니다.
3. [발급] 버튼을 누르시면 정상적으로 발급이 됩니다.

| 보 충 | 간편발급 |

간편발급을 클릭하시면 등록된 거래처를 선택하여 전자세금계산서를 발급할 수 있습니다.

▶ 거래처

거래처란 거래를 입력할 시 해당 계정과목(보통예금, 외상매출금, 외상매입금 등) 에서 어느 업체의 것이 증가 또는 감소되었느냐를 입력하기 위한 것입니다. 예를 들어 "외상매출금(계정과목)이 증가하였을 경우 어느 업체(거래처)의 외상매출금이 증가하였느냐?" "보통예금(계정과목)이 인출되었을 경우 어느 통장(거래처)에서 출금되었느냐?" 등을 어느 업체 어느 통장(거래처) 별로 증가, 감소내역을 알기 위하여 입력하는 란으로 거래처 관리를 전산으로 처리하기 위해서는 반드시 거래처 등록을 하여야 합니다. 한편, 계정과목에 따라 거래처관리가 필요한 경우가 있고 필요 없는 경우가 있습니다. 예를 들어 세금계산서를 수수하지 않는 비용(수익) 계정과목으로 현금을 지급(수입)하는 경우 그 지급처(수입처)가 어디냐? 를 기록하기 위하여 업체명을 입력하나 이는 단순히 지급처를 표시하는 것으로 관리대상 거래처가 아니므로 거래처명에 지급처 또는 수입처명을 직접 입력하면 됩니다.

◈ 거래처 등록이 필요한 계정과목
- 자산 중 당좌예금, 보통예금, 정기적금, 정기예금, 외상매출금, 받을어음, 단기대여금, 미수금, 선급금, 가지급금, 전도금, 장기대여금 등

- 부채 중 외상매입금, 지급어음, 미지급금, 예수금, 당좌차월, 선수금, 단기차입금, 미지급비용, 장기차입금 등

◆ 거래처 등록이 필요 없는 계정과목
- 자산 : 현금, 부가세대급금, 토지, 건물, 비품, 차량운반구 등
- 부채 : 부가세예수금, 임대보증금 등
- 판매비및관리비 : 세금계산서를 수취하지 않는 것
- 영업외수익 : 세금계산서를 발행하지 않는 것
- 영업외비용 : 세금계산서 미수취 및 현금거래
- 원가계정 : 세금계산서 미수취 및 현금거래

품목등록

자주 사용하는 품목은 [My NTS] → [품목관리] → [품목등록]에서 품목을 등록한 다음 전자세금계산서 발급시 품목을 선택하여 발급할 수 있습니다.

전자세금계산서 발급시기와 전송기한

◎ 전자세금계산서 발급시기

세금계산서는 거래시기(물품 등을 공급한 날)가 속하는 월의 다음달 10일까지 반드시 공급시기를 작성일자로 하여 전자세금계산서를 발급하여야 합니다.

거래일의 다음달 11일 이후 발급하는 경우 매출자 및 매입자는 각각 세금계산서불성실가산세(공급자는 공급가액의1%, 공급받는자는 공급가액의 0.5%)가 적용됩니다.

한편, 1기분(1. 1. ~ 6. 30.)을 7월 26일 이후 발급하는 경우 및 2기분(7. 1. ~ 12. 31.)을 다음해 1월 26일 이후 발급하는 경우에는 과세기간이 달라져서 매입자는 매입세액을 공제받을 수 없으며, 매출자는 세금계산서 미발급에 해당되어 공급가액의 2%를 가산세로 부담하게 됩니다. 따라서 전자세금계산서의 경우 발급일자를 국세청이 전산에서 확인할 수 있으므로 발급기한을 넘기지 않도록 특히 유의를 하여야 합니다.

◎ 전자세금계산서 국세청 전송기한

전자세금계산서를 발급한 후 즉시 국세청에 전송함을 원칙으로 하되, 재화 또는 용역의 공급일이 속하는 달의 다음달 11일까지는 국세청에 전송하여야 합니다. 단,「홈택스」를 이용하여 전자세금계산서를 발급하는 경우 전자세금계산서 발행 즉시 전송되므로 별도의 전송 절차는 필요하지 않습니다.

전자세금계산서를 잘못 발행한 경우 수정 발행

🅠 전자세금계산서 수정 발급

① 발행된 전자세금계산서는 취소.반송이 불가능하며, 수정 등의 사유가 발생한 경우에는 수정세금계산서를 발행할 수 있습니다.

② 수정세금계산서의 전송기한은 수정세금계산서 발행일을 기준으로 전송기한이 다시 시작됩니다.

③ 수정세금계산서 발행사유는 기재사항 착오·정정, 계약의 해제, 공급가액 변동, 재화의 환입, 내국신용장 사후개설이 있으며, 수정세금계산서 발행에 따른 불이익(가산세)은 없습니다.

④ 종이세금계산서를 발행한 경우에는 신고기한 도래전 수정사유가 발생하였을 시 통상 공급자와 공급받는자가 같이 세금계산서를 수정하거나 잘못 발행된 세금계산서는 폐기함으로서 정상적으로 수정세금계산서를 발급하지 않는 경우가 일반적이었으나 전자세금계산서 발행제도하에서는 수정세금계산서 발급사유가 발생한 경우 반드시 전자적으로 수정세금계산서를 발급하여야 합니다.

🅠 수정 전자세금계산서 발급사유 및 발급절차

수정세금계산서 발행 편 및 국세청 「홈택스」를 참고하여 수정 세금계산서를 발급하시면 됩니다.

SECTION 04
현금영수증가맹점 현금영수증 발급

1) 현금영수증은 현금영수증 발급장치에 의하여 발급하는 영수증으로서 국세청 전산시스템과 연계되어 사업자가 현금영수증을 발급하는 경우 국세청은 사업자의 매출을 파악할 수 있습니다.

2) 따라서 주로 소비자를 대상으로 하는 업종의 경우 의무적으로 현금영수증 가맹점으로 가입을 하여야 합니다.

3) 또한 매출 누락을 방지하기 위하여 **특정 업종**에 대하여 현금영수증 발급을 의무화하고 있습니다.

4) 현금영수증 가맹점 가입 및 의무발급 등에 대한 내용은 소득세법 제162조의3(현금영수증가맹점 가입·발급의무 등)에서 규정하고 있습니다만, 세금계산서 발급을 의무적으로 발급하여야 하는 사업자가 아닌 경우 현금영수증을 발급하여야 하므로 부가가치세 편에 수록하였음을 참고하시기 바랍니다.

현금영수증가맹점 가입하여야 하는 업종

주로 사업자가 아닌 소비자에게 재화 또는 용역을 공급하는 사업자로서 직전 과세연도 수입금액의 합계액이 2천400만원 이상인 사업자 및 다음의 업종을 영위하는 사업자는 그 요건에 해당하는 날부터 **60일이내**에 신용카드단말기 등에 현금영수증 발급장치를 설치함으로써 현금영수증가맹점으로 가입하여야 합니다.

1. 의료업, 수의업 및 약사에 관한 업을 행하는 사업자
2. 변호사업, 심판변론인업, 변리사업, 법무사업, 공인회계사업, 세무사업, 경영지도사업, 기술지도사업, 감정평가사업, 손해사정인업, 통관업, 기술사업, 건축사업, 도선사업, 측량사업, 공인노무사업, 의사업, 한의사업, 약사업, 한약사업, 수의사업과 그 밖에 이와 유사한 사업서비스업등
3. 현금영수증의무발행사업자 소득세법 시행령 [별표 3의3]에 따른 업종을 영위하는 사업자
[별표 3의3] 법제처 홈페이지 → '소득세법 시행령' → 별표

> **Q & A 소비자상대 업종이 아닌 경우에도 현금영수증을 발급할 수 있나요?**
> 제조업, 건설업, 도매업 등 세금계산서를 발급하여야 하는 업종의 사업자가 현금영수증가맹점으로 가입하고, 현금영수증을 발급하는 경우 세금계산서를 발급하지 않습니다. <부가가치세법 제33조>

◆ 주로 소비자에게 재화·용역을 공급하는 사업자
소득세법 시행령 [별표 3의2]

■ 소득세법 시행령 [별표 3의2] <개정 2022. 2. 15.>

소비자상대업종(제210조의2제1항 및 제210조의3제1항 관련)

구분	업종
1. 소매업	복권소매업 등 기획재정부령으로 정하는 업종을 제외한 소매업 전체 업종
2. 숙박 및 음식점업	숙박 및 음식점업 전체 업종
3. 제조업	양복점업 등 기획재정부령으로 정하는 업종
4. 건설업	실내건축 및 건축마무리 공사업
5. 도매업	자동차중개업
6. 부동산업 및 임대업	가. 부동산 중개 및 대리업 나. 부동산 투자 자문업 다. 부동산 감정평가업(감정평가사업을 포함한다) 라. 의류 임대업
7. 운수업	가. 전세버스 운송업 나. 「화물자동차 운수사업법」에 따른 화물자동차 운송주선사업(이사화물을 포장하는 서비스를 제공하는 사업으로 한정한다) 다. 특수여객자동차 운송업(장의차량 운영업) 라. 주차장 운영업 마. 여행사업 바. 삭제 <2018. 2. 13.> 사. 기타 여행보조 및 예약 서비스업 아. 여객 자동차 터미널 운영업 자. 소화물 전문 운송업
8. 전문·과학 및 기술서비스업	가. 변호사업 나. 변리사업 다. 공증인업 라. 법무사업 마. 행정사업 바. 공인노무사업 사. 공인회계사업(기장대리를 포함한다) 아. 세무사업(기장대리를 포함한다) 자. 건축설계 및 관련 서비스업 차. 기술사업 카. 심판변론인업 타. 경영지도사업 파. 기술지도사업 하. 손해사정인업 거. 통관업 너. 삭제 <2014.2.21> 더. 측량사업 러. 인물 사진 및 행사용 영상 촬영업 머. 사진처리업

9. 교육서비스업	가. 컴퓨터학원 나. 속기학원 등 그 외 기타 분류안된 교육기관 다. 운전학원 라. 자동차정비학원 등 기타 기술 및 직업훈련학원 마. 일반 교과 학원 바. 외국어학원 사. 방문 교육 학원 아. 온라인 교육 학원 자. 기타 교습학원 차. 예술 학원 카. 태권도 및 무술 교육기관 타. 기타 스포츠 교육기관 파. 청소년 수련시설 운영업(교육목적용으로 한정한다) 하. 기타 교육지원 서비스업
10. 보건업 및 사회복지서비스업	가. 종합병원 나. 일반병원 다. 치과병원 라. 한방병원 마. 요양병원 바. 일반의원(일반과, 내과, 소아청소년과, 일반외과, 정형외과, 신경과, 정신건강의학과, 피부과, 비뇨의학과, 안과, 이비인후과, 산부인과, 방사선과 및 성형외과) 사. 기타의원(마취통증의학과, 결핵과, 가정의학과, 재활의학과 등 달리 분류되지 아니한 병과) 아. 치과의원 자. 한의원 차. 수의업
11. 예술, 스포츠 및 여가 관련 서비스업	가. 영화관 운영업나. 비디오물 감상실 운영업 다. 독서실 운영업 라. 박물관 운영업 마. 식물원 및 동물원 운영업 바. 실내 경기장 운영업 사. 실외 경기장 운영업 아. 경주장 운영업(경마장 운영업을 포함한다) 자. 골프장 운영업 차. 스키장 운영업 카. 체력단련시설 운영업 타. 수영장 운영업 파. 볼링장 운영업 하. 당구장 운영업 거. 종합 스포츠시설 운영업 너. 골프연습장 운영업 더. 스쿼시장 등 그 외 기타 스포츠시설 운영업 러. 컴퓨터 게임방 운영업 머. 노래연습장 운영업 버. 오락사격장 등 기타 오락장 운영업 서. 해수욕장 운영 등 기타 수상오락 서비스업 어. 낚시장 운영업 저. 무도장 운영업 처. 유원지 및 테마파크 운영업 커. 기원 운영업

12. 협회 및 단체, 수리 및 기타 개인서비스업	가. 컴퓨터 및 주변 기기 수리업 나. 통신장비 수리업 다. 자동차 종합 수리업 라. 자동차 전문 수리업 마. 자동차 세차업 바. 모터사이클 수리업 사. 가전제품 수리업 아. 의복 및 기타 가정용 직물제품 수리업 자. 가죽, 가방 및 신발수리업 차. 시계, 귀금속 및 악기 수리업 카. 보일러수리 등 그 외 기타 개인 및 가정용품 수리업 타. 이용업 파. 두발 미용업 하. 피부 미용업 거. 손·발톱 관리 등 기타 미용업 너. 욕탕업 더. 마사지업 러. 비만 관리 센터 등 기타 신체관리 서비스업 머. 가정용 세탁업 버. 세탁물 공급업 서. 장례식장 및 장의관련 서비스업 어. 화장터 운영, 묘지 분양 및 관리업 저. 예식장업 처. 점술 및 유사 서비스업 커. 산후 조리원 터. 결혼 상담 및 준비 서비스업
13. 가구내 고용활동	놀이방·어린이집(「영유아보육법」 제13조에 따라 설치·인가된 경우는 제외한다)

비고: 업종의 구분은 한국표준산업분류를 기준으로 한다. 다만, 위 표에서 특별히 규정하는 업종의 경우에는 그러하지 아니하다.

Q & A 현금영수증가맹점으로 가입하지 않는 경우 어떻게 되나요?

가맹점으로 미가입한 기간의 수입금액의 1%를 가산세로 부담하여야 하며, 창업중소기업감면, 중소기업특별세액감면 등을 받을 수 없습니다,.
<소득세법 제81조의9 ②> <조세특례제한법 제128조 ④>

현금영수증 의무발행사업자 및 미발행가산세

◐ 현금영수증을 의무적으로 발급하여야 하는 경우는?

다음에 정하는 업종을 영위하는 사업자는 현금영수증가맹점으로 가입을 하여야 하며, 건당 거래금액(부가가치세액 포함)이 **10만원** 이상인 재화 또는 용역을 공급하고 그 대금을 현금으로 받은 경우에는 거래상대방이 현금영수증 발급을 요청하지 아니하더라도 현금영수증을 발급하여야 합니다.

▶ 현금영수증 의무발행사업자 [소득세법시행령 별표 3의3]

소득세법 시행령 [별표 3의3] <개정 2021. 2. 17.>

현금영수증 의무발행업종(제210조의3제1항제4호 및 같은 조 제11항 관련)	
구분	업종
1. 사업서비스업	변호사업, 공인회계사업, 세무사업, 변리사업, 건축사업, 법무사업, 심판변론인업, 경영지도사업, 기술지도사 감정평가사업, 손해사정인업, 통관업, 기술사업, 측량사업, 공인노무사업
2. 보건업	종합병원, 일반병원, 치과병원, 한방병원, 요양병원 바. 일반의원(일반과, 내과, 소아청소년과, 일반외과, 정형외과, 신경과, 정신건강의학과, 피부과, 비뇨의학과, 안과, 이비인후과, 산부인과, 방사선과 및 성형외과) 기타의원, 치과의원, 한의원, 수의업
3. 숙박 및 음식점업	일반유흥 주점업(「식품위생법 시행령」 제21조제8호다목에 따른 단란주점영업을 포함한다) 무도유흥 주점업, 일반 및 생활 숙박시설운영업 출장 음식 서비스업 기숙사 및 고시원 운영업(고시원 운영업으로 한정한다)

4. 교육 서비스업	일반 교습 학원, 예술 학원, 외국어학원 및 기타 교습학원 운전학원, 태권도 및 무술 교육기관 기타 스포츠 교육기관, 기타 교육지원 서비스업 청소년 수련시설 운영업(교육목적용으로 한정한다) 기타 기술 및 직업훈련학원, 컴퓨터 학원 그 외 기타 분류 안 된 교육기관
5. 그 밖의 업종	골프장 운영업, 골프 연습장 운영업 장례식장 및 장의관련 서비스업, 예식장업 부동산 중개 및 대리업, 부동산 투자 자문업 산후 조리원, 시계 및 귀금속 소매업 피부 미용업, 손·발톱 관리 미용업 등 기타 미용업 비만 관리 센터 등 기타 신체 관리 서비스업 마사지업(발 마사지업 및 스포츠 마사지업으로 한정한다) 실내건축 및 건축마무리 공사업(도배업만 영위하는 경우는 제외한다), 인물 사진 및 행사용 영상 촬영업 결혼 상담 및 준비 서비스업, 의류 임대업 「화물자동차 운수사업법」 제2조제4호에 따른 화물자동차 운송주선사업(이사화물을 포장하는 서비스를 제공하는 사업) 자동차 부품 및 내장품 판매업 자동차 종합 수리업, 자동차 전문 수리업 전세버스 운송업, 가구 소매업 전기용품 및 조명장치 소매업, 의료용 기구 소매업 페인트, 창호 및 기타 건설자재 소매업 주방용품 및 가정용 유리, 요업 제품 소매업[거울 및 액자(내용물이 없는 것으로 한정한다) 소매업, 주방용 유리제품 소매업, 관상용 어항 소매업으로 한정한다] 안경 및 렌즈 소매업, 운동 및 경기용품 소매업 예술품 및 골동품 소매업, 중고자동차 소매업 및 중개업 악기 소매업, 자전거 및 기타 운송장비 소매업 체력단련시설 운영업, 화장터 운영, 묘지 분양 및 관리업 특수여객자동차 운송업 가전제품 소매업, 의약품 및 의료용품 소매업 독서실 운영업, 두발 미용업, 철물 및 난방용구 소매업

	신발 소매업, 애완용 동물 및 관련용품 소매업 의복 소매업, 컴퓨터 및 주변장치, 소프트웨어 소매업 통신기기 소매업, <2022.1.1. 이후> 건강보조식품 소매업, 모터사이클 수리업 자동차 세차업, 벽지, 마루덮개 및 장판류 소매업 공구 소매업, 가방 및 기타 가죽제품 소매업 중고가구 소매업, 사진기 및 사진용품 소매업
6. 통신판매업	전자상거래 소매업(제1호부터 제5호에 따른 업종에서 사업자가 공급하는 재화 또는 용역을 온라인 통신망을 통하여 소매하는 경우로 한정한다)

비고: 업종의 구분은 한국표준산업분류를 기준으로 한다. 다만, 위 표에서 특별히 규정하는 업종의 경우에는 그렇지 않다.

현금영수증 의무발행사업자가 현금영수증을 발급하지 않은 경우 가산세

▶ 현금영수증의무발행사업자의 현금영수증 미발행가산세

현금영수증의무발행사업자의 경우 건 당 **10만원 이상** 거래에 대하여 재화 또는 용역을 제공하고 현금을 받은 경우에는 상대방이 현금영수증 발급을 요청하지 아니하더라도 무조건 현금영수증을 발행하여야 합니다.

따라서 거래상대방이 현금영수증 발급을 요청하지 아니하거나, 현금영수증가맹점이 신분을 인식하지 못하더라도 **국세청이 지정한 코드(010-000-1234)**로 현금영수증을 자진해서 발급하여야 합니다.

만약, 재화나 용역을 공급하고 그 대금을 계좌이체 또는 현금으로 받은 즉시 현금영수증을 발급하지 못한 경우에도 받은 날부터 **5일 이내**에 무기명으로 발급할 수 있습니다.

현금영수증 의무발행 사업자가 현금영수증을 발급하지 아니하거나 사실과 다르게 발급하여 관할세무서장으로부터 통보받은 경우 해당 과세기간의 거래에 대하여 통보받은 건별 미발급금액 또는 건별로 사실과 다르게 발급한 금액의 각각 100분의 20[착오나 누락으로 인하여 거래대금을 받은 날부터 7일(2022년 이후 10일) 이내에 세무서에 자진 신고하거나 현금영수증을 자진 발급한 경우 100분의 10]에 해당하는 금액을 가산세로 부담하게 됩니다.

Q & A 현금영수증가맹점으로 가입하지 않는 경우 또는 현금영수증 의무발급사업자가 발급을 하지 않는 경우 어떻게 되나요?

1) 가맹점으로 미가입한 기간의 수입금액의 1%를 가산세로 부담하여야 하며, 창업중소기업감면, 중소기업특별세액감면 등을 받을 수 없습니다.
<소득세법 제81조의9 ②> <조세특례제한법 제128조 ④>

2) 현금영수증 의무발급대상 사업자가 10만원 이상 거래의 경우 미발급금액의 20%를 가산세로 부담하여야 합니다.

3) 통신판매업은 현금영수증 의무발급대상 사업자에 해당하므로 10만원 이상 거래에 대하여 신용카드로 결제를 받거나 세금계산서를 발급하지 않는 경우(예금 입금 등) 현금영수증을 발급하여야 합니다.

[개정 세법] 현금영수증 사업자에 대한 부가가치세 과세특례 적용기한 연장(조특법 §126의3)

현 행	개 정
□ 현금영수증사업자*에 대한 부가가치세액 공제 　* 현금영수증가맹점으로부터 현금결제내역을 수집하여 국세청으로 전송 　ㅇ (공제대상) 현금영수증가맹점의 현금영수증 발급건수 　ㅇ (공제금액) 종이발급 : 9.4원, 온라인발급 : 8.4원 　ㅇ (적용기한) '22.12.31.	□ 적용기한 연장 　ㅇ (좌 동) 　ㅇ '25.12.31.

[세법 개정] 현금영수증 가맹점 세액공제 적용기한 신설(조특법 §126의3)

현 행	개 정 안
□ 현금영수증 발급 시 세액공제 　ㅇ (대상) 현금영수증 가맹점 　ㅇ (요건) 5천원 미만 거래이면서 전화망을 통한 발급인 경우 　ㅇ (세액공제) 발급 건 × 20원 　　　<신 설>	□ 적용기한 신설 　(좌 동) ㅇ(적용기한) 25.12.31.

특정 업종의 현금매출명세서 제출의무

Q 부가가치세 신고시 현금매출명세서를 제출하여야 하는 업종은?

다음의 사업을 하는 사업자는 부가가치세 예정신고 또는 확정신고를 할 때 현금매출명세서를 함께 제출하여야 합니다. <부법 제55조 제1항>

(1) 부가가치세법 제55조
부동산업, 전문서비스업, 과학서비스업 및 기술서비스업, 보건업, 그 밖의 개인서비스업
(2) 부가가치세법 시행령 제100조 및 제109조 제2항제7호
예식장업, 부동산중개업, 보건업(병원과 의원으로 한정한다), 변호사업, 심판변론인업, 변리사업, 법무사업, 공인회계사업, 세무사업, 경영지도사업, 기술지도사업, 감정평가사업, 손해사정인업, 통관업, 기술사업, 건축사업, 도선사업, 측량사업, 공인노무사업, 의사업, 한의사업, 약사업, 한약사업, 수의사업과 그 밖에 이와 유사한 사업서비스업으로서 기획재정부령으로 정하는 것
(3) 부가가치세법 시행규칙 제71조
과자점업, 도정업, 제분업 및 떡류 제조업 중 떡방앗간
양복점업, 양장점업, 양화점업
그 밖에 자기가 공급하는 재화의 50퍼센트 이상을 최종소비자에게 공급하는 사업으로서 국세청장이 정하는 것

현금매출명세서 제출대상 업종을 영위하는 사업자가 현금매출명세서를 제출하지 아니한 경우 제출하지 아니한 수입금액의 1%를 가산세로 부담을 합니다.

SECTION 05
과세표준 과세대상

> 과세표준이란 부가가치세 부과기준이 되는 금액을 말합니다. 단, 사업자가 재화 또는 용역을 공급하고 그 대가로 받은 금액에 공급가액과 세액이 별도 표시되어 있지 아니한 경우에는 거래금액 또는 영수할 금액의 110분의 100에 해당하는 금액이 과세표준이 됩니다.

부가가치세 과세표준 및 계산 방법

Q 금전으로 대가를 받는 경우

과세표준에는 거래상대자로부터 받은 대금·요금·수수료 기타 명목 여하에 불구하고 대가관계에 있는 모든 금전적 가치있는 것을 포함하며, 외상판매 및 할부판매의 경우 공급한 재화의 총가액을 과세표준으로 합니다.

◧ 간주공급이 무엇인가요?

과세대상인 재화의 공급은 원칙적으로 계약상 또는 법률상의 모든 원인에 의하여 재화를 인도 또는 양도하는 것으로 합니다. 그러나 통상의 거래가 아니더라도 **재화의 공급으로 간주**하여 과세하는 경우가 있으며, 이러한 공급을 간주공급이라고 합니다. 간주공급에는 자가공급, 개인적공급, 사업상증여, 폐업시 잔존재화 등이 있으며, 간주공급은 세금계산서 발급대상이 아닙니다.

♣ 상세 내용 : 경영정보사 홈페이지 참조

개인적 공급

사업과 직접 관계없이 개인적인 목적 또는 기타의 목적을 위하여 사업자가 재화를 사용·소비하거나 사용인 또는 기타의 자가 재화를 사용·소비하는 것으로서 사업자가 그 대가를 받지 아니하거나 시가보다 낮은 대가를 받는 것을 말합니다. 다만, 매입세액을 공제받지 아니한 것은 과세되는 재화의 공급으로 보지 않습니다.

▷ 종업원 선물 세무처리

사업자가 복리후생목적으로 선물을 구입하여 종업원에게 증정하는 경우 그 매입세액은 공제가 가능합니다. 그러나 직원에게 주는 선물은 재화의 공급인 개인적 공급에 해당되는 것이므로 부가가치세가 과세됩니다. 즉, 종업원 선물용으로 물품 등을 구입할 시 부가가치세 매입세액을 공제받는 경우에는 그 선물을 종업원에게 지급할 시 부가가치세 매출세액을 계산하여 납부하여야 하는 것입니다. 단, 매입세액을 공제받지 않는 경우 부가가치세를 납부하지 않아도 되므로 실무에서는 종업원 선물 구입의 경우 매입세액불공제하고, 과세대상 급여로 처리를 합니다.

[개정 세법] 2019년 이후 1인당 연간 10만원 이내의 경조사와 관련된 재화의 경우 매입세액을 공제받더라도 개인적 공급으로 보지 아니함

사업상증여

사업자가 재화를 증여하는 경우 재화의 공급으로 보아 부가가치세가 과세됩니다. 단, 증여하는 재화가 주된 거래의 공급대가에 포함된 경우(자기의 제품을 구입하는 자에게 구입 당시 구입액의 비율에 따라 증여하는 증여품 등)에는 부수재화에 해당하므로 사업상증여에 해당하지 않습니다. 또한 사업을 위하여 대가를 받지 아니하고 다른 사업자에게 인도 또는 양도하는 견본품과 매입세액이 공제되지 아니하는 것은 과세되는 재화의 공급에 해당하지 않습니다.

폐업시 잔존재화

사업자가 사업을 폐지하는 때에 잔존하는 재화는 자기에게 공급하는 것으로 봅니다. 따라서 폐업시 사업에 사용하던 재고자산 및 감가상각자산이 있는 경우 재고자산은 그 시가를, 감가상각자산은 '감가상각자산의 간주공급시 과세표준'을 공급가액으로 간주하여 부가가치세를 납부하여야 합니다. 단, **매입세액이 불공제된 재화의 경우에는 간주공급에서 제외합니다.**

🅠 마일리지

재화의 공급과 관련하여 소비자에게 적립하여 준 마일리지를 소비자가 사용하는 경우 종전에는 부가가치세가 과세되었으나 2018년 이후 법령 개정으로 부가가치세 과세표준에 포함하지 않습니다.
(용역의 공급은 당초부터 간주공급에 해당하지 않음)

과세표준에서 차감하여야 하는 것

에누리액 및 환입된 재화의 가액
① 에누리액이란 재화 또는 용역의 공급에 있어서 그 품질·수량 및 인도·공급대가의 결제 기타 공급조건이 계약내용과 상이한 경우 그 재화 또는 용역의 공급당시 공급가액에서 일정액을 직접 공제하는 금액을 말하여, 에누리액은 매출금액에서 차감하여야 하므로 감액 수정세금계산서를 발행하여야 합니다.
② 환입된 재화는 그 사유가 발생한 때에 감액 수정세금계산서를 발급하여 과세표준에서 차감하여야 합니다.

매출할인액
매출할인액은 외상판매에 대한 공급대가의 미수금을 결제하거나 공급대가의 미수금을 약정기일전에 영수하는 경우 할인하는 금액으로 할인액은 과세표준에서 공제합니다.

매입자에게 도달하기 전 파손·훼손된 재화의 가액
재화를 공급하고, 세금계산서를 발급하였으나 공급받는 자에게 도달하기 전에 해당 재화가 파손·훼손 또는 멸실된 경우 과세표준에 포함하지 않으므로 감액 수정세금계산서를 발급하여야 합니다.

부가가치세 과세대상이 아닌 것은?

연체이자
대가의 지급지연으로 인하여 지급받는 연체이자는 과세표준에 포함하지 않습니다.

판매장려금
사업자가 판매촉진을 위하여 거래상대방의 판매실적에 따라 일정률의 장려금품을 지급 또는 공급하는 경우로서 금전으로 지급하는 장려금은 과세표준에서 공제하지 아니합니다. 단, 현물로 공급하는 것은 사업상증여에 해당하므로 현물을 받은 사업자는 현물을 공급한 자에게 세금계산서를 발급하여야 합니다.

손해배상금
사업자가 타인으로부터 입은 손해에 대하여 손해배상금을 지급받는 경우에는 세금계산서 발급대상이 아닙니다.

□ 부가가치세법 기본통칙 4-0-1【손해배상금 등】① 각종 원인에 의하여 사업자가 받는 다음 각 호에 예시하는 손해배상금 등은 과세대상이 되지 아니한다. (2011. 2. 1. 항번개정)
1. 소유재화의 파손·훼손·도난 등으로 인하여 가해자로부터 받는 손해배상금 (1998. 8. 1. 개정)
2. 도급공사 및 납품계약서상 그 기일의 지연으로 인하여 발주자가 받는 지체상금 (1998. 8. 1. 개정)
3. 공급받을 자의 해약으로 인하여 공급할 자가 재화 또는 용역의 공급없이 받는 위약금 또는 이와 유사한 손해배상금 (1998. 8. 1. 개정)
4. 대여한 재화의 망실에 대하여 받는 변상금 (1998. 8. 1. 개정)

SECTION 06

영세율 및 면세

사업자가 재화(물품) 또는 용역(서비스)을 공급하는 경우 원칙적으로 거래상대방으로부터 부가가치세를 징수하여 납부하여야 하나 조세정책목적으로 특정한 경우 부가가치세를 징수하지 않는 제도가 영세율 및 면세제도이며, 그 내용은 다음과 같습니다.

영세율

Q 영세율이란 무엇인가요?

영세율은 국가가 조세정책 목적으로 영세율 적용대상 재화 또는 용역의 공급에 대하여 부가가치세의 거래징수 및 납부의무를 면제하여 줄 뿐만 아니라 사업과 관련한 매입세액을 공제하여 줌으로서 완전 면세가 되는 제도로 부가가치세법 및 조세특례제한법에 규정하고 있으나 실무에서 접하는 영세율은 대부분 **수출업자** 및 수출업자에게 수출물품을 납품하는 수출품생산업자의 경우입니다. 영세율 적용대상 사업자는 부가가치세 신고 및 납부의무가 있고, 물품 등을 구입할 시 발급받은 세금계산서의 매입세액을 공제받을 수 있습니다.

따라서 영세율 적용대상 사업자(수출 등)의 경우 매출세액은 없으나 물품 등의 매입시 부담한 매입세액은 있으며, 공제대상 매입세액은 관할세무서로부터 환급을 받을 수 있습니다. 예를 들어 매출세액 '0' 매입세액이 500만원인 경우 그 내용에 대하여 부가가치세 신고를 하는 경우 관할 세무서에서 매입세액 500만원은 환급을 하여 주며, 국가가 영세율 사업자의 매입세액을 조속히 환급(조기환급)해 주기 위하여 신고기한일이 경과한 날로부터 15일 이내에 환급을 하여 줍니다. 또한 부가가치세 신고를 매 월 할 수 있도록 하고 있습니다.

영세율과 면세의 차이점

부가가치세 신고·납부의무
영세율 및 면세에 해당하는 경우 이를 공급하는 사업자는 거래상대방으로부터 부가가치세를 거래징수하지 않는 점은 같으나 면세사업자는 부가가치세 신고납세의무가 없습니다만, 영세율 적용대상사업자는 부가가치세법에 의한 사업자등록을 하여야 하며, 부가가치세신고를 하여야 합니다.

세금계산서 발급의무
면세에 해당하는 재화 또는 용역을 공급하는 경우에는 세금계산서 양식 중 세액이 없는 **계산서**를 발행하여야 하며, 수출의 경우 직수출은 세금계산서를 발급하지 아니하나 국내에서 내국신용장, 구매확인서 또는 임가공계약서에 의하여 수출물품을 공급하는 수출품생산업자의 경우에는 세금계산서 양식에 세액란을 영(0)으로 하는 영세율 세금계산서를 발급하여야 합니다.

부가가치세 매입세액 공제
면세사업자는 물품 등의 매입시 부담한 매입세액은 공제받을 수 없습니다. 반면, 영세율은 일반과세사업자로서 부가가치세신고납부의무가 있을 뿐만 아니라 국내에서 영세율 적용대상이 되는 재화 또는 용역을 공급하는 경우 부가가치세가 영(0)인 세금계산서를 발행하여야 합니다. 또한 재화 또는 용역을 공급받을 시 부담한 매입세액은 공제를 받을 수 있습니다.

영세율이 적용되는 재화 또는 용역

수출하는 재화
수출이라 함은 내국물품을 외국으로 반출하는 것을 말하며, 영세율이 적용되는 수출에는 직수출뿐만 아니라 국내에서 수출품생산업자가 수출업자에게 내국신용장 또는 구매확인서에 의하여 공급하는 재화, 수출업자와 **직접 도급계약**에 의하여 수출재화를 임가공하는 용역의 경우에도 영의 세율이 적용됩니다.

공급시기
수출하는 재화를 선박 또는 항공기에 선적한 날

과세표준
수출물품에 대한 대가를 외국통화 기타 외국환으로 받은 경우 다음에 정하는 금액을 과세표준으로 합니다.
1. 공급시기 도래 전에 원화로 환가한 경우에는 그 환가한 금액

2. 수출금액에 공급시기의 기준환율 또는 재정환율(미달러 이외의 외화)을 곱하여 계산한 금액

▶ 세금계산서 발급

직수출의 경우 재화를 공급받는자(외국의 수입업자)는 국내 세법의 규정을 적용받지 않으므로 세금계산서 발급이 면제됩니다.

▶ 영세율 첨부서류

직수출의 경우 부가가치세 신고시 '수출실적명세서'를 제출하여야 하며, 소포우편(EMS 등)에 의하여 수출한 경우에는 당해 우체국장이 발행하는 소포수령증을 제출하시면 됩니다. 그리고 **영세율매출명세서**를 추가로 작성하여 제출하여야 합니다.

내국신용장 또는 구매확인서에 의하여 공급하는 재화

내국신용장이라 함은 사업자(수출업자 등)가 수출용원자재, 수출용완제품을 국내에서 구입할 때 원자재 또는 완제품 생산업자에게 그 대금지불을 보증하기 위하여 수출업자가 수출신용장을 근거로 국내 은행에 신용장 개설을 요구 있으며, 이를 내국신용장이라 합니다. 내국신용장의 경우 외국환 은행의 지급보증에 의하여 수혜자(공급업체)는 물품을 공급한 후 내국신용장 및 물품수령증명서를 근거로 환어음을 발행하여 물품대금을 은행으로부터 수령하게 됩니다.

반면, 구매확인서란 수출을 하고자 하는 자가 자신의 거래은행을 통하여 발급신청을 하여 발급받아 공급자에게 발급하는 것으로 은행의 지급보증이 없고 당사자간의 계약으로 정한 대금지불방법에 의하여 일반거래와 같이 구매자로부터 물품대금을 지급받게 됩니다.

▶ **공급시기**
일반적인 공급시기 기준 적용(재화를 인도하는 때)

▶ **과세표준 및 세금계산서 발급**
① 과세표준 ~ 공급일 현재 외화공급가액을 기준환율 또는 재정환율(미달러 이외의 외화)에 의하여 계산한 금액
② 세금계산서 발급 ~재화를 인도하는 때

▶ **내국신용장 또는 구매확인서에 의한 영세율 세금계산서 발급**
사업자가 내국신용장이 개설되기 전에 재화를 공급하는 경우 재화의 공급시기에 일반세율(10%)을 적용한 세금계산서를 발급하여야 합니다. 단, 당해 재화의 공급시기가 속하는 과세기간 종료 후 **25일** 이내에 내국신용장이 개설되는 경우에는 당초 세금계산서 발행일을 작성일자로 하는 수정세금계산서 및 영세율 세금계산서(당초 세금계산서는 감액처리하고 영세율 세금계산서를 발급)를 발급하여야 합니다.

▶ **영세율 첨부서류**
내국신용장 또는 구매확인서 사본

▶ **수출재화 임가공용역**
수출업자와 **직접 도급계약**에 의하여 수출재화를 임가공하는 수출재화임가공용역에 대하여 영의 세율을 적용합니다.

▶ **공급시기, 과세표준, 세금계산서발급**
내국신용장 및 구매확인서와 같습니다.

▶ **영세율 첨부서류**
임가공계약서 사본 및 당해 수출업자가 교부한 납품사실증명서

◆ **임가공업자가 수출품생산업자에게 영세율 세금계산서를 발급한 경우**
임가공업자가 수출업자에게 임가공계약서 등에 의하여 직접 납품하는 경우 영세율이 적용되나 수출품생산업자에게 납품하는 경우에는 영세율이 적용되지 아니함에도 영세율을 적용한 내용에 대하여 부가가치세 및 가산세를 추징함

기타 영세율 적용대상 재화 또는 용역의 공급
1. 국외에서 제공하는 용역
2. 국내에서 비거주자 등에게 공급하는 재화 또는 용역
3. 외국항행선박, 외국정부기관등에 공급하는 재화 또는 용역
4. 외국인전용판매장 등의 사업자가 공급하는 재화 또는 용역
5. 방위산업물자 및 군부대에 공급하는 석유류
6. 장애인용 보장구 등의 공급
7. 농·어민에게 공급하는 농업용·축산업용·임업용·어업용 기자재

▶ **국내사업장이 없는 비거주자에게 공급하는 경우 영세율 적용**
국내에서 국내사업장이 없는 비거주자 또는 외국법인에게 공급되는 아래의 하나에 해당하는 재화 또는 사업에 해당하는 용역으로서 그 대금을 외국환은행에서 원화로 받는 경우 영세율이 적용됩니다
1. 재화
비거주자 또는 외국법인이 지정하는 국내사업자에게 인도되는 재화로서 해당 사업자의 과세사업에 사용되는 재화
2. 용역
전문, 과학 및 기술서비스업, 통신업, 상품중개업 중 상품종합중개업 소프트웨어 개발업, 컴퓨터프로그래밍, 시스템통합관리업, 자료처리, 호스팅, 교육서비스업(교육지원서비스업만 해당)

[상세 내용] 부가가치세법 시행령 제33조 제2항

면세 및 면세사업자

◎ 면세 개요 및 세무 자료 제출

면세되는 재화 또는 용역을 공급하는 사업자를 면세사업자라고 하며, 면세사업자는 재화 또는 용역의 공급시 부가가치세를 거래징수하지 않습니다만, 사업과 관련하여 물품 등을 매입하고 부담한 매입세액은 공제를 받을 수 없으며, 부가가치세 신고 및 납부의무가 없습니다.

단, **다음해 2월 10일**까지 1년간의 수입금액에 대하여 사업장 관할 세무서에 **면세사업자 사업장현황신고서**를 제출하여야 하며,

면세로 발행한 매출계산서가 있는 경우 매출처별계산서합계표를 작성하여 제출하여야 하고, 매입처별계산서합계표 및 매입처별세금계산서합계표를 작성하여 같이 제출하여야 합니다.

▶ 면세되는 재화 또는 용역
○ 미가공 농산물, 축산물, 수산물 등 식료품의 공급
○ 병원, 의원, 장의용역
○ 도서 판매, 신문의 보급
○ 학원·강습소·훈련원·교습소(정부의 허가 또는 인가를 받은 경우)
○ 국민주택(전용면적 85㎡ 이하) 및 당해 주택의 건설용역
○ 토지의 공급
○ 여객운송용역 중 시내버스, 시외버스, 지하철, 연안여객선
○ 금융·보험용역

❓ 면세사업자의 계산서 또는 전자계산서 발급

면세 재화·용역을 공급하는 경우 계산서 발급

면세사업자 또는 과세사업자(간이과세자 포함)가 면세되는 재화 또는 용역을 공급하는 경우로서 제조업, 도매업, 건설업 등 영수증발급대상 사업자가 아닌 경우(단, 거래상대방이 발급을 요구하는 경우 발급을 하여야 함) 면세 계산서를 발급하여야 하며, 전자 계산서 발급의무자의 경우 전자계산서를 발급하여야 합니다.

▶ 과세사업자도 면세 재화 또는 용역을 공급할 수 있음

과세사업자가 면세되는 재화 또는 용역을 공급하는 경우 별도의 사업자등록정정신고없이 면세 재화 또는 용역을 공급할 수 있으며, 계산서 의무발급대상사업자(제조업, 도매업, 건설업 등)는 반드시 계산서를 발급하여야 하며, 계산서를 발급하지 않은 경우 공급가액의 100분의 2를 가산세로 부담하여야 합니다.

[개정 세법] 전자계산서 의무발급 개인사업자 확대(소득령§211의2)

종 전	개 정
□ 전자계산서 의무발급 사업자	□ 의무발급 개인사업자 확대
ㅇ 전자세금계산서 의무발급 사업자 ㅇ 직전 과세기간 사업장별 총수입금액이 2억 원 이상 개인사업자	ㅇ (좌 동) ㅇ 2억원 → 1억원 이상

<적용시기> '23.7.1. 이후 재화 또는 용역을 공급하는 분부터 적용
'22년 사업장별 총수입금액 기준으로 1억원 이상 여부를 판단

▶ 전자계산서 미발급 가산세

직전연도 수입금액이 4800만원 이상인 사업자가 면세되는 재화 또는 용역을 공급하고 계산서를 발급하지 아니한 경우에는 공급가액의 2%(종이계산서를 발급한 경우 공급가액의 1%)를 가산세로 부담하여야 합니다. 다만, 소매업 등 소비자대상업종을 영위하는 사업자는 계산서 발급의무가 면제되는 업종은 제외합니다.

▶ 전자계산서 지연발급 가산세 → 공급가액 × 1%

전자계산서를 발급하여야 하는 사업자가 발급시기가 지난 후 해당 재화 또는 용역의 공급시기가 속하는 과세기간의 다음 연도 1월 25일까지 계산서를 발급한 경우

▶ 전자계산서 지연전송 및 미전송가산세

전자계산서 의무발급사업자가 전자계산서를 발급한 경우 전자계산서 발급일의 다음 날까지 국세청에 발급명세를 전송하여야 하며, 전송을 지연(발급일의 다음 다음날부터 익년 1월 10일까지 전송한 경우)하거나 전송을 하지 않은 경우에는 다음의 가산세가 적용됩니다.

- 지연전송한 경우 : 공급가액 × 0.5%
- 전송하지 않은 경우 : 공급가액 × 0.3%

▶ 면세사업자의 계산서합계표 제출의무

면세계산서의 경우 부가가치세법의 규정이 아닌 소득세법의 규정을 적용받으며, 면세로 발급한 계산서 및 면세 계산서 수취내용에 대하여 반드시 **다음해 2월 10일**까지 계산서합계표를 제출하여야 하며, 직전연도 수입금액이 4800만원 이상인 사업자가 계산서합계표 제출을 누락한 경우 그 공급가액의 100분의 0.5%(2월 11일부터 3월 10일 제출하는 경우 가산세 0.3%)를 가산세로 부담하여야 합니다.

부가가치세 신고서 작성[과세표준 및 매출세액]

과세 ▶ 세금계산서 발급분 (1)

세금계산서 작성일자를 기준으로 제1기 신고시에는 1월 1일부터 6월 30일까지 발급한 매출세금계산서 전체 금액의 합계액 및 세액을 제2기 신고시에는 7월 1일부터 12월 31일까지 발급한 매출세금계산서 전체 금액의 합계액 및 세액을 기재합니다.

제조, 도매, 건설업 사업자가 사업자등록이 없는 개인에게 주민등록번호기재분으로 발급한 세금계산서가 있는 경우 이를 포함합니다.

예제 개인사업자 부가가치세 신고서 작성

• 세금계산서 발급내역 : 5개업체 13매 종이세금계산서 발급

사업자등록번호	상 호	매 수	공급가액	세 액
111-38-74519	서산산업	6	25,000,000	2,500,000
321-01-12453	경인산업	2	12,000,000	1,200,000
101-29-74510	강동상사	1	3,000,000	300,000
107-39-99352	우리상사	3	6,000,000	600,000
129-81-25636	(주)동성사	1	24,000,000	2,400,000
합 계		13	70,000,000	7,000,000
• 신용카드로 결제받은 금액		5	5,000,000	500,000

매출세금계산서는 해당 신고기간에 부가가치세 신고를 하여야 하며, 신고를 누락하는 일이 없도록 철저히 관리하여야 합니다.
매출세금계산서를 해당 과세기간에 신고 누락한 경우 부가가치세 수정신고를 하여야 하고, 각종 가산세를 추가로 부담하게 됩니다.

일반과세자 부가가치세 [ ]예정 [○]확정
[ ]기한후과세표준 신고서
[ ]영세율등조기환급

❶ 신 고 내 용

구 분			금 액	세율	세 액
과세표준 및 매출세액	과세	세금계산서 발급분 (1)	70,000,000	$\frac{10}{100}$	7,000,000
		매입자발행세금계산서 (2)			
		신용카드·현금영수증 발행분 (3)	5,000,000	$\frac{10}{100}$	500,000
		기타(정규영수증 외 매출분) (4)			
	영세율	세금계산서 발급분 (5)		$\frac{0}{100}$	
		기 타 (6)		$\frac{0}{100}$	
	예 정 신 고 누 락 분 (7)				
	대 손 세 액 가 감 (8)				
	합 계 (9)		75,000,000	㉑	7,500,000

■ **제출서류 → 매출처별세금계산서합계표**

① 매출세금계산서 총합계
○ 전자세금계산서 **외**의 발급분
 • 사업자등록번호발급분 및 주민등록번호발급분 구분 기재
  전자세금계산서 외의 발급분에 해당 과세기간에 종이로 발급한 세금계산서의 매출처 수, 총매수, 총공급가액 및 총세액을 기재합니다.

② 매출처별명세
1. 해당 과세기간에 종이로 발급한 매출세금계산서(작성일자 기준)를 매출처별로 총매수 및 공급가액, 세액을 합계하여 '전자세금계산서외 발급분 매출처별 명세'에 기재합니다.
2. 매출처수가 5개를 초과하는 경우 '매출처별세금계산서합계표(을)'에 연속 기재하여 제출하여야 합니다.

전자세금계산서를 발급한 경우에는 국세청 「홈택스」에서 전자세금계산서 발급내역을 확인하여'과세기간 종료일 다음달 11일까지 전송된 전자세금계산서발급분'에 기재를 하여야 하며, 전자세금계산서를 발급한 경우에는 '매출처별명세'를 작성하지 않습니다.

매출처별세금계산서합계표(갑)
(202×년 제1기)

1. 제출자 인적사항

(1) 사업자등록번호	101 - 06 - 24796	(2) 상호(법인명)	대동물산
(3) 성 명(대 표 자)	김 인 수	(4) 사업장 소재지	서울 종로 종로5가 134
(5) 거래기간	202×년 1월 1일 ~ 202×년 6월 30일	(6) 작성일	202×년 7월 25일

2. 매출세금계산서 총합계

구 분		(7) 매출처수	(8) 매수	(9)공 급 가 액					(10)세 액				
				조	십억	백만	천	일	조	십억	백만	천	일
합 계		5	13			70	000	000			7	000	000
과세기간 종료일 다음달 11일까지 전송된 전자세금계산서 발급분	사업자등록번호 발급분												
	주민등록번호 발급분												
	소 계												
위 전자세금계산서 외의 발급분	사업자등록번호 발급분	5	13			70	000	000			7	000	000
	주민등록번호 발급분												
	소 계	5	13			70	000	000			7	000	000

3. 과세기간 종료일 다음달 11일까지 전송된 전자세금계산서 외 발급분
매출처별 명세 (합계금액으로 적음)

(11) 번호	(12) 사업자 등록번호	(13)상호 (법인명)	(14) 매수	(15)공 급 가 액					(16)세 액					비고
				조	십억	백만	천	일	조	십억	백만	천	일	
1	111-38-74519	서산산업	5			25	000	000			2	500	000	
2	321-01-12453	경인산업	2			12	000	000			1	200	000	
3	101-29-74510	강동상사	1			3	000	000				300	000	
4	107-39-99352	우리상사	2			6	000	000				600	000	
5	129-81-25636	㈜동성사	1			24	000	000			2	400	000	

◪ 과세 ▶ 신용카드·현금영수증발행분 (3)

해당 과세기간 중 신용카드매출 및 현금영수증 발행분이 있는 경우 신용카드.현금영수증 발행분에 공급가액과 세액을 구분 기재하여 매출신고를 하여야 합니다.

신용카드 매출 및 현금영수증 발행분(음식.숙박업, 소매업 등)이 있는 경우 반드시 '신용카드매출전표등발행집계표'를 제출하여야 하며, 집계표 작성시 공급대가(결제금액 : 공급가액 + 세액)를 기준으로 작성합니다.

신용카드로 결제받은 금액 중 세금계산서를 발급한 것인 경우 '3. 신용카드매출전표 등 발행금액(⑤합계)' 중 '세금계산서(계산서) 발급내역'에 구분 기재하여 매출금액에서 제외하여야 합니다.

신용카드 등 발행금액은 신용카드매출전표 발행일(재화, 용역의 공급시기)을 기준으로 신고금액을 계산하여야 하며, 은행결제일을 기준으로 해서는 안됩니다. 특히 과세기간 말 월(6월, 12월)거래 분에 주의를 하여야 합니다.

물품 등을 공급하고 신용카드로 결제 받는 경우 세금계산서를 발급할 의무는 없습니다. 다만, 세금계산서를 발급한 다음 그 대금을 신용카드로 결제받은 경우 신용카드 결제는 입금에 해당하는 것으로 이 경우 신용카드매출전표에서는 반드시 '세금계산서발급분'이라고 기재하여야 합니다.(이중 매출 방지)

신용카드매출전표등 발행금액은 카드회사에서 발급한 '부가세신고용 카드매출실적'과 금액 일치 여부를 확인하여야 합니다.

◐ 과세 ▶ 기타 (4)

① 매출과 관련하여 세금계산서 또는 현금영수증을 발급하거나 신용카드로 결제받은 경우 이외의 매출은 '기타'란에 기재합니다.

② 세금계산서 발급의무가 없는 **음식숙박업, 소매업, 목욕·이발·미용업운수업, 개인서비스업(카센타 등)**을 운영하는 사업자가 그 요금 또는 판매대금에 대하여 신용카드로 결제받지 않거나 현금영수증을 발행하지 않은 매출금액을 기재하는 란입니다.
부동산을 임대하고 보증금으로 받은 금액이 있는 경우 아래 산식에 의하여 계산한 금액('간주임대료')을 기타란에 기재합니다.

$$\text{당해 과세기간의 임대보증금} \times \frac{\text{과세대상기간의 일수}}{365(\text{윤년은 } 366)} \times \text{정기예금이자율}$$

- 2022년 귀속분 간주임대료 이자율 : 1.2% (소득세법 시행규칙 제23조)
- 2023년 귀속분 간주임대료 이자율 : 2.9%

부동산임대업자 또는 사업장 일부를 임대하여 준 경우「부동산임대공급가액명세서」를 작성하여 제출하여야 하며, 부동산임대업자의 경우 부동산임대업 부가가치세 신고서 작성사례를 참고하시기 바랍니다.

제조업, 도매업, 건설업 등 세금계산서 의무발급대상사업자가 물품 등을 공급하고 세금계산서를 발급하지 않은 매출이 있는 경우 '기타'란에 기재하시고, 세금계산서미발급가산세(공급가액의 100분의 2)를 부담하여야 합니다. 단, 신용카드로 결제받은 경우에는 **신용카드·현금영수증 발행분(3)**에 기재하며, 이 경우 가산세는 없습니다.

SECTION 07
매입세액공제 및 매입세액불공제

과세사업자가 사업과 관련하여 물품 또는 서비스를 공급받고 부담한 부가가치세 매입세액은 매출세액에서 공제받을 수 있습니다. 한편, 매입세액은 세법의 규정에 의하여 공제를 받을 수 없는 경우(매입세액불공제)가 있고, 재화 또는 용역을 공급받을 시 매입세액을 부담하지는 않았으나 정책목적 또는 과세형평을 위하여 특정한 경우 일정률을 공제하여 주는 매입세액공제제도가 있습니다.

매입세액공제

세금계산서에 의한 매입세액공제

매출세액에서 공제받을 수 있는 매입세액은 자기의 사업을 위하여 물품 또는 서비스를 공급받고 부담한 매입세액으로 매입세액을 공제받기 위해서는 세금계산서를 발급받아야 합니다.

전자세금계산서

① 법인사업자 및 개인사업자로부터 매입과 관련하여 전자세금계산서를 발급받은 경우 별도의 종이세금계산서를 수취할 의무는 없습니다. 이 경우 부가가치세 신고시 매입처별세금계산서합계표의 '전자세금계산서 발급받은분'에 합계하여 기재하시면 됩니다.
전자세금계산서로 발급받은 분은 '매입처별명세'를 작성하지 않습니다.

② 전자세금계산서로 발급받은 세금계산서는 국세청 '홈택스'에서 확인을 할 수 있습니다.

③ 매출자로부터 전자세금계산서를 발급받는 경우 전자세금계산서 발행일자는 재화 또는 용역을 공급받은 날로부터 10일 이내(예를 들어 6월 10일 거래분은 작성일자를 6월 10일로 하고, 반드시 7월 10일까지 발행하여야 하는 것임)에 발급받아야 하므로 발행일자를 특히 유의하여야 합니다.

종이세금계산서

① 사업자가 자기의 과세사업을 위하여 재화 또는 용역을 공급받고, 발급받은 종이세금계산서에 의하여 매입세액을 공제받고자 하는 경우 매입처별세금계산서합계표의 '위 전자세금계산서 외의 발급받은분'에 기재한 다음 '매입처별명세'를 작성하여 부가가치세 신고서와 같이 제출하여야 합니다.

② 전자세금계산서 발급의무대상사업자(법인 및 매출금액이 2억원 이상인 개인 사업자)로부터 전자세금계산서를 발급받지 못하고 종이세금계산서를 발급받은 경우에도 매입자는 매입세액을 공제받을 수 있으나, 이 경우 '매입처별명세'를 작성하여야 합니다.

Q&A 사업자등록 신청일 이전에 물품 등을 구입한 경우 매입세액 공제를 받을 수 있나요?

1) 사업자등록증이 발급되지 아니한 상태에서 물품 등을 구입하였다 하더라도 세금계산서 작성일자가 속하는 과세기간(해당 반기)이 끝난 후 20일 이내에 사업자등록을 신청한 경우 매입세액은 공제받을 수 있습니다. 예를 들어 사업과 관련한 포터를 사업자등록없이 2022년 7월 1일 구입한 경우라도 2023년 1월 20일 사업자등록증을 발급받은 경우 매입세액을 공제받을 수 있습니다.
2) 단, 이 경우 주민등록기재분으로 세금계산서를 발급받아야 하며,
3) 물품 등을 사업자등록 이전에 구입하였으나 세금계산서의 공급받는자에 사업자등록번호가 기재된 경우 공급자에게 요청하여 주민등록번호 기재분으로 세금계산서를 수정 발급받아야 공제를 받을 수 있는 점에 주의를 하여야 합니다.

Q&A 간이과세자로부터 물품 등을 매입하고, 세금계산서 또는 현금영수증을 발급받은 경우 매입세액을 공제받을 수 있나요?

직전연도 매출액이 4800만원 미만인 간이과세자로부터 현금영수증을 수취하거나 신용카드로 결제한 경우 매입세액을 공제받을 수 없습니다만, **세금계산서 발급이 가능한 간이과세자**(직전연도 매출액이 4800만원 이상 8000만원 미만인 간이과세자)로부터 세금계산서, 현금영수증을 발급받거나 신용카드매출전표를 수취한 경우 매입세액을 공제를 받을 수 있으며, 간이과세자로서 세금계산서 발급이 가능한 간이과세자인지 여부는 홈택스에서 조회할 수 있습니다.

홈택스 → 조회발급 → 사업자상태 → 사업자등록번호로 조회

◆ 세금계산서 발급이 가능한 간이과세자인 경우 홈택스 표시
○ 부가가치세 간이과세자(세금계산서 발급사업자)로 표시

Q&A 부가가치세 신고기한에 제출 누락한 매입세금계산서의 매입세액을 경정청구 등으로 공제받는 경우 가산세가 적용되나요?

부가가치세 신고기간내에 매입처별세금계산서합계표를 제출하지 못한 경우 해당 신고기한이 경과한 날로부터 5년 이내에 수정(경정청구)하여 신고하는 경우 매입세액을 공제받을 수 있으며, 이 경우 가산세는 없습니다.

Q 물품 구입시 신용카드로 결제를 하거나 현금영수증을 받은 경우 매입세액을 공제받을 수 있나요?

일반과세사업자가 다음의 요건을 모두 충족하는 신용카드매출전표 또는 현금영수증을 수취한 경우 그 매입세액은 매출세액에서 공제받을 수 있습니다.

사업자명의 신용카드매출전표 및 현금영수증(원칙)

신용카드매출전표상 별도로 기재된 매입세액 또는 현금영수증의 매입세액을 공제받기 위해서는 개인사업자의 경우 회사명의 또는 사업주본인명의의 신용카드(현금영수증 포함)를 사용하여야 합니다.

Q&A 종업원 및 가족명의 신용카드를 사용한 경우에도 매입세액을 공제받을 수 있나요?

사업자가 일반과세자로부터 부가가치세가 과세되는 재화 또는 용역을 공급받고, 종업원 명의 또는 가족명의 신용카드를 사용하고, 신용카드전표에 세액이 별도로 기재된 경우 매입세액을 공제받을 수 있습니다.

신용카드가맹점이 일반과세자로서 다음 요건을 충족할 것

신용카드가맹점이 일반 과세사업자이어야 하며, 세금계산서 발행이 가능한 업종이어야 합니다. 예를 들어 제조업, 도매업 등을 영위하는 과세사업자로부터 물품 등을 공급받고, 신용카드로 결제한 경우 또는 소매업, 서비스업 등을 영위하는 과세사업자로부터 물품 등을 공급받고 신용카드로 결제한 경우 그 매입세액을 공제받을 수 있으나

신용카드가맹사업자가 간이과세자, 면세사업자 및 일반과세자 중 세금계산서를 발급할 수 없는 목욕·이발·미용업 및 여객운송업(항공사, KTX, 고속버스 등), 입장권을 발행하는 사업자인 경우 에는 세금계산서를 발급할 수 없으므로 신용카드매출전표의 매입세액을 공제받을 수 없습니다.

■ 신용카드매출전표, 현금영수증으로 매입세액을 공제받을 수 있는 지출
- 종업원 식대 및 회식비용, 작업복 구입비용
- 화물차, 승합차, 밴차량, 경승용차(모닝, 마티즈 등)의 유류대 및 수선비
- 사업과 관련한 소모품, 비품 구입비

■ 신용카드매출전표, 현금영수증으로 매입세액을 공제받을 수 없는 지출
- 거래처 접대비, 상품권 또는 입장권 결제금액, 종업원 선물구입비용
- 여객운송사업자(항공사, 고속철도, 고속버스 등)에게 결제한 것
- 승용차(배기량 1,000cc 초과)의 유류대 및 수선비, 기타 유지비용
- 간이과세자와의 거래 및 면세물품(쌀, 화환, 도서구입비) 구입비용
- 사업과 관련없는 사업주 개인용도 지출

■ 항공료 및 고속철도요금 카드결제시 매입세액공제대상 아님

1. 여객운송사업자가 발급하는 항공권은 영수증 발급의무자의 범위에 해당하는 것이므로 부가가치세법 제32조의 세금계산서 발급대상에서 제외되는 것이며, 신용카드사용 매입세액공제 대상에 제외되는 것임
2. 부가가치세 과세사업자가 자기의 과세사업과 관련하여 출장시 고속철도에 의한 여객운송용역을 공급하는 자로부터 용역을 공급받는 경우 공급자는 영수증만을 발급하는 것으로서 당해 영수증을 발급받은 사업자는 당해 영수증에 의하여는 거래징수당한 부가가치세를 공제(환급)할 수 없는 것임

매입세액이 불공제되는 접대비 등의 지출금액이 아닐 것

접대비 또는 배기량 1,000cc를 초과하는 승용자동차의 취득 및 유지비용과 관련한 매입세액은 매출세액에서 공제받을 수 없는 것이므로 그 매입세액을 공제받을 수 없습니다.

예를 들어 화물자동차의 유류구입, 비품, 문구류 등을 구입하거나 직원의 복리후생적 지출과 관련하여 신용카드로 결제한 경우로서 그 매입세액을 공제받을 수 있는 요건을 충족하는 경우 매입세액을 공제받을 수 있으나 접대비 또는 배기량 1,000cc를 초과하는 승용자동차의 취득 및 유지와 관련한 것은 매입세액을 공제받을 수 없습니다.

승용자동차의 렌트 관련 비용도 매입세액공제를 받을 수 없습니다. 단, 경승용차의 취득 및 유지비용과 관련하여 부담한 매입세액은 매출세액에서 공제를 받을 수 있습니다.

신용카드매출전표등수령금액합계표 제출

위의 요건을 모두 충족하는 신용카드매출전표는 그 매입세액을 공제받을 수 있으며, '신용카드매출전표등 수령금액합계표'를 부가가치세 신고시 첨부하여 제출하거나 전자신고하는 경우 전자적으로 제출하여야 합니다.

■ 사업용신용카드 국세청 현금영수증 사이트 등록 및 조회

사업용으로 사용하는 신용카드 및 현금영수증을 「국세청 현금영수증」 사이트에서 등록하여 두시면 사용내역을 조회할 수 있으며, 이 경우 사업용신용카드의 매입세액공제금액 조회화면의 공제금액은 신용카드 매출전표 등 수령명세서(갑)의 사업용신용카드란에 기재하여 매입세액 공제 신청할 수 있습니다. 다만, 사업용신용카드 이외의 카드거래내역에 의한 부가가치세 매입세액공제를 위해서는 별도로 카드번호별 거래처별 합계표를 작성 기재하여야 합니다.

◆ 홈택스에서 제공하는 신용카드 사용내역과 다른 경우

국세청 홈택스에서 제공하는 신용카드 사용내역은 참고자료로 활용하는 것으로서 사업자가 실제 사용한 신용카드에 의하여 매입세액공제를 받아야 합니다.

예 제 현금영수증 및 신용카드 결제에 의한 매입세액공제

- 직원 식대 현금영수증 수취 : 10건 공급가액 1,000,000원 세액 100,000원
- 화물차 주유 신용카드 결제 : 30건 공급가액 3,000,000원 세액 300,000원
- 소모품 구입 신용카드 결제 : 2건 공급가액 1,000,000원 세액 100,000원

신용카드매출전표등 수령금액 합계표(갑)
(202×년 1기 예정, 확정)

(앞 쪽)

	처리기간	즉시

1. 제출자 인적사항
2. 신용카드 등 매입내역 합계

구 분	거래건수	공급가액	세 액
⑤ 합 계	42	5,000,000	500,000
⑥ 현금영수증	10	1,000,000	100,000
⑦ 화물운전자복지카드			
⑧ 사업용신용카드			
⑨ 기 타 신 용 카 드	32	4,000,000	400,000

3. 기타 신용·직불카드 및 기명식선불카드 매출전표 수령금액 합계

일련번호	⑩카드회원번호	⑪공급자(가맹점)사업자등록번호	⑫ 기타 신용카드 등 거래내역 합계		
			거래건수	공급가액	세액
1	4553-0321-1253-****	○○○-○○-○○○○	4	300,000	30,000
2	4553-0321-1253-****	○○○-○○-○○○○	5	400,000	40,000
3	4553-0321-1253-****	○○○-○○-○○○○	2	100,000	10,000
4	4553-0321-1253-****	○○○-○○-○○○○	6	500,000	50,000
5	4553-0321-1253-****	○○○-○○-○○○○	8	400,000	40,000
6	4553-0321-1253-****	○○○-○○-○○○○	7	2,300,000	230,000
	합 계		32	4,000,000	400,000

■ 부가가치세 신고서 일부

매입세액	세금계산서 수 취 분	일 반 매 입	(10)	30,000,000		3,000,000
		수출기업 수입분 납부유예	(10-1)			
		고정자산 매입	(11)	10,000,000		1,000,000
	예 정 신 고 누 락 분		(12)			
	매입자발행 세금계산서		(13)			
	그 밖의 공제매입세액		(14)	5,000,000		500,000
	합 계 (10)-(10-1)+(11)+(12)+(13)+(14)		(15)	45,000,000		4,500,000
	공제받지 못할 매입세액		(16)			
	차 감 계 (15)-(16)		(17)	45,000,000	㉮	4,500,000
경감공제세액	그 밖의 경감·공제세액		(18)			
	신용카드매출전표등 발행공제 등		(19)	5,000,000		500,000
	합 계		(20)	5,000,000		500,000
	소규모 개인사업자 부가가치세 감면세액		(20-1)		㉯	

음식점, 제조업 등의 의제매입세액공제

과세사업자가 면세로 미가공 농산물 등을 구입하여 과세재화 또는 용역을 창출하는 경우 면세로 구입한 농산물 등의 매입가액에 소정의 율을 곱한 금액을 매입세액으로 의제하여 매출세액에서 공제하여 주는데 이를 의제매입세액공제라고 합니다.

의제매입세액공제 대상사업자

과세사업자의 경우 모든 업종에 대하여 의제매입세액공제를 받을 수 있으나 간이과세자는 의제매입세액공제를 받을 수 없습니다.

의제매입세액공제를 받을 수 있는 면세물품

① 부가가치세의 면제를 받아 공급받은 농산물·축산물·수산물 또는 임산물의 가액으로 가공되지 아니한 식료품(미가공식료품) 및 탈곡·정미·정맥·제분·정육·건조·냉동·염장·포장 기타 원생산물의 본래의 성질이 변하지 아니하는 정도의 1차 가공을 거쳐 식용에 공하는 것들
② 제1항 이외의 농산물·축산물·수산물, 임산물로서 원생산물 및 원생산물 본래의 성상이 변하지 아니하는 정도의 원시가공을 거친 것

의제매입세액 공제요건

면세 물품을 구입하고, 면세 계산서 또는 현금영수증을 받거나 신용카드로 결제한 경우에 한하여 의제매입세액은 공제를 받을 수 있으며, 의제매입세액공제를 받고자 하는 경우 '의제매입세액공제신고서'와 '매입처별계산서합계표' 또는 '신용카드매출전표등수령금액합계표'를 관할세무서장에게 제출하여야 합니다. 다만, 제조업을 영위하는 사업자가 농·어민으로부터 면세농산물 등을 직접 공급받는 경우에는 의제매입세액공제신고서만을 제출할 수 있습니다.

의제매입세액 공제금액

▶ 업종별 의제매입세액공제율

구 분		율
1.음식점업	가. 과세유흥장소의 경영자	102분의 2
	나. 가목 외의 음식점을 경영하는 사업자 중 개인사업자	108분의 8 (과세표준 2억원 이하인 경우 109분의 9)
	다. 가목 및 나목 외의 사업자	106분의 6
2.제조업	가. 과자점업, 도정업, 제분업 및 떡류 제조업 중 떡방앗간	106분의 6
	나. 가목 외의 제조업을 경영하는 사업자 중 중소기업 및 개인사업자	104분의 4
	다. 가목 및 나목 외의 사업자	102분의 2
3.제1호 및 제2호 외의 사업		102분의 2

[개정 세법] 면세농산물 등의 의제매입세액 공제특례 적용기한 연장
(부가가치세법 제42조제1항)
과세표준 2억원 이하의 개인사업자인 음식점업자에게 적용하는 면세농산물 등의 의제매입세액 우대공제율(109분의 9)의 적용기한을 2023년 12월 31일까지로 2년 연장

▶ 공제한도(매출액 × 한도율)

구 분		공급가액 (6개월)	공제한도	
			음식점업	기타
개 인		1억원 이하	65%	55%
		1억원 ~ 2억원	60%	
		2억원 초과	50%	45%
법 인			40%	

의제매입세액 공제시기

▶ 일반적인 경우
면세 농산물 등을 구입한 날이 속하는 예정신고기간 또는 과세기간

▶ 예외
면세 원재료인 농산물·축산물·수산물 또는 임산물을 직접 재배·사육 또는 양식을 하거나 타인이 재배·사육 또는 양식 중에 있는 농산물 등을 구입한 경우에는 해당 농산물 등을 생산·채취 또는 벌목 등을 하여 과세재화의 제조·가공 또는 과세용역의 창출에 사용하거나 사용할 수 있는 때(통칙42-84-5)

음식점 사업자의 의제매입세액공제
개인사업자인 음식점업자가 가공되지 아니한 농·축·수산물 등을 구입하고 면세 계산서 또는 현금영수증을 수취하였거나 신용카드로 결제한 경우 그 금액에 대하여는 108분의 8(연매출 4억원 이하인 경우 109분의 9)을 면세농산물 등을 구입한 날이 속하는 신고기간에 공제받을 수 있습니다.

> **Q&A** 시장에서 해산물을 구입하고, 현금으로 결제하였으나 계산서를 받지 못한 경우 및 농민으로부터 직접 농산물을 매입한 경우 의제매입세액공제를 받을 수 있나요?

계산서를 수취하지 못한 경우 의제매입세액공제를 받을 수 없습니다. 또한 농민으로부터 직접 농산물을 구입한 경우 계산서 등을 받을 수 없으므로 공제를 받을 수 없습니다. 다만, 제조업은 농어민으로부터 직접 구입한 경우 공제를 받을 수 있습니다.

거래대금을 받을 수 없는 경우의 대손세액공제

거래상대방의 부도, 폐업, 파산 등의 사유로 자기가 공급한 재화 또는 용역과 관련한 매출채권을 회수할 수 없는 경우 부가가치세를 공급한 사업자가 부담하여야 하는 억울한 문제가 발생합니다. 따라서 매출자가 매입자로부터 받지 못한 부가가치세를 납부할 세액에서 공제하여 주는 것을 대손세액공제라고 합니다. (부가가치세법 제45조)

대손세액공제사유

대손세액공제는 공급받는 자가 다음의 어느 하나의 사유에 해당되어 공급자가 외상매출금 및 매출채권을 회수할 수 없는 경우에 적용받을 수 있습니다.

1. 상법에 의한 소멸시효(5년 → 민법에 의한 단기소멸시효 3년 적용)가 완성된 외상매출금 및 미수금(3년)
2. 어음법에 의한 소멸시효가 완성된 어음(3년)
3. 회생계획인가 결정에 따라 회수불능으로 확정된 채권
4. 사업의 폐지, 채무자의 파산 등으로 인하여 회수할 수 없는 채권
5. 부도발생일부터 6월 이상 경과한 수표 또는 어음상의 채권 및 외상매출금(중소기업의 외상매출금으로서 부도발생일이전의 것)
6. **중소기업의 외상매출금 및 미수금으로서 회수기일이 2년 이상 지난 외상매출금등**. 다만, 특수관계인과의 거래로 인하여 발생한 외상매출금등은 제외한다.

▶ 소멸시효에 의한 대손세액공제

매출채권을 회수할 수 없는 경우로서 최종 회수일부터 3년이 경과한 후 대손세액을 공제받을 수 있습니다.

▶ **거래처 폐업시 대손세액공제**

거래처가 폐업한 경우 사업자가 외상매출금 채권을 회수하기 위하여 채무자에 대하여 제반법적 절차를 취하였으나 당해 채무자 등이 무재산 등으로 인하여 회수할 수 없음이 객관적으로 확인되는 경우 대손세액공제가 가능한 것이며, 단순히 폐업을 하였다는 사실만으로는 대손세액공제를 받을 수 없습니다.

▶ **부도어음의 대손세액공제**

사업자가 부가가치세가 과세되는 재화 또는 용역을 공급하고 그 대가로 받은 어음이 부도처리된 경우 당해 어음에 배서를 한 최종소지인이 부도확인을 받은 날로부터 6개월이 경과한 날(12. 31. 부도확인을 받은 경우 다음해 7. 1.이 6개월이 경과한 날임)이 속하는 과세기간의 확정신고시 대손세액공제를 받을 수 있으며, 이 경우 부도발생일은 금융기관으로부터 실제로 부도확인을 받은 날을 말합니다.

대손세액공제 신청

대손세액을 공제받을 수 있는 시점의 부가세 확정신고시 대손세액공제신고서에 그 사실을 증명할 수 있는 서류를 첨부하여 매입세액을 공제받을 수 있으며, 사업자가 부가가치세가 과세하는 재화 또는 용역을 공급한 후 그 공급일로부터 **10년이 경과된 날이 속하는 과세기간에 대한 확정신고기한까지** 확정되는 대손세액으로 합니다.

◆ 대손세액공제 신청시 첨부서류
1. 어음의 부도발생일부터 6월 이상 경과사유에 해당하는 경우 매출세금계산서 (사본) 등 증빙서류와 부도어음 사본
2. 소멸시효의 경우 매출세금계산서(사본)와 관련장부 등 증빙서류, 소멸시효가 완성된 사실을 증명하는 서류

재활용폐자원 등에 대한 매입세액공제 특례

폐자원 또는 중고자동차를 매입하여 판매하는 사업자가 개인 등으로부터 폐자원 또는 중고자동차를 매입하는 경우 세금계산서를 수취할 수 없으므로 매출세액에서 공제할 매입세액은 없음에도, 정책목적에 의하여 매입금액에 일정률을 곱한 금액을 매입세액으로 의제하여 매출세액에서 공제하여 주는 제도를 말합니다. [조특법 제108조]
(공제한도) 해당 과세기간의 부가가치세 과세표준 × 100분의 80

공제대상 사업자
① 폐기물재활용신고를 한 자
② 중고자동차매매업등록을 한 자, 중고자동차를 수출하는 자
③ 기타 재생자료수집 및 판매를 주된 사업으로 하는 자

공제대상 거래
국가, 지방자치단체, 면세사업자, 사업자가 아닌 개인, 간이과세자 중 세금계산서를 발행할 수 없는 자(신규사업자 및 직전연도 매출액 4800만원 미만인 경우)로부터 재활용폐자원 및 중고품을 취득하여 제조 또는 가공하거나 이를 공급하는 경우

매입세액공제를 받을 수 있는 재활용폐자원등
① 재활용폐자원 ~ 고철, 폐지, 폐유리, 폐합성수지, 폐합성고무, 폐금속캔, 폐건전지, 폐비철금속류, 폐타이어, 폐섬유, 폐유 등
② 중고품 ~「자동차관리법」에 따른 자동차(중고자동차에 한한다)

매입세액공제 금액
1. 재활용폐자원 : **취득가액에 103분의 3**을 곱하여 계산한 금액
2. 중고자동차 : **취득가액에 110분의 10**을 곱하여 계산한 금액

매입세액을 공제받을 수 없는 것

🅠 비영업용소형승용차 구입 및 유지 관련 매입세액

영업용소형승용차라 함은 운수사업자(택시운수업, 렌트카업체 등)가 소형승용차를 이용하여 직접 사업에 사용하는 경우를 말합니다. 따라서 운수사업자 등이 아닌 기타 사업자가 사업을 위하여 구입하는 승용차는 모두 비영업용소형승용차에 해당합니다.

매입세액을 공제받을 수 없는 승용자동차
① 정원 8인승 이하 승용자동차
② 지프형자동차 및 캠핑용 자동차(캠핑용 트레일러를 포함)
③ 이륜자동차로서 총배기량이 125cc를 초과하는 것

매입세액을 공제받을 수 있는 승용자동차
① 9인승 이상 자동차 및 승합차
② 배기량이 1,000cc 이하의 것으로서 길이가 3.6미터 이하이고 폭이 1.6미터 이하인 것(마티즈, 아토스 등)
③ 밴차량(운전석 앞자리에만 사람의 탑승이 가능하고, 뒷부분은 화물을 적재할 수 있는 구조의 차량)
④ 2륜자동차 중 총배기량이 125cc 이하인 것

🅠 접대비 및 이와 유사한 비용과 관련한 매입세액

접대비 및 이와 유사한 비용의 지출로서 교제비.기밀비.사례금 기타 명목여하에 불구하고, 접대비와 유사한 성질의 비용과 관련된 매입세액은 공제할 수 없습니다.

면세사업 및 토지 관련 매입세액

부가가치세 매입세액은 부가가치세 과세사업자에 한하여 매출세액에서 공제를 받을 수 있습니다. 따라서 면세 사업자의 면세 사업과 관련한 매입세액 및 면세 대상인 토지의 조성등을 위하여 비용을 지출하고 수취한 세금계산서의 매입세액은 공제받을 수 없습니다.

사업자등록을 하기 전의 매입세액

사업자등록을 신청하기 전의 매입세액은 공제받을 수 없습니다. 다만, 공급시기가 속하는 과세기간이 끝난 후 20일 이내에 사업자등록을 신청한 경우 사업개시일이 속하는 과세기간내의 매입세액은 공제받을 수 있습니다.

폐업자가 폐업일 이후 발급한 세금계산서의 매입세액

사업을 폐업한 자는 폐업일 이후에 세금계산서를 발급할 수 없습니다. 그럼에도 불구하고 세금계산서를 발급한 경우 매입자는 그 매입세액을 공제받을 수 없습니다. 따라서 국세청 홈택스에서 정상 사업자 여부를 조회하여 문제가 발생되지 않도록 유의하여야 합니다.

과세 및 면세 겸영 사업자의 면세분 매입세액

과세사업과 면세사업을 겸영하는 경우 매입세액 중 면세사업에 사용한 재화 또는 용역의 매입세액은 공제를 받을 수 없습니다. 한편, 공통으로 사용한 경우에는 일정한 산식에 의하여 계산한 매입세액을 불공제하여야 하며, 이에 대한 자세한 내용은 부가가치세법 제40조의 규정을 참고하시기 바랍니다.

부가가치세 신고서 작성 [매입세액]

◨ 세금계산서수취분

세금계산서 수취분에는 세금계산서 합계금액을 일반매입과 고정자산 매입으로 구분하여 기재합니다.

● 제출서류 → 매입처별세금계산서합계표

사업자가 종이세금계산서의 매입세액을 공제받고자 하는 경우 매입처별세금계산서합계표의 '전자세금계산서 외의 발급받은분'에 기재한 다음 **'매입처별명세'**를 작성하여 부가가치세 신고서와 같이 제출하여야 합니다. **단, 전자세금계산서로 발급받은 분은 '매입처별명세'를 작성하지 않습니다.**

① 2. 매입세금계산서 총합계
○ 전자세금계산서 매입분의 사업자등록번호 발급받은분
  전자세금계산서를 발급받은분은 국세청 '홈택스'에서 확인하여 해당 과세기간의 매입분 전자세금계산서의 매출처 수, 총매수, 총공급가액 및 총세액을 기재합니다.
○ 전자세금계산서 **외**의 발급받은분의 사업자등록번호발급분, 해당 과세기간에 종이로 발급받은 세금계산서의 매입처 수, 총 매수, 총공급가액 및 총세액을 기재합니다.
② 3. 매입처별명세
종이세금계산서로 발급받은 경우 해당 과세기간의 매입세금계산서(작성일자 기준)를 거래처별로 합계하여 빠짐없이 '매입처별명세'에

기재하여 신고하여야 합니다. 단, 매입처수가 5개를 초과하는 경우 「매입처별세금계산서합계표(을)」에 연속 기재하여야 합니다.

예 제　202×년 제1기 세금계산서 수취내역 (고정자산 매입 있음)
- 전자세금계산서 수취분 : 매입처수 15곳, 매수 25매 공급가액 1천만원
- 종이세금계산서 수취분 : 매입처수 20곳, 매수 40매 공급가액 3천만원
  [기계장치 1매, 공급가액 1천만원 포함]

Q 부가가치세 신고서에서 일반매입과 고정자산매입은 왜 구분하나요?

매입세금계산서 중 차량운반구, 기계장치 등 고정자산의 매입과 관련한 세금계산서가 있는 경우 일반매입과 구분하여 고정자산매입에 기재하시고 '건물등감가상각자산취득명세서'를 제출하여야 하며, 매입세액란을 일반매입과 고정자산매입으로 구분한 것은 국세청이 사업자의 부가율을 계산하여 성실신고 여부를 판단하기 위한 것입니다.

부가율이 동종 업종에 비하여 낮다는 것은 동종 업종의 비슷한 매출과 비교하여 매입자료가 많은 것으로 실물 거래 없는 가짜매입세금계산서를 수취하였을 가능성이 높다는 것을 의미하며, 국세청이 세무조사대상자를 선정함에 있어 참고자료로 활용하기도 합니다.

따라서 사업자는 통상 1년을 기준으로 부가율이 동종업종 사업자의 평균 부가율보다 현저히 낮을 경우 그 원인을 분석하여 착오가 있는 것은 수정하고, 기타 사유가 있는 경우에는 세무조사를 받지 않도록 성실하게 신고하여야 할 것입니다. 과거에는 부가율이 세무조사 등을 선정하는데 있어 매우 중요한 고려사항이었습니다만, 현재는 참고자료 정도로 국세청 내부적으로 관리하며 부가율을 별도로 공시히고 있지는 않습니다.

| 보 충 | 부가율 계산 |

부가율이란 부가가치율이라고도 하며, 다음과 같이 계산합니다.

$$부가율 = \frac{매출\ 과세표준 - 매입\ 과세표준}{매출\ 과세표준}$$

* 매입 과세표준에는 고정자산 매입을 제외합니다.
[예제] 매입 4천만원 (고정자산 매입 1천만원 포함) 매출 7천 5백만원
부가율(60%) = [매출 (7천5백만원) - 매입 (3천만원)] ÷ 매출 (7천5백만원)

매입세액	세금계산서 수취분	일반매입	(10)	30,000,000		3,000,000
		수출기업 수입분 납부유예	(10-1)			
		고정자산 매입	(11)	10,000,000		1,000,000
	예정신고누락분		(12)			
	매입자발행 세금계산서		(13)			
	그 밖의 공제매입세액		(14)	5,000,000		500,000
	합계 (10)-(10-1)+(11)+(12)+(13)+(14)		(15)	45,000,000		4,500,000
	공제받지 못할 매입세액		(16)			
	차 감 계 (15)-(16)		(17)	45,000,000	㉯	4,500,000

| 예 제 | 고정자산(기계장치) 매입 및 건물등감가상각취득명세서 작성 |

• 종이세금계산서 수취분 :공급가액 1천만원, 매입세액 1백만원

건물등 감가상각자산취득명세서
202×년 1기(1월 1일 ~ 6월 30일)

1. 신고자 인적사항

① 성 명 (법 인 명)		② 사업자등록번호	
③ 업 태		④ 종 목	

2. 감가상각자산 취득 명세 합계

감가상각자산 종류	건 수	공급가액	세 액	비 고
⑤ 합 계	1	10,000,000	1,000,000	
⑥ 건물·구축물				
⑦ 기 계 장 치	1	10,000,000	1,000,000	
⑧ 차 량 운 반 구				
⑨ 그 밖의 감가상각자산				

매입처별세금계산서합계표(갑)
(202×년 제1기)

(앞쪽)

1. 제출자 인적사항

(1)사업자등록번호	- -	(2)상호(법인명)	
(3) 성 명(대 표 자)		(4)사업장 소재지	
(5) 거래기간	202×년 1월 1일 ~ 202×년 6월 30일	(6) 작성일	년 월 일

2. 매입세금계산서 총합계

구 분		(7)매입처수	(8)매수	(9)공급가액 조 십억 백만 천 일	(10)세액 조 십억 백만 천 일
합 계		35	65	40 000 000	4 000 000
과세기간 종료일 다음달 11일까지 전송된 전자 세금계산서 발급받은분	사업자등록번호 발급받은분	15	25	10 000 000	1 000 000
	주민등록번호 발급받은분				
	소 계	15	25	10 000 000	1 000 000
위 전자 세금계산서 외의 발급받은분	사업자등록번호 발급받은분	20	40	30 000 000	3 000 000
	주민등록번호 발급받은분				
	소 계	20	40	30 000 000	3 000 000

(1) '전자세금계산서외의 발급받은 분' 중 '사업자등록번호발급받은분'은 반드시 매입처별명세를 작성하여 신고서에 첨부하여 제출하거나 전자신고시 그 명세서를 작성하여 제출하여야 합니다.
(2) 주민등록번호로 발급받은 세금계산서는 사업자등록 전 매입세액 공제를 받을 수 있는 세금계산서만 적습니다.

3. 과세기간 종료일 다음달 11일까지 전송된 전자세금계산서 외 발급받은 매입처별 명세
(합계금액으로 적음)

(11)번호	(12)사업자등록번호	(13)상호(법인명)	(14)매수	(15)공급가액 조 십억 백만 천 일	(16)세액 조 십억 백만 천 일	비고
1						
2						
3						
4						
5						
(17) 관리번호(매입)				-		

SECTION 08
부가가치세 공제세액 등

부가가치세 신고시 경감 및 공제세액과 기타 신고서 작성과 관련한 유의사항은 다음과 같습니다.

1) 홈택스로 부가가치세를 전자신고하는 경우
   전자신고세액공제 1만원
2) 소매, 음식점등 영수증발급사업자의 신용카드 등 매출전표 발행세액공제(공급대가의 1.3%, 연간 한도액 1천만원)

경감·공제세액

🅠 전자신고세액공제

납세자가 직접 홈택스 등에서 전자신고의 방법으로 부가가치세 신고(일반과세자의 경우 확정신고)를 하는 경우 해당 납부세액에서 1만원을 공제받을 수 있습니다. 단, 공제세액을 납부세액과 가감한 후의 금액을 초과할 때에는 그 초과하는 금액은 없는 것으로 합니다.

신용카드매출전표등 발행세액공제

Q 주로 소비자를 대상으로 하는 사업자가 매출대금을 신용카드로 결제받거나 현금영수증을 발급한 경우 어떤 혜택이 있나요?

음식·숙박업 및 소매업 등 영수증발급대상 개인사업자(직전 연도의 재화 또는 용역의 공급가액의 합계액이 10억원 이하 경우에 한함)로서 부가가치세가 과세되는 물품 또는 서비스를 공급하고, 그 대금으로 신용카드로 결제받거나 현금영수증을 발행한 경우 결제금액의 1.3%에 해당하는 금액을 매출세액에서 공제받을 수 있으며, 이 경우 부가가치세 신고시 **'신용카드매출전표등발행금액집계표'**를 제출하여야 합니다. 단, 연간 한도액은 1천만원이며, 신용카드매출전표등 발행세액공제로 인하여 환급이 발생하는 경우 그 초과하는 부분은 없는 것으로 합니다. [부가가치세법 제46조]

■ 신용카드 등 사용에 따른 세액공제 공제율 조정(부가법 §46①)

종 전			개 정	
□ 신용카드 등 매출 세액공제 ㅇ (공제율)			□ 일반·간이과세자 통합 적용 ㅇ 공제율 단일화	
	공제율	'21년까지	공제율	'23.12.31.까지
간이과세자 (음식숙박업)	2.0%	2.6%	1.0%	1.3%
기타 사업자	1.0%	1.3%		

<적용시기> '21.7.1. 이후 재화 또는 용역을 공급하는 분부터 적용

◆ 영수증 발급대상 사업자 [부가가치세법 시행령 제79조의2]
1. 소매업 및 음식점업(다과점업 포함)
2. 숙박업, 목욕·이발·미용업, 여객운송업, 입장권을 발행하는 사업
3. 주로 사업자가 아닌 소비자에게 재화 또는 용역을 공급하는 사업으로서 도정업, 제분업중 떡방아간, 양복점업·양장점업·양화점업, 주거용 건물공급업, 운수업 및 주차장운영업, 부동산중개업, 개인서비스업, 가사서비스업 등

| 보 충 | 신용카드매출전표등발행세액 공제대상 매출 |

- 신용카드 · 직불카드 매출
- 현금영수증 매출, 선불카드, 전자화폐에 의한 매출
- 결제대행업체(PG사)를 통한 신용카드 매출

Q & A 인터넷 쇼핑몰 등에서 물품 판매시 결제대행업체를 통하여 신용카드결제를 받은 경우에도 신용카드등 발행세액공제를 받을 수 있나요?

1) 결제대행업체(PG사, Payment Gateway)란 신용카드회사와의 계약에 따라, 신용카드회원에게 물품을 판매하거나 용역을 제공하는 자를 위하여 신용카드에 의한 거래를 대행하는 자를 말합니다

2) 여신전문금융업법에 의한 결제대행업체를 통한 신용카드매출전표에 해당하는 경우 매출자는 신용카드등매출에 대한 세액공제를 받을 수 있습니다.

▶ 여신전문금융업법에 의한 결제대행업체 조회
금융민원센터(https://www.fcsc.kr) → 등록·신고 → 전자금융업 등록현황

예정고지세액 및 과세표준명세 등

◎ 부가가치세 예정고지세액이란?

개인사업자의 경우 부가가치세 신고는 1년을 1기(1. 1 ~ 6. 30)와 2기(7. 1 ~ 12. 31)를 구분하여 6개월에 한 번씩 신고를 합니다만, 관할세무서에서 4월(1기 예정고지 납부기한 : 4월 25일) 및 10월(2기 예정고지 납부기한 : 10월 25일) 중 전기 납부세액의 2분의 1을 고지합니다. 예정고지에 의하여 납부한 예정고지세액은 부가가치세 1기 및 2기 신고시 납부할 세액에서 공제를 받습니다.

▶ **부가가치세 예정고지 면제 기준금액**

예정고지세액이 50만원 미만인 경우 예정고지를 하지 않으며, 이 경우 확정신고시 일괄하여 납부하여야 합니다.

사 례 2022년 1기 예정고지세액 [홈택스, 국세청 홈페이지에서 확인]

- 2021년 2기 납부할 세액   3,000,000원
- 2022년 1기 예정고지 금액 1,500,000원 → 4월 25일 납부

예정신고 미환급 세액	(21)	㉺	
예정고지세액	(22)	㉻	1,500,000
사업양수자의 대리납부 기납부세액	(23)	㉼	
매입자 납부특례 기납부세액	(24)	㉽	
신용카드업자의 대리납부 기납부세액	(25)	㉾	0
가산세액계	(26)	㉿	
차감·가감하여 납부할 세액(환급받을 세액) (⑭-㉑-㉒-㉓-㉔-㉕-㉖-㉗+㉘)	(27)		
총괄 납부 사업자가 납부할 세액(환급받을 세액)			

◎ 부가가치세 신고서 과세표준명세서 작성방법

> **Q&A** 차량 등 고정자산을 매각하였는데 부가가치세 신고서 ⑤과세표준명세란에 수입금액제외로 입력하여야 하나요?

1) 복식부기의무자가 사업용 차량 등 사업용 유형자산을 매각한 경우 수입금액에 포함하여야 하므로 수입금액제외란에 입력하지 않습니다. 단, 건물을 매각하고 세금계산서를 발급한 경우 건물양도는 양도소득세를 신고납부하므로 수입금액제외란에 기재를 하여야 합니다.

2) 복식부기의무자가 아닌 개인사업자의 경우 부가가치세 과세표준에 포함한 차량 매각대금은 부가가치세 과세표준 신고서의 '⑤ 과세표준명세 - (31) 수입금액 제외'란에 기재합니다.

⑤ 과세표준 명세			
업 태	종 목	업종 코드	금 액
(28)제조	의 류		75,000,000
(29)			
(30)			
(31)수입금액제외			
(32)합 계			75,000,000

「위 내용을 충분히 검토하였고 신고인이 알고 있는 사실 그대로를 정확하게 적었음을 확인합니다.」
202×년 7월 25일
신고인: (서명 또는 인)
세무대리인은 조세전문자격자로서 위 신고서를 성실하고 공정하게 작성하였음을 확인합니다.
세무대리인: (서명 또는 인)
세무서장 귀하
첨부서류 뒤쪽 참조

◎ 면세사업수입금액 및 계산서 발급 및 수취금액

과세사업과 면세사업을 겸업하는 경우 부가가치세 신고시 면세사업과 관련한 수입금액은 부가가치세 신고서 뒷쪽 '면세사업수입금액란'에 기재하여야 하며, 계산서를 발급한 금액이 있는 경우 계산서 발급금액란에 기재하시고 '매출처별계산서합계표'를 첨부하여 제출하여야 합니다. 한편, 과세사업자가 면세 물품 등을 공급받고 계산서를 수취한 것이 있는 경우 계산서 수취금액란에 기재하시고 '매입처별계산서합계표'를 첨부하여 제출하여야 합니다.

세금 납부서 작성

① 세금을 납부하고자 하는 경우 납부서를 작성하여 금융기관등에 납부를 하여야 하며, **홈택스에서 신고하는 경우 자동으로 출력됩니다.**
② 납부서 양식 : 국세청 홈페이지 → **국세정책제도** → **통합자료실** → **세무서식** (검색어) 영수증서
③ 납부서에 아래 내용 기재
○ 수입징수관서 : 사업장(부가가치세, 근로소득세 등) 또는 주소지(종합소득세) 관할 세무서
○ 사업장 : 사업장 소재지 또는 주소지 소재지 동 명칭 및 번지
○ 납부기한 : 해당 세금의 납부기한

▶ 납부서는 세목(세금의 종류)별로 각각 작성하여야 합니다.

■ 결정구분(4)

1	확정분 자납	소득·법인세 정기신고분, 부가세 확정신고
2	수시분 자납	수정신고, 정정신고 등 수시 자납
3	예정신고 및 중간예납	법인세 중간예납, 부가세 예정신고 등
4	원천분 자납	소득·법인세 원천분

■ 세목(14)

세 목	코드	세 목	코드	세 목	코드
종합소득세	10	퇴직소득세	21	개별소비세	42
이자소득세	11	양도소득세	22	주세	43
배당소득세	12	법인세	31	증권거래세	45
사업소득세	13	부가가치세	41	인지세	46
근로소득세	14	상속세	32	농어촌특별세(현년도)	55
기타소득세	16	증여세	33	농어촌특별세(과년도)	56

SECTION 09
부가세 일반·조기환급 경정청구·기한후 신고

일반환급 및 조기환급

환급이란 부가가치세 과세사업자로서 공제대상 매입세액이 매출세액보다 많은 경우 관할세무서에서 그 세액을 사업자에게 돌려주는 것을 말하며, 일반환급과 조기환급이 있습니다.

일반환급이란 재고상품 일시 과다 매입 등의 사유로 공제를 받을 수 있는 매입세액이 매출세액보다 많은 경우 발생하는 환급액을 말합니다. 일반환급의 경우 환급세액은 각 과세기간별로 그 **확정신고기한 경과 후 30일내**에 사업자에게 환급합니다. 따라서 예정분 환급세액은 확정시 예정신고미환급분으로 공제를 받습니다.

조기환급이란 일반환급에 비하여 **빠른** 시일내에 환급을 해주는 것을 말합니다. 다음의 하나에 해당하는 경우로서 부가가치세 영세율 등 조기환급기간 종료일로부터 25일 내에 과세표준과 환급세액을 관할세무서에 신고하면, 당해 **조기환급신고기한 경과 후 15일 이내**에 사업자에게 환급하여 줍니다. 조기환급의 경우 **매 월** 또는 **2개월**을 과세기간으로 다음 달 25일까지 신고할 수 있습니다.

1. 영세율의 규정이 적용되는 때
2. 사업설비를 신설·취득·확장 또는 증축하는 때

조기환급신고시 수출의 경우 당해 '영세율등조기환급신고서'에 대한 '수출실적명세서' 등의 서류를 사업설비투자의 경우 '건물등감가상각자산취득명세서'를 신고서에 첨부하여야 합니다.

> **Q&A 창업을 하다보니 매출은 별로 없는데 매입이 많습니다. 이 경우 매입세액공제는 어떻게 받나요?**

1) 공제대상 매입세액이 매출세액보다 많은 경우 부가가치세 신고를 하면, 세무서로부터 환급(매입세액 - 매출세액)을 받을 수 있습니다. 따라서 개업한 날이 속하는 반기의 다음달 25일까지 신고하면, 세무서에서 확인한 후 30일 이내에 사업자 계좌로 송금을 하여 줍니다.

2) 단, 사업개시일 이후 고정자산(유형자산, 무형자산)을 신설 또는 취득함으로서 환급세액(매입세액 - 매출세액)이 발생한 경우 해당 자산의 취득월까지를 과세기간으로 하여(조기환급기간) 그 조기환급기간이 끝난 날부터 25일 이내에 환급세액을 관할 세무서장에게 신고하게 되면, 조기환급신고기한이 지난 후 15일 이내에 환급을 받을 수 있으며, 이를 조기환급이라 합니다. 조기환급신고 이후 과세기간은 조기환급신고월의 다음달부터 확정 과세기간까지로 합니다.

2022.7.10. 사업자등록 2022.8.5. 인테리어 비용 매입세액 2천만원 2022.9.25. 조기환급신고 → 과세기간 '22.7.10. ~ '22.8.31.

<부가가치세법 제59조 ②>

부가가치세 기한후 신고

Q 부가세 신고를 기한내 하지 못한 경우 어떻게 하나요?

법정신고기한내 신고 및 납부를 하지 못한 경우 기한 후 신고를 할 수 있으며, 기한 후 신고시 납부할 세액이 있는 경우 다음의 가산세를 추가로 부담하여야 합니다. 단, 기한후 신고를 하더라도 납부할 세액이 없거나 환급이 발생하는 경우 [1]매출세금계산서합계표미제출가산세만 부담을 하시면 됩니다.

▶ 부가가치세 기한 후 신고시 적용되는 가산세

[1] 매출세금계산서합계표미제출가산세 → 공급가액 × 5/1000
- 소매, 음식업 등 세금계산서 의무발급대상업종이 아닌 경우에는 적용하지 않습니다.

[2] 신고불성실가산세 → 납부할 세액 × 20/100
○ 신고기한일로부터 1개월 이내에 신고하는 경우에는 50% 감면
○ 신고기한일로부터 1 ~ 3개월 이내: 30% 감면
○ 신고기한일로부터 3 ~ 6개월 이내: 20% 감면

[3] 납부지연가산세 → 납부할 세액 × 2.2/10,000 × 미납일수(법정납부기한일의 다음날부터 납부일까지 기간일수)

[4] 부동산임대공급가액명세서 또는 현금매출명세서 미제출가산세
제출하지 아니한 수입금액 × 1% (1개월 이내 제출시 50% 감면)
- 부동산입대업자가 부동산임대공급가액명세서를 제출하지 않은 경우
- 현금매출명세서 제출대상사업자가 제출하지 않은 경우

경정청구

경정청구란 당초 과세표준신고서를 법정신고기한내에 제출한 자가 다음의 1에 해당하여 환급받아야 할 세액이 있는 경우 **법정신고기한 경과 후 5년 이내**에 국세의 과세표준 및 세액의 결정 또는 경정(환급)을 관할세무서장에게 청구하는 것을 말합니다. 경정청구시에는 별도의 가산세 부담이 없습니다.

1. 과세표준신고서에 기재된 과세표준 및 세액이 세법에 의하여 신고하여야 할 과세표준 및 세액을 초과하는 때
2. 과세표준신고서에 기재된 결손금액 또는 환급세액이 세법에 의하여 신고하여야 할 결손금액 또는 환급세액에 미달하는 때

Q 매입세금계산서를 누락한 경우 매입세액을 공제받을 수 있나요?

매입 세금계산서를 누락하여 수정신고하는 경우 매입세액을 세무서로부터 환급을 받을 수 있으며, 이 경우 가산세는 없습니다. 단, 수정신고에 의하여 환급이 발생하는 경우 경정청구서를 제출하여야 합니다.

[서식] 과세표준 및 세액의 결정(경정)청구서
국세청홈페이지 → 국세정책제도 → 통합자료실 → 세무서식

◆ 경정청구시 제출할 서류
① 과세표준 및 세액의 경정청구서
② 최초의 과세표준 및 세액신고서사본
③ 결정(경정)청구사유 입증자료

SECTION 10

간이과세자 부가가치세 신고방법 및 납부 특례

> 소규모 사업자의 경우 부가가치세 신고 및 납부의무에 예외규정을 두어 납세자가 세금신고업무를 간편하게 할 수 있도록 규정한 것이 간이과세자제도이며, 2021. 7. 이후 세법 개정이 있었으며, 그 내용은 다음과 같습니다.

간이과세자 적용대상 사업자는?

① 부가가치세 과세사업을 하면 일반과세자로 되는 것이 원칙이나 주로 사업자가 아닌 일반소비자를 대상으로 사업을 영위하는 소규모사업자의 부가가치세 신고편의 및 세부담 경감을 위하여 간이과세자 제도를 두고 있습니다.

② 간이과세자 적용 대상사업자는 연간 매출액(공급대가)이 8000만원 미만인 사업자로서, 간이과세적용이 배제되는 사업 또는 지역에 해당되지 않아야 하며, **다른 일반과세 사업장이 없어야 합니다.**

◆ 간이과세자가 될 수 없는 업종 (부법 시행령 제109조 ②)
- 광업, 건설업, 제조업, 도매업 및 상품중개업, 부동산매매업
- 과세유흥장소를 경영하는 사업으로서 기획재정부령으로 정하는 것
- 부동산임대업으로서 기획재정부령으로 정하는 것
- 변호사업, 법무사업, 공인회계사업, 세무사업 등 전문직종
- 의사업, 한의사업, 약사업,
- 전기·가스·증기 및 수도 사업
- 전문·과학·기술서비스업, 사업시설 관리·사업지원 및 임대 서비스업

③ 신규로 사업을 개시하는 개인사업자는 간이과세적용이 배제되는 사업 또는 지역에 해당되지 않는 경우 사업을 개시한 날이 속하는 연도의 매출 합계액이 8000만원에 미달될 것으로 예상되는 때에는 간이과세자로 등록할 수 있습니다.

④ 일반과세자이던 자가 지난 1년간의 공급대가가 8000만원에 미달하게 되는 경우 다음해 7월 1일 이후 간이과세자로 전환됩니다. 예를 들어 2022년 1년간의 매출이 공급대가를 기준으로 8000만원에 미달하는 경우 관할세무서에서 2023년 제1과세기간(1. 1.~ 6. 30.) 개시 20일전(2023. 6. 10.)까지 간이과세자로 전환됨을 통지하고 간이과세자용 사업자등록증을 발급합니다. 단, 신규로 사업을 개시한 자는 그 사업개시일의 월부터 12월까지 공급대가의 합계액을 1년으로 환산한 금액을 기준으로 간이과세 적용대상사업자를 결정합니다.

◆ 직전연도 공급대가 합계액이 4800만원 이상 8000만원 미만이더라도 간이과세자 적용이 될 수 없는 경우
1. 간이과세가 적용되지 아니하는 다른 사업장을 보유하고 있는 사업자
2. 부동산임대업 또는 과세유흥장소를 경영하는 사업자로서 해당 업종의 직전 연두의 공급대가의 합계액이 4800만원 이상인 사업자

간이과세자도 세금계산서를 발급할 수 있는 경우가 있나요?

1) 새로 사업을 하면서 간이과제자로 등록하는 경우 세금계산서를 발급할 수 없습니다. 따라서 연간 예상 매출액이 8천만원에 미달할 것으로 예상되더라도 세금계산서를 발급하여야 하는 경우에는 일반과세사업자로 사업자등록을 하여야 합니다.

2) 창업 과세연도의 연간매출액(연간으로 환산한 금액)이 4800만원 이상 8000만원 미만인 간이과세자의 경우 다음해 7월 1일 이후 세금계산서를 발급할 수 있습니다.

◆ 연간 매출액 환산(부법 제61조 ②) 및 과세유형 전환
2022년 9월 10일 사업자등록, 9월 ~ 12월 매출 3천만원
1개월 미만은 1개월로 함 → 월수 4개월
환산매출액 3천만원 × 12/4 = 9천만원
2023.7.1.이후 → 일반과세사업자로 전환

[주의사항] 신규사업자의 간이과세자 등록 및 간이과세 포기
1. 세금계산서를 발급하여야 하는 경우 일반과세사업자로 등록을 하여야 합니다.
2. 최초 과세연도의 수입금액이 8천만원(신규로 사업을 개시한 자는 그 사업개시일의 월부터 12월까지 공급대가의 합계액을 1년으로 환산한 금액을 기준으로 함)에 미달하는 경우 다음해 7월 1일부로 간이과세자로 전환이 됩니다. 이 경우 4800만원 이상인 경우에는 세금계산서를 발급할 수 있으나 4800만원에 미달하는 경우 세금계산서를 발급할 수 없으므로 세금계산서를 계속 발급하여야 하는 경우 간이과세 포기를 하여 일반과세자로 유지를 하여야 세금계산서를 발급할 수 있습니다.

간이과세자 관련 주요 개정 세법

[1] 영수증 발급 대상 조정(제36조제1항 및 제36조의2 신설)

종전에는 모든 간이과세자는 영수증을 발급하여야 했던 것에서 앞으로는 직전 연도 공급대가 합계액이 4천800만원 미만인 간이과세자 등을 제외하고는 세금계산서를 발급하도록 영수증 발급 대상을 조정하고, 해당 영수증 발급의 적용기간을 정함.
<적용시기> 2021.7.1. 이후 재화 또는 용역을 공급하는 분부터 적용

[개정 세법] 직전연도 공급대가 합계액이 4,800만원 이상인 간이과세자에 대한 세금계산서 발급의무 부과(부가법 §36①)
○ (원칙) 세금계산서 발급
○ (예외) 영수증 발급
- 간이과세자 중 신규사업자 및 직전연도 공급대가 합계액이 4,800만원 미만인 사업자
- 주로 사업자가 아닌 자에게 재화·용역을 공급하는 사업자(부가가치세법 제73조 ① ② 업종) 다만, 소매업, 음식점업, 숙박업 등은 공급받는 자가 요구하는 경우 세금계산서 발급 의무
<적용시기> '21.7.1. 이후 재화 또는 용역을 공급하는 분부터 적용

[2] 간이과세 적용범위 확대(제61조제1항)

종전에는 직전 연도의 공급대가 합계액 4천800만원 미만이었던 것에서 8천만원 미만으로 상향하되, 부동산임대업 및 과세유흥장소를 경영하는 사업자에 대해서는 현행의 4천800만원 기준을 유지함.
<적용시기> 2021.1.1. 이후 개시하는 과세기간 분부터 적용

[3] 간이과세자에 대한 면세농산물 등 의제매입세액공제 적용 배제(현행 제65조 삭제)

간이과세자에게는 면세농산물 등을 공급받을 때 매입세액이 있는 것으로 보아 면세농산물 등의 가액에 업종별 공제율을 곱한 금액을 납부세액에서 공제하는 의제매입세액공제제도를 적용하지 아니함.
<적용시기> 22021.7.1. 이후 공급받거나 수입 신고하는 분부터 적용

[4] 간이과세자 납부의무 면제 기준금액 상향(제69조제1항)

부가가치세 납부의무가 면제되는 기준금액을 해당 과세기간의 공급대가 합계액 3천만원 미만이었던 것에서 4천800만원 미만으로 상향함.
<적용시기> 2021.1.1. 이후 개시하는 과세기간 분부터 적용

▶ 간이과세제도 관련 세법 개정 내용 요약

구 분	종 전	개 정
간이과세 기준금액	• 직전연도 공급대가 4,800만원 미만	• 직전연도 공급대가 8,000만원 미만 (부동산임대업 또는 과세유흥장소는 4,800만원 미만)
납부의무면제 기준금액	• 해당연도 공급대가 합계액 3,000만원 미만	• 해당연도 공급대가 합계액 4,800만원 미만
세금계산서 발급의무	• 영수증 발급 (세금계산서를 발급하지 아니함)	• (원칙) 세금계산서 발급 • (예외) 영수증 발급(신규사업자 및 직전연도 공급대가 4,800만원 미만)
영수증 발급 적용기간	• (신설)	• 1역년 공급대가의 합계액이 4,800만원 미달하는 해의 다음 해 7. 1.부터 1년간

구 분	종 전	개 정
		• 신규 개업한 간이과세자의 경우 최초로 사업 개시한 해의 다음 해 6. 30.까지
세액계산구조 (세금계산서 등 세액공제)	• (공급대가 × 업종별 부가율*×10%) - (매입세액 ×업종별부가율) - 기타공제세액 * 업종별부가율: 5~30%	• (공급대가×업종별 부가율×10%) - (공급대가 × 0.5%) -기타공제세액 * 업종별부가율: 15~40%
신용카드 등 매출세액공제	• 간이과세자 (음식·숙박업) : 2.6% • 기타사업자 : 1.3%	• 1.3% (신규사업자 및 직전연도 공급대가 4,800만원 미만 제외)
의제매입세액 공제	• 일반과세자 및 간이과세자	• 일반과세자 (간이과세자 적용 배제)
신고	• 과세기간(1.1.~12.31.) 다음해 1.25.까지 신고(연 1회)	• (추가) 세금계산서를 발행한 간이과세자 예정부과기간 신고의무
세금계산서 가산세	• (신설)	• (일반과세자 준용) • (미수취가산세 추가) 공급대가 × 0.5%

간이과세자의 납부할 부가가치세 세액 계산

◘ 과세표준 및 매출세액 계산

▶ **과세표준**
공급대가(공급가액 + 세액)를 과세표준으로 합니다.

▶ **매출세액 계산**
당해 과세기간의 공급대가 × 업종별 부가가치율 × 세율(10%)

➡ 업종별 부가가치율 [부령 제111조 ②] (개정) '21.7.1. 이후

업 종	부가가치율
1. 소매업, 재생용 재료수집 및 판매업, 음식점업	15%
2. 제조업, 농업·임업 및 어업, 소화물 전문 운송업	20%
3. 숙박업	25%
4. 건설업, 그 밖의 운수업, 창고업, 정보통신업, 그 밖의 서비스업	30%
5. 금융 및 보험 관련 서비스업, 전문·과학 및 기술 서비스업, 사업시설관리·사업지원 및 임대 서비스업, 부동산 관련 서비스업, 부동산임대업	40%
6. 그 밖의 서비스업	30%

◘ 경감공제세액

▶ **매입세금계산서 공급대가(공급가액 + 세액) × 0.5%**
간이과세자가 일반 과세 사업자 또는 세금계산서 발급이 가능한 간이과세자로부터 세금계산서 또는 신용카드매출전표 등을 발급받아

'매입처별세금계산서합계표'또는'신용카드매출전표등수령명세서'를 관할 세무서장에게 제출하는 때에는 당해 과세기간에 발급받은 세금계산서등의 공급대가(공급가액 + 세액)의 0.5%를 곱하여 계산한 금액을 각 과세기간에 대한 납부세액에서 공제합니다.

◆ 간이과세자는 공제를 받을 수 있는 매입세액이 매출세액보다 많더라도 환급을 받을 수 없음 [부법 제63조 ⑤]
간이과세자의 경우 공제받을 수 있는 세금계산서의 매입세액 및 신용카드매출전표 발행세액공제액의 합계액이 각 과세기간의 납부세액을 초과하더라도 그 초과하는 부분은 없는 것으로 봅니다.

▶ **신용카드등 발행세액공제 [부법 제46조 ①]**
간이과세자가 부가가치세가 과세되는 재화 또는 용역을 공급하고 신용카드로 결제를 받거나 현금영수증을 발급한 경우 신용카드매출전표등 발행금액의 1.3%를 납부세액에서 공제받을 수 있습니다

단, 간이과세자가 영수증을 발급하여야 하는 기간(신규사업자 및 연간매출액이 4800만원에 미달하는 간이과세자)에 발급한 신용카드매출전표등은 신용카드등 발행세액공제를 받을 수 없습니다.
(부가가치세법 제46조 및 제36조의2)

간이과세자 부가가치세 신고 및 납부

간이과세자는 부가가치세 신고를 1년에 한 번으로 신고하며, 관할 세무서에서 7월 중 (7. 1. ~ 7. 10.) 예정고지를 합니다.

▶ **예정부과와 납부**
관할 세무서는 간이과세자에 대하여 직전 과세기간에 대한 납부세

액의 50퍼센트를 1월 1일부터 6월 30일(예정부과기간)까지의 납부세액으로 결정하여 예정부과기간이 끝난 후 25일 이내에 고지를 하며, 납세의무자는 별도의 신고없이 납부만을 하면 됩니다. 다만, 징수하여야 할 금액이 50만원 미만인 경우에는 고지하지 않습니다.

Q&A 간이과세자의 경우에도 예정고지를 하나요?

예정 고지는 직전연도에 납부한 세액의 2분의1을 7월 중 고지하며, 7월 25일.까지 납부를 하여야 합니다. 단, 고지할 금액이 50만원 미만인 경우 고지하지 않으므로 대부분의 간이과세자는 예정고지가 없습니다
<부법 제66조>

Q&A 간이과세자도 예정신고를 하여야 하는 경우가 있나요?

간이과세자는 예정신고의무가 없습니다. 다만, 1.1 ~ 6.30. 기간 중 세금계산서를 발급한 간이과세자 및 휴업·사업부진 등으로 예정부과기한의 공급가액·납부세액이 직전 과세기간의 공급가액·납부세액의 3분의 1에 미달하는 자는 7월 25일까지 예정신고를 할 수 있습니다.
<부법 제66조> <부령 제114조>

◆ 세금계산서를 발급한 간이과세자의 경우 예정신고 의무
직전연도 매출액이 4800만원을 초과하는 간이과세자로서 세금계산서를 발급한 경우 예정신고 및 납부를 하여야 합니다. [부법 제66조 ③]

Q&A 간이과세자가 예정신고하는 경우 납부의무가 면제되나요?

간이과세자가 예정신고하는 경우에는 납부의무 면제 규정이 적용되지 아니하며, 확정신고시 연간 매출액이 4800만원 미만인 경우 예정신고시 납부한 금액은 환급받을 수 있습니다
<부법 제69조>

◆ 신규 간이과세자 부가가치세 신고기한
사업을 개시한 과세연도의 다음해 1월 25일

▶ **확정신고 및 납부**

간이과세자는 1년간 과세기간의 과세표준과 납부세액을 그 과세기간 (1.1. ~ 12.31.) 종료 후 25일(다음해 1월 25일) 이내에 사업장 관할 세무서장에게 신고 및 납부를 하여야 합니다.

▶ **간이과세자에 대한 납부의무 면제(부가가치세법 제69조)**

① 해당 과세기간에 대한 공급대가의 합계액이 4천800만원 미만이면 납부의무를 면제합니다.
③ 제1항을 적용할 때 다음 각 호의 경우에는 같은 호의 공급대가의 합계액을 12개월로 환산한 금액을 기준으로 하며, 이 경우 1개월 미만의 끝수가 있으면 1개월로 합니다.
1. 해당 과세기간에 신규로 사업을 시작한 간이과세자는 그 사업 개시일부터 그 과세기간 종료일까지의 공급대가의 합계액
2. 휴업자·폐업자 및 과세기간 중 과세유형을 전환한 간이과세자는 그 과세기간 개시일부터 휴업일·폐업일 및 과세유형 전환일까지의 공급대가의 합계액

Q&A 간이과세자의 경우 부가세 납부가 면제될 수 있나요?

연간 매출액이 4800만원 미만인 간이과세자는 부가가치세 신고는 하여야 하되, 납부할 의무는 없습니다. 단, 창업한 경우 12개월로 환산한 금액이 4800만원 미만인 경우 납부의무가 없습니다.
예를 들어 9월달에 창업한 경우 12월까지 매출이 1600만원 미만인 경우 납부의무가 없는 것입니다. (1600만원 ÷ 4 × 12 = 4800만원)
<부법 제69조>

🅠 일반과세자로서 연간매출이 8천만원 미달하여 간이과세자로 전환되는 경우 재고납부세액 납부

[1] 재고납부세액 신고 및 납부 (부법 시행령 제112조)

일반과세자가 간이과세자로 변경되는 경우에 해당 사업자는 다음 각 호의 방법에 따라 계산한 금액(재고납부세액)을 그 변경되는 날의 직전 과세기간에 대한 확정신고와 함께 간이과세 전환시의 재고품 등 신고서를 작성하여 각 납세지 관할 세무서장에게 신고하고(전년도 공급대가에 의하여 전환되는 경우 다음해 7월 25일), 간이과세자로 변경된 날이 속하는 과세기간에 대한 확정신고(다음해 1월 25일)를 할 때 납부할 세액에 더하여 납부하여야 합니다.

1) 상품 및 제품, 재공품, 재료
(종전) 재고납부세액 = 재고금액 × 10 / 100 × (1 - 업종별 부가가치율)
(개정) 재고납부세액 = 재고금액 × 10/100 × (1- 0.5% × 110/10)
<적용시기> '21.7.1. 이후 재화 또는 용역을 공급받는 분부터 적용

◆ 재고품등의 금액
장부 또는 세금계산서에 의하여 확인되는 해당 재고품등의 취득가액으로 합니다. 다만, 장부 또는 세금계산서가 없거나 장부에 기록이 누락된 경우 해당 재고품등의 가액은 시가에 따릅니다.

2) 건물 또는 구축물
(종전) 재고납부세액 = 취득가액 × (1 - 5 / 100 × 경과된 과세기간의 수) × 10 / 100 × (1 - 업종별 부가가치율)
(개정) 재고납부세액 = 취득가액 × (1-5/100 × 경과된 과세기간의 수) × 10/100 × (1-0.5% × 110/10)

3) 기타의 감가상각자산

(종전) 재고납부세액 = 취득가액 × (1 - 25 / 100 × 경과된 과세기간의 수) × 10 / 100 × (1 - 업종별 부가가치율)

(개정) 재고납부세액 = 취득가액 × (1-25/100 × 경과된 과세기간의 수) × 10/100 × (1-0.5% × 110/10)

◆ 경과된 과세기간 수 계산

과세기간의 개시일 후에 감가상각자산을 취득하거나 당해 재화가 공급된 것으로 보게 되는 경우에는 그 과세기간의 개시일에 당해 재화를 취득하거나 당해 재화가 공급된 것으로 보아 과세기간의 수를 계산합니다. 예를 들어 20×7. 07. 01 유형전환되는 경우 20×6. 7. 20 취득한 유형자산의 경과된 과세기간 수는 '2'(20×6년 2기, 20×7년 1기)입니다.

▣ 공급대가 기준 과세유형전환 시기 및 일정(일반 → 간이)

일 자	통지·승인 및 신고
20×1. 06. 11.	관할세무서로부터 과세유형전환을 통지받음
20×1. 07. 25.	일반과세자 부가가치세 신고 및 간이과세전환시의 재고품등 신고서 제출
20×1. 10. 23.	세무서 재고납부세액 통보(간이과세자 변경 90일내)
20×1. 10. 25.	예정고지세액에 재고납부세액의 2분의 1 추가 고지
20×2. 01. 25.	간이과세자 부가가치세 신고 및 재고납부세액 납부

[2] 전년도 공급대가가 4800만원 미만인 경우로서 세금계산서를 발급하여야 하는 업종인 경우

전년도 공급대가가 4800만원 이상 8000만원 미만인 경우 간이과세자로 전환이 되더라도 세금계산서를 발급할 수 있으나 4800만원 미만인 경우 세금계산서를 발급할 수 없으므로 세금계산서를 발급하여야 하는 업종인 경우 간이과세 포기신고를 하여 일반과세자로 남아있어야 세금계산서를 발급할 수 있으므로 주의를 하여야 합니다.

◆ 일반과세자로서 전년도 공급대가 4800만원 이상 8000만원 미만
7월 1일 : 간이과세자 전환 → 세금계산서 발급가능

◆ 일반과세자로서 전년도 공급대가 4800만원 미만 → 7월 1일 간이과세자로 전환되는 경우 세금계산서 발급불가
이로 인하여 전년도 공급대가가 4800만원 이상 8000만원 미만인 경우 간이과세자로서 세금계산서를 발급할 수 있으나 4800만원 미만인 간이과세자는 간이과세 포기신고를 하고 일반과세자로 되어야 하는 불합리한 점이 있으므로 향후 제도정비가 필요한 사안이며, 홈택스, 관할 세무서등에 재확인을 하시기 바랍니다.

■ 간이과세 포기 신고(부가가치세법 제70조)
1) 간이과세자에 관한 규정을 적용받게 되는 일반과세자가 간이과세자에 관한 규정의 적용을 포기하고 일반과세자에 관한 규정을 적용받으려는 경우에는 간이과세 적용을 받으려는 달의 전달 마지막 날까지 납세지 관할 세무서장에게 신고하여야 합니다. 이 경우 간이과세의 적용 포기의 신고일이 속하는 과세기간의 개시일로부터 그 신고일이 속하는 달의 마지막 날까지의 기간을 간이과세자의 과세기간으로 하여 다음달 25일까지 부가가치세를 신고 및 납부하여야 합니다.

2) 신규로 사업을 시작하는 개인사업자가 사업자등록을 신청할 때 납세지 관할 세무서장에게 간이과세자에 관한 규정의 적용을 포기하고 일반과세자에 관한 규정을 적용받으려고 신고한 경우에는 일반과세자 적용을 받을 수 있습니다.

3) 간이과세 포기신고를 한 개인사업자는 일반과세자가 된 날부터 3년이 되는 날이 속하는 과세기간까지는 간이과세자에 관한 규정을 적용받을 수 없습니다.

SECTION 11

부가가치세 전자신고방법

국세청 홈택스에서 각종 세금신고, 전자세금계산서 발급, 전자세금계산서 합계표 조회, 세무상담, 신청서 제출, 각종 조회 및 증명서 인터넷 발급, 현금영수증 사용내역 조회, 소득금액 증명 등의 업무를 처리할 수 있습니다.

1. 홈택스 접속

2. 로그인

3. 신고/납부

4. 부가가치세 → 정기신고

부가세 신고 내용 입력시 알아 두어야 할 사항

국세청 홈택스의 전면적인 개편[홈택스(세금신고). 국세청고객만족센터(세금상담) 등의 홈페이지를 통합함]으로 부가가치세 신고 내용 입력에 관한 방식은 일부 변경이 있을 수 있습니다.

1. 업종별 부가가치세 신고서식을 참고하여 작성하여야 할 신고 서식을 선택하여야 합니다.

2. 좌측 메뉴바를 클릭한 다음 신고내용을 입력하여야 합니다.

3. 금액 및 세액란이 노란색으로 되어 있는 것은 작성 버튼을 눌러 해당 내용을 입력하시면 자동으로 계산됩니다.

4. 해당 서식 또는 자료의 입력완료 후 [다음>] 또는 [입력완료] 버튼을 클릭한 다음 다음단계로 이동합니다.

5. 신고서 내용을 모두 입력한 다음 [신고서작성완료] 버튼을 클릭합니다.

♣ 하단 메뉴바가 보이지 않은 경우 화면 크기를 줄여야 합니다.
　바탕화면에서 마우스 오른쪽 클릭 → 속성 → 설정

■ 업종별 부가가치세 신고시 제출 대상 서식

신 고 서 식	도매	소매	음식	숙박	제조	건설	운수	임대
일반과세자 부가가치세 신고서	●	●	●	●	●	●	●	●
매출처별세금계산서합계표	●				●	●	●	●
매입처별세금계산서합계표	●	●	●	●	●	●	●	●
신용카드매출전표등수취금액 합계표	●	●	●	●	●	●	●	●
건물등 감가상각자산 취득명세서	○	○	○	○	○	○	○	○
공제받지 못할 매입세액 명세서	○	○	○	○	○	○	○	○
신용카드매출전표등 발행금액 집계표		●	●	●				
의제매입세액공제신고서			○		○	○		
부동산임대공급가액명세서								●
전자세금계산서 발급세액공제신고서	○				○	○	○	
매입처별계산서합계표	○	○	○	○	○	○	○	○
사업장현황명세서[확정신고시 제출] (음식·숙박업, 미제출가산세 없음)			○	○				

신 고 서 식	제 출 대 상 사 업 자
부동산임대공급가액명세서	부동산을 임대하고 있는 사업자
대손세액공제(변제)신고서	부도등으로 매출세액을 공제받는 사업자
매출처별계산서합계표	면세물품을 공급한 사업자
현금매출명세서	변호사, 법무사, 세무사, 공인회계사 감정평가사 부동산중개업, 경영지도사, 기술사, 산후조리원 등
사업 양도양수 신고서	사업을 포괄양도하는 사업자
재활용폐자원 및 중고품 매입세액 공제신고서	중고자동차매매상사 및 재활용폐자원 및 중고품 수집 사업자
면세유류 공급명세서	면세유를 공급하는 주유소
과세사업전환 감가상각자산신고서	면세사업 사용품을 과세사업에 사용하는 경우
전자화폐결제명세서	매출대금을 전자화폐로 결제받은 사업자
석유판매업자의 면세유 감면세액 환급신청서	면세유 석유판매업자
일반(간이)과세전환시 재고품 및 감가상각자산 신고서	일반과세자에서 간이과세자로 전환한 자 간이과세자에서 일반과세자로 전환한 자
건물관리명세서	부동산관리업을 영위하는 사업자
사업장별 부가가치세 과세표준 및 납부세액 (환급세액) 신고명세서	총괄납부 사업자

01 기본사항

1. 해당 신고기간의 년 월 일을 선택합니다.
   [예 제] 202×년 1기
   신고기간 202×년 01월 01일 ~ 6월 30일
   202× 년 01 ▼ 월 01 ▼ 일 ~ 06 ▼ 월 30 ▼ 일
2. 사업자등록번호를 입력한 다음 '사업자조회'를 클릭합니다.
3. 신고구분란에 자동으로 202×년 1기라고 표시가 됩니다.
4. 사업자 세부사항란은 자동으로 표시가 됩니다.
5. '다음'을 클릭합니다.

02 신고서식 및 항목 선택 (체크한 서식만 입력 가능)

[다음] 클릭

● 신고서 입력 도중 추가로 입력할 서식이 있는 경우

[02 신고서식 및 항목선택] 버튼을 클릭하여 해당 항목에 체크(☑)한 다음 좌측 메뉴를 선택하시면 추가로 입력을 할 수 있습니다.

03 매 출 세 액
04 매 입 세 액
05 경감·공제세액
06 예 정 고 지
07 금지금매입자 기납부세액
08 가산세
09 기타첨부서류 입력

● 신고내용 입력 도중 일시 종료하고자 하는 경우

좌측 메뉴'종료'버튼을 누르고 아래 내용 중 선택하면 됩니다.

● 입력 도중 종료한 다음 다시 입력을 하는 경우

1. 공인인증서로 로그인 합니다.
2. 부가가치세 신고 메뉴를 클릭하여 '신고서 작성하기'를 실행합니다.
3. 기본사항에 사업자등록번호를 입력한 다음 사업자조회 버튼을 클릭합니다.
4. 팝업창의'아니오'를 선택합니다.
5. 좌측 메뉴 최상단 [신고서 불러오기]를 클릭하여 실행합니다.

매출세액

매출 및 매출세액 내용을 입력하는 메뉴입니다.

구 분	서 식	분 류	입 력 사 항
세금계산서 발급분	매출처별세금 계산서합계표	종이세금계산서	매출처별 개별 명세 입력
		전자세금계산서	매출처별 명세 입력없이 매출처수, 매수, 공급가액, 세액 합계만 입력
기타매출분	신 고 서 내 용	신용카드, 현금영수증 발행분	공급가액 및 세액 입력
		기타(정규영수증 외 매출분)금액	공급가액 및 세액 입력 (간이영수증 발행, 기타 소매매출)
과세표준 명세	신 고 서 내 용		매출금액의 합계를 금액란에 입력하되, 2개 이상 업종이 있는 경우 구분하여 입력

● 세금계산서 발급분 → 작성 클릭

종이로 발행한 세금계산서는 해당 부가가치세 과세기간(작성일자 기준)의 거래처 사업자등록번호, 상호 및 세금계산서 매수 합계와 공급가액, 세액(자동 계산됨) 합계 금액을 입력합니다. 단, 건별로 입력하여도 됩니다.

공급가액 입력 후 엔터키를 두 번 누르면 자동으로 사업자등록번호 입력란으로 커서가 이동하며, 계속하여 같은 방법으로 입력을 하시면 됩니다.

● 전자세금계산서 발행분 입력 방법

마우스를 이용하여 화면을 내리시면 '전자세금계산서 발행분'을 입력하는 화면이 나타나며, 해당 과세기간 동안 매출에 대하여 전자세금계산서를 발급한 합계내용(매출처수, 매수, 과세분 공급가액, 세액)을 「과세기간종료일 다음달 11일까지 전송된 전자세금계산서 사업자등록번호 발급분 합계」란에 입력합니다.

▶ 전자세금계산서 발행분은 거래처별 명세를 작성하지 않습니다.

전자세금계산서를 발행한 경우 전자세금계산서발행에 대한 세액공제를 받을 수 있습니다. 이 경우 [05 경감·공제세액] 메뉴에서 '전자세금계산서발급공제신고서'를 입력합니다.

입력 완료 후 '매출처별세금계산서합계표' 내용은 [신고서 출력] 메뉴에서 확인할 수 있습니다.

● 매출기타분 → 작성 클릭

매출기타분에는 세금계산서를 발급하지 않은 매출을 입력하는 란으로 물품 등을 판매하고, 신용카드로 결제받은 금액(세금계산서를 발급하지 아니한 것) 및 현금영수증을 발행한 매출과
일반 매출(간이영수증 발행 분 등)을 구분하여 입력을 합니다.

음식.숙박업 및 소매업을 운영하는 개인사업자가 부가가치세가 과세되는 물품 또는 서비스를 공급하고, 그 대금으로 신용카드로 결제받거나 현금영수증을 발행한 경우 결제금액의 1.3%(음식점업 또는 숙박업을 하는 간이과세자의 경우 2.6%)에 해당하는 금액을 매출세액에서 공제받을 수 있으며, 이 경우 [경감.공제세액] 메뉴에서 '**신용카드매출전표발행공제**'를 작성하여야 합니다.

● 과세표준명세 → 작성 클릭

과세표준명세란에는 부가가치세신고서의 과세표준 합계액을 업태, 종목별로 구분하여 입력하는 곳입니다.

기타(수입금액제외분)란은 소득세 수입금액에서 제외되는 금액을 입력하며, 과세표준명세의 합계액은 매출금액과 일치하여야 합니다.

▶ 복식부기의무자가 고정자산을 처분한 경우 해당 수입금액에 포함함

● 부동산임대공급가액명세서 → 작성 클릭

부동산임대업자 및 다른 업종 사업자가 사업장의 일부를 임대하는 경우 '부동산임대공급가액명세서'를 작성하여 제출하여야 합니다.

매입세액

부가가치세 매입세액과 관련한 내용을 입력하는 메뉴입니다.

구 분	서 식	분 류	입력사항
세금계산서 발급받은분	매입처별세금계산서합계표	종이세금계산서	매입처별 개별 명세 입력
		전자세금계산서	매입처별 명세 입력없이 매입처수, 매수, 공급가액, 세액 합계만 입력
건물등감가상각자산취득명세서	건물등감가상각자산취득명세서	세 금 계 산 서	건물, 기계장치, 차량운반구 고가(건별 취득금액 100만원초과)의 비품 등 취득금액
기타공제 매입세액	신용카드매출전표등수령명세서	신용카드매입분 및 현금영수증 수취분	신용카드전표 및 현금영수증 수취분 중 접대비 및 승용자동차의 유지관련비용, 항공, KTX, 고속버스 요금 등을 제외한 것
공제받지못할매입세액명세서	공제받지못할매입세액명세서	세 금 계 산 서	세금계산서 수취분 중 승용자동차 취득 및 유지비용

● 세금계산서 발급받은분 → 작성 클릭

종이로 수취한 매입세금계산서는 해당 부가가치세 과세기간(작성일자 기준)의 거래처 사업자등록번호, 상호 및 세금계산서 매수 합계와 공급가액, 세액(자동 계산됨) 합계 금액을 입력합니다. 단, 건별로 입력하여도 됩니다.

공급가액 입력 후 엔터키를 두 번 누르면 자동으로 사업자등록번호 입력란으로 커서가 이동하며, 계속하여 같은 방법으로 입력을 하시면 됩니다.

▶ 매입전자세금계산서 입력 방법
마우스를 이용하여 화면을 내리시면 '전자세금계산서 발급받은분'을 입력하는 화면이 나타나며, 해당 과세기간 동안 매입에 대하여 전자세금계산서로 발급받은 합계내용(매출처수, 매수, 과세분 공급가액, 세액)을 「홈택스」에서 확인하여 「과세기간종료일 다음달 11일까지 전송된 전자세금계산서 사업자등록번호 발급받은분 합계」란에 입력합니다.

입력 완료 후 '매입처별세금계산서합계표' 내용은 [신고서 출력] 메뉴에서 확인할 수 있습니다.

● 기타공제매입세액 → 작성

▶ 신용카드매출전표등 수령금액 → 작성 클릭

사업과 관련한 물품 등을 구입하거나 서비스를 제공받고 신용카드로 결제하거나 현금영수증을 수취한 경우로서 **일정한 요건**을 충족하는 경우 그 매입세액을 공제받을 수 있습니다.

일정한 요건을 충족하여 매입세액을 공제받고자 하는 경우 '신용카드매출전표등수령금액합계표'를 작성하여 제출하여야 하며, 거래처별로 거래 내용을 입력합니다.

매입세액을 공제받을 수 있는 신용카드매출전표 수취분(체크카드 포함)은 거래일자(또는 승인일자)를 기준으로 해당 과세기간별로 카드회원번호, 공급자 사업자등록번호, 거래건수, 공급가액, 세액의 합계액을 입력합니다. 단, 합계금액이 아닌 건별로 입력하여도 됩니다. 현금영수증 수취분 중 그 매입세액을 공제받을 수 있는 것의 거래건수, 공급가액, 세액의 합계액을 현금영수증란에 입력을 합니다.

현금영수증 수취분은 개별명세를 작성하지 않습니다. 따라서 현금영수증은 매입세액을 공제받을 수 있는 것과 공제받을 수 없는 것을 각각 구분하여 보관하거나 그 내용을 기록하여 두어야 합니다.

▶ 의제매입세액공제신고서 → 작성 클릭

[02 신고서식 및 항목선택] 버튼을 클릭하여 의제매입세액공제신고서 항목에 체크(☑)한 다음 좌측 메뉴를 선택하시면 추가로 입력을 할 수 있습니다.

● 건물등감가상각명세서 → 작성 클릭

매입 세금계산서 중 고정자산(건물, 기계장치, 차량운반구, 고가의 비품 등) 매입분은 취득금액 및 세액을 구분하여 신고하여야 하므로 감가상각자산 취득내역에 입력을 하여야 합니다.

● 공제받지못할 매입세액명세서 → 작성 클릭

매입 세금계산서 수취분 중 그 매입세액을 공제받을 수 없는 승용자동차(배기량 1,000CC 이하 경승용차 제외) 취득 및 유지관련비용, 접대비 등이 있는 경우 '공제받지못할 매입세액명세서'를 제출하여야 하므로 해당 내용을 입력합니다.

> 공통매입세액안분계산내역 및 공통매입세액의 정산내역, 납부세액 또는 환급세액의 재계산내역은 과세사업 및 면세사업을 같이 하는 사업자의 경우에만 작성합니다.

▣ 공제받지못할 매입세액 내역 → 작성 클릭

불공제사유 선택
• 필요적 기재사항 누락 등 • 사업과 직접 관련없는 지출 • 비영업용 소형승용차 구입·유지 및 임차비용 • 접대비 및 이와 유사한 비용 관련 • 면세사업 관련 • 토지의 자본적 지출 관련 • 사업자등록전 매입세액 • 금거래계좌 미사용 관련 매입세액

경감·공제세액

부가가치세의 경감 및 공제세액을 입력하는 메뉴입니다.

구 분	서 식	분 류	내 용
신용카드 매출전표 발행공제	신용카드 매출전표발행세 액공제	신용카드매출전표 현금영수증 발행	음식숙박업자 및 소매업자가 그 대금을 신용카드로 결제받거나 현금영수증을 발행한 경우 세액공제 (공급대가의 1.3%)

● 신용카드매출전표발행공제 → 작성 클릭

직전연도 사업장 기준으로 공급가액의 합계액이 10억원 이하인 **음식.숙박업 및 소매업**을 운영하는 개인사업자가 부가가치세가 과세되는 물품 또는 서비스를 공급하고, 그 대금으로 신용카드로 결제받거나 현금영수증을 발행한 경우 결제금액의 1.3%에 해당하는 금액을 매출세액에서 공제받을 수 있으며, 이 경우 **'신용카드매출전표등발행금액집계표'**를 제출하여야 합니다. [연간 한도액 1천만원]

3

종합소득세 실무
사업자 지원제도

SECTION 01

종합소득세 개요

> 개인사업자는 1월 1일(신규사업자의 경우 개업일)부터 12월 31일까지의 사업과 관련한 소득에 대하여 사업소득금액을 계산한 다음 다음해 5월 31일까지 종합소득세 및 지방소득세를 자진 신고하여야 하며, (종합소득 합산대상 소득이 있는 경우 합산하여야 합니다.) 납부할 세금이 있는 경우 소득세 및 지방소득세를 납부하여야 합니다.

종합소득세는 거주자별로 신고합니다.

종합소득세는 연령, 성별 등에 불문하고 한 개인(거주자)의 소득을 기준으로 신고하여야 합니다. 예를 들어 사업자의 배우자가 별도의 사업을 하는 경우 사업자 및 그의 배우자가 각각 별도로 종합소득세를 계산하여 신고 및 납부를 하여야 하는 것입니다. 개인의 소득세를 종합소득세라 함은 사업과 관련한 소득이외의 다른 소득도 합산하여 신고하여야 하기 때문에 종합소득세라고 하는 것입니다.

종합소득세 신고시 합산하는 소득

▣ 종합과세 대상소득

[1] 사업소득자가 근로소득이 있는 경우

근로소득은 연말정산으로 납세의무가 종결되므로 별도의 종합소득세 신고는 하지 않습니다. 다만, 근로자가 사업소득 등 다른 종합과세 대상소득에 있는 경우 종합소득과 합산하여 종합소득세 신고를 하여야 합니다.

[2] 이자·배당소득 연간 합계액이 2천만원을 초과하는 경우

이자 및 배당소득의 연간 합계액이 2천만원 이하인 경우 종합소득에 합산하지 아니하나 2천만원을 초과하는 경우에는 종합소득에 합산하여 신고하여야 합니다.

[3] 공적연금 및 사적연금이 1200만원을 초과하는 경우

사적연금(금융기관 연금 등)이 1200만원을 초과하는 경우 종합소득세 신고를 하여야 합니다. 단 공적연금(국민연금, 공무원연금 등) 만이 있는 경우 근로소득과 같은 방법으로 연말정산에 의하여 납세의무가 종결되나 다른 종합소득 신고대상소득이 있는 경우 금액에 관계없이 종합소득에 합산을 하여야 합니다.

[4] 기타소득금액이 300만원을 초과하는 경우

사업소득, 근로소득, 이자소득, 배당소득, 연금소득에 해당하지 않는 소득을 기타소득이라 하며, 기타소득금액(기타소득 - 필요경비)이 연 300만원을 초과하는 경우 종합소득세 신고를 하여야 합니다.

Q&A 퇴직소득 또는 양도소득도 종합소득세 신고시 합산하여야 하나요?

퇴직소득은 퇴직소득세로 별도로 신고하며, 자산의 양도로 인하여 발생하는 양도소득은 양도소득세로 별도로 신고하여야 하는 것으로 종합소득세 신고시 합산하지 않습니다.

Q&A 상속으로 인하여 발생한 소득 또는 증여에 의한 소득은 어떻게 신고하나요?

상속 또는 증여에 의한 소득은 「상속세 및 증여세법」의 규정에 의하여 종합소득과는 별도의 소득으로 신고·납부하여야 합니다.

소득의 구분 및 종류

- 종합소득
  - 종합소득
    - 이자소득 ┐
    - 배당소득 ┘ 금융소득
    - 사업소득
    - 근로소득
    - 연금소득
    - 기타소득
  - 분리과세소득
    - 분리과세 이자소득 ┐ 이자배당소득 합계액 2천만원 이하
    - 분리과세 배당소득 ┘
    - 분리과세 근로소득 — 일용근로자의 급여
    - 분리과세 연금소득 — 사적연금소득 1200만원 이하
    - 분리과세 기타소득 — 소득금액 300만원 이하
- 퇴직소득
- 양도소득

● 종합소득세 신고시 합산하지 않는 소득 (분리과세)

조세 정책 목적에 의하여 일부 소득은 종합소득에 합산하지 아니하고, 소득을 지급하는 자가 소득세를 원천징수하여 납부함으로서 소득을 지급받는 자의 납세의무가 종결되는 것을 분리과세라 하며, 분리과세 대상소득의 경우 종합소득에 합산하지 않습니다.

분리과세 대상소득
- 이자소득과 배당소득의 합계액이 2,000만원 이하의 경우
- 일용근로소득
- 기타소득금액(기타소득 - 필요경비)이 300만원 이하의 기타소득
- 사적연금(금융기관 연금 등)이 1200만원 이하인 경우

● 대가를 지급할 때 세금을 징수(원천징수)하는 소득

소득이 있는 모든 거주자에게 해당 소득에 대하여 신고.납부의무를 규정하는 경우 세법에 대한 지식이 부족한 국민에게 세무신고에 따른 불편을 초래하고, 국가의 세금징수비용이 과다하게 드는 문제점이 있습니다.

따라서 **근로소득, 퇴직소득, 이자소득, 배당소득, 기타소득 등**은 그 소득을 지급하는 자로 하여금 지급시에 세법에서 정한 세금을 징수하여 납부하게 하는 것을 원천징수제도라고 합니다. 원천징수대상소득을 지급하는 자는 그 지급시에 지급금액에서 소득세법에서 정한 세금을 차감하여 지급한 다음 그 지급일의 다음달 10일까지 원천징수에 대한 이행상황을 신고 및 납부하고, 지급에 관한 명세서는 다음해 2월 말일 또는 3월 10일(근로소득 및 퇴직소득)까지 세무서에 제출하여야 합니다.

Q&A 사업자의 경우 소득은 어떻게 계산하며, 세금을 어떤 방법으로 계산하나요? (사업소득만 있는 경우)

1) 사업자의 소득은 총수입금액(매출 등)에서 해당 사업과 관련하여 발생한 비용(소득세법에서는 필요경비라고 함)을 차감한 금액을 소득금액으로 합니다. [총수입금액 - 필요경비 = 사업소득금액]

2) 사업소득금액에 기본공제(본인 및 소득이 없는 배우자, 20세 이하 자녀 1인당 150만원)를 한 후 소득공제(국민연금, 소상공인 공제부금 등)를 차감하여 과세표준(세금을 부과하는 기준이 되는 금액)을 계산합니다.

3) 과세표준에 소득세 세율(과세표준 1200만원 이하 6%, 1200만원 초과 4600만원 이하 15%, 4600원 초과 8800원 이하 24%)을 곱한 금액을 산출세액으로 계산합니다.

4) 산출세액에서 다음의 감면세액 및 세액공제를 차감한 금액을 납부할 세액으로 결정하여 종합소득세 신고시 세무서에 신고납부하는 것입니다.

▶ 감면세액
- 창업중소기업 감면 : (특정 업종) 산출세액의 50%, 100%
- 중소기업특별세액 감면 : (특정 업종) 산출세액의 5% ~ 30%
- 고용증대세액공제 : 고용증대 인원 1인당 700만원 ~ 1300만원

▶ 세액공제
- 자녀세액공제 : 7세이상 20세 이하 자녀 1인당 15만원
- 연금계좌세액공제 : 연금불입액(400만원 한도)의 15%
- 표준세액공제 : 7만원

Q&A 창업자의 경우 종합소득세 신고를 언제까지 하여야 하나요?

창업한 연도의 다음연도 5월 중(5.1. ~ 5.30.) 사업과 관련한 소득 및 종합소득 합산대상소득이 있는 경우 합산하여 종합소득세 신고를 하여야 합니다.

종합소득금액 및 과세표준 계산

사업소득이 있거나 다음의 종합소득신고대상 소득이 있는 자는 해당 소득을 합산하여 종합소득세를 신고.납부하여야 합니다.

◨ 종합소득금액 계산

● 사업소득금액

사업소득금액이란 사업과 관련한 총수입금액에서 필요경비를 공제한 금액으로 합니다.

● 이자소득금액 및 배당소득금액

이자 및 배당소득의 연간 합계액이 2천만원을 초과하는 경우 종합소득에 합산하여야 합니다. 이자소득은 지급받은 금액 전액이 이자소득금액이 되며, 배당소득 또한 그 지급을 받은 금액이 배당소득금액이 됩니다. 다만, 이자 및 배당소득의 연간 합계액이 2천만원을 초과하는 경우 금융소득에서 2천만원을 차감한 잔액 중 배당소득이 있는 경우 그 금액의 11%를 가산한 금액이 배당소득금액이 됩니다.

▶ **배당소득이란?**
법인기업의 경우 출자자(투자자)를 주주라 합니다. 주주는 기업의 이익이 발생하였을 때 그 이익에 대한 배당을 받을 목적으로 투자를 한 자입니다. 투자를 한 기업에서 배당을 하게 되면, 주주는 소득을 얻게 되며, 이 소득을 배당소득이라고 합니다.

● **근로소득금액**

근로소득이 있는 자로서 사업소득이 있거나 이자 및 배당소득이 연간 합계액이 2천만원을 초과하는 경우 종합소득에 합산하여 신고하여야 하며, 근로소득공제를 차감한 금액이 근로소득금액입니다.

● **기타소득금액**

① 기타소득이란 달리 분류할 수 없는 기타의 소득으로 고용관계 없이 다수인에게 강연을 하고 받는 강연료, 고용관계 없이 지급받는 수당, 원고료 등이 있습니다.
② 기타소득금액은 기타소득에서 필요경비를 공제한 후의 금액으로 계산합니다.
③ 기타소득에는 필요경비로 60%를 일괄 공제하여 주는 기타소득(강연료, 수당, 원고료 등)과 그 이외의 기타소득(실제 소요된 비용만 인정)으로 구분합니다.
④ 기타소득금액(기타소득 - 필요경비)이 300만원을 초과하는 경우 종합소득에 합산하여 신고를 하여야 하며, 300만원 이하인 경우 종합소득세 신고대상이 아닙니다. 예를 들어 근로소득만이 있는 대학교수가 기업체등에서 강의를 하고 받는 강의료가 연간 750만원 이하인 경우 종합소득세신고의무는 없는 것입니다.

■ 기타소득금액(300만원) = 기타소득(750만원) - 필요경비(450만원)

● **연금소득금액**

① 사적연금(퇴직연금, 보험연금 등)은 연간 1200만원 이하인 경우 종합소득에 합산하지 아니하나 연간 1200만원을 초과하면, 종합소득에 합산하여야 합니다.

② 공적연금(국민연금, 공무원연금, 군인연금, 교직원연금등)은 연금수령액 중 2002년 이후 연금으로 불입한 금액에 대하여만 과세하며, 사업소득, 근로소득 등 다른 종합소득 합산과세대상소득이 있는 경우 종합소득에 합산하여 신고를 하여야 합니다.
환산금액 = 총수령액 × (2002. 1. 1. 이후 불입월수 / 총 불입월수)

③ 연금소득금액은 과세대상 연금소득에서 다음 표의 공제액을 차감한 금액으로 합니다.

총연금액	공제액
350만원 이하	총연금액
350만원 초과 700만원 이하	350만원+(350만원을 초과하는 금액의 100분의 40)
700만원 초과 1400만원 이하	490만원+(700만원을 초과하는 금액의 100분의 20)
1400만원 초과	630만원+(1400만원을 초과하는 금액의 100분의 10)

과세표준 및 산출세액

① 과세표준이란 세금을 부과하기 위한 기준이 되는 금액으로 종합소득금액(수입금액 - 필요경비 -이월결손금)에서 각종 소득공제금액을 차감한 금액으로 계산합니다.
② 과세표준에 소득세율을 곱한 금액이 산출세액입니다. 산출세액에서 각종 공제 및 감면세액이 있는 경우 해당 공제감면세액을 공제한 후의 금액을 종합소득세로 납부하게 됩니다.

사업소득 신고 유형(복식, 간편, 추계)

사업소득이 있는 자는 1년 기간 동안 (1. 1 ~ 12. 31) 사업으로 벌어들인 소득(사업소득금액)에 대하여 종합소득세 신고를 하여야 합니다. 따라서 사업소득금액(수입금액 - 필요경비)을 계산하기 위하여 장부기장을 하여야 할 것입니다. 장부기장은 복식부기에 의한 기장을 원칙으로 하되, 소규모 자영업자를 위한 간편장부에 의한 기장방법이 있습니다.

▣ 장부기장 유형 판단

사업자는 원칙적으로 사업소득금액을 계산하기 위하여 사업에 관한 모든 거래를 복식부기에 의하여 장부를 기록하여야 합니다. 복식부기기장은 사업자 본인이 스스로 장부기장을 하는 것이 현실적으로 어려우므로 세무사사무소에 장부기장을 맡겨야 합니다.
다만, 전년도 수입금액이 일정규모 미만의 사업자 및 신규사업자는 간편장부에 의하여 소득금액을 계산하여 종합소득세를 신고 및 납부할 수 있습니다.

● 간편장부대상자

① 간편장부대상자란 당해 연도에 신규로 사업을 개시한 자와 전년도 수입금액의 합계액(연 환산하여 계산하지 않음)이 다음의 업종별 기준금액에 미달하는 사업자를 말합니다.
② 간편장부대상자는 사업자 본인이 직접 본서의 내용 및 국세청홈페이지를 참고하여 종합소득세 신고를 할 수 있으므로 세무사사무소에 장부를 맡기지 않아도 될 것입니다.

▶ 간편장부대상자 [아래 업종별 기준금액 미만인 자]

업 종 별	기준금액
가. 농업·임업 및 어업, 광업, 도매 및 소매업(상품중개업 제외), 부동산매매업, 그 밖에 나목 및 다목에 해당되지 아니하는 사업	3억원
나. 제조업, 숙박 및 음식점업, 전기·가스·증기 및 공기조절 공급업, 수도·하수·폐기물처리·원료재생업, 건설업(비주거용 건물 건설업은 제외), 부동산 개발 및 공급업(주거용 건물 개발 및 공급업에 한정), 운수업 및 창고업, 정보통신업, 금융 및 보험업, 상품중개업	1억5천만원
다. 부동산임대업, 부동산업(부동산매매업은 제외), 전문·과학 및 기술서비스업, 사업시설관리·사업지원 및 임대서비스업, 교육서비스업, 보건업 및 사회복지서비스업, 예술·스포츠 및 여가 관련 서비스업, 협회 및 단체, 수리 및 기타 개인서비스업, 가구내 고용활동	7천500만원

● 복식부기의무자

전년도 수입금액이 간편장부대상자 기준금액 이상인 사업자

사 례   다른 업종 사업장이 있는 경우 복식부기 기장의무 판단

[예 제] A사업장 직전연도 수입금액 : 제조업   100,000,000원
　　　　B사업장 직전연도 수입금액 : 도매업   200,000,000원
[풀 이] 주업종(제조업)으로 환산한 금액이 4억원으로 복식부기기장에 해당함
도매업[2억원] + 제조업[2억원](1억원 × 3억원 / 1.5억원)

◆ 기장의무 판단시 총수입금액에 포함하여야 하는 금액
- 매출금액 (부가가치세 매출세액 제외)
- 본사로부터 금전으로 받은 판매장려금
- 신용카드매출전표발행세액공제금액
- 고용노동부 보조금, 청년 고용장려금, 두루누리, 일자리안정자금 등
- 부가가치세 전자신고 세액공제 (20,000원)
- 복식부기기장사업자의 유형자산 양도가액

▶ **공동사업장 기장의무**

공동사업장의 소득세 기장의무는 직전연도 공동사업장의 수입금액으로 판단합니다. 예를 들어 공동사업장은 1곳이고, 나머지 2곳은 단독으로 영위하는 경우 공동사업장과 단독사업장에 대해 각각 기장의무를 판단합니다. 즉, 부동산임대업을 영위하는 공동사업장의 직전연도 수입금액이 7천 5백만원 미만인 경우 간편장부대상자에 해당하는 것이며, 단독사업장의 경우 2곳의 직전연도 수입금액을 합산하여 기장의무를 판단하는 것입니다.

▶ **신규사업자 기장의무**

신규사업자의 경우 장부기장을 하지 않고, 수입금액(매출액)에 국세청에서 정한 소득율을 곱한 금액으로 소득금액을 계산하여 종합소득세 신고(추계신고라 함)할 수 있습니다.

♣ 상세 내용 → 세금 절세 오해 및 가이드 (신규사업자 세금 절세) 참조

▶ **단순경비율에 의한 추계신고**

당해연도 신규사업자로서 복식부기기장의무자가 아닌 사업자 및 전년도 수입금액이 단순경비율 적용사업자는 추계로 신고할 수 있습니다.

▣ 단순경비율 적용대상자 [아래 업종별 기준금액 미만인 사업자]

업 종 별	기준금액
가. 농업 · 임업 및 어업, 광업, 도매 및 소매업(상품중개업 제외), 부동산매매업, 그 밖에 나목 및 다목에 해당되지 아니하는 사업	6천만원
나. 제조업, 숙박 및 음식점업, 전기 · 가스 · 증기 및 공기조절 공급업, 수도 · 하수 · 폐기물처리 · 원료재생업, 건설업(비주거용 건물 건설업은 제외), 부동산 개발 및 공급업(주거용 건물 개발 및 공급업에 한정), 운수업 및 창고업, 정보통신업, 금융 및 보험업, 상품중개업	3천6백만원
다. 부동산임대업, 부동산업(부동산매매업은 제외), 전문 · 과학 및 기술서비스업, 사업시설관리 · 사업지원 및 임대서비스업, 교육서비스업, 보건업 및 사회복지서비스업, 예술 · 스포츠 및 여가 관련 서비스업, 협회 및 단체, 수리 및 기타 개인서비스업, 가구내 고용활동	2천4백만원

| 사 례 | 단순경비율에 의한 소득금액 계산(202×년 귀속분) |

[예제] 소매 / 슈퍼, 업종 코드(521100), 신규사업자, 단순경비율 95.2%
기준경비율 4.1% 수입금액 2억원
[풀이] 소득금액 9,600,000원
수입금액(200,000,000원) - 단순경비율에 의한 경비(190,400,000원)

▶ 기준경비율에 의한 추계신고
'추계에 의한 신고서 작성' 편 참고

▣ 추계에 의한 소득금액 계산 및 종합소득세 신고

① 추계란 장부기장에 의하지 아니하고 사업자의 수입금액에 국세청이 정한 업종별 경비율을 차감한 금액을 소득금액으로 하여 신고하는 방법을 말합니다. 추계로 신고하는 경우 복식부기의무자는 무신고가산세와 무기장가산세 중 큰 금액의 가산세가 적용되며, 간편장부대상자의 경우에는 무기장가산세가 적용됩니다.

■ 무신고가산세 : ㉠, ㉡ 중 큰 금액
㉠ 그 신고로 납부할 세액 × [무신고(추계신고)소득금액/종합소득금액] × 20%
㉡ 수입금액(추계신고한 수입금액)의 7/10,000

■ 무기장가산세
산출세액 × [무기장(추계신고)소득금액/종합소득금액] × 20%
<주의> 무기장가산세는 산출세액의 20%를 가산세로 부담하여야 하나 무신고가산세는 "그 신고로 납부하여야 할 세액"의 20%를 가산세로 부담하여야 하므로 복식부기기장의무자가 추계로 신고하는 경우 통상 무신

고가산세를 적용하나 무기장가산세가 더 많은 경우 무기장가산세를 가산세로 부담하여야 하므로 유의하여야 합니다.

② 직전연도 수입금액이 아래 기준금액 미만인 자 및 신규사업자는 **단순경비율**에 의하여 추계소득을 계상할 수 있습니다. 단, 의료업, 수의업, 약국, 변호사 등 전문직은 단순경비율 적용대상자에서 제외[관련법령; 소득세법 시행령 제143조(추계결정및경정) 제7항]되므로 기준경비율을 적용하여야 합니다.

◎ 종합소득세 기장의무 구분 및 신고 유형 요약

기장의무	기장여부	대상자	신고유형	신고여부	혜택 또는 불이익
간편장부 대상자	기장	간편장부 대상자	복식부기기장	○	기장세액공제 산출세액의 20% 100만원 한도
			간편장부기장	○	
	추계	기준경비율 적용대상자	기준경비율	○	무기장가산세 산출세액의 20%
		단순경비율 적용대상자	단순경비율	○	무기장가산세 * 산출세액의 20%
복식부기 대상자	기장	복식부기대상자	복식부기기장	○	
			간편장부기장	×	
	추계		기준경비율	○	M A ┌무신고가산세 X └무기장가산세
			단순경비율	×	

▶ 추계신고시에도 아래 사업자는 무기장가산세가 적용되지 않습니다.

○ 당해 연도 신규사업자
○ 직전년도 수입금액이 4,800만원 미만인 소규모사업자
   <소득세법 시행령 제132조 ④>

| Q&A | 창업한 과세연도에도 장부기장을 하여 사업소득금액을 계산하여 종합소득세 신고를 하여야 하나요?

1) 사업자는 근로자와 달리 사업주 본인이 1년 동안 벌어들인 소득이 얼마가 되는 지를 알기 위해서는 매출(총수입금액) 및 관련 경비(필요경비)에 대하여 장부기장을 하여야 알 수 있을 것입니다. 따라서 소득세법에서는 사업자의 경우 장부기장을 의무적으로 규정하고 있습니다.
2) 단, 사업을 개시한 연도에는 매출액에 국세청에서 업종별도 정한 경비율(단순경비율)을 공제한 금액을 소득금액으로 종합소득세를 신고할 수 있도록 배려하고 있습니다.
3) 따라서 창업한 연도에는 세무사사무소에 장부기장을 맡기지 않더라도 홈택스에서 본인이 종합소득세 신고를 할 수 있는 것입니다.

▶ 소규모사업자 추계신고

신규사업자 및 전년도 수입금액이 아래 기준금액 미만인 사업자로서 다른 소득이 없는 경우 관할 세무서에서 추계소득[매출액 - (매출액 × 단순경비율)]으로 계산한 사업소득금액으로 신고서를 발송하며, 특별한 사항이 없는 경우 세무서에서 발송한 신고서 내용대로 5월 31일까지 신고서를 제출하시고, 종합소득세를 납부하시면 됩니다.

▷ 단순경비율 적용대상자 [아래 업종별 기준금액 미만인 사업자]

업 종 별	기준금액
가. 농업·임업 및 어업, 광업, 도매 및 소매업(상품중개업 제외), 부동산매매업, 그 밖에 나목 및 다목에 해당되지 아니하는 사업	6천만원
나. 제조업, 숙박 및 음식점업, 전기·가스·증기 및 공기조절 공급업, 수도·하수·폐기물처리·원료재생업, 건설업(비주거용 건물 건설업은 제외), 부동산 개발 및 공급업(주거용 건물 개발 및 공급업에 한정), 운수업 및 창고업, 정보통신업, 금융 및 보험업, 상품중개업	3천6백만원
다. 부동산임대업, 부동산업(부동산매매업은 제외), 전문·과학 및 기술서비스업, 사업시설관리·사업지원 및 임대서비스업, 교육서비스업, 보건업 및 사회복지서비스업, 예술·스포츠 및 여가 관련 서비스업, 협회 및 단체, 수리 및 기타 개인서비스업, 가구내 고용활동	2천4백만원

종합소득세 신고 및 납부

Q 종합소득세는 5월 31일까지 주소지 관할 세무서에 신고 및 납부하여야 합니다.

[1] 종합소득세 신고 및 납부
종합소득세를 신고하여야 하는 자는 다음해 5월 31일까지 **주소지 관할 세무서**에 종합소득세 신고 및 납부를 하여야 합니다.

[2] 지방소득세 신고 및 납부
또한 종합소득세의 10%에 해당하는 금액을 주소지 관할 지방자치단체(시.군.구)에 신고 및 납부를 하여야 합니다.

Q 면세사업자 사업장현황신고 및 신고기간

과세사업자의 경우 매 분기 또는 6개월 단위로 부가가치세 신고를 함으로서 국세청이 사업자의 수입금액을 파악할 수 있으므로 별도의 수입금액 신고는 필요하지 않으나 면세사업자의 경우에는 당해 과세기간의 **다음 해 2월 10일까지 사업장현황신고**를 하여야 하며, **간편장부대상자로서 직전 과세기간 사업소득 수입금액이 4천8백만원에 미달하는 사업자가 아닌 경우** 매출계산서합계표 및 매입계산서합계표, 매입세금계산서합계표는 다음 해 2월 10일까지 제출하여야 합니다.

종합소득세 [홈택스] 전자신고

종합소득세 신고는 [홈택스]에서 전자적으로 신고를 할 수 있으며, 다음의 절차 및 홈택스 안내에 따라 종합소득세 신고서를 작성하여 제출하시면 됩니다.

1. 국세청 홈택스 접속
2. 신고/납부
3. 종합소득세
4. 비회원로그인 [성명, 주민등록번호, 본인인증 종류(공인인증서, 신용카드, 휴대폰 옵션 중) 선택]
▶ 주민등록번호로 회원 가입하였을 경우 주민등록번호로 발급한 개인용 공인인증서를 사용하여야 합니다.
5. 종합소득세 신고 → 일반신고서의 정기신고 작성 클릭
1) 일반신고서 : [사업소득(기준경비율, 간편장부, 복식부기), 근로소득, 금융소득, 기타소득, 연금소득]
2) 단순경비율 추계신고서(사업소득만 있는 경우)
6. 기본사항 입력 및 소득종류 선택(종합소득세 신고대상 소득 선택)
- 소득종류 선택 (예를 들어 사업소득 및 근로소득이 있는 경우 각각 선택) 부동산임대업의 사업소득, 부동산임대업외의 사업소득 근로소득, 기타소득, 연금소득, 이자소득, 배당소득
- 사업소득 사업장 명세 선택
- 사업소득 기본사항 → 사업자등록번호 입력 및 클릭
- 기장의무 및 신고유형 선택
7. 등록하기 클릭, 저장후 다음이동 클릭
8. 신고할 내용 입력

종합소득세에 대한 지방소득세 신고·납부

종합소득세에 대한 지방소득세 예정신고 및 납부

거주자가 종합소득세 신고를 하는 경우에는 해당 신고기한까지 종합소득세에 대한 개인지방소득세 과세표준과 세액을 납세지 관할 지방자치단체장에게 신고 및 납부하여야 합니다.

다만, 「지방세법」 부칙 <법률 제12153호, 2014.1.1.>에 의하여 2019년 12월 31일까지는 별도의 신고를 하지 않아도 되었으나 **2020년 1월 1일 이후 신고분부터는 반드시 신고**를 하여야 합니다.

종합소득세에 대한 지방소득세 확정신고 및 납부

거주자가 「소득세법」에 따라 종합소득 또는 퇴직소득에 대한 과세표준확정신고를 하는 경우에는 **해당 신고기한까지** 종합소득 또는 퇴직소득에 대한 개인지방소득세 과세표준과 세액을 납세지 관할 지방자치단체의 장에게 확정신고·납부하여야 합니다. 이 경우 거주자가 종합소득 또는 퇴직소득에 대한 개인지방소득세 과세표준과 세액을 납세지 관할 지방자치단체의 장 외의 지방자치단체의 장에게 신고한 경우에도 그 신고의 효력에는 영향이 없습니다.
[지방세법 제95조(과세표준 및 세액의 확정신고와 납부)]

종합소득세에 대한 지방소득세 신고를 하지 않는 경우 무신고 가산세

신고를 하지 않는 경우 지방세기본법 제53조제1항에 의하여 그 신고로 납부하여야 할 세액의 100분의 20에 상당하는 금액을 가산세로 부담하여야 합니다.

종합소득세 신고 관련 유의사항

● 소규모사업자 추계신고

전년도 수입금액이 아래 기준금액 미만인 사업자는 관할 세무서에서 추계소득[당해 연도 매출액 - (매출액 × 단순경비율)]으로 계산한 사업소득금액으로 신고서를 발송하며, 특별한 사항이 없는 경우 세무서에서 발송한 신고서 내용대로 5월 31일까지 신고서를 제출하시고, 종합소득세를 납부하시면 됩니다.

▶ 단순경비율 적용대상자 [아래 업종별 기준금액 미만인 사업자]

업 종 별	기준금액
가. 농업·임업 및 어업, 광업, 도매 및 소매업(상품중개업 제외), 부동산매매업, 그 밖에 나목 및 다목에 해당되지 아니하는 사업	6천만원
나. 제조업, 숙박 및 음식점업, 전기·가스·증기 및 공기조절 공급업, 수도·하수·폐기물처리·원료재생업, 건설업(비주거용 건물 건설업은 제외), 부동산 개발 및 공급업(주거용 건물 개발 및 공급업에 한정), 운수업 및 창고업, 정보통신업, 금융 및 보험업, 상품중개업	3천6백만원
다. 부동산임대업, 부동산업(부동산매매업은 제외), 전문·과학 및 기술서비스업, 사업시설관리·사업지원 및 임대서비스업, 교육서비스업, 보건업 및 사회복지서비스업, 예술·스포츠 및 여가 관련 서비스업, 협회 및 단체, 수리 및 기타 개인서비스업, 가구내 고용활동	2천4백만원

● 추계신고시에도 '창업중소기업등에 대한 세액감면' 및 '중소기업특별세액감면' 은 받을 수 있습니다.

간편장부대상자의 경우에는 추계신고시에도 창업중소기업등에 대한 감면 및 중소기업특별세액감면을 받을 수 있습니다. 단, 복식부기기장의무자의 경우에는 감면을 받을 수 없습니다.

● **음식점업 및 의원, 한의원은 중소기업에 대한 특별세액감면을 받을 수 없습니다.**

음식점업 및 의원, 치과의원, 한의원은 감면 업종에 해당하지 아니하므로 중소기업에 대한 특별세액감면 대상에 해당하지 않습니다.

● **신고유형은 전년도 수입금액을 기준으로 판단합니다.**

2022년도분 종합소득세 신고유형(복식부기대상자, 간편장부대상자) 및 추계신고시 기준경비율 또는 단순경비율 적용 여부는 2021년도 수입금액 기준으로 신고유형이 분류됩니다. 예를 들어 제조업으로 2021년 수입금액이 1억 5천만원 미만인 경우 2022년도 귀속분 종합소득세는 간편장부에 의하여 종합소득세 신고를 할 수 있습니다. 기준 수입금액은 **사업자별 수입금액의 합계액**을 기준으로 판단하되, 기준업종이 다른 복수사업장을 영위하는 경우 주업종을 기준으로 환산하며, 직전연도 단독 신규 사업자는 직전연도 수입금액만을 기준으로 판단합니다.(연으로 환산하지 않음)

● **필요경비가 총수입금액보다 많은 경우 손실이 발생하며, 손실금액은 이월결손금으로 다음연도 이후의 소득금액에서 공제를 받을 수 있습니다.**

사업과 관련한 필요경비가 총수입금액 보다 많은 경우 손실이 발생하게 됩니다. 발생한 손실금액을 결손금이라고 하며, 이 결손금은 향후 10년 이내 ('20.1.1. 이후 결손금부터 적용 15년)에 소득이 발생한 사업연도의 소득금액에서 공제를 받을 수 있습니다. 손실이 발생한 경우에도 종합소득세 신고는 하여야 하나 종합소득세로 납부할 세금은 없습니다.

한편, 손실이 발생한 개인사업자가 전년도 11월 중 종합소득세 중간예납세금으로 납부한 금액이 있는 경우 중간예납세금은 환급을 받을 수 있습니다.

> **보 충** 종합소득세 환급금 신청 및 환급
>
> 환급금이 있는 경우 종합소득세 신고서의 환급금 계좌신고란에 계좌번호 및 금융기관명을 기재하여 신고를 하시면 됩니다.
> 환급금을 신고마감일(5월 31일)로부터 1개월 정도 이후에 입금이 됩니다.

사업소득 결손금은 타소득금액과 통산이 가능하나 부동산임대소득 결손금은 타소득금액과 통산할 수 없으므로 다른 소득에서 차감할 수 없습니다. 단, 사업소득에서 발생한 이월결손금은 부동산임대소득에서 공제를 받을 수 있습니다.

● 폐업한 경우에도 종합소득세신고를 하여야 합니다.

당해 연도 중 사업을 폐업한 경우에도 다음 해 5월 31일까지 종합소득세 신고를 하여야 합니다.

● 종합소득세 신고는 하였으나 납부하지 못한 경우

종합소득세 신고는 하였으나 납부를 하지 못한 경우 관할 세무서에서 고지를 하게 되며, 고지시 종합소득세 미납부에 대한 가산세를 포함하여 고지(본세)를 합니다. 종합소득세 미납부가산세는 연리 8.03%이며, 미납부 가산세는 아래와 같이 적용됩니다. 다만, 고지서의 납부기한일 다음날 이후 납부하는 경우 고지금액의 3%를 가산금으로 추가 납부하여야 하므로 고지서의 납부기한은 넘기지 않도록 유의를 하여야 합니다.

사 례 종합소득세 미납부 가산세 계산

[예 제] 미납금액 1,000,000원, 고지일 7월 10일, 납부기한 7월 31일
미납부가산세(10,000원) : 1,000,000원 × 미납일수(40일) × 2.2/10,000

■ 납부지연가산세와 가산금제도 통합
(국세기본법 제47조의4, 국세징수법 제21조)

종 전	개 정

□ 세금미납에 대한 금전적 제재
  ○ (납부고지 전 : 납부불성실가산세ⓐ)
   - 미납세액 × (납부기한의 다음날
   ~ 자진납부일 또는 납부고지일) ×
   1일 0.03%
 	
  ○ (납부고지 후 : 가산금)
   - (미납세액 × 3%)(ⓑ) +
    매 1개월마다 월 1.2%(ⓒ)
	□ 납부지연가산세(①+②)로 통합
	  ① 지연이자 성격(ⓐ+ⓒ)은 통합
	   - 미납세액 × (납부기한의 다음날
	   ~ 납부일) × 1일 0.025%
	
	  ② 체납에 대한 제재(ⓑ)는 유지
	   - 납부고지 후 미납세액 × 3%

<적용시기> 2020.1.1. 이후 납세의무가 성립하는 분부터 적용

■ 납부지연가산세 세율 인하 (국세기본법 시행령 제27조의4)

종 전	개 정

□ 납부지연가산세 세율
  ○ 1일 0.025%(연 9.125%)
	□ 납부지연가산세 세율 인하
	  ○ 1일 0.022%(연 8.030%

<적용시기>2022.2.15. 이후 가산세를 부과하는 분부터 적용. 다만, 영 시행 전 기간에 대한 부과 분은 종전규정 적용

● 사업자등록이 없는 자도 종합소득세 신고를 하여야 하는 경우가 있습니다.

▶ **근로소득이 있고, 당해 과세기간 동안 이자 및 배당소득이 2천만원을 초과하는 자**

근로소득만이 있는 자의 경우에는 근로소득을 지급하는 자(회사)가 연말정산을 하여 소득세를 신고.납부하므로 원칙적으로 종합소득세 신고의무가 없습니다. 다만, 이자 및 배당소득의 연간 합계액이 2천만원을 초과하는 경우에는 반드시 근로소득 및 이자 및 소득을 합산하여 종합소득세 신고를 하여야 합니다.

▶ **근로자가 연말정산시 공제대상금액을 공제받지 못한 경우**

근로소득자가 연말정산시 공제받을 수 있는 공제금액을 공제받지 못한 경우 근로자가 근로자의 **주소지 관할 세무서**에 종합소득세 신고를 하여 공제를 받을 수 있으며, 추가 공제로 인하여 과다 납부한 근로소득세는 주소지 관할 세무서로부터 환급을 받을 수 있으며, 지방소득세는 해당 시.군.구청에 신청을 하여 환급을 받을 수 있습니다.

▶ **사업장 및 직원없이 순수한 인적용역을 제공하는 사업자**

전문적으로 강의만을 하거나 고용관계없이 자문용역을 제공하는 자, 보험모집인, 방문판매원 등은 별도의 사업자등록이 없어도 인적용역을 제공하고 그 대가를 받게 됩니다. 이 경우 사업자등록이 없어도 종합소득세 신고 및 납부를 하여야 하며, 인적용역에 대한 대가를 지급받을시 원천징수당한 세금은 기납부세액으로 납부할 세금에서 공제를 받습니다.

단, 강의 등의 인적용역등을 **일시적으로 제공하는 경우** 기타소득으로 분류하며, 기타소득에 해당하는 인적용역을 제공받고 그 대가를 지급하는 자는 기타소득세[(기타소득 - 필요경비) × 20%)]를 징수하여 납부하여야 합니다. 이 경우 기타소득을 지급하는 자는 다음과 같은 방법으로 기타소득세를 징수.납부하시면 됩니다. 참고로 기타소득금액(기타소득 - 필요경비)이 5만원 이하인 경우 과세최저한 규정에 의하여 기타소득세를 징수납부하지 않아도 됩니다.

보 충 사업소득 원천징수 및 납부

사업자등록이 없는 개인으로부터 인적용역을 제공받고 그 대가를 지급하는 자는 사업소득세(지급금액의 3%) 및 지방소득세(사업소득세의 10%)를 징수하여 세무서에 신고 및 납부를 하여야 하며, 그 지급에 관한 명세서를 다음해 3월 10일까지 세무서에 제출하여야 합니다.

사 례 기타소득 원천징수 및 납부[2019년 1월 1일 이후]

[예 제] 기타소득에 해당하는 번역료 1,000,000원 지급

기타소득세(80,000원) : 기타소득(1,000,000) - 필요경비(600,000) × 20%

지방소득세(8,000원) : 기타소득세(80,000원) × 10%

[세법 개정] 2018년 4월 1일 이후 인적용역 필요경비율 70% (종전 80%)
2019년 1월 1일 이후 인적용역 필요경비율 60%

보 충 기타소득자 중 종합소득세 신고의무가 있는 자

기타소득을 지급받는 자는 기타소득금액(기타소득 - 필요경비)이 300만원을 초과하는 경우에 한하여 종합소득세 신고 및 납부를 하여야 합니다. 예를 들어 인적용역 기타소득을 지급받는 자의 경우 연간 기타소득이 750만원[기타소득금액(300만원) = 기타소득(750만원) - 필요경비(450만원)]을 초과하는 경우에 종합소득세신고를 하여야 합니다만, 750만원 이하인 경우 종합소득세 신고를 하지 않아도 됩니다.

> **보 충** 기타소득 과세최저한 및 징수납부의무 면제

[예 제] 기타소득에 해당하는 강의료 250,000원 지급
기타소득금액(50,000원) : 기타소득(250,000원) - 필요경비(200,000원)
기타소득금액이 50,000원 이하이므로 기타소득세를 징수하지 않습니다. 다만, 이 경우에도 지급명세서는 제출하여야 합니다.

> **보 충** 보험모집인 및 방문판매원 연말정산 및 종합소득세 신고

사업소득에 대한 수입금액을 지급하는 원천징수의무자는 간편장부대상자(해당 과세기간에 신규로 사업을 개시 또는 직전 과세기간의 수입금액 7,500만원 미만)로서 다음에 해당하는 사업자에게 지급하는 해당 과세기간의 사업소득금액에 대하여 연말정산하여 소득세를 징수합니다.
다만 ②의 경우 해당 원천징수의무자가 사업장 관할 세무서장에게 연말정산 신청을 하는 경우만 해당합니다.
① 독립된 자격으로 보험가입자의 모집 및 이에 부수되는 용역을 제공하고 그 실적에 따라 모집수당 등을 받는 사업자(보험모집인)
② 「방문판매 등에 관한 법률」에 의하여 방문판매업자를 대신하여 방문판매업을 수행하고 그 실적에 따라 판매수당 등을 받는 사업자(방문판매업자로부터 사업장의 관리·운영의 위탁을 받은 사업자 포함)

● 개인사업자의 급여 및 가사 관련 비용 등은 사업자의 필요경비로 처리할 수 없습니다.

개인사업자의 사업과 관련한 지출만 필요경비로 처리할 수 있는 것으로 개인사업자의 개인적인 비용인 **사업주 본인 식대**, 사업주 주거용 아파트의 재산세, 관리비, 생활관련 비용, 병원비, 자녀 교육비 등은 사업과 관련한 필요경비에 계상할 수 없습니다. 또한 사업자는 사업과 관련한 소득에 대하여 소득세를 신고 및 납부하는 것으로 사업주 본인에게 급여를 지급한 것으로 처리 할 수는 없습니다.

▶ **종업원이 없는 1인 사업주의 식대 필요경비**

종업원이 없는 1인 개인사업주의 식대는 사업과 관련한 필요경비에 산입할 수 없습니다.

● **유형자산처분손실은 필요경비에 산입할 수 없습니다.**

개인사업자의 경우 차량, 기계장치 등 유형자산의 처분에 따른 손실금액은 소득세법에서 열거한 필요경비가 아니므로 필요경비로 처리할 수 없습니다. 단, 감가상각비는 필요경비에 해당하므로 유형자산을 처분하는 경우 유형자산 처분시까지 감가상각비는 계상하여야 소득금액을 줄일 수 있습니다. 그리고 유형자산처분이익이 발생한 경우 총수입금액에 포함하지 않습니다. 한편, 사업용으로 사용하던 토지, 건물 등 양도소득세 과세대상 물건을 처분하는 경우는 사업소득과는 별도로 양도소득세를 신고 및 납부하여야 합니다.

[개정 세법] 개인사업자의 사업용 유형고정자산 처분손익 과세 신설
(소득법 §19①, §25③, 소득령 §55①)

종 전	개 정
□ 사업소득의 범위	□ 사업소득의 범위 확대
○ 유형 고정자산 처분손익 중 복식부기의무자의 업무용 승용차 처분손익에 한정하여 과세	○ 좌동
<추가>	○ 복식부기의무자의 사업용 유형 고정자산(부동산 제외) 처분소득

<적용시기> 2018.1.1. 이후 개시하는 과세기간 분부터 적용

Q 복식부기의무자가 사업용 고정자산(부동산 제외)을 처분한 경우 수입금액에 포함하여야 하나요?

복식부기의무자가 사업용 고정자산을 매각하는 경우 사업수입금액에 포함하여야 하며, 다음과 같이 회계처리 및 세무조정을 하시면 됩니다 다만, 부동산 처분의 경우 개인사업자는 양도소득세를 별도로 신고납부하여야 하는 것이므로 수입금액에서 제외를 하여야 합니디.

[예제] 기계장치 취득가액 4000 감가상각누계액 2000
처분가액 1000(부가세 별도)
보통예금　　　　　　1100　　/　　부가세예수금　　100
감가상각누계액　　　2000　　　　기계장치　　　　4000
유형자산처분손실　　1000
<세무조정>
필요경비불산입(유형자산처분손실)　　　1000
총수입금액 산입(매각 금액)　　　　　　1000
필요경비 산입(장부가액)　　　　　　　 2000
- 장부가액 : 취득가액(4000) - 감가상각누계액(2000)

● 매출이 없는 경우 종합소득세 신고

수입금액이 없는 경우에도 무실적으로 신고를 하여야 합니다만, 신고를 하지 않아도 세무상 다른 문제는 없습니다.

● 공동사업자의 종합소득세 신고 관련 유의사항

▶ 공동사업을 해지하는 경우 종합소득세 신고
공동사업계약을 해지하는 경우에는 해지일까지의 공동사업장에서 발생한 수입금액에 대해 결산을 하여 손익분배비율에 따라 소득금액을 분배하며, 공동사업장 해지일까지 계산한 공동사업장에서 분배받은 소득금액과 그 이후 기간 동안 단독사업장에서 발생한 소득을 합산하여 종합소득세 신고를 하여야 합니다.

▶ 공동사업자 중소기업특별세액감면

공동사업자의 중소기업특별세액감면세액 계산은 종합소득금액에서 공동사업장 구성원의 손익분배비율로 배분된 공동사업장 소득금액의 비율에 따른 소득금액을 계산 후 공동사업자 각자의 종합소득세산출세액에 감면대상소득금액비율에 감면비율을 적용하여 계산하면 됩니다.

▶ 공동사업자 중 비대표자 종합소득세 신고

공동사업자 중 비대표자는 사업장 입력시 대표 공동사업자 및 특수관계자 명세를 입력하면, 비대표 공동사업자는 재무제표 제출없이 신고가 가능합니다.

공동사업에 있어서 과세기간 중 그 구성원이 탈퇴하면서 나머지 다른 공동사업자에게 자기지분을 양도하여 그 지분의 변동이 발생한 경우에는 변동시마다 공동사업자별 소득분배비율에 따라 해당 거주자별로 소득금액을 구분 계산하여야 합니다. 이 때 장부에 의하여 소득금액을 계산하는 경우 지분변동 기간별로 재무제표를 작성하여 제출하여야 하는 것입니다.

▶ 공동사업 구성원의 국민건강보험료 필요경비 산입

공동사업장 구성원이 지출한 사업자 본인의 지역가입 국민건강 보험료는 해당 공동사업장의 필요경비에 해당하는 것입니다.
(소득, 서면-2016-법령해석소득-5743, 2017.09.22.)

SECTION 02

간편장부대상자 종합소득세 신고

간편장부대상자는 사업자 본인이 간편장부에 의하여 사업소득을 계산하여 종합소득세를 신고할 수 있습니다.

간편장부대상자

1) 사업자가 사업소득금액을 계산하기 위해서는 장부기장을 하여야 하는데 장부기장은 원칙적으로 복식부기기장을 하여야 합니다.

2) 복식부기 기장은 회계에 대한 전문교육을 받은 경우 기장을 할 수 있으므로 일반인은 복식부기 기장을 하는 것이 현실적으로 어렵습니다.

3) 따라서 세무당국은 소규모 사업자가 회계에 대한 전문지식이 없더라도 현금출납부와 같은 형식의 간편장부를 만들어 본인의 소득을 계산하여 종합소득세를 신고할 수 있도록 간편장부대상자를 정하고 있습니다. <소득세법 제160조 ②>

4) 간편장부대상자가 아닌 경우 복식부기 기장의무자에 해당하며, 복식부기기장대상자는 세무사사무소에 장부기장 및 세무신고를 맡겨야 합니다.

5) 창업한 연도는 직전연도 수입금액이 없으므로 간편장부대상자에 해당합니다.

6) 창업한 연도의 다음연도는 장부기장은 창업연도의 수입금액 규모에 따라 간편장부대상자 또는 복식부기의무자가 됩니다.

7) 창업한 연도의 수입금액이 복식부기의무자 기준금액 이상이 되는 경우 창업한 연도의 다음해 6월 말일까지 반드시 사업용계좌를 신고하여야 합니다.

▶ 간편장부대상자 [직전연도 수입금액이 아래 금액 미만인 사업자]
▶ 복식부기대상자 [직전연도 수입금액이 아래 금액 이상인 사업자]
▶ 직전연도 수입금액은 연간으로 환산하지 않음

업 종 별	기준금액
가. 농업·임업 및 어업, 광업, 도매 및 소매업(상품중개업 제외), 부동산매매업, 그 밖에 나목 및 다목에 해당되지 아니하는 사업	3억원
나. 제조업, 숙박 및 음식점업, 전기·가스·증기 및 공기조절 공급업, 수도·하수·폐기물처리·원료재생업, 건설업(비주거용 건물 건설업은 제외), 부동산 개발 및 공급업(주거용 건물 개발 및 공급업에 한정), 운수업 및 창고업, 정보통신업, 금융 및 보험업, 상품중개업	1억5천만원
다. 부동산임대업, 부동산업(부동산매매업은 제외), 전문·과학 및 기술서비스업, 사업시설관리·사업지원 및 임대서비스업, 교육서비스업, 보건업 및 사회복지서비스업, 예술·스포츠 및 여가 관련 서비스업, 협회 및 단체, 수리 및 기타 개인서비스업, 가구내 고용활동	7천500만원

간편장부대상자의 경우 사업소득금액은 어떤 방법으로 계산하나요?

1) 간편장부는 소득세 신고서의 **총수입금액 및 필요경비명세서 및 소득금액계산서**를 작성하기 위한 것입니다.

☐ 사업소득금액 = 총수입금액 - 필요경비

1. 매출은 창업일 이후 12월 31일까지 발급한 세금계산서, 신용카드로 결제받은 금액, 현금영수증 발급금액의 합계액으로 하시되, 현금매출이 있어 부가가치세 신고를 한 금액이 있으면, 해당 금액도 매출에 포함하여야 합니다.

2. 도,소매업의 경우 매출원가는 본서를 참고하여 입력(홈택스에서 종합소득세 신고를 하는 경우) 또는 기재를 하시면 됩니다.

3. 일반관리비용은 해당 항목별로 간편장부에 기장을 한 경우 항목별 합계액을 기재하시면 됩니다.

2) 다음 내용을 참고하여 적절한 방법으로 소득금액을 계산하여 홈택스에서 종합소득세 신고를 하시거나 그래도 어려우시면, 종합소득세 신고기한 전에 세무사사무소에 의뢰를 하시기 바랍니다.

총수입금액 및 필요경비명세서 작성

총수입금액

총수입금액이라 함은 소득세법상 소득을 발생시키는 원인이 되는 거래금액으로 개인사업자의 총수입금액은 대부분 매출이나 매출이외에 국가보조금 등 아래 수익도 포함합니다.

구 분	도매업	소매업
상품매출금액 (부가가치세 매출세액 제외)	O	O
본사로부터 금전으로 받은 판매장려금	O	O
고용노동부 보조금, 두루누리, 일자리안정자금 등	O	O
신용카드매출전표발행세액공제금액		O
소규모 개인사업자 부가가치세 감면 금액	O	O
부가가치세 전자신고 세액공제 (20,000원)	O	O

필요경비

필요경비란 사업자가 총수입금액을 얻기 위해 직접 소요된 제반 비용으로 소득세법에서는 필요경비라고 명칭하며, 법인세법에서는 손금이라고 합니다.

간편장부대상자의 경우 필요경비는 **매출원가**와 **일반관리비**로 구분하며, 필요경비 및 그 작성방법은 다음과 같습니다.

매출원가

매출원가란 판매한 상품의 원가를 말하는 것으로 해당 사업연도의 매출원가를 계상하기 위해서는 기초재고액, 당기상품매입액, 기말재고액을 구분하여 기재 또는 입력하여 매출원가를 계상합니다.

① 기초재고액이란 전년도에 판매하지 못하고 이월된 상품을 말하며, 기초상품재고액이 있는 경우 기초재고액란에 기재 또는 입력합니다.

② 당기 상품매입액이란 당기에 매입한 상품을 말하는 것으로 당기 상품매입액의 합계액을 기재 또는 입력합니다.

③ 기말재고액란에는 당해 연도에 판매하지 못하고 다음연도로 이월하는 상품재고액을 말하며, 기말상품재고액이 있는 경우 기말재고액란에 기재 또는 입력합니다.

예 제	20×6년(20×6.1.1 ~ 20×6.12.31) 매출원가 및 매출총이익 계산
• 20×6년 상품 총매출액	280,000,000원
• 20×6년 상품 총매입액	210,000,000원
• 20×6년 12월 31일 현재 기말상품재고액	10,000,000원

■ 총수입금액 및 필요경비명세서 [매출원가]

장부상 수입금액		⑪ 매 출 액	280,000,000		
		⑫ 기 타			
		⑬ 수입금액 합계(⑪+⑫)	280,000,000		
필요경비	매출원가	⑭ 기초재고액			
		⑮ 당기 상품매입액 또는 제조비용(㉔)	210,000,000		
		⑯ 기말재고액	10,000,000		
		⑰ 매출원가(⑭+⑮-⑯)	200,000,000		

🅠 일반관리비

① 일반관리비는 다음과 같이 구분하여 기재 또는 입력하시고, 기타 경비는 합산하여 기타란에 기재 또는 입력합니다.

급료, 제세공과금, 임차료, 지급이자, 접대비, 기부금, 감가상각비
차량유지비, 지급수수료, 소모품비, 복리후생비, 운반비, 광고선전비
여비교통비

② 과세기간 동안에 지출한 금액(영수증 발행일자 기준)의 합계액을 기재 또는 입력하시되, 지급일을 기준으로 계산하여도 무방합니다.

🅠 & 🅐 과세기간이란 무엇을 말하는 지요?

과세기간이란 소득세 신고를 위한 사업소득금액의 계산 기간을 말합니다. 1월 1일부터 12월 31일까지의 기간으로 하되, 신규사업자의 경우 개업일부터 12월 31일까지를 말합니다.

③ 사업과 관련없는 가사 관련 지출금액은 필요경비에 포함하지 않습니다.

🅠 & 🅐 가사 관련 지출이란 무엇이며, 가사 관련 지출에는 어떤 것이 있는지요 ?

가사 관련 지출이란 사업과 관계없는 사업주의 개인적인 지출로 가사 관련 지출에는 사업주 본인 식대, 생활비, 자녀 교육비, 의료비, 가족의 개인보험료, 가족의 휴대폰사용료, 사업주 주택 재산세, 가족외식비 등이 있습니다.

간편장부대상자는 일반관리비등을 아래 내용과 같이 간단하게 필요경비 항목을 구분하여 '총수입금액 및 필요경비명세서'를 작성하시면 됩니다.

● 급료

① 직원을 채용하고 급여를 지급하는 경우 그 지급에 관한 내용을 세무서에 신고하여야 하며, 급여 지급에 관한 명세서인 지급명세서를 다음해 3월 10일까지 세무서에 제출하여야 하는 등 다소 까다로운 절차가 있습니다. 즉, 직원에 대한 급여를 일반관리비의 급료로 기재하여 필요경비로 인정을 받고자 하는 경우 그와 관련한 세무신고 내용은 '급여 지급'편을 참고하여야 합니다.

② 직원을 1인 이상 고용하는 사업자는 직원에 대하여 4대보험을 가입하여야 하고, 사업주 본인도 국민연금 및 건강보험료를 사업장에서 납부하여야 합니다.

③ 사업주 본인의 급여는 필요경비에 산입할 수 없습니다.

<지출증빙> 근로소득지급명세서

● 제세공과금

제세공과금에는 사업과 관련한 차량의 자동차세, 사업장 주민세 종업원의 국민연금 사업주 부담금등이 있습니다. 단, 국민연금 사업주 부담금은 복리후생비로 처리를 하여도 무방합니다.

<지출증빙> 국가기관 등에서 발급한 영수증

Q&A **종합소득세, 부가가치세, 근로소득세, 지방소득세 등으로 납부하는 세금도 제세공과금에 해당하나요?**

종합소득세 및 종합소득세에 대하여 납부한 지방소득세, 근로소득세 및 근로소득세에 대한 지방소득세, 부가가치세는 '제세공과금'에 해당하지 않습니다.

● 임차료

임차대가로 건물주에게 지급하는 월세 및 관리비 등으로 과세기간 동안 지급한 임차료 및 관리비 합계금액을 기재 또는 입력합니다.

<지출증빙> 임대인(건물주)이 일반과세자인 경우 반드시 세금계산서를 받아야 하며, 세금계산서를 발행할 수 없는 간이과세자인 경우 간이영수증을 받아 두어야 합니다.

● 지급이자

사업과 관련하여 금융기관등에서 자금을 차입하고 그 이자로 지급한 금액의 합계액을 기재 또는 입력합니다.

<지출증빙> 금융기관이 발급한 영수증 등

Q&A **업무용에 사용할 승용차량을 할부로 구입하고 지급하는 이자는 이자비용에 해당하나요?**

업무용으로 사용하는 차량(화물차, 승용차 등)의 할부이자는 이자비용에 해당합니다.

● 접대비

거래처와 거래관계를 원활히 할 목적으로 지출하는 비용을 접대비라고 하며, 접대비 합계액을 기재 또는 입력하시면 됩니다.

<지출증빙> 신용카드로 결제하거나 현금영수증을 수취하여야 합니다.

♣ 상세 내용 → 기부금 세무조정

● 기부금

기부금이란 사업과 직접 관련없이 국가 및 지방자치단체에 대한 기부금, 교회 및 사찰기부금, 적십자회비, 기타 기부금으로 기부금 지출이 있는 경우 기부금란에 기재 또는 입력하시면 됩니다.

다만, 교회 및 사찰기부금의 경우 소득금액의 10% 한도내에서 공제를 받을 수 있으므로 교회 및 사찰기부금이 많은 경우 아래 내용을 참고하시어 기부금란에 기재 또는 입력하여야 합니다.

<지출증빙> 기부금영수증을 수취하여야 합니다.

♣ 상세 내용 → 기부금 세무조정

◪ 접대비, 기부금, 광고선전비 구분

종 류	구 분 기 준	
기 부 금	업무와 관련 없는 지출	
접 대 비	업무와 관련 있는 지출	특정고객을 위한 지출
광고선전비		불특정 다수인을 위한 지출

● 감가상각비

감가상각비란 사업과 관련하여 취득한 기계장치, 차량운반구 등의 당해 과세연도 가치 감소 상당액을 비용화하여 계상한 금액을 말하며, 감가상각비를 계상한 경우 감가상각과 관련한 다음의 서류를 종합소득세 신고서 제출시 추가로 제출하여야 합니다.

1. 내용연수신고서 및 감가상각방법신고서
2. 감가상각비조정명세서합계표
3. 다음 중 하나의 서식
- 유형고정자산감가상각비 조정명세서(정률법)
- 유형·무형고정자산감가상각비 조정명세서(정액법)

♣ 상세 내용 : 경영정보사 홈페이지 참조

● 차량유지비

회사의 업무를 위하여 운행하는 차량의 유지 및 관리비를 차량유지비라 하며, 유류대, 차량수리비, 통행료, 주차요금, 세차비, 검사비, 부품교환대, 오일교환대 등이 있습니다.

<지출증빙>
- 자동차세 : 시, 군, 구에서 발행한 자동차세영수증
- 고속도로통행료 : 한국도로공사가 발행하는 영수증
- 기타 비용 : 유류대, 수리비, 세차비, 주차비 등 차량 유지와 관련하여 지출하는 비용은 적격증빙 수취대상거래로 거래 건 당 3만원을 초과하는 경우 세금계산서 등 적격증빙을 수취하여야 합니다.

● 지급수수료

지급수수료란 주로 용역(서비스)을 제공받고 그 대가를 지급하는 경우 처리하는 계정과목으로 지급수수료 계정과목으로 처리하는 지출항목은 다음과 같습니다.

송금수수료, 각종 증명서발급수수료, 신용보증수수료, 전기가스점검수수료, 기장수수료, 세무조정수수료, 근저당 설정비용, 컨설팅수수료, 감정수수료, 수표발행수수료, 공증수수료, 컴퓨터유지보수비 및 소프트웨어유지비용, 비자발급수수료, 전세권설정비용, 도매인 관련 등록비 및 수수료, 청소용역비, 품질검사수수료, Q마크 획득비용, 채권추심수수료, 카드연회비 등

(1) 금융기관 등에 지급하는 수수료 지출증빙
적격증빙수취대상이 아니므로 금융기관이 발행하는 영수증 또는 계산서 등을 수취하시면 됩니다.

(2) 기타 지급수수료 지출증빙
청소용역비, 전산유지보수료, 시험검사수수료 등 부가가치세가 과세되는 용역을 제공받는 경우에는 세금계산서를 수취하여야 하며, 정화조청소용역, 일반폐기물처리용역 등 면세용역을 제공받는 경우에는 해당 사업자로부터 계산서를 수취하여야 합니다.

● 소모품비

청소용구 및 쓰레기봉투 등 각종 소모품 구입비, 사무 관련 소모품, 전기자재 및 철물, 전화기, 책상유리제작비, 랜카드 구입비, 기타 소

모품, 비품(소프트웨어 포함)으로 취득가액이 100만원 이하인 것으로 합니다.

<지출증빙> 적격증빙 수취대상거래로 거래 건 당 3만원을 초과하는 경우 세금계산서 등 정규영수증을 수취하여야 합니다.

● 복리후생비

종업원의 복리후생을 위하여 지출하는 비용으로 그 수혜자가 종업원이어야 합니다. 복리후생비에는 직원식대, 차류 및 음료수대, 생수구입비, 종업원 경조사비, 피복비, 회식비, 야유회경비, 산재보험료, 의료보험료, 고용보험료 중 회사가 부담하는 금액 등이 있습니다.

(1) 식대보조비
직원에게 식사를 별도로 제공하지 않는 경우 월 10만원 한도내의 금액은 회사의 비용으로 처리할 수 있습니다. 단, 월 식대비로 지급하는 금액이 10만원(2023년 이후 20만원)을 초과하는 경우 초과하는 식대보조비 및 직원 식대보조비를 지원하면서 별도로 해당 직원에게 식사를 제공하는 경우 현금으로 지원하는 식대보조비는 직원에 대한 급여(과세소득)로 처리하여야 합니다.

(2) 직원 경조사비
직원에게 지급하는 경조사비는 복리후생비로 처리할 수 있습니다.

(3) 직원에 대한 선물
명절에 종업원에게 지급하는 선물은 원칙적으로 과세대상 급여로 처리하여야 합니다.

● 운반비

기업이 판매활동을 영위하는 과정에서 발생하는 운송비용을 처리하는 계정으로 택배요금, 용달운임, 퀵서비스요금, 상차비, 하차비, 화물배송비, 선박 또는 항공운임요금 등이 있습니다.

▶ 매입과 관련한 운반비용
매입과 관련한 운반비용은 당해 자산(상품, 원재료 등)의 취득원가에 포함하여 처리하여야 합니다.

● 광고선전비

광고선전비란 상품이나 제품 등의 판매촉진이나 기업이미지 제고 등을 위하여 불특정다수를 상대로 각종 매체를 통하여 홍보하는 비용을 말하며, 인터넷, 신문, 잡지광고비, 전단지제작비 및 전단지 배포비, 카다로그 제작비용, 간판설치비, 마케팅대행비, 교차로 및 벼룩시장 광고비, 상품전시회 관련비용(부스설치비 등) 등이 있습니다.

▶ 광고선전비, 접대비, 기부금 구분
1. 광고선전 목적으로 불특정다수인에게 견본품, 달력, 수첩, 부채, 컵 등 이와 유사한 물품을 불특정다수인에게 기증하기 위하여 지출한 비용은 광고선전비에 해당합니다.
2. 사업과 관련하여 특정인에게 향응을 제공하거나 선물 등 물품을 제공하는 것은 접대비에 해당합니다.
3. 사업과 관련 없이 특정인에게 무상으로 기증하는 금품은 기부금에 해당합니다.

● 여비교통비

여비교통비란 직무수행과 관련하여 출장을 가는 경우 발생하는 제비용을 말합니다. 여비교통비의 내용은 업무출장과 관련하여 지출되는 제경비로 교통비, 식대, 일비, 주차비 등이 있습니다.

<지출증빙> 여비교통비는 그 지출성격상 증빙을 수취할 수 없는 경우가 많습니다. 따라서 회사에 여비교통비 지출에 대한 지급규정을 작성하여 운영하는 것이 바람직합니다. 다만, 지급규정이 있다하더라도 그 지출에 대하여 정규영수증을 수취하여 보관하여야 합니다.

O 출장지 숙박요금, 음식점 등에 대하여 거래 건별로 그 금액이 3만원을 초과하는 경우 신용카드를 사용하여 결제하거나 세금계산서를 수취하여야 합니다.
O 현실적으로 증빙을 수취하기 어려운 경우(시내버스요금, 택시요금 등)에는 회사 내부 품의서 또는 출장여비신청서 등을 지출증빙으로 사용할 수 있는 것이나 사회통념상 적정한 것으로 인정되는 범위내의 금액인 경우에 한하여 필요경비에 산입할 수 있습니다.

▶ 정액으로 지급하는 차량유지비

회사 실정에 따라 시내출장이 많은 직원의 경우 직원 소유차량을 직접 운전하여 업무수행에 이용할 시 시내출장비를 별도로 지급하는 대신 월정액을 시내출장비로 지급할 수 있습니다. 이 경우 월 20만원 이하의 출장여비는 증빙서류가 없어도 세법상 정당한 지출로 인정되며, 시내출장비를 월정액으로 지급받은 직원의 근로소득에도 합산하지 않습니다. (비과세소득)

● 기타 비용 항목

위에 열거되지 않은 지출의 경우 기타지출에 해당하며, 기타지출에는 직원 퇴직금, 통신비, 수도광열비(수도요금, 전력비, 난방비 등), 수선비, 보험료, 교육훈련비, 외주비 등이 있습니다.

<지출증빙> 기타경비 지출시에는 세금계산서 또는 현금영수증을 받거나 신용카드로 결제하여야 합니다. 다만, 이러한 증빙을 받을 수 없는 경우 간이영수증을 받아 두어야 합니다.

지 출 항 목	계 정 과 목
전화요금, 휴대폰요금, 우편요금 등	통 신 비
수도가스요금, 난방비용, 전력비	수 도 광 열 비
건물 화재보험료, 자동차 보험료 등	보 험 료
달리 분류되지 않는 기타 경비	잡 비

▶ 퇴직금 지출증빙 및 퇴직소득세 원천징수 신고 및 납부

직원에게 퇴직금을 지급하는 경우 퇴직소득세를 징수하여 그 지급일의 다음달 10일까지 신고(원천징수이행상황신고서) 및 납부하여야 하며, 그 지급 및 원천징수에 대한 내역서인 퇴직소득 지급명세서를 다음해 3월 10일까지 관할 세무서에 제출하여야 합니다.

◆ 사업주 본인의 지역 국민연금보험료(종업원이 없는 경우) 또는 사업장에서 납부하는 직장 국민연금보험료의 소득공제

국민연금 사업주 본인부담금은 필요경비로 처리하는 것이 아니라 소득공제를 받을 수 있으며, 소득공제편을 참고하시기 바랍니다.

총수입금액 및 필요경비명세서(202×년 귀속)

① 주소지				② 전화번호		
③ 성 명				④ 생년월일		
사업장	⑤ 소 재 지					
	⑥ 업 종	소매/페인트				
	⑦ 주업종코드	523421				
	⑧ 사업자등록번호					
	⑨ 과 세 기 간	202×.01.01부터 202×.12.31까지	부터 까지	부터 까지		
	⑩ 소 득 종 류	(30, 40)	(30, 40)	(30, 40)		
장부상 수입금액	⑪ 매 출 액	280,000,000				
	⑫ 기 타					
	⑬ 수입금액 합계(⑪+⑫)	280,000,000				
필요경비	매출원가	⑭ 기초재고액				
		⑮ 당기 상품매입액 또는 제조비용(㉔)	210,000,000			
		⑯ 기말재고액	10,000,000			
		⑰ 매출원가(⑭+⑮-⑯)	200,000,000			
	제조비용	재료비	⑱ 기초 재고액			
			⑲ 당기 매입액			
			⑳ 기말 재고액			
			㉑ 당기 재료비(⑱+⑲-⑳)			
		㉒ 노 무 비				
		㉓ 경 비				
		㉔ 당기제조비용(㉑+㉒+㉓)				
	일반관리비등	㉕ 급 료	15,000,000			
		㉖ 제세공과금	1,600,000			
		㉗ 임 차 료	6,000,000			
		㉘ 지 급 이 자	2,000,000			
		㉙ 접 대 비	3,400,000			
		㉚ 기 부 금				
		㉛ 감 가 상 각 비				
		㉜ 차 량 유 지 비	8,000,000			
		㉝ 지 급 수 수 료	600,000			
		㉞ 소 모 품 비	2,000,000			
		㉟ 복 리 후 생 비	2,500,000			
		㊱ 운 반 비				
		㊲ 광 고 선 전 비	1,000,000			
		㊳ 여 비 교 통 비	1,500,000			
		㊴ 기 타	6,400,000			
		㊵ 일반관리비등계(㉕~㊴ 합계)	50,000,000			
	㊶ 필요경비 합계(⑰+㊵)	250,000,000				

⑦ 주업종코드 : 국세청 홈페이지 → 알림소식 → 고시 → 기준경비율
⑩ 소득종류란 : 40:사업소득   30:부동산임대소득

간편장부대상자 종합소득세 신고서 작성절차

1 총수입금액을 확정합니다.
01 부가가치세 신고서 매출금액 [공통]
   매출세액은 포함하지 않습니다.
02 신용카드매출전표발행세액공제 [소매, 음식·숙박업]
03 전자신고한 경우 공제받은 전자신고세액공제 [공통]
   부가가치세 20,000원 (소득세 전자신고세액공제는 총수입금액에 산입하지 않습니다.)
04 본사로부터 금전으로 지급받은 판매장려금 [도, 소매업]
05 정부무상보조금 (고용관련 노동부지원금, 환경개선자금 등)
   일자리안정자금, 두루누리 지원금 등
06 면세사업자는 매출금액을 확인합니다.
   계산서 발행금액, 신용카드 및 현금영수증발행금액, 기타매출

2 필요경비를 계상합니다. (간편장부 집계)
01	급 료	직원에게 지급한 급여 및 수당, 상여금 총액
02	제세공과금	자동차세, 면허세
03	임 차 료	사업장 임차료
04	지급이자	사업과 관련한 차입금 이자비용
05	접 대 비	거래처 접대비 및 경조사비, 거래처 선물대금 등
06	기 부 금	교회 및 사찰기부금, 적십자회비,
08	복리후생비	직원 식대, 4대보험 사업주부담금, 산재보험료
09	차량유지비	유류대, 주차요금, 통행료, 자동차수리비
10	기 타	위 경비의 이외의 모든 경비

3 종합소득세 신고서를 작성합니다.
01 총수입금액 및 필요경비명세서
02 간편장부소득금액계산서
03 종합소득금액 및 결손금·이월결손금공제명세서
04 사업소득명세서
05 소득공제명세서
06 종합소득세과세표준확정신고서
07 세액감면 및 세액공제명세서
08 세액공제신청서

Q&A 종합소득세 신고를 위하여 간편장부기장을 하여 소득금액을 계산하고자 하는데 어떤 문제들이 있나요?

1) 간편장부의 경우에도 간편장부를 원칙적으로 작성을 하고자 하는 경우 실제 쉽지가 않습니다.

2) 사소한 거래건수가 많은 경우 일일이 장부기장을 하여 1년 기간의 사업소득금액을 계산한다는 것이 간단한 문제가 아닙니다.

3) 고정자산의 경우 내용연수 기간 동안 안분하여 감가상각비로 계산하여야 하는 문제가 있습니다.

4) 도매 및 소매업의 경우 판매를 위하여 매입한 물품 중 실제 판매된 금액만을 계상하여 필요경비로 계산을 하여야 합니다.

5) 교회, 사찰 등 기부금은 기준소득금액(기부금을 제외한 소득금액)의 10%만 필요경비로 산입할 수 있습니다.

5) 제조업 및 건설업의 경우 제조원가 또는 공사원가를 계산하여야 하는 매우 복잡한 문제가 있으나 대부분 매출규모가 간편장부대상자에는 해당하지 않을 것이므로 따로 설명드리지 않겠습니다.

Q&A 차량, 비품, 인테리어 등 고정자산 취득가액은 필요경비를 어떻게 계산하여야 하나요?

사업소득금액은 1과세기간의 소득을 계산하여야 하는데 고정자산(차량, 비품, 인테리어비용 등)은 취득한 연도에 전부 사업과 관련한 비용이 되는 것이 아니라 상당기간(세법에서는 통상 5년으로 봄) 사업에 사용하게 되므로 취득금액(차량가액 + 취득세 + 기타 부대비용)을 60개월(음식점 인테리어 비용은 96개월)로 나눈 금액에 월수를 곱하여 감가상각비로 계산을 하시면 됩니다.

[사례] 차량 3천만원 취득, 창업일 2022년 9월
감가상각비로 계상할 수 있는 금액 2백만원(3천만원/60개월 × 4개월)

SECTION 03

소득세 추계신고

추계에 의한 종합소득세 신고

Q 장부기장을 하지 않는 경우 사업소득금액 계산 방법은?

장부기장을 하지 않은 경우 소득세를 추계의 방법(수입금액에 경비율을 곱한 금액을 필요경비로 하여 소득금액을 계산하는 방법)으로 종합소득세 신고를 할 수 있으나 추계로 신고하는 경우 가산세를 추가로 부담하여야 합니다.

종합소득세 확정신고시 추계신고를 하였더라도 간편장부대상자의 경우 창업중소기업에 대한 세액감면 및 중소기업에 대한 특별세액감면을 받을 수 있으나 복식부기기장의무자가 추계신고하는 경우 창업중소기업감면 및 중소기업특별세액 감면 등을 받을 수 없습니다.

따라서 간편장부대상자가 과거 종합소득세 확정신고를 추계에 의하여 신고를 하였으나 창업중소기업에 대한 세액감면이나 중소기업에 대한 특별세액감면을 적용받지 않았다면, **신고기한의 종료일로부터 5년 이내에 경정청구**를 하여 해당 세액을 감면받을 수 있습니다.

◆ 무신고 결정 및 기한 후 신고의 경우 감면을 받을 수 없음

「소득세법」 제80조제1항에 따라 결정을 하는 경우와 「국세기본법」 제45조의3에 따라 기한 후 신고를 하는 경우에는 조세특례제한법 제6조(창업중소기업 등에 대한 세액감면), 제7조(중소기업에 대한 특별세액감면)등의 감면을 적용하지 않습니다. [조세특례제한법 제128조(추계과세 시 등의 감면배제)]

☐ 소득세법 제80조(결정과 경정) ① 납세지 관할 세무서장 또는 지방국세청장은 제70조, 제70조의2, 제71조 및 제74조에 따른 과세표준확정신고를 하여야 할 자가 그 신고를 하지 아니한 경우에는 해당 거주자의 해당 과세기간 과세표준과 세액을 결정한다.

간편장부대상자 추계신고

간편장부대상자가 추계신고하는 경우에는 무신고가산세는 없으나 무기장가산세는 적용됩니다.

산출세액 × [무기장(추계신고)소득금액/종합소득금액] × 20%

▶ 추계신고시 무기장가산세가 적용되는 간편장부대상자

직전연도 수입금액이 4,800만원 이상인 간편장부대상자

▶ 추계신고시 무기장가산세가 적용되지 않는 간편장부대상자

신규 사업자 및 직전 과세기간의 사업소득 수입금액이 4천 8백만원에 미달하는 소규모사업자가 추계신고하는 경우

🅠 간편장부대상자가 추계신고하는 경우 기준경비율 또는 단순경비율 적용 방법

추계에 의하여 필요경비를 산정하여 소득금액을 계산하는 방법에는 단순경비율에 의한 방법과 기준경비율에 의한 방법이 있습니다만, 간편장부대상자 중 단순경비율로 필요경비를 계산할 수 있는 사업자는 다음에 해당하는 경우에만 적용할 수 있으며, 기타의 경우에는 추계신고시 기준경비율을 적용하여 추계신고를 하여야 합니다.

1. 신규사업자로서 개업연도의 수입금액이 복식부기기장의무자 기준금액 미만인 자
2. 단순경비율 적용대상 사업자 (아래 업종별 기준금액 미만인 자)

업 종 별	기준금액
가. 농업·임업 및 어업, 광업, 도매 및 소매업(상품중개업 제외), 부동산매매업, 그 밖에 나목 및 다목에 해당되지 아니하는 사업	6천만원
나. 제조업, 숙박 및 음식점업, 전기·가스·증기 및 공기조절 공급업, 수도·하수·폐기물처리·원료재생업, 건설업(비주거용 건물 건설업은 제외), 부동산 개발 및 공급업(주거용 건물 개발 및 공급업에 한정), 운수업 및 창고업, 정보통신업, 금융 및 보험업, 상품중개업	3천6백만원
다. 부동산임대업, 부동산업(부동산매매업은 제외), 전문·과학 및 기술서비스업, 사업시설관리·사업지원 및 임대서비스업, 교육서비스업, 보건업 및 사회복지서비스업, 예술·스포츠 및 여가 관련 서비스업, 협회 및 단체, 수리 및 기타 개인서비스업, 가구내 고용활동	2천4백만원

소매업을 하는 사업자의 직전연도 수입금액이 5천만원인 경우 직전연도 업종별 단순경비율에 의한 기준수입금액이 6천만원 미만이므로 단순경비율을 적용하여 추계신고를 할 수 있습니다. 다만, 이 경우 직전연도 수입금액이 4천 8백만원 이상이므로 단순경비율에 의하여 추계신고를 하더라도 무기장가산세가 적용됩니다.

🇶 단순경비율에 의한 추계소득금액 계산

신규사업자로서 개업한 연도의 수입금액이 복식부기의무자 미만인 경우 최초 연도는 수입금액에 단순경비율을 곱하여 계산한 금액을 필요경비로 계상한 후 수입금액에서 필요경비를 차감한 금액을 소득금액으로 하여 사업자 본인이 소득세를 신고할 수 있습니다.

☐ 소득금액 = 총수입금액 − (총수입금액 × 단순경비율)

🇶 기준경비율에 의한 추계소득금액 계산

단순경비율적용대상 사업자가 아닌 경우로서 추계에 의하여 종합소득세를 신고하는 경우 기준경비율을 적용하여야 하며, 기준경비율에 의한 소득금액은 다음과 같이 계산합니다.

▶ **신규사업자이만, 사업 개시연도의 수입금액(연으로 환산하지 않음)이 복식부기기장의무자에 해당하는 경우**

기준경비율을 적용하여야 합니다. 단, 기준경비율 축소(기준경비율 × 1/2) 기준은 적용하지 아니하며, 무기장가산세 또한 없습니다. 그리고 신규로 사업을 개시한 사업자는 간편장부대상자에 해당하여 단순경비율로 신고하는 경우 적용배율은 2.8배로 합니다.

▣ **간편장부대상자 (①, ② 중 적은 금액)**
① 소득금액= [수입금액 − (수입금액 × 단순경비율)] × 2.8배
② 소득금액= 수입금액 − 주요경비 − (수입금액 × 기준경비율)

▶ 배율은 2022년 귀속분이며, 소득세법 시행규칙 제67조에서 규정하고 있음

| 보 충 | 단순경비율 및 기준경비율 |

① 단순경비율이란 업종별로 평균경비율을 말합니다. 예를 들어 단순경비율이 90%이고, 수입금액이 1억원인 경우 단순경비율에 의한 필요경비는 9천만원으로 추정하는 것입니다.
소득금액(1천만원) = 수입금액(1억원) - 필요경비(9천만원)
② 기준경비율이란 업종별 평균 경비에서 주요경비(매입, 임차료, 인건비 등)를 제외한 기타의 경비를 국세청이 통계자료에 의하여 정한 비율을 말합니다. 즉, 주요경비를 먼저 경비로 인정한 다음 주요경비를 제외한 기타의 경비비율을 추정한 것이므로 기준경비율은 단순경비율에 비하여 그 비율이 낮은 것입니다.
예를 들어 수입금액이 1억원인 사업자의 주요경비가 7천만원으로 확인되고 기준경비율이 10%인 경우 필요경비는 8천만원으로 추정하는 것입니다.

▶ 추계신고하는 경우 적용하는 배율 [소득세법 시행규칙 제67조]
  ○ 간편장부대상자 : 2022년 귀속분 2.8배
  ○ 복식부기의무자 : 2022년 귀속분 3.4배

복식부기의무자 추계신고

■ 무신고가산세와 무기장가산세 중 큰 금액의 가산세 적용

① 무신고가산세 : ㉠, ㉡ 중 큰 금액

㉠ 그 신고로 납부할 세액 × 100분의 20
㉡ 수입금액(추계신고한 수입금액)의 7/10,000

② 무기장가산세
산출세액 × [무기장(추계신고)소득금액/종합소득금액] × 20%

<주의> 무기장가산세는 "산출세액의 20%"를 가산세로 부담하여야 하나 무신고가산세는 "그 신고로 납부하여야 할 세액"의 20%를 가산세로 부담하여야 합니다. 따라서 복식부기기장의무가자 추계로 신고하는 경우 수입금액기준으로 계산한 가산세 금액이 무기장가산세 보다 적은 경우 무기장가산세를 부담하여야 합니다.

▶ 복식부기의무자 추계소득금액 (①, ② 중 적은 금액)

① 소득금액= [수입금액 - (수입금액 × 단순경비율)] × 3.4배
② 소득금액= 수입금액 - 주요경비 - (수입금액 × 기준경비율× 1/2)

▶ 복식부기기장의무자 [아래 업종별 기준금액 이상인 사업자]

업 종 별	기준금액
가. 농업·임업 및 어업, 광업, 도매 및 소매업(상품중개업 제외), 부동산매매업, 그 밖에 나목 및 다목에 해당되지 아니하는 사업	3억원
나. 제조업, 숙박 및 음식점업, 전기·가스·증기 및 공기조절 공급업, 수도·하수·폐기물처리·원료재생업, 건설업(비주거용 건물 건설업은 제외), 부동산 개발 및 공급업(주거용 건물 개발 및 공급업에 한정), 운수업 및 창고업, 정보통신업, 금융 및 보험업, 상품중개업	1억5천만원
다. 부동산임대업, 부동산업(부동산매매업은 제외), 전문·과학 및 기술서비스업, 사업시설관리·사업지원 및 임대서비스업, 교육서비스업, 보건업 및 사회복지서비스업, 예술·스포츠 및 여가 관련 서비스업, 협회 및 단체, 수리 및 기타 개인서비스업, 가구내 고용활동	7천500만원

▶ 단순경비율 및 기준경비율 적용 대상사업자 및 무기장가산세 여부

구 분	업 종		
업종별 기준금액 직 전 연 도 수입금액 기준	농업·임업 및 어업, 광업, 도매 및 소매업(상품중개업 제외), 부동산매매업, 그 밖에 나목 및 다목에 해당되지 아니하는 사업	제조업, 숙박 및 음식점업, 전기·가스·증기 및 공기조절 공급업, 수도·하수·폐기물처리·원료재생업, 건설업(비주거용 건물 건설업은 제외), 부동산 개발 및 공급업(주거용 건물 개발 및 공급업에 한정), 운수업 및 창고업, 정보통신업, 금융 및 보험업, 상품중개업	부동산임대업, 부동산업(부동산매매업은 제외), 전문·과학 및 기술서비스업, 사업시설관리·사업지원 및 임대서비스업, 교육서비스업, 보건업 및 사회복지서비스업, 예술·스포츠 및 여가 관련 서비스업, 협회 및 단체, 수리 및 기타 개인서비스업, 가구내 고용활동
추계단순경비율 기준금액 [미만]	6천만원	3천6백만원	2천4백만원
2천4백만원 미만	추계 단순경비율 무기장가산세[×]	추계 단순경비율 무기장가산세[×]	추계 단순경비율 무기장가산세[×]
2천4백만원 이상 3천6백만원 미만	추계 단순경비율 무기장가산세[×]	추계 단순경비율 무기장가산세[×]	추계 기준경비율 무기장가산세[×]
3천6백만원 이상 4천8백만원 미만	추계 단순경비율 무기장가산세[×]	추계 기준경비율 무기장가산세[×]	추계 기준경비율 무기장가산세[×]
4천8백만원 이상 6천만원 미만	추계 단순경비율 무기장가산세[○]	추계 기준경비율 무기장가산세[○]	추계 기준경비율 무기장가산세[○]
6천만원 이상 7천5백만원 미만	추계 기준경비율 무기장가산세[○]	추계 기준경비율 무기장가산세[○]	추계 기준경비율 무기장가산세[○]
7천5백만원 이상 1억5천만원 미만	추계 기준경비율 무기장가산세[○]	추계 기준경비율 무기장가산세[○]	추계 기준경비율 기준경비율의 1/2 무신고,무기장[MAX]
1억5천만원 이상 3억원 미만	추계 기준경비율 무기장가산세[○]	추계 기준경비율 기준경비율의 1/2 무신고,무기장[MAX]	
3억원 이상	추계 기준경비율 기준경비율의 1/2 무신고,무기장[MAX]		

기준경비율에 의한 추계소득금액계산서 작성

◎ 기준경비율에 의한 추계신고대상자

○ 복식부기기장의무자가 추계로 신고하는 경우
○ 의료업, 수의업, 약국업
○ 간편장부대상자로서 업종별 수입금액이 기준경비율 적용에 의한 추계신고대상자에 해당하는 사업자
○ 당해 연도 신규사업자로서 수입금액이 복식부기 수입금액 이상인 사업자 단, 기준경비율에 의하여 추계신고하는 경우 기준경비율 축소규정(1/2)은 적용하지 않으며, 무기장가산세는 없습니다.

업 종	장부 추계	복식부기 기 장 자 기준경비율 의 2분의 1	간편장부대상자	
			기준경비율 적 용	단순경비율 적 용
가. 농업·임업 및 어업, 광업, 도매 및 소매업(상품중개업 제외), 부동산매매업, 그 밖에 나 목 및 다목에 해당되지 아니하는 사업		3억원 이상	6천만원 이상 3억원 미만	6천만원 미만
나. 제조업, 숙박 및 음식점업, 전기·가스·증기 및 공기조절 공급업, 수도·하수·폐기물처리·원료재생업, 건설업(비주거용 건물 건설업은 제외), 부동산 개발 및 공급업(주거용 건물 개발 및 공급업에 한정), 운수업 및 창고업, 정보통신업, 금융 및 보험업, 상품중개업		1억 5천만원 이상	3천 6백만원 이상 1억 5천만원 이하	3천6백만원 미만
다. 부동산임대업, 부동산업(부동산매매업은 제외), 전문·과학 및 기술서비스업, 사업시설관리·사업지원 및 임대서비스업, 교육서비스업, 보건업 및 사회복지서비스업, 예술·스포츠 및 여가관련 서비스업, 협회 및 단체, 수리 및 기타 개인서비스업, 가구내 고용활동		7천5백만원 이상	2천 4백만원 이상 7천 5백만원 이하	2천4백만원 미만

🔲 기준경비율에 의한 소득금액 계산

● 복식부기기장의무자 (①, ② 중 적은 금액)

① 소득금액 = 수입금액 - 주요경비 - (수입금액 × 기준경비율 × 1/2)
② 소득금액 = 수입금액 - (수입금액 × 단순경비율)] × 배율(3.4배)
○ 2022년 귀속분 배율 : 3.4배

[개정] 2024.12.31.까지 적용기한 연장 (소득세법 시행령 143조 제3항)

◆ 주요경비
1. 매입비용(사업용고정자산의 매입비용 제외)
2. 임차료로서 증빙서류에 의하여 지출하였거나 지출할 금액
3. 종업원의 급여와 임금으로서 증빙서류에 의하여 지급한 금액

> **보 충** 기준경비율 적용시 매입비용의 범위
>
> ① 매입비용은 다음에 정하는 재화의 매입(사업용고정자산의 매입을 제외함)과 외주가공비 및 운송업의 운반비로 합니다
> 1. 재화의 매입은 재산적가치가 있는 유체물(상품·제품·소모품 등 유형적 물건)과 동력· 열등 관리할 수 있는 자연력의 매입으로 합니다.
> 2. 외주가공비는 사업자가 판매용 재화의 생산· 건설· 건축 또는 가공을 타인에게 위탁하거나 하도급하고 그 대가로 지출하였거나 지출할 금액으로 합니다.
> 3. 운송업의 운반비는 운수관련업을 영위하는 사업자가 사업과 관련하여 타인의 운송수단을 이용하고 그 대가로 지출한 금액으로 합니다.
>
> ② 매입비용에 포함되지 않는 용역을 예시하면 다음과 같습니다.
> 1. 음식료 및 숙박료, 창고료(보관료), 통신비
> 2. 보험료, 수수료, 광고선전비(광고선전용 재화의 매입은 매입비용임)
> 3. 수선비(수선 · 수리용 재화의 매입은 매입비용으로 함)
> 4. 사업, 교육 및 개인서비스, 기타 서비스를 제공받고 지급하는 금액 등

● 간편장부대상자 (①, ② 중 적은 금액)

① 소득금액= [수입금액 - (수입금액 × 단순경비율)] × 배율
② 소득금액= 수입금액 - 주요경비 - (수입금액 × 기준경비율)

♣ 경비율 조회 : 홈택스 → 조회/발급 → 기타조회 → 기준(단순)경비율

○ 2022년 귀속분 배율 : 2.8배 [소득세법 시행규칙 제67조]

◆ 주요경비
1. 매입비용(사업용고정자산의 매입비용 제외)
2. 임차료로서 증빙서류에 의하여 지출하였거나 지출할 금액
3. 종업원의 급여와 임금으로서 증빙서류에 의하여 지급한 금액

■ 추계과세 제도 합리화(소득세법 시행령 제68조·제143조)

종 전	현 행
□ 감가상각의 의제* 대상 * 사업자가 감가상각비를 미계상한 경우 감가상각비를 계상한 것으로 의제 ○ 소득세가 면제되거나 감면 받은 경우 <추 가> <단서 신설>	□ 추계과세 시 감가상각 의제 대상 추가 ○ (좌 동) ○ 추계신고·결정·경정한 경우 ○ 다만, 해당 과세기간 수입금액이 복식부기의무자 기준금액 이상인 경우 단순경비율 적용 배제(기준경비율 적용)

<적용시기> (감가상각 의제) 2018.2.13.이 속하는 과세기간 분부터

SECTION 4

복식부기기장자 종합소득세 신고

복식부기기장의무자에 해당하는 경우 다음 내용을 참고하여 종합소득세를 신고할 수 있습니다. 다만, 복식부기기장의무자는 사업자 본인이 복식부기기장을 하는 것이 현실적으로 어려우므로 세무사사무소에 장부기장을 대행하시는 것이 바람직합니다.

복식부기기장의무자

Q 직전년도 수입금액을 기준으로 판단

직전년도 수입금액이 다음 기준금액 이상인 사업자는 복식부기 기장을 하여야 하며, 2022년도분 종합소득세 신고유형(복식부기대상자, 간편장부대상자) 및 추계신고시 기준경비율 또는 단순경비율 적용여부는 2021년도 수입금액을 기준으로 신고유형이 분류됩니다.

예를 들어 도매업의 경우 2021년도 수입금액이 3억원 이상인 경우 2022년도에는 복식부기기장의무자에 해당합니다.

▶ 복식부기기장의무자 [아래 업종별 기준금액 이상인 사업자]

업 종 별	기준금액
가. 농업·임업 및 어업, 광업, 도매 및 소매업(상품중개업 제외), 부동산매매업, 그 밖에 나목 및 다목에 해당되지 아니하는 사업	3억원
나. 제조업, 숙박 및 음식점업, 전기·가스·증기 및 공기조절 공급업, 수도·하수·폐기물처리·원료재생업, 건설업(비주거용 건물 건설업은 제외), 부동산 개발 및 공급업(주거용 건물 개발 및 공급업에 한정), 운수업 및 창고업, 정보통신업, 금융 및 보험업, 상품중개업	1억5천만원
다. 부동산임대업, 부동산업(부동산매매업은 제외), 전문·과학 및 기술서비스업, 사업시설관리·사업지원 및 임대서비스업, 교육서비스업, 보건업 및 사회복지서비스업, 예술·스포츠 및 여가 관련 서비스업, 협회 및 단체, 수리 및 기타 개인서비스업, 가구내 고용활동	7천500만원

□ 소득세법 집행기준 24-51-11 【간이과세자의 총수입금액 계산】
③ 부가가치세 간이과세자가 신용카드매출전표를 발행하거나 다른 사업자로부터 교부받은 세금계산서 등을 제출함으로 인하여 공제받은 부가가치세는 총수입금액에 산입하지 않는다. 다만, 추계결정·경정하는 간이과세자의 경우 신용카드사용에 따른 세액공제를 받은 부가가치세는 총수입금액에 산입한다.

간편장부대상자에서 복식부기의무자로 변경된 경우

① 과세연도 초일(1월 1일)의 재무상태표(자산 = 부채 + 자본)를 작성하여야 하며, 반드시 복식부기에 의하여 기장을 하여야 합니다.
② 세금계산서 합계표이외에 **면세 계산서합계표**를 **다음해 2월 10일**까지 관할 세무서에 제출하여야 하며, 제출하지 않는 경우 가산세(공급가액의 0.5%)가 적용됩니다.

🅠 사업용계좌 신고의무 및 미신고에 세무상 문제

● 개념

개인사업자는 예금 등의 이자소득에 대하여 사업소득에 합산을 하는 것이 아니라 이자소득으로 별도로 과세함으로써 예금의 입출금에 대하여 장부기장을 하지 아니하고 있으며, 이러한 사유로 사업과 관련한 지출에 대한 명확한 근거가 불분명하여 세원관리에 어려움이 있는 사유로 개인사업자의 사업과 관련한 수입 및 지출에 대한 투명성을 제고하기 위하여 특정한 거래에 대하여 사업용계좌를 개설하여 신고하도록 한 제도입니다.

● 사업용계좌개설 대상자 및 사업용계좌 의무사용

복식부기의무자는 사업장별로 해당 과세기간 중 사업용계좌를 사용하여야 할 거래금액, 실제 사용한 금액 및 미사용 금액을 구분하여 기록·관리하여야 하며, 사업용계좌는 사업장별로 사업장 관할세무서장에게 신고하여야 합니다. 단, 1개의 계좌를 2 이상의 사업장에 대한 사업용계좌로 신고할 수 있습니다.

● 사업용계좌를 의무적으로 사용하여야 하는 거래

사업과 관련하여 재화 또는 용역을 공급받거나 공급하는 거래의 경우로서 다음의 어느 하나에 해당하는 경우 사업용계좌를 사용하여야 합니다.

① 거래의 대금을 금융기관을 통하여 결제하거나 결제받는 때

② 인건비 및 임차료를 지급하거나 지급받는 때 다만, 인건비를 지급하거나 지급받는 거래 중에서 다음의 어느 하나에 해당하는 자와 한 거래는 제외합니다.
1. 금융거래와 관련하여 채무불이행 등의 사유로 집중관리 및 활용되는 자
2. 외국인 불법체류자

● 사업용계좌개설 신고기한

복식부기의무자에 해당하는 과세기간의 개시일(사업개시와 동시에 복식부기의무자에 해당되는 경우 **다음 과세기간 개시일**)부터 **6개월 이내**에 사업용계좌를 개설하여 관할 세무서에 신고하여야 합니다.

● 사업용계좌 미개설시 가산세 부과 및 중소기업특별세액공제, 창업중소기업에 대한 감면 배제

복식부기기장의무자가 사업용계좌를 신고하지 않은 경우 중소기업특별세액공제, 창업중소기업에 대한 감면 등을 받을 수 없으며 사업용계좌 미개설 가산세 및 미사용 가산세가 적용됩니다.

① 사업용계좌를 개설·신고하지 아니한 때 : ㉠ 및 ㉡ 중 큰 금액
㉠ 과세기간 중 사업용계좌를 개설·신고하지 아니한 기간의 수입금액의 1천분의 2에 상당하는 금액
㉡ 사업용계좌개설대상 거래금액 합계액의 1천분의 2에 상당하는 금액

② 사업용계좌를 사용하지 아니한 때 : 사업용계좌를 사용하지 아니한 금액의 1천분의 2에 상당하는 금액

🅠 외부조정대상자(세무사 조정대상자)

외부조정대상자란 세무사가 작성한 조정계산서를 첨부하여야 하는 사업자를 말하며, 다음에 해당하는 사업자의 경우 종합소득세 신고시 세무사가 작성한 조정계산서를 첨부하여야 하므로 세무사사무소에 장부기장을 의뢰하여야 합니다. (국세청 고시번호 : 제2009-106호 작성일자 : 2009-10-14)

[1] 직전연도의 수입금액이 별표 업종별 기준수입금액 이상인 사업자

▶ 업종별 기준수입금액 【별표】

업 종 별	기준금액
가. 농업·임업 및 어업, 광업, 도매 및 소매업(상품중개업 제외), 부동산매매업, 그 밖에 나목 및 다목에 해당되지 아니하는 사업	6억원
나. 제조업, 숙박 및 음식점업, 전기·가스·증기 및 공기조절 공급업, 수도·하수·폐기물처리·원료재생업, 건설업(비주거용 건물 건설업은 제외), 부동산 개발 및 공급업(주거용 건물 개발 및 공급업에 한정), 운수업 및 창고업, 정보통신업, 금융 및 보험업, 상품중개업	3억원
다. 부동산임대업, 부동산업(부동산매매업은 제외), 전문·과학 및 기술서비스업, 사업시설관리·사업지원 및 임대서비스업, 교육서비스업, 보건업 및 사회복지서비스업, 예술·스포츠 및 여가 관련 서비스업, 협회 및 단체, 수리 및 기타 개인서비스업, 가구내 고용활동	1.5억원

제1호 내지 제3호의 업종을 겸영하거나 사업장이 2 이상인 경우에는 다음 산식에 의하여 계산한 수입금액에 의합니다.

주업종(수입금액이 가장 큰 업종을 말함)의 수입금액 + 주업종 외의 업종의 수입금액 × (주업종의 기준금액 / 주업종 외의 업종의 기준금액)

[2] 복식부기의무자로서 다음의 하나에 해당하는 사업자

1. 직전연도의 소득에 대한 소득세 과세표준과 세액을 추계결정 또는 추계경정 받은 자

2. 직전 과세연도 중에 사업을 개시한 사업자. 다만, 다음에 해당하는 사업자는 제외한다.

업 종 별	기준금액
가. 농업·임업 및 어업, 광업, 도매 및 소매업(상품중개업 제외), 부동산매매업, 그 밖에 나목 및 다목에 해당되지 아니하는 사업	3억원
나. 제조업, 숙박 및 음식점업, 전기·가스·증기 및 공기조절 공급업, 수도·하수·폐기물처리·원료재생업, 건설업(비주거용 건물 건설업은 제외), 부동산 개발 및 공급업(주거용 건물 개발 및 공급업에 한정), 운수업 및 창고업, 정보통신업, 금융 및 보험업, 상품중개업	1.5억원
다. 부동산임대업, 부동산업(부동산매매업은 제외), 전문·과학 및 기술서비스업, 사업시설관리·사업지원 및 임대서비스업, 교육서비스업, 보건업 및 사회복지서비스업, 예술·스포츠 및 여가 관련 서비스업, 협회 및 단체, 수리 및 기타 개인서비스업, 가구내 고용활동	7천5백만원

3. 조세특례제한법의 규정에 의하여 소득세 과세표준과 세액에 대하여 세액공제, 세액감면 또는 소득공제를 받는 사업자. 다만, 조세특례제한법 제7조(중소기업에 대한 특별세액감면), 제86조(개인연금저축에 대한 소득공제 등), 제86조의2(연금저축에 대한 소득공제 등), 제86조의3(소기업·소상공인 공제부금 소득공제 등), 제104조의5(지급조서에 대한 세액공제), 제104조의8(전자신고에 대한 세액공제)의 규정에 해당하는 경우를 제외한다.

◆ 창업중소기업 등에 대한 세액감면의 경우 외부조정대상자에 해당함
조세특례제한법 제6조에 따른 창업중소기업 등에 대한 세액감면을 받는 경우 외부조정대상자에 해당합니다.

성실사업자, 성실신고확인대상 사업자

◘ 개요

사업자의 경우 보험료, 의료비, 교육비, 주택자금 등으로 지출한 금액에 대하여 세액공제를 받을 수 없습니다만, **성실사업자로서 일정한 요건을 모두 갖춘 사업자** 또는 **성실신고확인대상사업자**로서 종합소득세 확정신고시 성실신고확인서를 제출한 사업자의 한하여 의료비 및 교육비세액공제를 받을 수 있습니다.

◘ 성실사업자 교육비 및 의료비 세액공제

교육비 및 의료비세액공제를 받을 수 있는 성실사업자란 제①항 및 제②항의 조건을 모두 충족하여야 합니다.

① **다음의 요건을 모두 충족하는 성실사업자일 것**(소득세법 제59조의4제9항)
1. 다음 각 목의 어느 하나에 해당하는 사업자일 것
가. 신용카드가맹점 및 현금영수증가맹점으로 모두 가입한 사업자.
나. 전사적(全社的) 기업자원 관리설비 또는「유통산업발전법」에 따라 판매시점정보관리시스템설비를 도입한 사업자 등
2. 복식부기에 의한 장부를 비치·기장하고, 그에 따라 소득금액을 계산하여 신고할 것
3. 사업용계좌를 신고하고, 해당 과세기간에 사업용계좌를 사용하여야 할 금액의 3분의2 이상을 사용할 것
② **다음의 각 호의 요건을 모두 충족할 것**(조특법 제122조의3)
1. 해당 과세기간 개시일 현재 3년 이상 계속하여 사업을 경영할 것

2. 국세의 체납사실, 조세범처벌사실, 세금계산서·계산서 등의 발급 및 수령 의무위반, 소득금액 누락사실 등이 없을 것
3. 해당 과세기간의 수입금액으로 신고한 금액이 직전 3개 과세기간의 연평균수입금액의 100분의 90을 초과할 것. 다만, 사업장의 이전 또는 업종의 변경의 사유로 수입금액이 증가하는 경우는 제외함.

[개정 세법] 2018.1.1. 이후 개시하는 과세기간 분부터 적용
해당 과세기간의 수입금액 > 직전 3년 평균 수입금액 × 50%

▶ **성실사업자 및 성실신고확인대상사업자 표준세액공제**

표준세액공제란 납세자의 산출세액에서 일률적으로 공제하여 주는 세액공제제도로서 사업자의 경우 표준공제세액은 7만원이나 성실사업자 또는 성실신고확인대상사업자로서 의료비. 교육비 세액공제를 신청하지 아니한 경우 표준공제세액은 **12만원**으로 합니다.

성실신고확인제도 및 성실신고확인대상사업자

▶ **성실신고확인제도**

성실신고확인제도란 '성실사업자로서 일정요건을 갖춘 사업자의 의료비 및 교육비공제'와는 별개로 해당 과세기간의 수입금액이 일정규모 이상인 사업자에 대해서 세무사 등에게 장부 기장내용의 정확성 여부를 확인받아 종합소득세 과세표준 확정신고의 특례를 받을 수 있는 제도를 말하며, 이 제도는 개인사업자의 성실신고를 장려하여 과세표준을 양성화하고, 세무조사에 따른 행정력의 낭비를 방지하려는데 그 취지가 있으며, 성실신고확인대상자의 선정기준 및 과세표준확정신고의 특례에 관한 내용은 다음과 같습니다.

▶ 성실신고확인대상사업자

해당 과세기간의 수입금액의 합계액(**신규사업자의 경우 연으로 환산하지 않음**)이 다음의 업종별로 정한 일정 규모 이상의 사업자를 성실신고확인대상사업자라고 하며, 성실신고확인대상사업자는 성실신고확인서를 제출하여야 합니다.

▣ 성실신고확인대상자 [2022년 수입금액이 다음 기준금액 이상인 자]

업 종 별	기준금액
가. 농업·임업 및 어업, 광업, 도매 및 소매업(상품중개업 제외), 부동산매매업, 그 밖에 나목 및 다목에 해당되지 아니하는 사업	15억원
나. 제조업, 숙박 및 음식점업, 전기·가스·증기 및 공기조절 공급업, 수도·하수·폐기물처리·원료재생업, 건설업(비주거용 건물 건설업은 제외), 부동산 개발 및 공급업(주거용 건물 개발 및 공급업에 한정), 운수업 및 창고업, 정보통신업, 금융 및 보험업, 상품중개업	7.5억원
다. 부동산임대업, 부동산업(부동산매매업은 제외), 전문·과학 및 기술서비스업, 사업시설관리·사업지원 및 임대서비스업, 교육서비스업, 보건업 및 사회복지서비스업, 예술·스포츠 및 여가 관련 서비스업, 협회 및 단체, 수리 및 기타 개인서비스업, 가구내 고용활동	5억원

사 례	2개이상 사업장이 있는 경우 성실신고확인대상자 판단

[예 제] A사업장 직전연도 수입금액 : 제조업   800,000,000원
　　　　 B사업장 직전연도 수입금액 : 도매업   200,000,000원
[풀 이] 주업종(제조업)으로 환산한 금액이 12억원으로 성실신고확인대상자에 해당
제조업[8억원] + 도매업[4억원] (2억원 × 15억원 / 7.5억원)

▣ 성실신고확인대상사업자의 종합소득세 신고 및 납부기한 연장

성실신고확인대상사업자가 성실신고확인서를 제출하는 경우에는 종합소득과세표준 확정신고를 그 과세기간의 다음 연도 5월 1일부터 6월 30일까지로 합니다.

[세법 개정] 성실신고확인자 선임신고 제도폐지(소득령 §133)

종 전	개 정
□ 성실신고확인자 선임신고서 제출 ○ 성실신고확인자를 선임하고 해당 과세기간 다음 연도 4.30까지 신고하여야 함	□ 선임신고서 제출 폐지 <삭 제>

<적용시기> 2020.2.11. 이후 성실신고 확인하는 분부터 적용

▶ **성실신고확인서 제출 및 성실신고확인서를 제출하지 않은 경우**
1) 성실신고확인대상사업자는 종합소득세 신고기한이 연장된 6월 30일까지 종합소득세신고에 첨부하여 제출하여야 합니다.
2) 성실신고확인서를 6월 30일까지 제출하지 않는 경우 종합소득세 신고 및 납부기한은 5월 31일까지로 하며, 성실신고확인대상사업자가 성실신고확인대상 과세기간의 다음연도 5월 31일까지 종합소득세 신고는 하였으나 6월 30일까지 성실신고확인서를 관할 세무서장에게 제출하지 아니한 경우 사업소득금액이 종합소득금액에서 차지하는 비율을 종합소득산출세액에 곱하여 계산한 금액의 100분의 5를 가산세로 부담하여야 합니다. 단, 성실신고확인대상사업자가 6월 1일 이후 6월 30일까지 종합소득세를 신고하는 경우로서 성실신고확인서를 관할 세무서장에게 제출하지 아니한 경우에는 무신고로 보며, 이 경우 기한 후 신고에 해당하는 것으로 무신고가산세가 성실신고확인서 미제출가산세 중 큰 금액에 해당하는 가산세를 부담하여야 합니다.

[개정 세법] 2018.1.1. 이후 개시하는 과세기간 분부터 성실신고확인서 미제출 가산세 별도 적용(국세기본법 제47조의2 제6항)
▶ 추계신고자 등에 대한 성실신고확인서 미제출 가산세 별도 적용
○ Max{①, ②} + ③
① 무신고 가산세, ② 무기장 가산세, ③ 성실신고확인서 미제출 가산세

▶ **성실신고 확인비용에 대한 세액공제[조특법 제126조의6]**

1) 성실신고확인대상사업자이 성실신고확인서를 제출(둘 이상의 업종을 영위하는 소득세법 제70조의2제1항에 따른 성실신고확인대상사업자가 일부 업종에 대해서만 성실신고확인서를 제출한 경우를 포함)하는 경우에는 성실신고확인에 직접 사용한 비용의 100분의 60에 해당하는 금액을 해당 과세연도의 소득세[사업소득(부동산임대업에서 발생하는 소득 포함)]에서 공제를 받을 수 있습니다. 다만, 공제세액의 한도는 120만원으로 합니다.

2) 성실신고확인비용에 대한 세액공제는 농어촌특별세 비과세 대상으로 농어촌특별세 납부대상이 아닙니다.

[개정 세법] 성실신고확인대상자의 납세협력비용 경감

종 전	개 정
☐ 2 이상의 사업장 보유자에 대한 성실신고확인비용 세액공제* 적용 　* 성실신고확인에 직접 사용한 비용의 60% 세액공제 (한도100만원)	☐ 적용범위 확대 성실신고확인에 직접 사용한 비용의 60% 세액공제(한도 120만원)
○ 모든 사업장에 대해 성실신고확인을 받은 경우에만 세액공제 적용	○ 일부 사업장만 성실신고 확인을 받은 경우에도 세액공제 적용

<적용시기> 2018.1.1. 이후 개시하는 과세기간 분부터 적용

▶ **의료비세액공제, 교육비 세액공제 [조특법 제122조의3]**

1) 성실신고확인대상사업자로서 성실신고확인서를 제출한 자가 「소득세법」 제59조의4제2항과 제3항에 따른 의료비 및 교육비를 2023년 12월 31일이 속하는 과세연도까지 지출한 경우 그 지출한 금액의 100분의 15에 해당하는 금액을 해당 과세연도의 소득세에서 공제받을 수 있습니다.

2) 성실사업자 중 일정요건을 충족하는 자 또는 성실신고확인대상자가 교육비, 의료비, 대하여 세액공제를 적용받은 경우 또는 월세에 대한 소득공제를 받은 경우 감면받은 세액상당액의 20%를 농어촌특별세를 납부하여야 합니다.

성실신고확인대상 관련 유의 사항

▶ 성실신고확인대상 판단기준 수입금액의 의미

성실신고확인대상인지 판단의 기준이 되는 수입금액은 소득세법상 수입금액을 의미하는 것이므로, 일반적인 수입금액 뿐만 아니라 간주임대료, 판매장려금, 신용카드세액공제액 등을 포함하여야 합니다.

[개정 세법] 2020.2.11. 이후 성실신고확인서를 제출하는 분부터 수입금액에 사업용 유형자산 처분에 따른 수입금액은 제외함

▶ 공동사업장의 성실신고확인 대상 여부

공동사업장은 1 거주자로 보아 해당 사업장의 수입금액에 의해 확인여부를 판단하는 것이며, 구성원이 동일한 공동사업장이 2 이상인 경우 공동사업장 전체의 수입금액 합계액을 기준으로 대상 여부를 판단하여야 합니다.

▶ 단독사업장과 공동사업장이 있는 경우 성실신고확인대상

단독사업장과 공동사업장이 있는 경우 공동사업장은 공동사업장의 수입금액만으로 성실신고확인대상자 여부를 판단하여야 하며, 단독사업장은 단독사업장의 수입금액만을 기준으로 성실신고확인대상자 여부를 판단하되, 단독사업장이 여러 개인 경우 단독사업장 전체 수입금액을 기준으로 판단하여야 합니다.

사업소득금액 및 종합소득금액 확정

◎ 사업과 관련한 거래 복식부기 장부 기장

01 거래 발생
02 분개
03 총계정원장 작성
04 총계정원장 마감
    수익 및 비용 계정 집계 및 자산 및 부채 계정 잔액 마감
05 수정 전 합계잔액시산표 작성
06 결산 및 결산 분개
    매출원가, 감가상각비, 대손상각비, 선급비용 등 계상
07 수정 후 합계잔액시산표 작성
08 재무상태표, 손익계산서 작성
    단, 제조업, 건설업은 원가명세서 추가 작성

■ 거래의 기록과 장부 및 재무제표 작성 과정

■ 장부작성 및 복식부기 회계, 계정과목, 결산과정

복식부기기장은 전문직인 회계교육을 받아야만, 기장을 할 수 있으므로 이에 대한 자세한 내용은 경영정보사 홈페이지에 한글 및 PDF파일을 올려 두었습니다.

총수입금액 확정

총수입금액이란 해당 과세기간에 사업과 관련하여 수입하였거나 수입할 금액의 합계액으로 합니다.

보 충   총수입금액에 포함하여야 하는 수익

- 손익계산서 매출금액 및 영업외수익 포함
- 정부무상보조금 (고용노동부지원금, 환경개선자금 등)
- 두루누리 지원금, 일자리안정자금 지원금
- 다단계판매수입
- 본사로부터 금전으로 지급받은 판매장려금 [도, 소매업]
- 과세사업자인 경우 총수입금액에 포함하여야 하는 금액
- 신용카드매출전표발행세액공제 [소매, 음식·숙박업]
- 부가가치세 전자신고세액공제 20,000원(확정신고시 10,000원)
- [개정 세법] 2018년 이후 복식부기의무자의 사업용 유형 고정자산 (부동산 제외) 처분소득은 사업소득에 포함 단, 건설기계(2018.1.1. 이후 취득한 경우)는 2020.1.1. 이후 양도분부터 포함

보 충   총수입금액에 포함하지 않는 수익

- 소득세 또는 지방소득세 환급액
- 소득세 전자신고세액공제금액 (20,000원)

◆ 예금등의 이자수익은 사업소득 총수입금액에 포함하지 않음

이자소득과 배당소득을 합하여 연간 2천만원을 이하인 경우에는 해당 소득을 지급받을 시 원천징수된 이자소득세(14%. 지방소득세 1.4% 별도) 또는 배당소득세로 납세의무가 종결되는 것이며, 2천만원을 초과하는 경우에는 사업소득과는 별도로 종합소득에 합산하므로 이자수익은 사업과 관련한 총수입금액에 포함하지 않습니다.

🔲 필요경비 및 필요경비 불산입

⚫ 사업소득 필요경비

사업소득금액을 계산할 때 필요경비에 산입할 금액은 해당 과세기간의 총수입금액에 대응하는 비용으로서 일반적으로 용인되는 통상적인 것의 합계액으로 합니다.

◆ 사업소득금액(수입금액 + 필요경비불산입액 - 필요경비)
사업소득금액은 총수입금액에서 필요경비를 차감한 금액으로 계상을 하며, 필요경비불산입금액은 총수입금액에 합산하여야 합니다.

⚫ 필요경비 불산입

일반적인 경우 사업과 관련한 비용은 필요경비에 해당합니다만, 가사와 관련한 비용 및 조세정책 목적에 의하여 사업자가 사업과 관련한 경비로 지출하였음에도 다음의 경우 필요경비로 인정하지 않는 경우가 있으며, 이러한 경비는 필요경비에 산입할 수 없습니다.
[소득세법 제33조]

1. 소득세 및 개인지방소득세
2. 벌금·과료와 과태료
3. 조세에 관한 법률에 따른 가산금과 납부의무 불이행으로 인하여 납부하는 가산세 등
4. 가사(家事)의 경비와 이에 관련되는 경비
5. 사업용 자산의 합계액이 부채의 합계액에 미달하는 경우(자본이 마이너스인 경우)에 그 미달하는 금액에 상당하는 부채의 지급이자

6. 각 과세기간에 계상한 감가상각자산의 감가상각비로서 소득세법의 규정에 의한 감가상각비 한도를 초과하는 금액
7. 자산의 평가차손. 다만, 파손·부패 등으로 정상가격에 판매할 수 없는 재고자산의 평가차손은 필요경비에 산입할 수 있습니다.
8. 부가가치세의 매입세액. 다만, 매입세액이 불공제되는 세액과 간이과세자가 부담한 매입세액은 필요경비에 산입할 수 있습니다. (승용차 등 자산의 취득과 관련한 매입세액 불공제금액은 해당 자산의 취득가액에 포함)
9. 차입금 중 건설자금에 충당한 금액의 이자(사업용 유형자산 및 무형자산의 매입·제작·건설에 소요된 차입금에 대한 지급이자로서 준공일 또는 대금청산일까지의 이자)
10. 법령에 따라 의무적으로 납부하는 것이 아닌 공과금이나 법령에 따른 의무의 불이행 또는 금지·제한 등의 위반에 대한 제재로서 부과되는 공과금
11. 각 과세기간에 지출한 경비 중 업무와 관련이 없는 금액
12. 선급비용(보험료 등을 지급하였으나 그 효익이 다음연도 이후의 기간에 해당하는 비용)

◆ 개인사업자 대표자 급여

개인사업자의 경우 대표자는 해당 사업에서 발생한 사업소득(총수입금액 - 필요경비)이 대표자 소득이 되는 것으로서 급여지급대상자가 아니며, 급여를 지급한 것으로 장부에서 비용처리를 한 경우 필요경비불산입하여야 합니다. 단, 지급시 인출금으로 처리하여 자본금의 반환으로 처리할 수 있습니다.

◆ 인출금

개인기업은 자본금의 입금 및 출금이 자유로우며 언제든지 자본금을 인출할 수 있고, 또 회수할 수 있습니다.

따라서 개인기업 대표자가 회사자금을 개인용도로 인출하는 것은 전부 인출금으로 처리하며, 반대로 대표자가 회사에 금전 등을 입금한 경우에는 인출금을 회수한 것으로 처리한 후 결산시 자본금과 대체처리합니다.

● 접대비 한도초과액 필요경비불산입

[1] 개요
접대비란 접대비 및 교제비.사례금 기타 명목여하에 불문하고 이에 유사한 성질의 비용으로서 사업자의 업무와 관련하여 이해관계자인 거래처등에게 지출한 금전을 말합니다.

한편, 사업자가 지출하는 접대비를 과세당국이 제한없이 인정을 한다면, 납세자는 조세회피 수단으로 사용할 수 있고, 사회적으로는 불건전한 향락문화를 조성할 수 있는 폐단이 있으므로 정부는 사업자의 접대비 지출액 중 일정 한도액을 초과하는 금액은 필요경비로 인정하지 않습니다. 따라서 사업자가 필요경비로 계상한 접대비 중 한도액을 초과하는 금액은 세무조정에서 필요경비불산입하여야 합니다.

[2] 접대비 지출액의 정규영수증 수취 및 한도액
접대비 지출의 경우 반드시 정규영수증(세금계산서, 계산서, 현금영수증 또는 신용카드)을 수취하여 합니다. 단, 다음의 경우에는 정규영수증 수취의무가 없습니다.

◆ 접대비지출액 중 정규영수증을 수취하지 않아도 되는 경우
① 사업자가 생산한 제품 등으로 제공한 접대비
② 매출채권 임의포기금액
③ 거래처 경조사비로 20만원 이하의 금액

④ 농·어민으로부터 직접 재화를 공급받는 경우의 지출 금융회사등을 통하여 송금하고, 종합소득세 신고시 영수증수취명세서를 제출한 경우

[세법 개정] 적격증빙 없는 소액접대비 기준금액 인상(소득령 §83)
적격증빙이 없더라도 손금불산입하지 않는 소액접대비 기준금액
(종전) 경조금외 1만원 → (개정) 3만원
<적용시기> 2021.1.1. 이후 지출하는 분부터 적용

▶ 접대비, 기부금, 광고선전비 구분

종 류	구 분 기 준	
기 부 금	업무와 관련 없는 지출	
접 대 비	업무와 관련 있는 지출	특정고객을 위한 지출
광고선전비		불특정 다수인을 위한 지출

[개정 세법] 중소기업 접대비 한도액 상향조정 (소득세법 § 35)

종 전	개 정
□ 접대비 한도액 1 + 2 1. 기본한도 1200만원 　(중소기업 2400만원) 2. 수입금액별 한도액	□ 접대비 한도액 1 + 2 1. 기본한도 1200만원 　(중소기업 3600만원) 2. 수입금액별 한도액

수입금액	적 용 률	수입금액	적 용 률
100억원 이하	1만분의 20	100억원 이하	1만분의 30
100억원 초과 500억원 이하	2천만원 + (100억원을 초과하는 금액의 1만분의 10)	100억원 초과 500억원 이하	3천만원 + [(수입금액 - 100억원) × 1만분의 20]
500억원 초과	6천만원 + (500억원을 초과하는 금액의 1만분의 3)	500억원 초과	1억1천만원 + [(수입금액 - 500억원) × 1만분의 3]

<적용시기> 2020.1.1. 이후 개시하는 사업연도(과세기간) 분부터 적용

◆ 접대비 한도액의 계산시 중소기업의 범위
소비성서비스업을 제외한 모든 업종 (「중소기업기본법 시행령」 별표 1)

● 기부금 한도초과액 필요경비불산입

[1] 개요

기부금이라 함은 사업자가 그 사업과 직접 관계가 없이 무상으로 지출하는 금전 또는 물품의 가액을 말하며, 사업자가 지출하는 기부금은 소득금액의 100% 한도 내에서 필요경비로 인정되는 법정기부금과 소득금액의 30% 또는 10% 한도(종교단체 기부금) 내에서 필요경비로 인정되는 지정기부금 및 기타 손금에 산입하지 않는 비지정기부금으로 구분하며, 법정기부금, 지정기부금 중 손금산입범위액을 초과하는 금액과 비지정기부금은 필요경비에 산입할 수 없습니다.
[소득세법 제34조]

[2] 기부금 한도액

(1) 법정기부금 및 법정기부금 한도액
사업자가 해당 과세기간에 지출한 기부금 및 이월된 기부금 중 제1호에 따른 기부금(법정기부금)은 제2호에 따라 산출한 필요경비 산입한도액 내에서 해당 과세기간의 사업소득금액을 계산할 때 필요경비에 산입하고, 필요경비 산입한도액을 초과하는 금액은 필요경비에 산입하지 아니합니다.

1. 다음 각 목의 어느 하나에 해당하는 기부금
가. 「법인세법」 제24조제2항제1호에 따른 기부금
나. 특별재난지역을 복구하기 위하여 자원봉사를 한 경우 그 용역의 가액.

2. 필요경비 산입한도액: 다음 계산식에 따라 계산한 금액
필요경비 산입한도액 = A - B
A: 기준소득금액(기부금을 필요경비에 산입하기 전의 해당 과세기간의 소득금액)
B: 이월결손금

■ 지정기부금 단체 조회
홈택스 좌측 → 세금종류별 서비스 → 공익법인결산서류공시 → 기부금단체 간편조회

(2) 지정기부금 및 지정기부금 한도액
사업자가 해당 과세기간에 지출한 기부금 및 이월된 기부금 중 제1호에 따른 기부금은 제2호에 따라 산출한 필요경비 산입한도액 내에서 해당 과세기간의 사업소득금액을 계산할 때 필요경비에 산입하고, 필요경비 산입한도액을 초과하는 금액은 필요경비에 산입하지 아니합니다.

1. 사회복지·문화·예술·교육·종교·자선·학술 등 공익성을 고려하여 소득세법 시행령 제80조에서 정하는 기부금

2. 필요경비 산입한도액: 다음 각 목의 구분에 따라 계산한 금액

가. 종교단체에 기부한 금액이 있는 경우
필요경비 산입한도액 = [{A - (B + C)} × 100분의 10] + [{A - (B + C)} × 100분의 20과 종교단체 외에 기부한 금액 중 적은 금액]
A: 기준소득금액
B: 법정기부금
C: 이월결손금

나. 종교단체에 기부한 금액이 없는 경우
필요경비 산입한도액 = [A - (B + C)] × 100분의 30
A: 기준소득금액
B: 법정기부금
C: 이월결손금

예제 종교 기부금이 많은 경우 필요경비로 계산할 수 있는 기부금액

- 총수입금액　　　　　　　　　280,000,000원
- 필요경비　　　　　　　　　　248,000,000원
- 기준소득금액　　　　　　　　 32,000,000원
  기준소득금액은 기부금을 필요경비로 산입하기 전 금액입니다.
- 교회 기부금　　　　　　　　　 5,000,000원
- 필요경비 기부금　　　　　　　 3,200,000원 (기준소득금액 × 10%)
- 기부금 공제후 소득금액　　　　28,800,000원

◆ 추계로 종합소득세 신고를 하는 경우 기부금 필요경비
(소득, 소득46011-2260 , 1998.08.11.)
거주자의 소득금액을 장부·증빙에 의하여 산정하는 경우에는 소득세법 제34조의 규정에 의하여 당해 연도에 지출한 기부금을 필요경비에 산입할 수 있는 것이나, 수입금액에 표준소득률을 곱하여 소득금액을 계산하는 때에는 필요경비에 산입할 수 없는 것입니다.

결손금 및 결손금 공제

① 사업소득금액은 해당 과세기간의 총수입금액에서 이에 사용된 필요경비를 공제한 금액으로 하며, 필요경비가 총수입금액을 초과하는 경우 그 초과하는 금액을 결손금이라 합니다.

② 사업자가 비치·기록한 장부에 의하여 해당 과세기간의 사업소득금액을 계산할 때 발생한 결손금은 그 과세기간의 종합소득과세표준을 계산할 때 근로소득금액·연금소득금액·기타소득금액·이자소득금액·배당소득금액에서 순서대로 공제를 합니다.

③ 부동산임대업에서 발생한 결손금은 종합소득 과세표준을 계산할 때 공제를 받을 수 없습니다. **(주거용 건물 임대업은 공제)**

④ 당해연도에 공제를 받지 못한 결손금은 이월하여 공제를 받을 수 있으며, 결손금이 발생한 과세기간의 종료일부터 10년 이내에 끝나는 과세기간의 소득금액을 계산할 때 먼저 발생한 과세기간의 이월결손금부터 순서대로 다음 각 호의 구분에 따라 공제를 받을 수 있습니다.
1. 이월결손금은 사업소득금액, 근로소득금액, 연금소득금액, 기타소득금액, 이자소득금액 및 배당소득금액에서 순서대로 공제함
2. 부동산임대업에서 발생한 이월결손금은 부동산임대업의 소득금액에서 공제함

[세법 개정] 결손금 이월공제기간 확대(소득세법 §45)
[종전] 공제기간 10년 → [개정] 공제기산 15년
<적용시기> 2020.1.1. 이후 개시한 과세기간에 발생한 결손금부터 적용

⑤ 해당 과세기간의 소득금액에 대해서 추계신고를 하는 경우 이월결손금 공제를 받을 수 없습니다.

◘ 종합소득금액 및 산출세액 확정

▶ 종합소득금액
사업소득금액과 사업소득외 종합소득합산대상 소득금액을 합산한 후 이월결손금을 차감한 후의 소득을 종합소득금액이라고 합니다.

▶ 과세표준

종합소득금액에서 각종 소득공제(인적공제 + 기타공제)를 공제한 금액을 과세표준이라고 합니다.

▶ 산출세액

과세표준에 소득세 기본세율을 곱한 금액이 산출세액이 됩니다.

♣ 소득공제, 과세표준, 산출세액, 세액공제 및 감면 → 해당 장 참조

01	사업소득명세서
	근로소득·연금소득·기타소득명세서
02	종합소득금액 및 결손금·이월결손금공제명세서
	이월결손금명세서
03	소득공제명세서
04	기부금명세서
05	종합소득세과세표준확정신고서
06	세액감면 및 세액공제명세서
07	세액공제신청서
	고용증대세액공제
	중소기업 고용증가 사회보험료 세액공제
08	세액감면신청서

SECTION 05
소득공제, 과세표준 산출세액, 세액공제

개인사업자의 경우 사업과 관련한 수익(총수입금액)에서 비용(필요경비)을 차감한 금액을 소득금액이라고 합니다. 소득금액에서 사업자 개인별로 부양가족 등을 고려하여 공제하여 주는 소득공제를 차감한 금액을 과세표준으로 하여 과세표준에 세율을 곱하여 세액을 산출하고, 산출세액에서 다시 공제감면세액등을 차감한 금액을 종합소득세로 신고 및 납부하며, 그 내용은 다음과 같습니다.

소득공제

구 분	계 산 방 법
소득금액	총수입금액 - 필요경비
이월결손금	소득별 소득금액 - 이월결손금
과세표준	종합소득금액 - 소득공제

사업소득금액에서 공제되는 인적공제

● 기본공제

구 분	공제한도	공제요건
본 인 공 제	150만원	모든 사업자
배 우 자 공 제	150만원	연간 소득금액이 100만원 이하인 배우자
부양가족공제	150만원 (1인당)	연간 소득금액이 100만원 이하인 부양가족으로 아래의 연령조건을 충족하는 자 부모 등 직계존속 : 60세 이상 자녀 등 직계비속 : 20세 이하 형제자매 : 60세 이상, 20세 이하 단, 형제자매는 주민등록이 같이 되어 있어야 함

▶ 직계존속의 경우 주민등록이 달리 되어 있더라도 근로자의 다른 형제자매가 근로소득세(근로자) 또는 종합소득세(사업자) 신고시 부양가족공제를 받지 않는 경우 부양가족 공제가 가능합니다.

● 추가공제

구 분	공제한도	공제요건
경 로 우 대	100만원	공제대상 부양가족 중 만70세 이상인 자
장 애 인 공 제	200만원	기본공제대상자인 경우 연령에 제한 없이 추가공제를 받을 수 있습니다. 단, 소득금액이 100만원을 초과하는 경우에는 공제대상에서 제외합니다.
한 부 모 공 제	100만원	배우자가 없는 사람으로서 기본공제대상자인 직계비속 또는 입양자가 있는 경우
부 녀 자 공 제	50만원	● 종합소득금액 3천만원 이하의 남편이 있는 여성 (남편의 소득이 있는 경우에도 공제됨) ● 종합소득금액 3천만원 이하의 배우자가 없는 여성으로서 부양가족이 있는 세대주

● 인적공제대상자의 소득금액과 공제대상 여부

기본공제대상자의 연간소득금액이 100만원을 초과하는 경우 배우자공제 및 부양가족공제 뿐만 아니라 추가공제도 받을 수 없습니다.

연간소득금액이란 종합(이자·배당·사업·근로·연금·기타소득금액)·퇴직·양도소득금액의 연간 합계액을 말합니다.

소 득 종 류	100만원 이하 소득금액 계산
근 로 소 득 자	연간근로소득의 합계금액이 5백만원 이하인 경우
일용직근로자	공제대상 부양가족이 일용근로자인 경우 소득액에 관계없이 기본공제대상자에 해당됩니다.
사업자 및 사업소득재(인적용역 사 업 자 등)	부양가족의 사업수입금액에 매 년 고시되는 단순경비율 적용하여 소득금액이 100만원 이하인 경우 부양가족공제를 받을 수 있으며, 이하 다른 소득의 경우에도 동일하게 적용합니다.
기 타 소 득 자	기타소득에 해당하는 강의료, 원고료, 인세 등을 받는 기타소득자인 경우 수입금액에서 60%의 필요경비를 차감한 금액으로 연간 기타소득금액(기타소득 - 필요경비)이 100만원 이하인 자 [기타소득 250만원 이하] 단, 기타소득의 60%를 필요경비로 인정받을 수 있는 기타소득(소득세법 시행령 제87조)이 아닌 경우 실제 발생한 필요경비를 공제한 후의 금액을 기준으로 합니다.
퇴 직 소 득 자	퇴직금총액을 소득금액으로 봅니다. 따라서 퇴직금총액이 100만원을 초과하는 경우 부양가족공제대상이 아닙니다.
이자, 배당 소 득 자	이자 및 배당소득의 합계액이 연간 2,000만원 이하인 경우로서 다른 소득이 없는 경우 기본공제대상자에 해당합니다.
연 금 소 득 자	분리과세되는 사적연금소득(총연금액이 연1,200만원 이하)과 공적연금 중 2001.12.31 이전 불입액을 기초로 수령하는 연금은 비과세소득이므로 연간소득금액 100만원에 포함되지 않습니다. (연금지급기관에 문의)
양 도 소 득 자	양도소득금액(양도가액 - 필요경비- 장기보유특별공제액)이 100만원을 초과하는 경우 부양가족공제대상이 아닙니다.

사업소득금액에서 공제되는 기타 소득공제

● 국민연금 소득공제

사업주 본인이 납부한 국민연금보험료 전액을 소득공제 받을 수 있습니다.

● 소기업·소상공인 공제부금 소득공제(노란우산공제)

거주자가 소기업·소상공인공제(노란우산 등)에 가입하여 납부하는 공제부금 중 500만원 이내의 금액을 종합소득금액에서 공제받을 수 있으며, 연금저축소득공제와 별도로 공제를 받을 수 있습니다.

▶ (공제한도) 소득수준별 차등공제

사업(근로)소득금액	공제한도
4천만원 이하	500만원
4천만원~1억원	300만원
1억원 초과	200만원

▶ 공제대상 소기업·소상공인의 범위

업 종	매출액
제조업(의료용 물질·의약품 등 15개) 전기·가스·수도사업	120억원 이하
제조업(펄프·종이·종이제품 등 9개), 광업, 건설업, 운수업 농업, 임업, 및 어업, 금융, 보험업	80억원 이하
출판·영상·정보서비스, 도·소매업	50억원 이하
전문·과학·기술서비스, 사업서비스, 하수·폐기물처리업, 예술·스포츠·여가서비스, 부동산임대업	30억원 이하
보건,사회복지플러스, 개인서비스업, 교육서비스업, 숙박·음식점업	10억원 이하

[개정 세법] 소기업·소상공인 공제부금 소득공제(노란우산공제) 합리화 (조세특례제한법 제86조의3 제1항)

종 전	개 정
☐ 소기업·소상공인 공제부금 납부액 소득공제 ○ (공제대상) 사업소득금액* * '15년 이전 가입자는 종합소득금액, '16년 이후 가입한 총급여액 7천만원 이하 법인 대표자는 근로소득금액 ○ (공제한도)소득수준별 차등 | 사업(근로)소득금액	공제한도
4천만원 이하	500만원
4천만원~1억원	300만원
1억원 초과	200만원 | ○ (공제금액) - 공제한도 내의 부금 납부액	☐ 부동산임대업 소득공제 배제 ○ (공제대상)부동산임대업 소득금액 제외 ○ (공제한도) 좌 동 ○ (공제금액) - 공제한도 내의 부금 납부액 × $\left(1 - \dfrac{\text{부동산임대업 소득금액}}{\text{사업소득금액}^*}\right)$ * '16년 이후 가입한 총급여액 7천만원 이하 법인 대표자는 근로소득금액

<적용시기> 2019.1.1. 이후 소기업·소상공인 공제에 가입하는 경우부터 적용

종합소득세 과세표준 및 세율과 산출세액

소득금액에서 이월결손금 공제 후의 종합소득금액에서 소득공제를 공제한 금액을 과세표준(세금을 부과하는 기준이 되는 금액)이라 하며, 아래 세율을 곱한 금액이 산출세액입니다.

과세표준 = 소득금액 - 이월결손금 - 소득공제
산출세액 = 과세표준 × 기본세율

[세법 개정] 소득세 과세표준 구간 조정(소득법 §55 ①)

현 행		개 정	
□ 소득세 과세표준 및 세율		□ 과세표준 조정	
과 세 표 준	세율	과 세 표 준	세율
1,200만원 이하	6%	1,400만원 이하	6%
1,200만원 4,600만원 이하	15%	1,400만원 5,000만원 이하	15%
4,600만원 8,800만원 이하	24%	5,000만원 8,800만원 이하	24%
8,800만원 1.5억원 이하	35%	8,800만원 1.5억원 이하	35%
1.5억원 3억원 이하	38%	1.5억원 3억원 이하	38%
3억원 5억원 이하	40%	3억원 5억원 이하	40%
5억원 10억원 이하	42%	5억원 10억원 이하	42%
10억원 초과	45%	10억원 초과	45%

<적용시기> '23.1.1. 이후 발생하는 소득 분부터 적용

세액공제

ⓠ 자녀세액공제 및 출산·입양 세액공제

▶ 자녀세액공제

기본공제대상자에 해당하는 7세 이상 자녀에 대해서는 다음 각 호의 구분에 따른 금액을 종합소득산출세액에서 공제합니다.

1. 1명인 경우: 연 15만원
2. 2명인 경우: 연 30만원
3. 3명 이상인 경우: 연 30만원과 2명을 초과하는 1명당 연 30만원을 합한 금액

[개정 세법] 자녀세액공제 대상 연령조정(소득법 §59의2①)
(현행) 만 7세 이상
(개정) 만 8세 이상
※ '22.1월 부터 아동수당 지급연령이 만 6세이하 → 만 7세이하로 확대되는 점을 감안
<적용시기> '23.1.1. 이후 발생하는 소득 분부터 적용

▶ 출산 또는 입양자녀 세액공제

해당 과세기간에 출산하거나 입양 신고한 공제대상자녀가 있는 경우 다음의 구분에 따른 금액을 종합소득산출세액에서 공제합니다.
1. 출산하거나 입양 신고한 공제대상자녀가 첫째인 경우: 연 30만원
2. 출산하거나 입양 신고한 공제대상자녀가 둘째인 경우: 연 50만원
3. 출산·입양 신고한 공제대상자녀가 셋째 이상인 경우: 연 70만원

연금계좌세액공제 [소득세법 제59조의3 ①]

[1] 세제적격 연금저축

세제적격 연금저축이란 사업자 또는 근로자의 소득에서 소득공제를 받을 수 있는 연금저축을 말하며, 소득이 있는 거주자가 연금계좌(소득공제를 받을 수 있는 연금저축)에 납입한 연금저축으로 5년 이상 불입하고, 만55세 이후에 연금형태로 지급받을 수 있는 연금저축을 말합니다.

단, 세제적격 연금저축은 소득공제를 받을 수 있는 반면, 연금 수령 시 보험차익을 연금소득세로 징수하고 있습니다.

종합소득이 있는 자가 연금계좌에 납입한 금액[공제한도액 **연400만원 (종합소득금액 1억원 초과자 300만원)**]이 있는 경우 **해당 금액의 100분의 15** [종합소득금액이 4천만원을 초과하는 자 : 100분의 12]를 곱한 금액을 산출세액에서 공제합니다. [소득세법 제59조의3]

▶ 세액공제대상 퇴직연금 납입한도 확대

2015.1.1. 이후 납입하는 분부터 연금계좌세액공제 한도와는 별도로 근로자 개인이 퇴직연금에 납입하는 금액에 대하여 연 300만원을 한도로 추가공제가 가능합니다.

[2] 세제비적격 연금저축

세제비적격 연금보험이란 소득공제 요건을 충족하지 못하는 연금저축으로 보험차익에 대하여는 이자소득세(보험차익의 14%) 및 이자소득세(이자소득세의 14%)가 과세되나 연금을 수령하는 시점에서는 연금소득세가 과세되지 않습니다.

[개정 세법] 연금계좌 세제혜택 확대 (소득법 §59의3, §64의4 신설, 소득령 §40의2)

현 행	개 정
□ 연금계좌 세액공제 대상 납입한도 ㅇ 연금저축 + 퇴직연금	□ 세액공제 대상 납입한도 확대 및 종합소득금액 기준 합리화 ㅇ 연금저축 + 퇴직연금

현행:

총급여액 (종합소득금액)	세액공제 대상 납입한도 (연금저축 납입한도)		세액 공제율
	50세미만	50세이상	
5,500만원 이하 (4,000만원)	700만원 (400만원)	900만원* (600만원*)	15%
1.2억원 이하 (1억원)			
1.2억원 초과 (1억원)	700만원 (300만원)		12%

* '22.12.31.까지 적용

개정:

총급여액 (종합소득금액)	세액공제 대상 납입한도(연금저축 납입한도)	세액공제율
5,500만원 이하 (4,500만원)	900만원 (600만원)	15%
5,500만원 초과 (4,500만원)		12%

현 행	개 정

□ 연금계좌 납입한도
ㅇ 연금저축 + 퇴직연금
: 연간 1,800만원
ㅇ 추가납입 가능
  - ISA계좌* 만기 시 전환금액
    * 개인종합자산관리계좌
<추 가>
	□ 연금계좌 추가납입 확대
	ㅇ (좌 동)
	
	ㅇ 추가납입 항목 신설
	  - (좌 동)
	
	- 1주택 고령가구*가 가격이 더 낮은 주택으로 이사한 경우 그 차액(1억원 한도)
	  * 부부 중 1인 60세 이상

□ 연금계좌에서 연금수령 시 과세방법
 ○ 1,200만원 이하 : 저율·분리과세* 또는 종합과세
  * (55세~69세) 5%
   (70~79세) 4%
   (80세~) 3%
   (종신수령) 4%
 	
 ○ 1,200만원 초과 : 종합과세
	□ 연금소득 1,200만원 초과 시에도 분리과세 선택 가능
	 ○ (좌 동)
	
	 ○ 종합과세 또는 15% 분리과세

<적용시기> (공제 대상 납입한도) '23.1.1. 이후 납입하는 분부터 적용
(추가납입) '23.1.1. 이후 주택을 양도하는 분부터 적용
(연금수령 시 분리과세 선택) '23.1.1. 이후 연금수령하는 분부터 적용

표준세액공제

근로소득이 없는 거주자로서 종합소득이 있는 경우 **연 7만원(성실사업자 12만원)**을 종합소득산출세액에서 공제를 받을 수 있습니다.

▶ 세액공제 요약표

세액공제종류	세액공제 대상금액 및 세액공제액		
자녀세액공제	▶ 자녀세액공제 자녀 1명 : 연 15만원, 자녀 2명 : 연 30만원 자녀 3명 이상 : 30만원 + 2명 초과 1명당 연 30만원 ▶ 출산·입양 자녀 1명당 연 30만원 추가공제		
연금계좌 세액공제	거주자가 저축 납입계약기간 만료 후 연금 형태로 지급을 받는 연금저축에 가입한 경우에는 해당 연도의 저축 납입액과 400만원 중 적은 금액에 100분의 12를 곱한 금액을 해당 연도의 산출세액에서 공제합니다. 단, 개인연금저축에 대한 소득공제금액은 세액공제대상이 아니므로 한도내의 금액에 대하여 소득공제를 받아야 합니다.		
	구 분	개인연금저축제도	연금저축제도
	가입기간	연금 형태로 지급받는 개인 연금 저축에 2000.12.3까지 가입한 거주자에게 적용	연금 형태로 지급받는 연금저축에 2001.1.1 이후 가입한 거주자에게 적용
	소득공제 한도금액	불입액의 40% (연72만원 한도)	불입액(400만원한도 단, 퇴직연금과 합하여 연 700만원 한도)
	가입대상	만20세 이상	만18세 이상
	불입기간	10년 이상	5년 이상
표준세액공제	사업자의 표준세액공제액은 70,000원이며, 근로소득이 없는 자로서 종합소득이 있는 사업자가 공제받을 수 있습니다.		

근로자가 아닌 사업자는 보험료, 의료비, 교육비, 주택자금공제 등과 관련한 특별세액공제를 받을 수 없습니다. 단, 성실사업자의 경우 의료비 및 교육비세액공제를 받을 수 있으며, 표준공제세액은 12만원 입니다.

SECTION 06

세금 절세의 핵심 소득세 감면제도

창업중소기업에 대한 소득세 감면

◎ 개요

수도권과밀억제권역 외의 지역에서 다음의 업종을 창업한 중소기업은 해당 사업에서 최초로 소득이 발생한 과세연도(사업 개시일부터 5년이 되는 날이 속하는 과세연도까지 해당 사업에서 소득이 발생하지 아니하는 경우에는 5년이 되는 날이 속하는 과세연도)와 그 다음 과세연도의 개시일부터 4년 이내에 끝나는 과세연도까지 해당 사업에서 발생한 소득에 대한 소득세의 100분의 50에 상당하는 세액을 감면받을 수 있습니다. [조특법 제6조]

◎ 감면대상 업종 [조세특례제한법 제6조 제3항]

- 제조업
- 건설업

- 음식점업
- [2018. 5.29. 이후] 통신판매업
- 출판업, 광업
- 영상·오디오 기록물 제작 및 배급업(비디오물 감상실 운영업 제외)
- 방송업, 전기통신업, 컴퓨터 프로그래밍, 시스템통합 및 관리업
- 정보서비스업, 연구개발업, 광고업, 그 밖의 과학기술서비스업
- 전문디자인업, 전시 및 행사대행업, 창작 및 예술관련 서비스업 (자영예술가 제외), 엔지니어링사업, 물류산업
- 직업기술 분야를 교습하는 학원을 운영하는 사업
- 직업능력개발훈련시설을 운영하는 사업(직업능력개발훈련을 주된 사업으로 하는 경우에 한함)
- 「관광진흥법」에 따른 관광숙박업, 국제회의업
- 유원시설업 및 관광객 이용시설업
- 노인복지시설을 운영하는 사업, 전시산업
- 인력공급 및 고용알선업, 건물 및 산업설비 청소업
- 경비 및 경호 서비스업, 시장조사 및 여론조사업
- 사회복지 서비스업
- [2016년 이후] 보안시스템 서비스업
- [2018. 5.29. 이후] 개인 및 소비용품 수리업, 이용 및 미용업

참 고 수도권과밀억제권역(수도권정비계획법 시행령 별표1)

- 서울특별시, 하남시, 고양시, 수원시, 성남시, 안양시, 부천시
- 광명시, 과천시, 의왕시, 군포시, 의정부시, 구리시
- 인천광역시(강화군, 옹진군, 서구 대곡동·불로동·마전동·금곡동·오류동·왕길동· 당하동·원당동, 인천경제자유구역 및 남동 국가산업단지는 제외)
- 남양주시(호평동, 평내동, 금곡동, 일패동, 이패동, 삼패동, 가운동, 수석동, 지금동 및 도농동만 해당한다)
- 시흥시[반월특수지역(반월특수지역에서 해제된 지역 포함)은 제외한다]

▶ **중복감면 배제 및 최저한세 적용**

1) 창업중소기업에 대한 소득세 감면을 받는 경우 중소기업에 대한 특별세액감면은 공제를 받을 수 없습니다.

2) 창업중소기업에 대한 소득세 감면 및 중소기업에 대한 특별세액감면에 대하여는 농어촌특별세 납부의무가 없습니다. 농어촌특별세란 감면을 받는 경우 감면세액의 20%를 납부하여야 하는 세금입니다.

3) 개인사업자의 경우 창업중소기업 감면 등 후의 세액이 산출세액의 35%에 미달하는 경우 감면 전 산출세액의 35%(산출세액 3천만원 초과분은 45%)에 상당하는 금액은 최저한세로 납부하여야 합니다.

[개정 세법] 2017년 이후 청년 창업중소기업 세제지원 확대

청년 창업 중소기업에 대하여 감면율 상향 조정
3년간 75%, 이후 2년간 50% (적용기한 : 2018.12.31.)

[개정 세법] 청년창업기업의 청년 범위

개인사업자로 창업하는 경우: 창업자가 창업 당시
(종전) 15세 이상 ~ 29세 이하
(개정) 15세 이상 ~ 34세 이하
[병역이행시 해당 기간(최장 6년)을 빼고 연령 계산]
<적용시기> 2018년 5월 29일 이후 창업하는 분부터

[개정 세법] 청년창업 중소기업에 대한 세액 감면율 상향 조정

1) 청년의 창업에 대한 지원을 강화하기 위하여 청년창업 중소기업에 대한 세액감면율을 현행 3년간 75퍼센트, 그 이후 2년간 50퍼센트에서 5년간 100퍼센트로 상향 조정하고, 수도권과밀억제권역 내에서 창업한 청년창업 중소기업에 대해서도 5년간 50퍼센트의 세액감면을 적용하도록 함.

2) 창업의 활성화를 위하여 창업 중소기업 등에 대한 세액감면의 대상 업종에 통신판매업, 개인 및 소비용품 수리업, 이용 및 미용업을 추가함.
3) 생계형 창업에 대한 지원을 강화하기 위하여 최초 소득이 발생한 과세연도부터 5년간 수입금액이 4천800만원 이하인 과세연도에 대해서는 수도권과밀억제권 내에서 창업한 경우 50퍼센트, 수도권과밀억제권역 외 지역에서 창업한 경우에는 100퍼센트의 감면율을 적용함.
〈적용시기〉 2018.5.29. 이후 창업자

▶ **창업의 범위**
창업이란 새로이 중소기업을 설립하는 것으로서 창업일은 법인설립등기일을 개인은 사업자등록일을 말합니다.

▣ **창업으로 보지 않는 경우**
1. 현물출자 또는 사업의 양수를 통하여 종전의 사업을 승계하거나 종전의 사업에 사용되던 자산을 인수 또는 매입하여 같은 종류의 사업을 영위하는 경우 다만, 종전의 사업에 사용되던 자산을 인수하거나 매입하여 같은 종류의 사업을 영위하는 경우 그 자산가액의 합계가 사업개시 당시 토지·건물 및 기계장치 등 감가상각자산의 총가액에서 차지하는 비율이 100분의 30 이상인 경우 제외합니다.
2. 거주자가 하던 사업을 법인으로 전환한 경우
3. 폐업후 사업을 다시 개시하여 폐업전의 사업과 같은 종류의 사업을 하는 경우
4. 사업을 확장하거나 다른 업종을 추가하는 경우 등 새로운 사업을 최초로 개시하는 것으로 보기 곤란한 경우

[주의] 소득세를 추계로 신고하는 경우 감면 여부
간편징부대상자가 추계신고하는 창업중소기업 감면을 받을 수 있으나 복식부기의무자가 종합소득세를 추계신고하는 경우 창업중소기업세액감면 및 중소기업특별세액 감면을 적용받을 수 없습니다.

중소기업에 대한 특별세액감면

개요

중소기업 중 감면 업종을 경영하는 기업에 대해서는 2022년 12월 31일 이전에 끝나는 과세연도까지 해당 사업장에서 발생한 소득에 대한 소득세에 **업종별, 지역별, 기업규모**에 따른 감면 비율을 곱하여 계산한 세액상당액을 감면받을 수 있습니다. [조특법 제7조]

감면대상업종 및 감면율

[1] 제조업 등
- 제조업
- 건설업
- 출판업, 광업
- 운수업 중 여객운송업
- 작물재배업, 축산업, 어업
- 하수·폐기물 처리(재활용을 포함한다)
- 원료재생 및 환경복원업, 영상·오디오 기록물 제작 및 배급업
- 방송업, 전기통신업, 광고업, 엔지니어링사업
- 물류산업, 선박관리업
- 컴퓨터프로그래밍, 시스템 통합 및 관리업, 정보서비스업, 연구개발업
- 그 밖의 과학기술서비스업, 포장 및 충전업, 전문디자인업
- 창작 및 예술관련 서비스업(자영예술가는 제외한다)
- 주문자상표부착방식에 따른 수탁생산업(受託生産業)
- 직업기술 분야를 교습하는 학원을 운영하는 사업

- 대통령령으로 정하는 자동차정비공장을 운영하는 사업
  조세특례제한법 시행령 제6조 ② 법 제7조제1항제1호터목에서 "대통령령으로 정하는 자동차정비공장" 이란 제54조제1항에 따른 자동차정비 공장을 말한다.
  제54조(공장의 범위등) ①법 제60조 및 제63조에서 "공장"이란 각각 제조장 또는 기획재정부령이 정하는 자동차정비공장으로서 제조 또는 사업단위로 독립된 것을 말한다.
- 관광사업(카지노, 관광유흥음식점 및 외국인전용유흥음식점업 제외)
- 노인복지시설을 운영하는 사업,「전시산업발전법」에 따른 전시산업
- 인력공급 및 고용알선업, 콜센터 및 텔레마케팅 서비스업
- 에너지절약전문기업이 하는 사업
- [2013년 이후] 사회복지서비스업
- [2014년 이후] 무형재산권 임대업, 연구개발지원업, 개인 간병인, 사회교육시설, 직원훈련기관, 기타 기술 및 직업훈련 학원
- [2015년 이후] 주택임대관리업, 신·재생에너지 발전사업
- [2016년 이후] 보안시스템 서비스업

[개정 세법] 중소기업 특별세액감면 대상업종 추가 (조특법 §7)
- 통관 대리 및 관련 서비스업*
* 감면율은 물류산업의 50% 수준으로 설정
- 전기차 50% 이상 보유한 자동차 임대업*
* 현재 업종 외 별도로 규정된 사항을 업종에 반영
<적용시기> '21.1.1. 이후 개시하는 과세연도 분부터 적용

[2] 지식기반산업
- 엔지니어링사업, 전기통신업
- 연구개발업, 컴퓨터 프로그래밍, 시스템 통합 및 관리업
- 영화·비디오물 및 방송프로그램 제작업
- 전문디자인업, 오디오물 출판 및 원판 녹음업
- 광고업 중 광고물 작성업, 소프트웨어 개발 및 공급업, 방송업

- 정보서비스업, 서적, 잡지 및 기타 인쇄물출판업
- 창작 및 예술관련 서비스업(자영예술가는 제외한다)
- [2016년 이후] 보안시스템 서비스업

[3] 도·소매업, 의료업
- 도매업, 소매업
- 의료업 : 의료기관을 운영하는 사업(**의원·치과의원 및 한의원 제외**)

▶ **감면업종 구분**

감면 대상 업종 구분은 조세특례제한법 제2조 제3항 규정에 의거 세법에 특별한 규정이 있는 경우를 제외하고는 통계법 제22조의 규정에 의해 통계청장이 고시하는 한국표준산업분류에 따르는 것으로 정확한 업종분류는 통계청 홈페이지 상단 중간 통계분류포털 > 한국표준산업분류 > 검색 > 분류내용보기(해설서)를 참고하거나, 통계청 콜센터 (☎ 02-2012-9114)로 문의하여 확인할 수 있습니다

▶ 감면율

지 역	기업 규모	업 종	감면율
수도권	소기업	·도소매업, 의료업 등	10%
		·제조업 등	20%
	중기업	·지식기반산업	10%
		·기타업종	-
지 방	소기업	·도·소매, 의료업 등	10%
		·제조업 등	30%
	중기업	·도·소매, 의료업 등	5%
		·제조업 등	15%

▶ 수도권 (수도권정비계획법 제2조) 서울특별시, 인천광역시, 경기도
▶ 중소기업특별세액감면의 경우 농어촌특별세가 비과세됨
▶ 다음 감면 및 공제는 중복공제가 가능함. 단, 최저한세는 적용됨
  ● 중소기업특별세액감면 + 고용증대세액공제 + 사회보험료세액공제

[세법 개정] 소기업 판단기준 매출액

업 종	매출액
제조업, 전기·가스·수도사업 등	120억원
농업, 광업, 건설업 등	80억원
도·소매업, 출판업 등	50억원
전문·과학·기술서비스업 등	30억원
숙박·음식점업 등	10억원

[개정 세법] 감면한도 및 중복공제
(감면한도) 1억원, 고용인원 감소시 1인당 500만원 한도 축소
(중복 여부) 고용증대세제, 사회보험료세액공제와 중복 적용 허용
2018.1.1. 이후 개시하는 과세연도 분부터

[개정 세법] 2017년 이후 중소기업 특별세액감면 지원 확대
① 중소기업 특별세액감면 지원업종 확대
의원·치과의원·한의원(수입금액에서 요양급여비용이 차지하는 비율이 80% 이상이고, 종합소득금액이 1억원 이하인 경우에 한함)
② 10년 이상 사업한 '장수 성실중소기업'의 중소기업 특별세액감면율 10% 추가

■ 신규 창업 사업자 중소기업특별세액감면
소기업 해당 여부를 판단함에 있어 매출액은 해당 과세연도의 매출액을 연간 매출액으로 환산한 금액으로 합니다.

보 충 추계로 종합소득세를 신고하는 경우 중소기업특별세액 감면
1. 복식부기의무자가 소득세를 추계신고하는 경우에는 무신고한 것으로 보는 것이므로 창업중소기업에 대한 세액감면, 중소기업에 대한 특별세액감면 등이 배제됩니다. 2. 간편장부대상자가 소득세를 추계신고하는 경우에는 창업중소기업에 대한 세액감면, 중소기업에 대한 특별세액감면 등을 받을 수 있습니다.

고용증대 세액공제

🅠 고용증대세액공제

내국인(소비성서비스업 등 일부 업종 제외)이 2024년 12월 31일이 속하는 과세연도까지의 기간 중 해당 과세연도의 상시근로자 수가 직전 과세연도의 상시근로자의 수보다 증가한 경우에는 다음에 따른 금액을 더한 금액을 해당 과세연도의 법인세 또는 소득세에서 공제를 받을 수 있습니다.

▶ 세액공제액

구 분		중소기업	중견기업	대기업
상시근로자	수도권내	700만원	450만원	-
	수도권밖	770만원		
청년정규직 장애인 등	수도권내	1,100만원	800만원	400만원
	수도권밖	1,200만원		

Q&A 창업한 연도에도 고용증대세액공제를 받을 수 있나요?
해당 과세연도에 창업한 경우 직전사업연도의 상시근로자수를 '0'명으로 보아 고용증대세액공제 적용이 가능한 것으로 판단됩니다.

[개정 세법] 고령자 고용증대세제 세액공제액 인상(조특법 §29의7)
(종전) 청년 정규직 근로자, 장애인 근로자
(개정) 청년 정규직 근로자, 장애인 근로자, 60세 이상인 근로자
<적용시기> '21.1.1. 이후 개시하는 과세연도부터 적용

[세법 개정] 고용증대세액공제 공제금액 한시 상향 및 적용기한 연장 (조특법 §29의7)

현 행	개 정
□ 고용증대 세액공제	□ 수도권 외 지역 취약계층 공제금액 한시 상향 및 적용기한 3년 연장
○ (대상) 모든 기업 (소비성 서비스업 제외) ○ (요건) 상시근로자 수 증가	○ (좌 동)
○ (공제금액) 상시근로자 증가 인원 × 1인당 공제금액	○ 청년·장애인·60세 이상 근로자 공제금액 100만원 한시 상향 ('21~'22년)

현행:

구 분	중소 수도권	중소 지방	중견	대
청년·장애인 등	1,100	1,200	800	400
기 타	700	770	450	-

개정:

구 분	중소 수도권	중소 지방	중견 수도권	중견 지방	대 수도권	대 지방
청년·장애인 등	1,100	1,300*	800	900*	400	500*
기 타	700	770	450	450	-	-

* '21~'22년 고용증가분에 한시 적용

○ (공제기간) 중소·중견 3년 대기업 2년 ○ (사후관리) 공제기간 동안 상시근로자 감소 시 잔여기간 공제 배제 및 공제세액 추징	○ (좌 동)
○ (적용기한) '21.12.31.	○ '24.12.31.

<적용시기> '21.12.31. 및 '22.12.31.이 속하는 과세연도의 상시근로자 증가 분에 대해 적용

[개정 세법] 고용증대세제 공제액 명확화 및 사후관리 기준 보완
(조특법 § 29의7①·②)
• 각 공제금액(청년/청년 외)은 전체 상시근로자 수 증가분을 한도로 함을 명시
• 상시근로자 수 감소 기준연도 변경
공제받은 직전 과세연도 → 공제받은 과세연도
〈적용시기〉 (사후관리) 2020.1.1. 이후 신고하는 분부터 적용

[개정 세법] 고용증대세제 한시적 개편(§29의7)
2020년 고용이 감소한 경우 사후관리를 2020년은 적용하지 않고 1년 유예
<적용시기> '20. 12. 31.이 속하는 과세연도의 과세표준을 신고하는 분부터 적용

▶ **청년 정규직 근로자와 장애인 근로자 등**
1. 15세 이상 29세 이하인 사람[해당 근로자가 병역을 이행한 경우에는 그 기간(6년 한도)을 현재 연령에서 빼고 계산한 연령]
2. 「장애인복지법」의 적용을 받는 장애인과 「국가유공자 등 예우 및 지원에 관한 법률」에 따른 상이자

◈ 청년 정규직에서 제외하는 자
• 기간제근로자 및 단시간근로자
• 파견근로자 및 청소년

▶ **소비성서비스업 (공제대상에서 제외되는 업종)**
1. 호텔업 및 여관업(「관광진흥법」에 따른 관광숙박업은 제외)
2. 주점업(일반유흥주점업, 무도유흥주점업 및 단란주점 단, 외국인전용유흥음식점업 및 관광유흥음식점업은 제외)

▶ **상시근로자 수, 청년등 상시근로자 수의 계산(100분의 1 미만 절사)**

1. 상시근로자 수

$$\frac{\text{해당 과세연도의 매월 말 현재 상시근로자 수의 합}}{\text{해당 과세연도의 개월 수}}$$

2. 청년등 상시근로자 수

$$\frac{\text{해당 과세연도의 매월 말 현재 청년등 상시근로자 수의 합}}{\text{해당 과세연도의 개월 수}}$$

▶ **상시근로자에서 제외하는 근로자**

1. 근로계약기간이 1년 미만인 근로자
2. 단시간근로자. 다만, 1개월간의 소정근로시간이 60시간 이상인 근로자는 상시근로자로 봅니다.
3. 임원, 해당 기업의 최대주주 또는 최대출자자(개인사업자의 경우 대표자)와 그 배우자
4. 제3호에 해당하는 자의 직계존비속(그 배우자를 포함한다) 및 「국세기본법 시행령」제1조의2제1항에 따른 친족관계인 사람

▶ **단시간근로자의 근로자수 계산**

단시간근로자로서 1개월간의 소정근로시간이 60시간 이상인 근로자는 0.5명으로 하여 계산하되, 다음의 요건을 모두 충족하는 경우에는 0.75명으로 하여 계산합니다.

1. 해당 과세연도의 상시근로자 수가 직전 과세연도의 상시근로자 수보다 감소하지 아니하였을 것
2. 기간의 정함이 없는 근로계약을 체결하였을 것
3. 상시근로자와 시간당 임금, 그 밖에 근로조건과 복리후생 등에 관한 사항에서 차별적 처우가 없을 것

4. 시간당 임금이 「최저임금법」 제5조에 따른 최저임금액의 100분의 130(중소기업의 경우에는 100분의 120) 이상일 것

▶ **해당 과세연도에 창업을 한 내국인의 상시근로자수 계산**
해당 과세연도에 창업을 한 내국인의 경우 직전 과세연도의 상시근로자 수는 없는 것으로 합니다.

◆ 창업으로 보지 아니하는 경우
1. 현물출자 또는 사업의 양수를 통하여 종전의 사업을 승계하거나 종전의 사업에 사용되던 자산을 인수 또는 매입하여 같은 종류의 사업을 하는 경우
2. 거주자가 하던 사업을 법인으로 전환한 경우
3. 폐업 후 사업을 다시 개시하여 폐업 전의 사업과 같은 종류의 사업을 하는 경우

상시근로자가 감소하지 않은 경우 추가 공제

중소기업이 공제를 받은 과세연도의 종료일부터 2년이 되는 날이 속하는 과세연도의 종료일까지의 기간 중 전체 상시근로자의 수가 공제를 받은 과세연도의 전체 상시근로자 수보다 감소하지 아니한 경우에는 다음의 금액을 공제를 받은 과세연도의 종료일부터 2년이 되는 날이 속하는 과세연도의 소득세에서도 공제를 받을 수 있습니다.

구 분	중소기업		중견기업	대기업
	수도권 내	수도권 밖		
상시근로자	770만원	700만원	450만원	-
청년, 장애인등	1100만원	1200만원	800만원	400만원

🇶 2년내 근로자수가 감소한 경우 추가 납부

고용증대세액공제를 받은 내국인이 공제를 받은 과세연도의 종료일부터 2년이 되는 날이 속하는 과세연도의 종료일까지의 기간 중 각 과세연도의 청년 등 상시근로자 수 또는 전체 상시근로자 수가 공제를 받은 과세연도보다 감소한 경우에는 공제받은 세액에 상당하는 금액을 소득세 또는 법인세로 납부하여야 합니다. 단, 공제받은 과세연도의 종료일 현재 29세 이하인 사람(병역을 이행한 경우에는 그 기간을 현재 연령에서 빼고 계산)은 이후 과세연도에도 29세 이하인 것으로 봅니다.
1. 공제받은 과세연도(2개 과세연도 이상 연속으로 공제받은 경우에는 공제받은 마지막 과세연도로 함) 대비 해당 과세연도의 상시근로자 및 청년등 상시근로자 감소 인원에 공제받은 금액을 곱한 금액
2. 공제받은 과세연도 대비 직전 과세연도의 상시근로자 및 청년등 상시근로자 감소 인원에 공제받은 금액을 곱한 금액

🇶 세액 공제·감면과 농어촌특별세, 최저한세, 중복

▶ 중복공제
고용증대세액공제는 창업중소기업 등에 대한 세액감면 또는 중소기업에 대한 특별세액감면이 있는 경우에도 공제를 받을 수 있으며, 고용증대세액공제와 투자 관련 세액공제은 중복공제가 가능하며, 다음의 세액공제는 각각의 사유별로 세액공제를 받을 수 있습니다.

☐ 조세특례제한법
제29조의3(경력단절 여성 재고용 기업에 대한 세액공제)
제29조의7(고용을 증대시킨 기업에 대한 세액공제)
제30조의2(정규직 근로자로의 전환에 따른 세액공제)

[중복공제] 중소기업에 대한 특별세액감면이 있는 경우
중소기업에 대한 특별세액감면 + 청년고용 증대기업에 대한 세액

▶ **최저한세 적용**

'청년고용 증대기업에 대한 세액공제'는 최저한세 적용대상이 되며, 최저한세 적용으로 인하여 공제를 받지 못한 금액은 이월[5년 → (개정) 10년]하여 공제를 받을 수 있습니다. (조세특례제한법 제144조)

◆ **최저한세**

최저한세란 감면 등을 적용받은 후의 세액이 사업소득에 대한 산출세액에 100분의 45(산출세액이 3천만원 이하인 부분은 100분의 35)를 곱하여 계산한 세액에 미달하는 경우 그 미달하는 세액에 상당하는 부분에 대해서는 감면 등을 하지 아니하는 것으로 사업자가 공제 감면금액이 많더라도 최저한세는 부담하여야 합니다. (조세특례제한법 제132조)

▶ **농어촌특별세 적용**

'청년고용 증대기업에 대한 세액공제'는 농어촌특별세 적용대상이므로 감면받은 세액의 20%를 농어촌특별세로 납부하여야 합니다.

◆ **다수사업장을 영위하는 개인사업자의 고용증대 여부에 대한 판단**
(소득 사전-2018-법령해석소득-0428, 2018.07.02.)
「조세특례제한법」제29조의5 및 제30조의4 규정 적용 시 2이상의 사업장을 운영하는 개인사업자의 청년 정규직 근로자 수 또는 상시 근로자 수의 증대 여부는 해당 사업자의 전체 사업장을 기준으로 판단하는 것임
[답변내용] 귀 사전답변 신청의 경우, 2이상의 사업장을 운영하는 개인사업자의 경우「조세특례제한법」제29조의5 및 제30조의4를 적용함에 있어 청년 정규직 근로자의 수 및 상시 근로자의 수는 전체 사업장을 기준으로 계산하는 것입니다.

중소기업 고용증가 사회보험료 세액공제

중소기업에 대한 특별세액감면 또는 창업중소기업 등에 대한 세액감면을 받는 경우 중복하여 감면을 받을 수 없으므로 중소기업에 대한 특별세액감면 또는 창업중소기업 등에 대한 세액감면대상이 아닌 업종의 경우에만 고용증가 사회보험료세액공제를 받아 세금을 절세할 수 있습니다.

중소기업이 해당 과세연도의 상시근로자 수가 직전 과세연도의 상시근로자 수보다 증가한 경우에는 [1]과 [2]를 더한 금액을 해당 과세연도의 소득세에서 공제를 받을 수 있습니다. [조특법 제30조의4]

[1] 청년 상시근로자 고용증가 인원에 대하여 사용자가 부담하는 사회보험료 상당액

청년 상시근로자 고용증가인원 × 청년 상시근로자 고용증가인원에 대한 **사용자**의 사회보험료 부담금액 × 100분의 100

① 청년 상시근로자 고용증가인원이란 해당 과세연도에 직전 과세연도 대비 증가한 청년 상시근로자수를 말하며, 상시근로자는 근로계약을 체결한 내국인 근로자로 합니다. 다만, 다음 각 호의 어느 하나에 해당하는 사람은 제외합니다.
1. 근로계약기간이 1년 미만인 근로자
2. 단시간근로자. 다만, 1개월간의 소정근로시간이 60시간 이상인 근로자는 상시근로자로 보나 인원수는 0.5로 합니다.
3. 임원
4. 해당 기업의 최대주주와 그 배우자 및 직계존비속(그 배우자 포함)과 친족

② 청년 상시근로자는 15세 이상 29세 이하인 상시근로자(1개월간의 근로시간이 60시간 이상이 단시간근로자 포함)로 하고, 근로계약 체결일 현재 연령이 15세 이상 29세 이하인 사람을 말합니다. 다만, 병역을 이행한 경우에는 연령에서 병역복무기간(6년 한도)을 제외하고 계산합니다.

▶ **청년 상시근로자 고용증가 인원에 대한 세액공제액**

> 청년 상시근로자 고용증가인원 × 해당 과세연도에 청년 상시근로자에게 지급하는 과세대상 총급여액 ÷ 해당 과세연도의 청년 상시근로자 수 × 사회보험료율 × 100/100

[2] 청년 외 상시근로자 고용증가 인원에 대하여 사용자가 부담하는 사회보험료 상당액

청년 외 상시근로자 고용증가인원 × 청년 외 상시근로자 고용증가인원에 대한 사용자의 사회보험료 부담금액 × 100분의 50

다만, **단시간근로자**로서 1개월간의 소정근로시간이 60시간 이상인 근로자 1명은 0.5명으로 계산합니다.

[개정 세법] 2017년 이후
(신성장 서비스업) 고용증가인원 × 사회보험료 × 75%
(경력단절여성) 고용증가인원 × 사회보험료 × 100%

[개정 세법] 중소기업 고용증가 인원 사회보험료 세액공제 확대
(조특법 § 30의4)
(공제기간) 1년 → 2년
고용인원이 유지되는 경우 고용이 증가한 다음 해도 세액공제 적용
〈적용시기〉 2018.1.1. 이후 개시하는 과세연도 분부터 적용

연구 및 인력개발비 세액공제

■ 세액공제 개요

내국인이 각 과세연도에 연구·인력개발비가 있는 경우에는 다음에 정하는 금액을 합한 금액을 해당 과세연도의 소득세에서 공제합니다. 단, 신성장동력분야 연구개발비 및 원천기술을 얻기 위한 연구개발비는 2024년 12월 31일까지 발생한 해당 연구·인력개발비에 대해서만 적용합니다. [상세내용] 조세특례제한법 제10조

한편, 연구 및 인력개발비세액공제는 조세특례제한법 제127조 규정에 의한 중복지원 배제 대상에 열거되어 있지 않아 다른 세액감면 또는 세액공제와 중복해서 적용받을 수 있으며, 또한 최저한세 적용대상이 아니므로 실질적인 의미의 세액공제제도로 기업의 입장에서는 세금 감면 효과가 가장 큰 공제제도입니다.

▶ 연구·인력개발비 세액공제대상 비용 [조특령 (별표 6)]

1) 연구개발 또는 문화산업 진흥 등을 위한 연구소 또는 전담부서)에서 근무하는 직원(다만, 연구개발과제를 직접 수행하거나 보조하지 않고 행정 사무를 담당하는 자는 제외한다) 및 연구개발서비스업에 종사하는 전담요원의 인건비. 다만, 다음의 인건비를 제외합니다.
가) 퇴직소득에 해당하는 금액
나) 퇴직급여충당금
다) 성과급 등
2) 연구용으로 사용하는 견본품·부품·원재료와 시약류구입비
3) 전담부서등 및 연구개발서비스업자가 직접 사용하기 위한 연구·시험용 시설의 임차 또는 연구·시험용 시설의 이용에 필요한 비용

🅠 일반연구개발비 세액공제액

신성장동력분야의 연구개발비 및 원천기술을 얻기 위한 연구개발비에 해당하지 아니하거나 이를 선택하지 아니한 내국인의 연구·인력개발비[**조특령 별표6**]는 다음 중에서 선택하는 어느 하나에 해당하는 금액을 공제합니다. 다만, 해당 과세연도의 개시일부터 소급하여 4년간 일반연구·인력개발비가 발생하지 아니하거나 직전 과세연도에 발생한 일반연구·인력개발비가 해당 과세연도의 개시일부터 소급하여 4년간 발생한 일반연구·인력개발비의 연평균 발생액보다 적은 경우에는 ②에 해당하는 금액으로 합니다.

① 해당 과세연도에 발생한 일반연구·인력개발비가 **직전 과세연도에 발생한 일반연구·인력개발비를 초과하는** 경우 그 초과하는 금액의 100분의 40(중소기업의 경우에는 100분의 50)에 상당하는 금액

② 해당 과세연도에 발생한 일반연구·인력개발비에 다음의 구분에 따른 비율을 곱하여 계산한 금액
1) 중소기업인 경우: 100분의 25
2) 중소기업이 최초로 중소기업에 해당하지 아니하게 된 경우: 다음의 구분에 따른 비율
가) 최초로 중소기업에 해당하지 아니하게 된 과세연도의 개시일부터 3년 이내에 끝나는 과세연도까지: 100분의 15
나) 가)의 기간 이후 2년 이내에 끝나는 과세연도까지: 100분의 10
3) 1) 및 2)의 어느 하나에 해당하지 아니하는 경우: 다음 계산식에 따른 비율(100분의 4를 한도로 합니다)
100분의 3 + 해당 과세연도의 수입금액에서 일반연구·인력개발비가 차지하는 비율 × 2분의 1

♣ 상세 내용 → 경영정보사 홈페이지 참조

■ 통합고용세액공제 신설(조특법 §29의8 신설)

현 행	개 정 안
□ 고용지원 관련 세액공제 제도 ❶ 고용증대 세액공제(§29의7) 고용증가인원 × 1인당 세액공제액	○ (적용대상) 모든 기업* 　* (제외) 소비성 서비스업 ○ (기본공제) 고용증가인원 × 1인당 세액공제액

현행 - 고용증대 세액공제 공제액 (단위:만원)

구 분	중소 (3년 지원)		중견 (3년 지원)	대기업 (2년 지원)
	수도권	지방		
상시근로자	700	770	450	-
청년 정규직, 장애인, 60세 이상	1,100	1,200	800	400

* 청년 연령범위(시행령): 15~29세

❷ 사회보험료 세액공제(§30의4)
: 고용증가인원 × 사용자분 사회보험료 × 공제율

구 분	중소 (공제율)
상시근로자 (2년 지원)	50%**
청년*, 경력단절여성 (2년 지원)	100%

* 청년 연령범위(시행령): 15~29세
** 전기통신업, 인쇄물 출판업 등의 서비스업종 영위기업은 75%

개정안 - 공제액 (단위:만원)

구 분	중소 (3년 지원)		중견 (3년 지원)	대기업 (2년 지원)
	수도권	지방		
상시근로자	850	950	450	-
청년 정규직, 장애인, 60세 이상, 경력단절여성	1,450	1,550	800	400

- 우대공제 대상인 청년 연령범위* 확대 경력단절여성을 우대공제 대상에 추가
　* 청년 연령범위(시행령): 15~34세
　** 일부 서비스업종 우대는 폐지

- 공제 후 2년 이내 상시근로자 수가 감소하는 경우 공제금액 상당액을 추징

<적용시기> '23.1.1. 이후 개시하는 과세연도 분부터 적용
* '23년 및 '24년 과세연도 분에 대해서는 기업이 '통합고용세액공제'와 기존 '고용증대 및 사회보험료 세액공제' 중 선택하여 적용 가능(중복 적용 불가)

현 행	개 정 안
❸ 경력단절여성 세액공제(§29의3①) : 경력단절여성 채용자 인건비 × 공제율	○ (추가공제) : 정규직 전환·육아휴직 복귀자 인원 × 공제액 * 전체 상시근로자 수 미감소 시

현 행		
구 분	공제율	
	중소	중견
경력단절여성 (2년 지원)	30%	15%

❹ 정규직 전환 세액공제(§30의2)
: 정규직 전환 인원 × 공제액
* 전체 상시근로자 수 미감소 시

구 분	공제액 (단위:만원)	
	중소	중견
정규직 전환자 (1년 지원)	1,000	700

❺ 육아휴직복귀자 세액공제(§29의3②)
: 육아휴직 복귀자 인건비 × 공제율
* 전체 상시근로자 수 미감소 시

구 분	공제율	
	중소	중견
육아휴직 복귀자 (1년 지원)	30%	15%

개정안 (계속):

구 분	공제액 (단위:만원)	
	중소	중견
정규직 전환자 (1년 지원)	1,300	900
육아휴직 복귀자 (1년 지원)		

- 전환일·복귀일로부터 2년 이내 해당 근로자와의 근로관계 종료 시 공제금액 상당액 추징

<적용시기> '23.1.1. 이후 개시하는 과세연도 분부터 적용
* '23년 및 '24년 과세연도 분에 대해서는 기업이 '통합고용세액공제'와 기존 '고용증대 및 사회보험료 세액공제' 중 선택하여 적용 가능(중복 적용 불가)

SECTION 07

업무용 승용차 비용한도 및 증빙

복식부기의무자의 업무용승용차 관련 비용 필요경비 산입

기업이 승용차를 구입하여 업무용으로 사용하는 경우 그와 관련한 모든 비용을 특별한 제한없이 기업의 비용으로 인정을 받을 수 있음으로 인하여 고급승용차를 취득하여 개인적으로 이용하는 경우에도 과세관청이 개인적 용도 사용에 대한 사실 관계를 확인하기가 현실적으로 어려워 납세자는 승용차 관련 비용을 손금(법인) 또는 필요경비로 산입하여 세금을 줄일 수가 있었습니다. 이러한 문제점으로 과세당국은 복식부기의무자의 경우 기업의 승용차 관련 비용에 대하여 일정한 기준을 마련하여 업무 관련성을 입증하지 못하는 경우 필요경비에 산입할 수 없도록 하는 법령을 신설하였습니다. (소득세법 제33조의2)

▶ **업무용승용차 관련비용 등에 관한 명세서 제출의무**

업무용승용차 관련비용 등을 필요경비에 산입한 경우 업무용승용차 관련비용 등에 관한 명세서를 관할 세무서장에게 제출하여야 합니다.

♣ 업무용승용차 관련비용 등에 관한 명세서
국세법령정보시스템 → 법령서식

[세법 개정] 업무용 승용차 관련 비용 명세서 미제출 가산세 등 신설
(소득법 §81의14, 법인법 §74의2 신설)

현 행	개 정
<신 설>	□ 업무용 승용차 관련 비용 명세서 미제출·불성실 제출 가산세 신설 ㅇ (대상) 업무용 승용차 관련 비용을 손금산입하여 신고한 사업자가 해당 명세서 미제출·불성실 제출 ㅇ (가산세액) 미제출·불성실 제출로 구분 규정 　1. (미제출) 업무용 승용차 관련 비용 손금산입액(신고액) 전체 × 1% 　2. (불성실 제출) 업무용 승용차 관련 비용 손금산입액(신고액) 중 명세서 상 사실과 다르게 제출한 금액 × 1%

<적용시기> '22.1.1. 이후 개시하는 과세연도 분부터 적용

◆ 사업연도 중에 리스차량을 취득하는 경우 업무용승용차 관련비용 손금산입 한도 계산방법
(서면-2017-법령해석법인-0554 [법령해석과-3700], 2017.12.26.)
업무전용자동차보험에 가입하였으나, 운행기록 등을 작성·비치하지 아니한 업무용승용차를 임차하여 사용하다가 임차기간의 만료로 사업연도 중에 취득하여 계속 사용하는 경우 업무용승용차 관련비용의 손금산입 한도액은 임차 또는 취득 구분 없이 하나의 업무용승용차로 계산

적용대상 차량 및 비용인정 범위

◙ 적용대상 차량 및 제외차량

[1] 적용대상 차량

「개별소비세법」 제1조제2항제3호에 해당하는 승용자동차(부가가치세법에 따른 부가가치세 매입세액공제가 적용되지 않는 승용자동차)

☐ 개별소비세법 제1조제2항제3호
3. 다음 각 목의 자동차에 대해서는 그 물품가격에 해당 세율을 적용한다.
가. 배기량이 2천씨씨를 초과하는 승용자동차와 캠핑용자동차: 100분의 5
나. 배기량이 2천씨씨 이하인 승용자동차(배기량이 1천씨씨 이하인 것으로서 대통령령으로 정하는 규격의 것은 제외한다)와 이륜자동차 : 100분의 5
다. 전기승용자동차(「자동차관리법」 제3조제2항에 따른 세부기준을 고려하여 대통령령으로 정하는 규격의 것은 제외한다): 100분의 5

[2] 적용대상에서 제외되는 차량

1. 경차 (정원 8명 이하의 자동차로 한정하되, 배기량이 1,000씨씨 이하의 것으로서 길이가 3.6미터 이하이고 폭이 1.6미터 이하인 것)
2. 화물차, 승합차
3. 운수업, 자동차판매업 등에서 사업에 직접 사용하는 승용자동차
4. 장례식장 및 장의관련업을 영위하는 법인이 소유하거나 임차한 운구용 승용차

▶ 업무전용자동차보험 가입
개인사업자의 경우 승용차를 가정과 사업장에서 함께 사용할 수 있음을 감안하여 업무전용자동차보험 가입의무 대상에서 제외함

[개정 세법] 개인사업자의 업무용자동차 전용보험 가입의무 신설
(소득세법 시행령 제78조의3)
(현행) 개인사업자는 업무용자동차 전용보험 가입의무가 없음
- 사업관련 종사자만 보장 적용
- 현재 법인은 전용보험 미가입시 업무용승용차 관련비용 전액 손금불산입
(개정) 개인사업자 중 성실신고확인대상자(직전 과세기간의 성실신고확인대상사업자), 변호사·의사 등 전문직 종사자에 대하여 업무용자동차 전용보험 가입의무* 신설
* 사업자별 1대는 전용보험 가입대상에서 제외, 미가입 시 비용의 50%만 인정
<시행시기> 2021.1.1. 이후 업무용승용차 관련 지출 분부터 적용

▶ 공동사업장은 1사업자로 보아 1대만 제외

차량 관련 비용 인정범위 및 운행기록 작성 비치

[1] 업무용 승용차 관련 비용의 범위
업무용승용차에 대한 감가상각비, 임차료, 유류비, 보험료, 수선비, 자동차세, 통행료 및 금융리스부채에 대한 이자비용 등 업무용승용차의 취득·유지를 위하여 지출한 비용을 말합니다.

[2] 업무용 승용차 운행기록 작성 및 차량 비용 필요경비산입
업무용 승용차 관련하여 연간 비용으로 처리할 금액이 1천5백만원을 초과하는 경우로서 1천5백만원을 초과하는 금액을 필요경비에 산입하고자 하는 경우 업무용승용차별로 운행기록 등을 작성·비치하여야 하며, 관할 세무서장이 요구할 경우 제출하여야 합니다.

◆ 업무용승용차 관련비용 등에 관한 명세서
국세청 홈페이지 → 국세청책제도 → 세무서식

◆ 업무용승용차 운행기록부 [업무용승용차 운행기록 방법에 관한 고시]
국세청 홈페이지 → 알림소식 → 고시·공고·행정예고 → 고시
(검색) 업무용승용차

[3] 업무용 사용금액 한도내 필요경비 산입

업무용 사용금액이란 해당 과세연도 전체 기간(임차한 승용차의 경우 해당 과세연도 중에 임차한 기간) 동안 직원이 직접 운전한 경우로서 업무용승용차 관련비용에 업무사용비율을 곱한 금액으로 합니다.

▶ 업무용 사용금액

업무용승용차 관련 비용 × 업무사용비율(업무용 사용거리/총 주행거리)

▶ 업무용 사용거리 [법인세법 시행규칙 제26조의3조 제4항]

제조.판매시설 등 해당 사업장 방문, 거래처.대리점 방문, 회의 참석, 판촉 활동, 출.퇴근 등 업무수행에 따라 주행한 거리를 말합니다.

[4] 운행기록을 작성하지 않은 경우 차량 비용 필요경비산입

1천5백만원까지 필요경비에 산입할 수 있습니다. 단, 1천5백만원 중 감가상각비는 최대 8백만원만 필요경비에 산입할 수 있습니다.

[세법 개정] 업무용승용차 운행기록부 작성의무 완화(소득령 § 78)
1천만원 → 1천5백만원 이하 : 운행기록부 작성 없이도 필요경비 인정
<적용시기> 2020.1.1. 이후 개시하는 사업연도·과세기간 분부터 적용

▶ **운행기록을 작성하지 않은 경우 업무 사용비율**
1. 해당 과세연도 업무용승용차 관련비용이 1천5백만원(해당 과세연도가 1년 미만인 경우에는 1천5백만원에 해당 과세연도의 개월수를 곱하고 이를 12로 나누어 산출한 금액) 이하인 경우: 100분의 100
2. 해당 과세연도 업무용승용차 관련비용이 1천5백만원을 초과하는 경우: 1천5백만원을 업무용승용차 관련비용으로 나눈 비율

▶ **운행기록을 작성하지 않은 경우 감가상각비**
운행기록을 작성하지 않는 경우 차량 감가상각비가 8백만원을 초과하더라도 8백만원을 감가상각비로 필요경비산입할 수 있는 것은 아닙니다. 예를 들어 차량의 감가상각비가 2천만원이고, 감가상각비를 제외한 차량관련 비용이 2천만원인 경우 업무사용비율은 37.5%[1천5백만원(운행일지를 작성하지 않은 경우 최대 필요경비산입액) ÷ 4천만원(차량유지비 총액)]로서 감가상각비는 750만원만 필요경비에 산입할 수 있는 것입니다.

감가상각비 한도액 및 한도초과액 사후관리

업무용승용차 감가상각비 계산 방법

[1] 감가상각 방법

▶ **2016년 12월 31일 이전 취득한 승용차의 감가상각비 계상**
업무용승용차 감가상각 의무화(5년 정액법)는 2017.1.1. 이후(성실신고확인대상사업자는 2016.1.1.) 개시하는 과세연도에 신규 취득하는

업무용승용차부터 적용하는 것으로 시행시기 이전 취득한 승용차는 기존의 감가상각방법을 적용합니다.

▶ 2017년 1월 1일 이후 취득한 승용차의 감가상각비 계상
정액법으로 5년간 상각을 하되, 감가상각비 중 **연 800만원**을 초과하는 금액은 이월하여 필요경비산입할 수 있습니다.

[2] 감가상각비 계상
감가상각비 × 업무사용비율(업무사용비율이란 총 사용거리 중 업무용 사용거리가 차지하는 비율을 말합니다.) 단, 800만원을 한도로 함

[3] 리스 또는 렌트 차량의 감가상각비 계상

▶ 시설대여업자로부터 임차한 승용차
임차료에서 해당 임차료에 포함되어 있는 보험료, 자동차세, 수선유지비를 차감한 금액. 다만, 수선유지비를 별도로 구분하기 어려운 경우 임차료(보험료와 자동차세를 차감한 금액을 말합니다)의 100분의 7을 수선유지비로 계산할 수 있습니다.

▶ 자동차대여사업자로부터 임차한 승용차
임차료의 100분의 70에 해당하는 금액

◉ 감가상각비 한도액 및 한도초과액 소득처분

[1] 감가상각 의무화
2017년 1월 1일 이후(성실신고확인대상사업자의 경우 2016.1.1.)

취득분부터 업무용 승용차에 대하여는 의무적으로 감가상각비를 계상하여야 합니다.

▣ 과세연도 중 취득한 업무용 승용차의 감가상각비 계상
과세연도 중에 취득하여 사업에 사용한 감가상각자산에 대한 상각범위액은 사업에 사용한 날부터 당해 과세연도종료일까지의 월수에 따라 계산하며, 이 경우 월수는 역에 따라 계산하되 1월 미만의 일수는 1월로 합니다.

[2] 리스 또는 렌트 차량
리스 또는 렌트 차량의 경우 임차료(보험료, 자동차세 등을 제외한 금액) 중 감가상각비 상당액에 대해서만 적용하되, 매 년 800만원까지만 필요경비로 인정이 되므로 감가상각비 상당액에 업무사용비율을 곱한 금액이 800만원을 초과하는 경우 해당 금액은 필요경비불산입하고, 유보로 처분한 후 다음 과세연도부터 해당 업무용승용차의 업무사용금액 중 감가상각비 상당액이 800만원에 미달하는 경우 그 미달하는 금액을 한도로 필요경비에 산입합니다. 단, 업무사용이 아닌 금액은 필요경비불산입하고, 인출로 처분하여야 합니다.

▣ 과세연도 중 임차하거나 임차가 종료된 경우 감가상각비 계상
해당 과세연도 중에 임차한 기간으로 계산하며, 월수에 의하여 계산

[3] 감가상각비 한도초과액 소득처분
감가상각비가 800만원을 초과하는 경우 초과금액은 필요경비불산입(유보) 처분한 이후 다음연도 이후의 감가상각비가 800만원에 미달하는 경우 그 미달하는 금액을 한도로 필요경비 추인(△유보)합니다.

업무용차량을 매각한 경우 세무회계

복식부기의무자 승용차 처분금액 총수입금액 산입

[1] 2016년 이전
승용차 매각시 발생하는 유형자산처분이익(매각금액 > 장부가액)은 총수입금액에 산입하지 아니하며, 유형자산처분손실(매각금액 < 장부가액)은 필요경비에 산입하지 않습니다.

[2] 2017년 이후
복식부기의무자가 업무용승용차를 매각하는 경우 매각금액은 총수입금액에 산입하여야 하며, 장부가액(취득가액- 감가상각누계액)을 필요경비에 산입하여야 합니다.

다만, 처분손실이 800만원을 초과하는 경우 처분연도의 과도한 필요경비산입을 방지하기 위하여 800만원만 필요경비산입할 수 있으며, 초과금액은 매 년 800만원을 한도로 필요경비에 산입합니다.

◆ 복식부기의무자 승용차 처분시 매각가액 총수입금액 산입(2016년 이전 취득한 차량 포함)
소득세법 제19조(사업소득) ① 사업소득은 해당 과세기간에 발생한 다음 각 호의 소득으로 한다. 다만, 제21조제1항제8호의2에 따른 기타소득으로 원천징수하거나 과세표준확정신고를 한 경우에는 그러하지 아니하다. <개정 2019. 12. 31.>
20. 제160조제3항에 따른 복식부기의무자가 차량 및 운반구 등 대통령령으로 정하는 사업용 유형자산을 양도함으로써 발생하는 소득. 다만, 제94조제1항제1호에 따른 양도소득에 해당하는 경우는 제외한다.

🅠 승용차 처분손실 한도액 및 이월

업무용승용차를 처분하여 발생하는 손실로서 업무용승용차별로 800만원을 초과하는 금액은 이월 등의 방법에 따라 필요경비에 산입하여야 합니다.

[사례] 복식부기의무자 업무용 승용차매각과 총수입금액 산입 등
차량 매각금액   1천만원(부가세 별도), 취득가액 5천만원
감가상각누계액 3천만원
감가상각부인액 6백만원(연간 8백만원 초과액 : 200백만원 × 3년)

차량 매각시 분개처리
보통예금   11,000,000 / 부가세예수금   1,000,000
감가상각누계액   30,000,000   차량운반구   50,000,000
유형자산처분손실   10,000,000

<세무조정>
필요경비불산입
유형자산처분손실 10,000,000원 (인출)
총수입금액산입
차량매각금액   10,000,000원 (인출)
필요경비산입
차량 장부가액   20,000,000원 (기타)
필요경비불산입 : 고정자산처분손실 한도초과액 200만원 (유보)
(처분손실 1천만원 - 한도액 800만원)
필요경비산입 : 감가상각부인액   6,000,000 (△유보)

■ 부가가치세 신고서 과세표준 명세 : 업태 (기타) 10,000,000원

▶ **처분손실 필요경비 산입과 업무용승용차 관련비용 명세서 제출**

업무용승용차 처분손실을 필요경비에 산입한 경우 종합소득세 신고를 할 때 업무용승용차 관련비용 명세서를 첨부하여 납세지 관할 세무서장에게 제출하여야 합니다.

▶ **업무용승용차 관련 비용 요약**

구 분		개인사업자
적용 대상		복식부기의무자
시행 시기		• 성실신고확인대상사업자 : 2016. 1.1. 이후 • 복식부기의무자 : 2017. 1.1. 이후
업무전용 보험가입 의무		가입의무 없음 2021.1.1. 이후 개인사업자 중 성실신고확인대상자, 변호사·의사 등 전문직 종사자 업무용자동차 전용보험 가입의무* 신설 * 사업자별 1대는 전용보험 가입대상에서 제외, 미가입 시 비용의 50%만 인정
감가상각비	연간 한도액 800만원	시행시기 이후 취득한 업무용승용차 정액법으로 내용연수 5년을 적용하여 계산
	한도초과액 소득처분	• 자사 소유차량 : 유보 • 리스차량 또는 렌트차량 : 유보 또는 인출
	업무사용비율 초과금액 소득처분	필요경비불산입하고 인출로 소득처분
기타	업무사용금액	업무사용금액 전액 필요경비산입
	업무사용비율을 초과한 금액	필요경비불산입하고, 인출로 소득처분
차량 처분시 발생하는 손실		(2016년 이전 차량 포함) 800만원을 초과하는 금액은 이월하여 매 년 800만원씩 필요경비산입
처분시 발생하는 이익		총수입금액 산입
폐업시		사업을 폐업하는 경우 폐업일이 속하는 과세연도에 전부 필요경비 산입

SECTION 08

소득이 적은 사업자 지원제도 근로장려금

사업소득 또는 근로소득이 있으나 소득이 적어 생활이 어려운 가구를 지원하기 위하여 정부는 소득지원제도인 근로장려금을 지급하고 있으며, 국세청에 신청하면 심사후 지급하여 줍니다.

근로장려금 지원기준 및 금액

Q 소득금액 기준

● **연간 총소득의 합계액이 다음의 기준금액 미만일 것**

거주자 및 배우자를 포함한 세대원(18세 미만 자녀 및 거주자 또는 그 배우자와 동일한 주소에 거주하는 직계존속과 직계비속))의 **연간 총소득의 합계액**이 총소득기준금액 미달하는 경우 근로장려금을 지급하며, 연간 총소득의 합계액에는 **사업소득**, 근로소득, 기타소득, 이자소득, 배당소득, 연금소득 등을 모두 포함한 금액으로 합니다.

◼ 총소득기준금액

가구의 구성		총소득기준금액	최대지원금액
단독가구		2,200만원	150만원
가족가구	홀벌이	3,200만원	260만원
	맞벌이	3,800만원	300만원

▶ **단독가구**

배우자와 부양자녀가 없는 가구

▶ **홀벌이가구**

1. 배우자가 있는 경우로서 배우자의 소득이 연간 300만원 미만인 경우
2. 18세 이하 부양자녀가 있는 경우
3. 배우자가 없어도 70세 이상의 부모를 부양하는 경우(단, 주민등록표상 동거가족으로서 생계를 같이하고, 부모의 연소득 100만원 이하여야 함)

▶ **맞벌이가구**

맞벌이가구인 경우 배우자의 근로소득 총급여(비과세소득 제외) 및 사업소득의 연간 합계액이 **3백만원 이상**이어야 합니다.

● **소득종류별 소득금액 계산 방법**

- 근로소득 = 총급여(비과세금액 제외)
- **사업소득 = 총수입금액 × 업종별 조정률**
- 이자·배당·연금소득 = 총수입금액
- 기타소득 = 총수입금액 - 필요경비

▶ **사업소득의 업종별 조정률**

1. 도매업 : 100분의 20
2. 농업·임업 및 어업, 광업, 자동차 및 부품 판매업, **소매업**, 부동산 매매업, 그 밖에 다른 목에 해당되지 아니하는 사업 : 100분의 30
3. 제조업, 음식점업, 건설업(비주거용 건물 건설업은 제외하고, 주거용 건물 개발 및 공급업을 포함한다): 100분의 45
4. 상품중개업, 숙박업, 하수·폐기물처리·원료재생 및 환경복원업, 운수업, 출판·영상·방송통신 및 정보서비스업, 금융 및 보험업 : 100분의 60
5. 부동산 관련 서비스업, 전문·과학 및 기술서비스업, 사업시설관리 및 사업지원서비스업, 교육서비스업, 보건업 및 사회복지서비스업, 예술·스포츠 및 여가 관련 서비스업, 수리 및 기타 개인 서비스업 : 100분의 75
6. 부동산임대업, 임대업(부동산 제외), 인적용역, 가구 내 고용활동: 100분의 90

부양가족 기준

▶ **배우자 또는 자녀가 있는 경우**

배우자가 있거나 18세 이하 자녀가 있는 경우 홑벌이 가구 또는 맞벌이 가구의 근로장려금을 신청할 수 있으며, 이 경우 세대구성원 전부의 소득 및 재산이 기준금액 미만이어야 합니다.

▶ **배우자 또는 부양자녀 여부**

배우자 및 부양자녀 여부는 **해당 연도의 과세기간 종료일(12월 31일) 현재**를 기준으로 하며, 부양자녀가 해당 연도의 과세기간 중에 18세 미만에 해당하는 날이 있는 경우 18세 미만으로 봅니다.

> **보 충** 부양자녀 요건 : 다음 각 호의 요건을 모두 갖춘 사람
> 1. 거주자의 자녀이거나 동거입양자일 것. 다만, 부모가 없거나 부모가 자녀를 부양할 수 없는 경우 거주자의 손자·손녀 또는 형제자매를 포함합니다.
> 2. 18세 미만일 것. (장애인의 경우 연령 제한을 받지 않습니다.)
> 3. 연간 소득금액의 합계액이 100만원 이하일 것
> 4. 주민등록표상의 동거가족으로서 해당 거주자의 주소나 거소에서 현실적으로 생계를 같이 하는 사람일 것. 다만, 직계비속의 경우에는 그러하지 않음

Q 재산 기준

거주자 및 배우자를 포함한 세대원(18세 미만 자녀 및 거주자 또는 그 배우자와 동일한 주소에 거주하는 직계존속과 직계비속)이 소유하고 있는 토지·건물·자동차·예금 등 재산 합계액(부채는 공제하지 않음)이 **직전연도 6월 1일 기준**으로 **2억원 미만**이어야 합니다. 단, 재산 합계액이 1.4억원 이상인 경우 근로장려금은 근로장려금 산정금액의 100분의 50에 해당하는 금액으로 합니다.

> **보 충** 재산의 합계액에 포함하는 재산
> 1. 토지 및 건축물
> 2. 승용자동차. 다만, 영업용 승용자동차는 제외합니다.
> 3. 전세금(임차보증금 포함) : 시가표준액을 준용하여 평가한 금액의 100분의 60 이내에서 국세청장이 정하여 고시하는 금액(55%)
> 4. 이자소득을 발생시키는 예금·적금·부금·예탁금·저축성보험 등 다만, 금융재산의 개인별 합계금액이 5백만원 미만인 경우 제외
> 5. 유가증권 및 회원제 골프장을 이용할 수 있는 회원권
> 6. 부동산을 취득할 수 있는 권리

■ (개정 세법) 근로·자녀장려금 재산요건 완화(조특법 §100의3·5·28)

현 행	개 정
□ 근로·자녀장려금 지급대상자 재산요건 ○ 재산합계액 2억원 미만 - 1.4억원 이상 시 근로·자녀 장려금 50% 지급	□ 재산요건 완화 ○ 2억원 미만 → 2.4억원 미만 - 1.7억원 이상 시 근로·자녀 장려금 50% 지급

<적용시기> '23.1.1. 이후 신청하는 분부터 적용

근로장려금 지원금액

[1] 단독가구

총급여액 등	근로장려금	비고
400만원 미만	총급여액 등 × 150/400	
400만원 이상 900만원 미만	150만원	
900만원 이상 1,300만원 미만	150만원 - (총급여액 등 - 900만원) × 150/1100	

[2] 홑벌이 가족가구

총급여액 등	근로장려금	비고
700만원 미만	총급여액 등 × 260/700	
700만원 이상 1,400만원 미만	260만원	
1,400만원 이상 3,000만원 미만	260만원 - (총급여액 등 - 1,400만원) × 260/1600	

[3] 맞벌이 가족가구

총급여액 등	근로장려금	비고
800만원 미만	총급여액 등 × 300/800	
800만원 이상 1,700만원 미만	300만원	
1,700만원 이상 3,600만원 미만	300만원 - (총급여액 등 - 1,700만원) × 300/1,500	

◎ 근로장려금 신청 및 환급

① 근로장려금을 지원받으려는 근로자 및 사업자는 종합소득과세표준 확정신고 기간(5. 1. ~ 5. 31.)에 '근로장려금신청서'에 근로장려금 신청자격을 확인하기 위하여 필요한 증거자료를 첨부하여 관할 세무서장에게 근로장려금을 신청하여야 하며, 근로장려금의 신청을 한 경우에만 근로장려금을 지원받을 수 있습니다.

② 제1항에도 불구하고 반기(半期)동안 근로소득만 있는 거주자는 상반기 소득분에 대하여 8월 21일부터 9월 10일까지, 하반기 소득분에 대하여 다음 연도 2월 21일부터 3월 10일까지 근로장려금신청서에 근로장려금 신청자격을 확인하기 위하여 필요한 자료를 첨부하여 납세지 관할 세무서장에게 근로장려금을 신청할 수 있습니다.

■ (개정 세법) 근로장려금 지급액 인상(조특법 §100의5①)

현 행	개 정
□ 근로장려금 지급액	□ 지급액 인상

ㅇ 단독 가구

총급여액등*	근로장려금	총급여액등	근로장려금
400만원 미만	총급여액등 × 400분의 150	400만원 미만	총급여액등 × 400분의 165
400만원 이상 900만원 미만	150만원	400만원 이상 900만원 미만	165만원
900만원 이상 2,200만원 미만	150만원 - (총급여액등 - 900만원) × 1,300분의 150	900만원 이상 2,200만원 미만	165만원 - (총급여액등 - 900만원) × 1,300분의 165

* 근로소득 + 사업소득(총수입금액×업종별조정률)

ㅇ 홑벌이 가구

총급여액등	근로장려금	총급여액등	근로장려금
700만원 미만	총급여액등 × 700분의 260	700만원 미만	총급여액등 × 700분의 285
700만원 이상 1,400만원 미만	260만원	700만원 이상 1,400만원 미만	285만원
1,400만원 이상 3,200만원 미만	260만원 - (총급여액등 - 1,400만원) × 1,800분의 260	1,400만원 이상 3,200만원 미만	285만원 - (총급여액등 - 1,400만원) × 1,800분의 285

ㅇ 맞벌이 가구

총급여액등	근로장려금	총급여액등	근로장려금
800만원 미만	총급여액등 × 800분의 300	800만원 미만	총급여액등 × 800분의 330
800만원 이상 1,700만원 미만	300만원	800만원 이상 1,700만원 미만	330만원
1,700만원 이상 3,800만원 미만	300만원 - (총급여액등 - 1,700만원) × 2,100분의 300	1,700만원 이상 3,800만원 미만	330만원 - (총급여액등 - 1,700만원) × 2,100분의 330

<적용시기> '23.1.1. 이후 신청하는 분부터 적용

자녀장려금 지원기준 및 지원금액

자녀장려금이란 사업소득 또는 근로소득이 있는 자로서 일정 소득기준 및 재산기준에 미달하는 경우 자녀양육비를 지원하기 위한 제도로서 해당 과세연도 12월 31일 현재 **18세 미만인 자녀**가 있고, 거주자와 그 배우자의 연간 총소득 합계액이 **4천만원 미만**이면서 가구원 **재산 합계액이 2억원 미만**인 경우 자녀 1인당 최대 70만원을 지원받을 수 있으며, 근로장려금과는 별도로 지급받을 수 있습니다.

■ 가구원 요건

가구명칭	가구 구분	가구원 구성
단독가구		배우자.부양자녀.부양부모가 없는 경우
홑벌이가구	배우자의 총급여액 등이 3백만원 미만인 가구	배우자·18세 미만 부양자녀·생계를 같이하는 70세 이상 부,모가 있는 경우
맞벌이가구	배우자의 총급여액 등이 3백만원 이상인 가구	

■ 총소득 요건
가구원 구성에 따라 거주자(배우자 포함)의 연간 총소득 기준금액이 다음표의 금액 미만이어야 합니다.

가구원 구성		단독 가구	홑벌이 가구	맞벌이 가구
총 소 득 기준금액	근로장려금	2,200만원	3,200만원	3,800만원
	자녀장려금	-	4,000만원	

■ 재산 요건
가구원 모두의 재산(토지.건물.자동차.예금.전세보증금 등)을 합산하여 2억원 미만이어야 하며, 부채는 차감하지 않습니다.

■ (개정 세법)자녀장려금 지급액 인상(조특법 §100의29)

현 행	개 정
□ 자녀장려금 지급액	□ 지급액 인상
ㅇ 홑벌이 가구	ㅇ 홑벌이 가구
<table><tr><th>총급여액등</th><th>자녀장려금</th></tr><tr><td>2,100만원 미만</td><td>자녀 1인당 70만원</td></tr><tr><td>2,100만원 이상 4,000만원 미만</td><td>70만원 - (총급여액등 - 2,100만원) × 1,900분의 20</td></tr></table>	<table><tr><th>총급여액등</th><th>자녀장려금</th></tr><tr><td>2,100만원 미만</td><td>자녀 1인당 80만원</td></tr><tr><td>2,100만원 이상 4,000만원 미만</td><td>80만원 - (총급여액등 - 2,100만원) × 1,900분의 30</td></tr></table>
ㅇ 맞벌이 가구	ㅇ 맞벌이 가구
<table><tr><th>총급여액등</th><th>자녀장려금</th></tr><tr><td>2,500만원 미만</td><td>자녀 1인당 70만원</td></tr><tr><td>2,500만원 이상 4,000만원 미만</td><td>70만원 - (총급여액등 - 2,500만원) × 1,500분의 20</td></tr></table>	<table><tr><th>총급여액등</th><th>자녀장려금</th></tr><tr><td>2,500만원 미만</td><td>자녀 1인당 80만원</td></tr><tr><td>2,500만원 이상 4,000만원 미만</td><td>80만원 - (총급여액등 - 2,500만원) × 1,500분의 30</td></tr></table>

<적용시기> '23.1.1. 이후 신청하는 분부터 적용

4

지출증빙, 과세자료 세무조사, 가산세등

SECTION 01

정규영수증 제도

국세청은 사업자가 소득금액을 줄이기 위한 방법으로 매출을 누락하거나 실제 지출하지 않은 경비를 지출한 것처럼 계상하여 소득을 줄이는 편법을 방지하기 위하여 비용지출에 대하여 법에서 정하는 영수증을 수취하도록 규정하고 있으며, 이러한 영수증을 '정규영수증'이라고 합니다.

한편, 국세청은 사업자의 법인세 또는 소득세 신고내용을 분석하여 가짜 경비를 계상한 것으로 추정되는 경우 경비로 계상한 금액과 정규영수증 제출금액과의 차액을 분석하여 그 사유에 대한 소명을 요구하게 되며, 이에 대하여 정당한 소명을 하지 못하는 경우 세무조사 등을 통하여 소득세 또는 법인세 및 무거운 가산세를 부과하게 됩니다.

단, 실제 비용을 지출하였다하더라도 정규영수증을 수취하지 않는 경우 비용으로는 인정을 받을 수 있으나 거래금액의 100분의 2를 가산세로 추징당할 수 있습니다.

정규영수증 개요

🇶 국세청은 왜 사업자의 경비 지출시 정규영수증 수취를 의무화하고 있나요?

사업자의 사업소득금액은 수익에서 비용을 차감한 것으로 하며, 비용은 사업자의 이익을 감소시킵니다. 예를 들어 매출이 2억원이고 매출을 위하여 발생한 비용이 1억원인 경우 사업자의 사업소득금액은 1억원이 됩니다.

세법은 납세자가 자기의 소득을 스스로 계산하여 신고.납부하도록 규정하고 있습니다. 따라서 과세당국은 납세자가 자기의 소득을 세법의 규정에 따라 정확히 계산하여 성실하게 자진신고 및 납부하도록 법률에 규정하고 있으며, 이를 이행하지 않을 경우 가산세를 부과하거나 세무조사를 하여 공평과세를 구현하고 있습니다.

반면, 사업자는 어떻게든 세금을 적게 내기를 원할 것입니다. 사업자가 적법한 방법으로 세금을 절약하는 것은 정당하나 어떤 경우에는 탈법적인 방법으로 세금을 줄이기 위하여 매출을 누락하거나 실제 발생하지 않은 비용을 발생한 것으로 처리하여 이익을 줄여 신고하는 경우가 발생할 수 있을 것입니다.

예를 들어 매출과 관련하여 실제 발생한 비용은 1억원인데 실제 지출하지 않은 비용 5천만원을 비용처리하고 정규영수증이 아닌 간이영수증을 증빙으로 수취한 경우 소득을 5천만원 줄여서 신고할 수 있을 것입니다. 따라서 과세당국은 납세자가 가짜 영수증을 수취하여 실제 발생하지 않은 비용을 비용처리하는 것을 원천적으로 방지하기 위하여 가능한 모든 방법을 동원하고 있으며, 그 대표적인 수단이 정규영수증 제도입니다.

세법은 정규영수증을 수취하여야 하는 사업자(직전연도 수입금액이 4800만원 이상인 사업자)가 정규영수증 수취대상거래에 대하여 실제 비용으로 지출을 하였다 하더라도 정규영수증을 수취하지 않는 경우 경비로는 인정을 하여 주나 거래금액의 100분의 2를 가산세로 부과할 수 있는 가산세 규정을 두어 납세자가 정규영수증이 아닌 간이영수증 등을 수취하여 비용처리하는 것을 제재하고 있는 것입니다.

정규영수증이란 **세금계산서, 계산서, 신용카드매출전표, 현금영수증**을 말합니다. 정규영수증 발급내용은 전부 국세청 전산시스템으로 연계되어 매출자의 매출신고내용 및 매입자의 비용 정당성 여부를 동시에 통제할 수 있습니다.

즉, 매입자로 하여금 정규영수증을 수취하도록 하여 매출자의 매출신고 누락을 방지하고 매입자가 가짜로 비용처리하는 것을 철저히 관리하는 것입니다. 다만, 정규영수증을 수취할 수 없는 경우 및 납세자의 편의를 위하여 건당 거래금액이 3만원 이하[접대비 1만원(2021년 이후 3만원)]의 소액거래에 대하여는 예외규정을 두고 있습니다.

> **보충** 매출누락 방지 및 가짜 매입 방지방법
>
> 과세사업자가 물품등을 매입하고 매입세금계산서의 매입세액을 공제받고, 비용으로 인정받기 위하여 매입 세금계산서 수취내용을 신고하도록 하여 매입자가 세금계산서 수취내용을 신고하였으나 매출자가 이를 신고하지 않는 경우 사업자등록번호로 크로스 체크하여 매출누락에 대하여 세금을 추징하며, 매입자의 비용 중 정규영수증 수취비율을 분석하여 동종업종에 비하여 정규영수증 수취비율이 낮은 경우 조사선정을 하기도 합니다

Q 세법에서 인정하는 증빙에는 어떤 것이 있나요?

● 비용 지출 및 감가상각대상 자산 매입 증빙

구 분	수 취 대 상	제 출 기 한
세금계산서	과세대상 재화 또는 용역 매입	과세사업자 : 부가세신고시 면세사업자 : 다음해 1월말일
계 산 서	면세대상 재화 또는 용역 매입	과세사업자 : 부가세신고시 면세사업자 : 다음해 1월말일
신용카드 매출전표	과세 및 면세대상 재화, 용역 매입	매입세액공제분만'신용카드매출전표 등수취명세서 제출
현 금 영 수 증	현금을 지급하고 수취한 현금영수증	매입세액공제분만'신용카드매출전표 등수취명세서 제출

● 인건비 관련 및 기타 원천징수대상소득 지급 증빙

직원에 대한 급여를 지급하거나 퇴직금을 지급하는 경우 및 일용근로자에게 일당을 지급하는 경우 또는 사업자등록이 없는 개인으로부터 인적용역(외부강사료 또는 번역료 등)을 제공받고 그 대가를 지급하는 경우 그 지급사실에 대한 내역서인 지급명세서를 작성하여 제출기한내 세무서에 제출하여야 합니다. 또한 금융기관이 아닌 개인에게 이자를 지급하는 경우에도 이자지급에 대한 지급명세서를 제출하여야 합니다.

> **사례** 금융기관에 지급하는 이자비용 지출증빙
>
> 금융기관에 지급하는 이자는 정규영수증 수취대상이 아닙니다. 따라서 이 경우 금융기관에 이자를 송금한 내용 및 금융기관이 발행한 이자영수증이 증빙이 되는 것입니다.

| 보 충 | 원천징수대상소득 및 지급명세서 제출기한 |

구 분	지 출 증 빙	제 출 기 한
계속근로자	근로소득지급명세서	다음해 3월 10일
일용근로자	일용근로소득 지급명세서	해당 분기의 다음달 말일 단, 4/4분기 지급액은 다음해 2월 말일
퇴 직 자	퇴직소득지급명세서	다음해 3월 10일

구 분	지 출 증 빙	제 출 기 한
이 자 비 용	이자소득지급명세서	다음해 2월 말일
기 타 소 득	기타소득지급명세서	다음해 2월 말일
사 업 소 득	사업소득지급명세서	다음해 3월 10일

[개정 세법] 지급명세서 등 제출주기 단축(소득세법 §164, §164의3)

종 전	개 정
□ 지급명세서 등 제출주기	□ 지급명세서 등 제출주기 단축
○ 일용근로소득에 대한 지급명세서 : 매 분기 지급일이 속하는 분기의 마지막 달의 다음 달 말일	○ 일용근로소득에 대한 지급명세서 : **매월** 지급일이 속하는 달의 **다음 달 말일**
○ 원천징수대상 사업소득에 대한 간이지급명세서 : 매 반기 지급일이 속하는 반기의 마지막 달의 다음 달 말일	○ 원천징수대상 사업소득에 대한 간이지급명세서 : **매월** 지급일이 속하는 달의 **다음 달 말일**

<적용시기> '21.7.1. 이후 지급하는 소득분부터 적용

어떤 경우 정규영수증을 수취하여야 하나요?

기업은 사업과 관련한 각종 경비지출시 반드시 그 지출을 입증할 수 있는 증빙서류를 첨부하여 보관하여야 합니다. 지출에 대한 증빙서류에 대한 법적규제가 없는 경우 사업자가 임의의 영수증(간이영수증 등)을 수취하여 지출 금액을 조작하여 탈세의 수단으로 이용할 수 있으므로 세법은 지출에 대한 증빙서류의 종류를 엄격히 규정하고 있습니다.

사업자가 사업과 관련하여 사업자등으로부터 재화 또는 용역을 공급받고 건 당 거래금액이 **3만원(접대비는 1만원)**을 초과하여 그 대가를 지급하는 경우에 세금계산서, 계산서, 현금영수증, 신용카드매출전표 등 정규영수증을 수취하여 이를 보관하여야 합니다. 단, 세법에서 특정한 거래(정규영수증 수취예외거래)는 제외합니다.

경비 지출 거래에 대하여 정규영수증을 수취하지 않았으나 실제 거래를 한 경우 비용으로는 인정되나 그 거래금액의 100분의 2에 해당하는 금액을 가산세로 징수하도록 규정하고 있습니다. 실무에서 세법이 규정하고 있는 정규영수증을 원칙대로 수취하기란 현실적으로 어려운 점이 있으나 비용 지출시 가능한 정규영수증을 수취하되, 정규영수증 수취가 어려운 경우 증빙불비가산세 문제는 별개로 하더라도 그 지출에 대한 비용은 인정받아야 하므로 객관적으로 입증될 수 있는 증빙서류를 확보하여 보관하여야 할 것입니다.

[개정 세법] 적격증빙 없는 소액접대비 기준금액 인상(소득령 §83)
적격증빙*이 없더라도 손금불산입하지 않는 소액접대비 기준금액
* 신용카드매출전표, 현금영수증, 세금계산서 등

(현행) 경조금 20만원, 그 외 1만원
(개정) 경조금 20만원(현행유지), 그 외 1만원 → 3만원
<적용시기> '21.1.1. 이후 지출하는 분부터 적용

사업자와의 거래

정규영수증 수취대상 거래는 사업자와의 거래로 사업자라 함은 다음 각 항의 어느 하나에 해당하는 사업자를 말합니다. 따라서 사업자가 아닌 개인과의 거래는 정규영수증 수취대상이 아니므로 해당 거래에 대한 지출을 증빙할 수 있는 서류(영수증)를 수취하여 보관하고 금융기관을 이용하여 송금하면 됩니다. 예를 들어 개인으로부터 중고자동차 등을 매입하는 경우에는 정규영수증 수취대상거래가 아닙니다.

① 영리법인 및 수익사업을 영위하는 비영리법인
② 부가가치세법의 규정에 의한 사업자. 다만, 읍·면지역에 소재하는 간이과세자로서 신용카드가맹점 또는 현금영수증가맹점이 아닌 사업자는 제외합니다.
③ 소득세법의 규정에 의한 사업자 및 비거주자. 다만, 동법 국내사업장이 없는 비거주자를 제외합니다.

건당 거래금액이 3만원을 초과하는 거래

거래 건 당 공급대가(부가세 포함)가 3만원[접대비 : 1만원(2021년 이후 3만원)]을 초과하는 거래인 경우 정규영수증을 수취하여야 합니다. 3만원 초과 거래여부의 판단은 거래 1건별 영수증금액(부가세 포함)을 기준으로 판단하며, 동일한 거래에 대하여 영수증을 분할하여 발급받은 경우에도 합산한 금액을 1건의 거래로 봅니다.

정규영수증 수취대상이 아닌 경우

Q 정규영수증 수취대상 제외사업자와의 거래

■ 국가, 지방자치단체에 납부하는 세금 등

■ 국민연금, 건강보험료, 고용보험, 산재보험료 납부금액

■ 비영리단체에 지출하는 조합비, 협회비 등

■ 농·어민(법인 제외)으로부터 재화, 용역을 직접 공급받은 경우

■ 은행, 보험회사, 신용카드사에 지출한 각종 수수료
대출이자, 할부이자, 송금수수료, 보증보험료, 리스료, 어음할인료 환전수수료, 신용카드수수료, 보험료, 증권회사수수료 등

■ 읍·면지역에 소재하는 간이과세자로서 신용카드가맹점이 아닌 사업자
읍·면지역(도농복합 시지역의 읍면지역 포함)에 소재하는 간이과세자로 신용카드가맹점이 아닌 사업자인 경우 해당 사업자가 발행하는 간이영수증 등을 지출증빙으로 수취하면 됩니다.

Q 정규영수증 수취하지 않아도 되는 거래

● 건당 거래금액이 3만원 이하인 거래

건당 거래금액이 3만원 이하인 경우 정규영수증 수취하여야 할 의무는 없습니다. 다만, 정규영수증은 아니더라도 간이영수증 등은 수취하여 두어야 합니다. 3만원 초과 거래 여부의 판단은 거래 1건별 영수증금액(부가세 포함)을 기준으로 판단하며, 동일한 거래에 대하여 영수증을 분할하여 발급받은 경우에도 합산한 금액을 1건의 거래로 봅니다.

● 거래처 경조사비(20만원 이하) 및 종업원 경조사비

거래처에 대한 경조사비의 경우 적격증빙 수취가 현실적으로 불가능한 경우가 대부분이지만, 화환대 등 적격증빙 수취가 가능한 것은 계산서 등 적격증빙을 수취하여야 한다. 단, 축의금 및 조의금 등은 적격증빙을 수취할 수 없는 경우라도 **20만원 이하의 금액**은 접대비로 인정될 수 있다.

● 재화 또는 용역의 공급으로 보지 아니하는 거래

○ 조합 또는 협회에 지출하는 경상회비
○ 판매장려금(현금 지급) 또는 포상금 등 지급
○ 거래의 해약으로 인한 위약금, 손해배상금
○ 기부금

● 기타

○ 항공요금, 철도의 여객운송용역
○ 택시비, 입장권, 승차권, 승선권, 통행료 등
○ 연체이자를 지급하는 경우
○ 방송용역, 전기통신용역

> 다음의 하나에 해당하는 경우로서 공급받은 재화 또는 용역의 거래금액을 금융기관을 통하여 지급한 경우로서 법인사업자는 법인세과세표준신고서에 송금사실을 기재한 '경비 등의 송금명세서'를 개인사업자는 종합소득세 신고시 '영수증수취명세서'를 관할 세무서장에게 제출하는 경우

■ 간이과세자로부터 부동산임대용역을 제공받은 경우

■ 임가공용역을 제공받은 경우(법인과의 거래를 제외한다)

■ 간이과세자인 운수업자로부터 운송용역을 공급받은 경우

■ 간이과세자로부터 재활용폐자원 등을 공급받은 경우

■ 항공법에 의한 상업서류 송달용역을 제공받는 경우
DHL, UPS 등의 상업서류 송달용역은 부가가치세법상 세금계산서 발급의무를 면제하고 있는 것을 고려하여 경비등의 송금명세서를 제출하면 정규증빙 미수취가산세가 적용되지 않습니다.

■ 부동산중개업자(공인중개사)에게 수수료를 지급하는 경우

■ 통신판매에 따라 재화 또는 용역을 공급받은 경우

■ 기타 국세청장이 정하여 고시하는 경우
1. 인터넷, PC통신 및 TV홈쇼핑을 통하여 재화 또는 용역을 공급받는 경우
2. 우편송달에 의한 주문판매를 통하여 재화를 공급받는 경우

증빙수취와 관련하여 주의하여야 할 사항

간이과세자와 거래시 어떤 증빙을 받아야 하나요?

거래상대방이 간이과세자인 경우 세금계산서를 발급할 수 없기 때문에 현금영수증을 수취하거나 신용카드로 결제하여야 합니다. 다만, 직전연도 공급가액이 4800만원 초과 8000만원 이하인 세금계산서 발급대상 간이과세자로부터 재화 또는 용역을 공급받은 경우에는 세금계산서를 수취하여야 합니다. 한편, 면세되는 물품 또는 서비스를 공급하는 간이과세자는 면세계산서를 발행할 수 있습니다.

개인(미등록자)으로부터 과세재화를 공급받는 경우

사업자등록이 없는 개인으로부터 물품 등(중고자동차 취득 등)을 구입하는 경우 그 지급사실을 증명할 수 있는 영수증을 수취하고, 금융기관을 통하여 송금한 송금영수증을 보관하시면 됩니다.

간이사업자 또는 미등록사업자와의 거래시 대금지급은 금융기관을 이용하여 결제하여야 합니다.

금융기관을 통하여 지급하지 아니한 경우 가산세가 징수될 수 있으므로 금융기관을 통하여 지급을 하여야 합니다.

Q&A 세금계산서 및 거래명세서, 계산서, 기타영수증 등 증빙서류는 몇 년간 보관하여야 하나요?

세금신고와 관련한 증거자료인 세금계산서 및 면세 계산서, 현금영수증, 기타 지출증빙서류는 5년간 보관하여야 합니다.

정규영수증 과소 수취에 대한 해명 요구

Q 사업과 관련한 비용(필요경비)에 대한 증빙이 부족한 경우 어떤 문제가 발생할 수 있나요?

국세청은 법인의 법인세신고 및 개인사업자의 종합소득세 신고내용에 대하여 손금 또는 필요경비로 계상한 금액과 정규영수증을 제출한 금액을 분석하여 손금 또는 필요경비 대비 정규영수증 제출비율이 상대적으로 낮은 사업자에 대하여 실제 경비를 지출하지 않았음에도 경비를 지출한 것처럼 허위로 법인세 또는 소득세를 신고한 혐의가 있는 것으로 보고, 손금산입한 금액과 정규영수증 제출금액에 중대한 차이가 있는 경우 그 사유를 사업자에게 소명요구를 하거나 수정신고를 하도록 하고 있습니다.

그리고 관할 세무서는 사업자가 지출에 대한 증빙을 제출하지 못한 금액에 대하여 사업자가 소득을 누락한 것으로 보고 법인세 또는 소득세를 추징함으로써 사업자가 소득을 정당하게 신고하지 않으면 안 되도록 시스템을 만들었습니다.

한편, 소규모 사업자의 경우 어려운 현실을 감안하여 소득세 신고시 비용처리란 금액과 정규영수증 제출 내용에 대하여 해명요구를 유보하여 왔지만, 최근 국세청은 소상공인에 대해서도 종합소득세 신고내용을 분석하여 사업자가 비용처리한 금액과 정규영수증 제출금액을 대비하여 정규영수증 제출비율이 상대적으로 낮은 업체로서 그 차이 금액이 중요한 경우 해명자료를 요구하고 있으며, 사업자가 이와 같이 정규영수증 없이 경비처리한 금액에 대한 해명자료를 받은 경우 정말 어려운 문제가 발생할 수 있습니다.

이 경우 사업자는 지출에 대한 증빙이 없다하여 이미 간편장부 또는 복식부기기장에 의하여 신고한 내용에 대하여 추계(사업과 관련한 수입금액에 국세청이 정한 소득율을 곱하여 소득금액을 계산하는 방법)에 의한 종합소득세 신고도 할 수 없고, 관할 세무서에서는 사업자가 장부 및 증빙이 부족하다하여 추계에 의한 결정을 하지 않음으로 사업자가 지출에 대한 명확한 증빙서류를 소명할 수 없는 경우 소명하지 못한 금액을 소득으로 추정하여 감당하기 어려운 세금을 부과할 수도 있다 보니 이러한 소명요구를 받은 사업자가 겪어야 하는 어려움은 매우 심각한 문제입니다.

뿐만 아니라 소상공인의 거래처가 소득세 또는 법인세를 줄이기 위하여 소상공인에게 실제 거래금액보다 세금계산서를 더 발행하여 줄 것을 요구하거나 압박하는 경우 소상공인은 거래처와의 거래에 생존권이 달려 있다 보니 부득이 실제 거래없이 세금계산서를 발행하는 경우가 있고, 이 경우 거래처는 소득을 줄여 세금을 줄일 수 있으나 소상공인 자신은 종합소득세신고를 함에 있어 가공 매출로 인하여 가공 매출분에 대한 경비가 부족하여 정규영수증 없이 실제 지출하지 않은 것을 지출한 것처럼 장부에 계상하여 소득세 신고를 하게 되는 경우가 있습니다.

그런데 국세청은 이제 소상공인의 경우에도 소득세 신고서의 경비 금액과 정규영수증 제출비율을 분석하여 그 금액이 중요한 경우 해명자료를 요구함으로써 소상공인은 세금문제로 치명적인 어려움을 겪게 되는 것입니다. 이러한 국세청의 압박은 향후에도 계속될 것이므로 소규모 사업자라 하더라도 지출에 대한 증빙없이 필요경비로 계상하는 일은 없도록 종합소득세 신고시 유의를 하여야 하며, 경비 영수증이 없는 금액이 중요한 경우 종합소득세를 추계로 신고를 하여야 할 것입니다.

과세자료 해명 요구에 대한 조치

위와 같은 사유 등에 의하여 관할 세무서로부터 과세자료 해명 요구를 받은 경우로서 정당하게 거래를 하였거나 세금을 탈루한 사실이 없는 경우 이를 입증하는 서류를 제출하여야 합니다. 납세자가 관할 세무서의 과세자료 해명 요구에 대하여 이를 입증하지 못하는 경우 세무서가 직권으로 세금 탈루금액을 결정할 수 있으며, 관할 세무서로부터 수정 신고할 것을 요구받은 경우 수정신고를 하여야 합니다. 납세자가 수정 신고를 하지 않는 경우 관할 세무서는 세금을 탈루한 내용에 대하여 고지결정을 하거나 필요한 경우 세무조사를 실시할 수 있습니다.

과세자료 해명 요구를 받은 경우 수정신고

납세자가 소득을 과소 신고한 내용에 대하여 스스로 수정신고를 하는 경우 과소신고 가산세에 대한 감면(해당 세목의 신고기한일 다음날부터 2년 이내에 수정 신고하는 경우)을 받을 수도 있고, 산출세액이 증가한 금액에 대하여 '중소기업특별세액 감면' 및 '창업중소기업등에 대한 세액 감면'을 추가로 감면을 받을 수 있습니다.

그러나 관할 세무서의 과세자료 해명 요구를 받고, 수정신고하는 경우 과소신고가산세 감면을 받을 수 없으며, 또한 산출세액이 증가한 금액에 대하여 '중소기업특별세액 감면' 및 '창업중소기업등에 대한 세액 감면'을 추가로 받을 수 없습니다.

SECTION 02

지출증빙 관리

> 부가가치세 신고와 관련한 세금계산서 및 매입세액을 공제 받을 수 있는 신용카드매출전표 및 현금영수증은 별도로 구분하여 보관하여야 하며, 기타 지출과 관련한 영수증은 A4 용지에 거래일순으로 붙여 보관하시면 됩니다.

세금계산서 관리 및 보관 방법

매출세금계산서

매출세금계산서는 작성일자순으로 제1기(1.1 ~ 6.30)와 제2기 (7.1 ~ 12.31)를 구분하여 별도로 철하여 보관하여야 합니다. 단, 매출세금계산서가 많은 경우 월별 또는 3개월 단위로 철하여도 됩니다만, 다른 과세기간의 세금계산서를 같이 철하여서는 안됩니다.

해당 과세기간(제1기 및 제2기)별로 매출세금계산서 전체금액을 집계하여 집계표를 작성하여 두시면 유용합니다.

매출 및 매입 집계표 (제 기)

업체명:　　　　　과 세 기 간 : 202×년　월　일 ~ 202×년　월　일

구 분			거래처수	매 수	공급가액	세 액	비고
매출	① 전 자 세 금 계 산 서						
	② 종 이 세 금 계 산 서						
	면 세 계 산 서					▩	
	③ 신　용　카　드						
	④ 현　금　영　수　증						
	⑤ 기　타　매　출						
	⑥ 합　　　　　계						
매입	⑦ 전자세금계산서	일 반					
		고 정					
	⑧ 종이세금계산서	일 반					
		고 정					
	⑨ 매입세금계산서 합　　계	일 반					
		고 정					
		합 계					
	면 세 계 산 서					▩	
	⑩ 기 타 공 제	신　용　카　드					
		현　금　영　수　증					
		의　제　매　입					
	⑪ 불공제매입세금계산서						
	⑫ 차가감계(③+④-⑤)						
납부(환급) 세액 (⑥ - ⑫)							

⑩ 기타공제란 매입세액을 공제받을 수 있는 신용카드매출전표 및 현금영수증의 건수 및 공급가액, 세액만을 기재합니다.

⑦, ⑧의 고정이란 매입 중 고정자산(건물, 차량운반구, 기계장치) 매입이 있는 경우 고정자산 이외의 일반매입과 구분하여 기재하여야 합니다.

● 세금계산서 발행 및 월합계 세금계산서

세금계산서는 원칙적으로 매 번의 거래시 마다 발급하여야 합니다. 다만, 한 달 동안 두 번 이상의 거래가 있는 계속 거래처의 경우 매 번의 거래시에는 '**거래명세서**'를 교부하고 1개월간의 거래를 합한 '월합계 세금계산서'를 발급할 수 있으며, 이 경우 **작성일자는 해당 월의 말일로 하여 다음달 10일까지 발급**(전자세금계산서의 경우 전송)하여야 합니다.

● 거래명세서 관리 및 보관방법

거래명세서란 거래에 관한 내역서를 말하며, 거래시마다 건별로 세금계산서를 발급하는 경우 세금계산서가 거래명세서 역할을 같이 하므로 거래명세서는 발행하지 않아도 됩니다.

단, 월합계로 세금계산서를 발행하는 경우 매 번의 거래 시에는 거래명세서를 주고받아야 하며, 거래명세서는 해당 업체별로 월별로 별도 철하여 보관하여야 합니다.

▣ 매입세금계산서

매입세금계산서는 작성일자순으로 제1기(1.1 ~ 6.30)와 제2기 (7.1 ~ 12.31)를 구분하여 별도로 철하여 보관하여야 합니다.
단, 매입세금계산서가 많은 경우 월별 또는 3개월 단위로 철하여두시면 됩니다.

● 세금계산서 수취 및 월합계 세금계산서

세금계산서는 원칙적으로 매 번의 거래시마다 발급받아야 합니다. 다만, 한 달 동안 두 번 이상의 거래가 있는 계속 거래처의 경우 매 번의 거래시에는 '**거래명세서**'를 교부받고 1개월간의 거래를 합한 '**월합계세금계산서**'를 발급받을 수 있으며, 월합계로 세금계산서를 발급받는 경우 매 번의 거래에 관한 명세인 거래명세서를 수취하여야 합니다.

● 거래명세서 관리

계속적인 거래가 있는 업체의 경우 매 번의 거래 시에는 거래명세서를 받고 1개월간 거래를 합하여 해당 월의 말일자로 세금계산서를 발급받는 월합계 세금계산서를 수취할 수 있습니다.

● 전자세금계산서 관리

법인사업자 및 개인사업자로부터 매입과 관련하여 전자세금계산서를 발급받은 경우 별도의 종이세금계산서를 수취할 의무는 없습니다. 전자세금계산서로 발급받은 세금계산서는 국세청 '**홈택스**'에서 확인할 수 있습니다.

면세 계산서 관리 및 보관 방법

① 계산서란 면세 물품(쌀집, 정육점, 꽃집, 서점, 학원, 정화조사업자 등)등을 공급하는 사업자가 면세되는 물품 또는 서비스를 공급하고 발행하는 계산서로 세금계산서 양식에 세액란이 없는 것을 말합니다.

② 면세사업자가 면세 계산서를 발급한 경우 다음해 **2월 10일까지** 매출처별계산서 합계표를 작성하여 관할 세무서에 제출하여야 합니다.
면세사업자가 면세 계산서를 발급받은 경우 다음해 2월 10일까지 매입처별계산서 합계표를 작성하여 관할 세무서에 제출하여야 합니다.

③ 과세사업자의 경우에도 면세물품 등을 공급할 수 있으며, 면세 계산서를 발급한 경우 부가가치세 신고서 뒷장의 면세사업수입금액 및 계산서 발급 및 수취명세서에 기재한 다음 매출처별계산서 합계표를 작성하여 관할 세무서에 제출하여야 합니다.

④ 과세사업자가 면세 계산서를 발급받은 경우 부가가치세 신고서 뒷장의 계산서 발급 및 수취명세서에 기재한 다음 매입처별계산서 합계표를 작성하여 관할 세무서에 제출하여야 합니다.

④ 복식부기기장의무자가 면세 계산서를 발행 또는 수취하였으나 작성일자가 속하는 다음연도 2월 10일까지 계산서합계표를 제출하지 않는 경우 공급가액의 1000분의 5에 해당하는 금액을 가산세로 부담하여야 합니다. 단, 다음연도 2월 11일 이후 1개월 이내(3월 10일)에 제출하는 경우 가산세는 1000분의 3으로 합니다.

신용카드매출전표 관리 및 보관 방법

신용카드매출전표 중 매입세액을 공제받는 것(부가가치세 신고서 작성 편 참조)은 별도로 구분하여 거래일자별로 1기(1.1 ~ 6.30)와 2기(7.1 ~ 12.31)로 나누어 철합니다. 단, 신용카드매출전표가 많은 경우 1개월 또는 3개월 단위로 구분하여 철하여 두시면 됩니다.

한편, 매입세액을 공제받지 못하는 신용카드매출전표는 별도로 구분하여 보관하시면 됩니다만, '월별이용대금명세서'만 보관하시면 되므로 폐기하여도 무방합니다.

보 충   종업원 및 가족명의 신용카드를 사용한 경우 증빙처리 및 경비 인정

개인사업자가 **업무와 관련하여** 종업원 명의 또는 가족명의 신용카드를 사용하거나 현금영수증을 수취한 경우 **정규영수증**에 해당하며, 필요경비에 산입할 수 있습니다. 또한 과세사업자로서 불공제대상이 아닌 경우 매입세액을 공제받을 수 있습니다. 단, 법인의 경우 접대비를 개인명의카드로 사용한 경우 손금산입할 수 없습니다.

보 충   신용카드 사용내역을 쉽게 확인할 수 있는 방법

신용카드 사용에 대한 거래내역을 쉽게 확인하기 위해서는 국세청 홈택스에 업무와 관련하여 사용하는 신용카드를 등록하여 두시면 됩니다.

보 충   신용카드매출전표를 분실한 경우 처리방법

신용카드매출전표(체크카드 포함)를 분실했을 때 '신용카드 월별이용대금명세서'를 보관하거나, 사본을 재발급받아 보관하고 있다면 경비로 인정을 받을 수 있으며, 또한 매입세액공제 요건을 충족하는 경우 매입세액 공제를 받을 수 있습니다.

현금영수증 관리 및 보관 방법

① 현금영수증 중 매입세액을 공제받는 것과 매입세액을 공제받지 못하는 것(신용카드매출전표와 동일함)을 구분하여야 하며,
매입세액을 공제받는 것은 별도로 A4용지에 첨부하여 보관하시고, 거래일자를 기준으로 제1기(1.1 ～ 6.30)와 제2기(7.1 ～ 12.31) 기간으로 구분하여'현금영수증수취명세서'를 작성하여 두어야 합니다.

현금영수증 수령금액 명세서(매입세액공제분) 기간 ; 20×7. 1.1 ～ 20×7. 6.30						
거래일자	적 요 (사용내역)	거래처 상호	공급가액	세액	합계 (공급대가)	비고

국세청 홈택스에 사업자등록번호 등으로 등록하여 둔 현금영수증은 일괄하여 조회를 할 수 있습니다만, 그 내역을 알 수 없으므로 업무와 관련한 현금영수증은 위와 같은 방법으로 관리를 하여야 합니다.

서 식   경영정보사(경리업무닷컴) 홈페이지(www.ruddud.co.kr)

② 매입세액을 공제받지 못하는 것은 영수증으로 A4용지에 일반영수증과 같이 첨부하여 두시면 됩니다.

간이영수증, 기타영수증 관리 및 보관 방법

정규영수증(세금계산서, 면세 계산서, 신용카드매출전표, 현금영수증)외의 영수증인 간이영수증, 각종 수수료 납부영수증, 세금납부영수증, 금전등록기 영수증 등을 수취한 경우 지출일자별로 영수증의 종류나 규격, 형태에 상관없이 전표 또는 지출결의서 뒷면에 첨부하거나 A4 용지(이면지 활용)에 첨부하여 보관하여야 합니다.

정규영수증 중 매입세액을 공제받을 수 없는 신용카드매출전표는 별도로 철하여 보관하시고, 현금영수증은 기타영수증과 같이 철하여 보관하시면 됩니다.

사 례 정규영수증을 수취하지 못한 경우 경비 인정

3만원 초과거래에 대하여 실제 사업을 위하여 지출하고 간이영수증을 수취한 다음 그 대금을 금융기관을 이용하여 결제한 경우 경비로 인정을 받을 수 있습니다. 다만, 거래금액의 2%가 가산세로 추징될 수는 있습니다.

사 례 입금표 관리

입금표란 물품 등을 구입하고 그 대금을 현금으로 지급하는 경우 대금을 지급하였다는 사실을 증명하는 서류로 지출증빙은 아닙니다. 과거 현금거래시 대금지급에 관한 확인서로 많이 사용하였으나 요즈음은 대부분 금융기관을 이용하여 결제하며, 금융기관에 의한 결제내용이 입금표에 해당하므로 이 경우 입금표를 발행하지는 않습니다. 단, 현금 지급을 하고 입금표를 수취한 경우에는 별도로 보관하시면 됩니다.

SECTION 03

세무조사 및 과세자료 해명

세무조사 개요

세무조사란 납세의무자가 세금을 세법이 정하는 바에 의하여 성실히 신고 및 납부를 하였는지 여부를 조사하기 위한 일체의 행위로 세무공무원이 납세의무자 등을 상대로 질문하거나 장부, 서류 등을 검사. 조사. 확인하는 행위를 말합니다.

세무조사의 가장 중요한 목적은 납세자가 세금을 탈세하였는 지 여부를 조사하는 것으로 탈세 유형은 여러 가지가 있을 수 있으나 가장 일반적인 방법으로는 고의적으로 장부상 수익(매출)을 누락하거나 실제 발생하지 않은 비용을 사업과 관련하여 지출한 것으로 처리하여 소득금액을 줄여 세금을 줄이는 것일 것입니다.

세무조사는 정기 세무조사와 수시 세무조사와 구분하며, 세무공무원은 다음의 어느 하나에 해당하는 경우에 정기적으로 신고의 적정성을 검증하기 위하여 대상을 선정하여 세무조사를 할 수 있습니다.

1. 국세청장이 납세자의 신고 내용에 대하여 정기적으로 성실도를 분석한 결과 불성실 혐의가 있습니다고 인정하는 경우
2. 최근 4과세기간 이상 같은 세목의 세무조사를 받지 아니한 납세자에 대하여 업종, 규모 경제력 집중 등을 고려하여 신고 내용이 적정한지를 검증할 필요가 있는 경우
3. 무작위 추출방식으로 표본조사를 하려는 경우

탈세 및 탈세 사례

소득을 적법하지 않는 방법으로 줄여 세금을 적게 내는 것을 탈세라고 하며, 탈세의 경우 국세청은 세무조사등을 통하여 납세의무를 성실히 이행하지 않은 책임을 물어 원래 부담하여야 할 세금외에 무거운 가산세 등을 추징하며, 그 금액이 중요한 경우 지방국세청장 또는 세무서장이 납세자를 검찰에 고발하여 형사처벌까지도 받게 합니다. 탈세의 대표적인 방법은 소득을 줄이는 것으로 그 구체적인 사례는 다음과 같습니다.

▶ **전형적인 세금 탈세 유형**

○ 수입금액(매출, 장려금 등) 누락하여 소득금액을 줄이는 경우
○ 실제 매입하지 물품을 매입한 것으로 처리하여 비용을 과다계상하는 경우
○ 실제 지급하지 않은 임금을 지급한 것으로 처리하는 경우
○ 사업자의 개인적 지출비용을 사업과 관련한 비용으로 처리하는 경우
○ 자산을 비용으로 계상하여 소득을 줄이는 경우
○ 손익 귀속연도를 임의로 조작하여 세금 납부를 이연하는 경우

세무조사를 최소화하기 위한 방법

세무조사 리스크를 최소화하기 위한 최상의 방법은 수익 및 비용을 정당하게 처리하여 사업자의 소득금액을 정당하게 신고하여 세금을 성실히 납부하고, 세법의 규정에 의한 각종 신고 및 의무규정을 성실히 이행하는 것입니다.

소득금액을 정당하게 신고하고, 각종 신고 및 세법의 의무규정을 제대로 이행한 경우라면, 세무조사가 있더라도 두려워 할 아무런 이유가 없습니다. 세무조사가 두려운 것은 세법에서 신고납부하도록 한 세금을 탈세하였기 때문일 것입니다.

과거에는 조사공무원이 세금 추징 실적을 많이 내기 위하여 무리한 세무조사도 있으나 최근에는 실적 위주의 세금 추징은 하지 않으며, 합리적인 방법으로 조사하여 탈세 사실이 없는 경우 억지로 세금을 과세하지는 않기 때문입니다.

따라서 세금을 탈세하지 아니하고, 성실히 신고 및 납부를 하는 만큼 세무조사의 부담감은 줄어드는 것으로서 평소 세금을 적법하게 신고 납부하는 사업자의 경우 본 장의 내용은 특별한 의미가 없을 수도 있습니다.

다만, 직접 탈세는 하지 않았으나 재무팀의 업무 착오로 인한 과실로 고액의 세금이 추징되는 중대한 문제가 발생할 수 있으므로 평소에 이러한 리스크를 관리하기 위한 충분한 노력은 하여야 합니다.

업무 착오에 의한 세금 추징의 문제는 세무조사가 아니더라도 신고한 내용이 국세청의 전산시스템에 의하여 잘못되었음이 적발되어 세금을 추징당하여 재무담당자가 어려운 상황에 처할 수도 있으므로 본서를 최대한 활용하여 이러한 상황에 직면하지 않도록 하여야 할 것입니다.

🇶 세무조사와 관련하여 알아 두어야 하는 사항

사업의 경영자가 사업으로 벌어들인 소득에 대하여 적법하게 세금을 내고자하는 마인드가 있는 경우 재무팀은 세무조사로 인한 직접적인 스트레스를 받을 이유가 없을 것입니다.

문제는 세법에서 정한 세금을 편법적인 방법을 이용하여 세금을 내지 않고, 세금을 어떻게든 적게 내기 위하여 매출을 누락하거나 실제 발생하지 않은 비용을 장부상 계상하여 소득을 줄이기 때문에 발생하는 것입니다.

고액의 세금을 탈세한 경우 세무조사가 두려운 것은 당연한 것이며, 경영자가 세금 탈세를 지시한 경우 경리실무자가 세무조사로 답답할 이유는 없습니다.

탈세한 사실을 감추기 위하여 편법적인 방법을 동원하다 보니 그 내용이 세무조사로 적발될까 불안한 것입니다. 따라서 사업자가 세무조사로부터 자유로워지기 위해서는 세금을 성실하게 신고납부하는 것 이외의 다른 특별한 방법은 없는 것이며, 책이나 정보를 통하여 세금을 줄일 수 있는 기법을 배울 수는 없는 것입니다.

세무조사 선정 기준

세무조사 대상을 선정하는 과정과 절차 등에 대한 일반적인 사항은 조사사무처리규정에 규정되어 있으나 조사선정에 관한 분명한 사유를 명시적으로 규정한 내용은 없습니다. 다만, 일반적인 조사선정기준을 살펴보면 각종 세금을 성실히 신고하는 사업자의 경우 세무조사를 받을 확률은 그만큼 줄어 듭니다.

최근의 조사방향은 경제적 여건이나 정책적인 배려에 의하여 조사선정을 하는 경향이 뚜렷합니다. 예를 들면, 최근 경기침체로 인하여 제조업 및 건설업의 경우에는 특별한 경우를 제외하고는 조사를 유보하고 있으며, 공평과세를 위하여 전문직 종사자, 사치성 소비향략업소, 상습적으로 매출을 누락하여 신고하는 입시학원, 요식업소, 사채업자 등에 대한 조사가 강화되고 있습니다.

그러나 불성실 신고사업자, 장기간 조사를 받지 아니한 업체에 대하여는 정기조사를 계속하여 실시하므로 사업자는 평소 세무조사를 염두에 두어 회계장부를 적법하고, 성실히 기록 및 기장하여 세무조사시 세법에 대한 이해 부족등으로 인하여 과세관청으로부터 불이익을 당하지 않도록 유의하여야 할 것입니다.

Q 세무조사선정시 성실신고기준은 무엇이며 성실도는 어떻게 분석되고 있는가요?

사업자가 그 사업과 관련한 소득을 적법하게 신고하였는지의 여부를 과세관청이 정확히 분석하기란 현실적으로 어렵습니다. 왜냐하면, 사업자는 자기의 사업과 관련한 1년간의 소득에 대하여 스스로 계산하여 관할 세무서에 신고하여야 하며, 신고시 같은 종류의 사업을 영위하는 사업자의 경우라 하더라도 개개인의 사업자가 가지고 있는 사업의 특성 및 기술력, 영업력 등 주어진 상황이 다르고 소기업의 경우 자기의 사업과 관련하여 1년 동안의 소득이 얼마인지를 실제 계산하기가 어려우므로 사업자 본인도 잘 알 수 없는 소득을 세법의 규정에 의하여 계산하여 신고하여야 하는 문제가 있는 것입니다.

그렇다 하더라도 과세관청은 차선책으로 중소사업자의 경우 세무대리인제도를 통하여 사업자의 소득을 일정 형식에 의하여 신고하도록 하고 있으나 사업자가 자기의 소득을 정확하게 신고하여 세금을 납부하기란 쉽지 않은 것입니다.

따라서 과세관청이 사업자의 소득신고에 대한 성실여부를 판단하기란 극히 어려운 문제이나 사업자 개개인의 사업특성을 먼저 고려한 다음(종업원 수, 차입금, 사업장 임차 여부, 특수관계자와의 거래 등) 동종 업종 사업자의 소득신고내용을 비교 분석하여 성실도 여부를 판단하는 것이며, 주요 신고사항을 분석하여 조사선정에 반영하고 있는 것입니다.

간편장부대상자도 세무조사를 받을 수 있나요?

1) 국세청이 간편장부대상자 등 소규모 사업자에 대하여 세무조사를 하는 일은 거의 없습니다.

2) 다만, 국세청이 파악하고 있는 매출(사업자의 세금계산서, 신용카드매출, 현금영수증 매출은 모두 국세청이 알고 있습니다.) 보다 사업자가 수입금액을 적게 신고한 경우 수정신고할 것을 요청합니다.

3) 한편, 국세청은 다양한 루트에 의하여 사업자가 현금 수입등을 누락한 금액이 매우 크다고 판단되는 경우 또는 사업자가 종합소득으로 신고한 금액은 적은데 본인 및 그 직계가족이 고가의 부동산 또는 외제차량등을 취득한 경우로서 세금을 포탈한 것으로 추정되면, 세무조사를 할 수 있습니다.

과세자료 해명 안내가 무엇인가요?

1) 사업자가 세법의 규정에 의하여 부가가치세, 종합소득세 등을 신고 및 납부하였으나 과세관청이 그 신고내용을 검토하여 매출을 누락하였거나 세금 계산 등의 오류를 포착 또는 발견하는 경우 해당 내용에 대하여 과세자료 해명안내를 하게 됩니다.

2) 과세관청의 해명안내에 대하여 사업자가 세금 신고를 잘못하여 추가로 납부할 세액이 있거나 정당성을 입증하지 못하는 경우 관련 세금을 부담하여야 하며, 이 때 신고 및 납부를 성실하게 하지 않음에 대한 가산세를 부담하여야 합니다.

3) 따라서 과세관청의 과세자료 해명요구, 세무조사 등에 의하여 어려운 일을 당하지 않도록 평소에 당해 업체와 관련한 세법내용을 철저히 이해하여 세무업무를 집행하기 전 충분한 검토를 하여야 합니다.

Q&A 부가가치세 신고한 내용에 대하여 어떤 경우에 과세자료 해명안내문을 받게 되나요?

개인사업자에 대한 부가가치세 관련 과세자료 해명 안내는 주로 다음과 같은 경우 발생하므로 부가가치세 신고시 각별히 주의를 하여야 합니다.

1. 국세청이 파악한 매출(세금계산서, 신용카드매출, 현금영수증 발급액)보다 매출을 적게 신고한 경우
2. 승용차 등 고정자산을 매각하였으나 세금계산서를 발급하지 않는 경우
3. 매입세액으로 공제받은 금액 중 공제를 받을 수 없는 매입세액(승용차 취득 및 유지비용, 접대비 등)을 공제받은 경우
4. 사업주의 개인 생활 관련물품 등을 구입하고 세금계산서 등을 수취하여 매입세액을 공제받은 것으로 추정이 되는 경우
5. 세금계산서를 발급할 수 있는 간이과세자로부터 세금계산서 또는 현금영수증을 수취하거나 신용카드로 결제한 금액을 공제받은 경우 단, 국세청 홈페이지에서 세금계산서를 발급할 수 있는 간이과세자로 확인된 경우에는 공제를 받을 수 있습니다.
6. 폐업한 사업자로부터 세금계산서를 수취받고 매입세액을 공제받은 경우
7. 매입세금계산서 중 실제 거래없이 세금계산서를 받은 것(가공세금계산서)으로 추정이 되는 경우
8. 세금계산서를 발급할 수 없는 업종을 영위하는 사업자에게 신용카드로 결제하고 매입세액을 공제받은 경우(항공요금, 고속철도요금 등에 대하여 신용카드매출전표에 의하여 매입세액를 공제를 받은 경우)
9. 부가가치세 환급신고시 세금계산서 작성얼지가 실제 공급시기가 다른 경우
10. 현금영수증 의무발급대상 사업자가 10만원 이상 거래에 대하여 현금영수증을 발급하지 않는 경우

Q & A 종합소득세 신고한 내용에 대하여 어떤 경우에 과세자료 해명안내문을 받게 되나요?

개인사업자에 대한 종합소득세 관련 과세자료 해명 안내는 주로 다음과 같은 경우 발생하므로 부가가치세 신고시 각별히 주의를 하여야 합니다.

1. 부가가치세 신고서와 종합소득세 수입금액을 대사하여 종합소득세 수입금액을 과소신고한 경우
2. 총수입금액에 포함하여야 하는 정부보조금, 판매장려금 등을 총수입금액에 포함하지 않은 경우
3. 신용카드발생세액공제액, 부가가치세 전자신고공제액을 총수입금액에 포함하지 않는 경우
4. 종합소득에 합산하여야 하는 소득(국민연금등 공적연금, 근로소득, 2천만원을 초과하는 이자소득 및 배당소득)이 있음에도 이를 합산하지 않는 경우
5. 배우자 또는 부양가족공제의 소득금액이 100만원을 넘는 경우 배우자 및 부양가족공제를 받을 수 없음에도 이를 공제한 경우
6. 창업중소기업 감면대상 업종 또는 중소가업특별세액감면대상 업종이 아님에도 감면을 받은 경우
7. 복식부기기장의무자가 사업용계좌를 신고하지 아니하고, 창업중소기업 감면 또는 중소가업특별세액감면 감면을 받은 경우
8. 현금영수증 가맹점 가입대상 사업자가 현금영수증 가맹점을 가입하고 아니하고 창업중소기업 감면 또는 중소가업특별세액감면 감면을 받은 경우
9. 필요경비로 계상한 금액 중 정규영수증(세금계산서, 현금영수증, 신용카드매출전표 등) 수취비율이 동종 업종에 비하여 현저히 낮은 경우
10. 급여 등 인건비를 필요경비로 계상하였음에도 지급명세서를 제출하지 않는 경우

당초 세금 신고를 잘못하여 수정신고를 하는 경우 가산세는 어떻게 되나요?

▣ 과소신고가산세 및 납부지연가산세

부가가치세 또는 종합소득세 신고서를 법정신고기한내에 제출한 자가 그 신고내용에 포함하지 못한 매출누락 또는 세액계산의 착오 등이 있는 경우 당초 신고내용을 수정하여 신고할 수 있으며 수정신고하는 경우 적용되는 가산세는 다음과 같습니다.

● 과소신고가산세 (국세기본법 제47조의3)

1) 수정신고 등으로 인한 추가 납부하여할 세액의 10%(부정하게 과소신고한 경우 40%)를 과소신고가산세로 부담하여야 합니다.

2) 법정신고기한이 지나서 사업자가 스스로 신고내용의 오류, 탈루 등을 발견한 후 법정신고기한으로부터 2년 이내에 수정신고하는 경우 다음의 가산세 감면을 적용받을 수 있습니다.

◆ 수정신고시 과소신고가산세 감면율 (국세기본법 제48조 ②)
□ 법정신고기한 경과 후
- 1개월 이내 : 90% 감면
- 3개월 이내 : 75% 감면
- 3 ~ 6개월 이내 : 50% 감면
- 6개월 ~ 1년 이내 : 30% 감면
- 1년 ~ 1년 6개월 이내: 20% 감면
- 1년 6개월 ~ 2년 이내: 10% 감면

3) 단, 관할 세무서장으로부터 과세자료 해명통지(수정신고 안내 등)를 받고 과세표준수정신고서를 제출한 경우에는 가산세 감면을 적용받을 수 없습니다.

● 납부지연가산세 (국세기본법 제47조의4)

수정신고로 인하여 추가 납부할 세액에 법정신고기한일의 다음날부터 수정신고납부일 까지의 일수에 1만분의 2.2를 곱한 금액을 납부지연가산세로 추가 납부하여야 합니다.

◆ 추가 납부할 세액 × 2.2/10,000 × 미납일수(법정납부기한일의 다음날부터 납부일까지 기간일수)
- 2019년 2월 11일 이전의 미납기간 : 1일 0.03%
- 2019년 2월 12일 이후의 미납기간 : 1일 0.025%
- 2022년 2월 15일 이후의 미납기간 : 1일 0.022%

● 부가가치세 수정신고시 가산세

① 매출처별세금계산서합계표 불성실가산세 : 공급가액 × 5/1000

▶ 예정신고를 할 때 제출하지 못하여 해당 예정신고기간이 속하는 과세기간에 확정신고를 할 때 매출처별 세금계산서합계표를 제출하는 경우에는 그 공급가액의 0.3퍼센트

> 매출처별세금계산서합계표불성실가산세는 세금계산서 발급을 하여야 하는 업종에 한하여 적용하며, 세금계산서 발급대상이 아닌 소매매출, 신용카드매출등의 경우에는 매출처별세금계산서합계표가산세는 적용하지 않습니다.

▶ 매출세금계산서를 발급하지 아니한 경우
매출처별세금계산서합계표 가산세 적용대상이 아니며, 세금계산서 미발급 가산세(공급가액의 100분의2) 적용

◆ 부동산임대업자가 부동산임대공급가액명세서를 제출하지 아니하거나 과소제출한 경우
제출하지 아니한 수입금액 또는 과소제출한 수입금액의 100분의 1(1개월 이내 제출시 50% 감면)을 가산세로 추가 부담하여야 합니다.

◆ 현금매출명세서를 제출하여야 하는 사업자(본서 특정 업종의 현금매출명세서 제출의무 및 <부법 제55조 제1항>)가 제출하지 아니하거나 과소제출한 경우
제출하지 아니한 수입금액 또는 과소제출한 수입금액의 100분의 1(1개월 이내 제출시 50% 감면)을 가산세로 추가 부담하여야 합니다.

③ 납부지연가산세 : 매출세액 × 2.2/10,000 × 미납일수(법정납부기한일의 다음날부터 납부일까지 기간일수)

④ 과소신고가산세 : 미납세액 × 10/100 × [1- 감면율]

수정신고서 작성방법

수정신고내용은 검은색으로 기재하고, 당초 신고내용은 붉은색을 사용하여 신고내용의 상단에 기재한 다음 수정신고서(신고서 상단에 '수정신고'임을 표시)를 관할세무서에 제출하여야 합니다, 이 경우 수정신고와 관련한 서류(세금계산서합계표 등)를 첨부하고, 추가 납부할 세액이 있는 경우 **수정신고일까지 납부**하여야 합니다.

🅠 부가가치세 관련 가산세 [부가가치세법 제60조]

가산세종류	의무위반사항 및 가산세 등	가 산 세
미등록가산세	사업개시일부터 20일 이내에 사업자 등록을 신청하지 아니한 경우	공급가액 100분의 1
세금계산서 미발급 등 가산세	재화 또는 용역의 공급시기가 속하는 과세기간 (월합계세금계산서를 발급하는 경우에는 그 과세기간 말의 다음 달 10일)까지 세금계산서를 발급하지 아니한 경우	공급가액의 2%
	재화 또는 용역을 공급받지 아니하고 세금계산서를 발급받은 경우	공급가액의 3%
	재화 또는 용역을 공급하고 실제로 재화 또는 용역을 공급하는 자가 아닌 자 또는 실제로 재화 또는 용역을 공급받는 자가 아닌 자의 명의로 세금계산서를 발급한 경우	공급가액의 2%
	재화 또는 용역을 공급받고 실제로 재화 또는 용역을 공급하는 자가 아닌 자의 명의로 세금계산서를 발급받은 경우	공급가액의 2%
	재화 또는 용역을 공급하지 아니하고 세금계산서를 발급한 경우	공급가액의 3%
전자세금계산서 미발급 가산세	전자세금계산서 발급의무대상사업자(법인 및 전년도 매출액이 3억원 이상인 개인사업자)가 전자세금계산서를 발급하지 아니하거나 종이세금계산서를 발급한 경우: 공급가액의 1%	공급가액 100분의 2
전자세금계산서 발급명세 지연 전송 가산세	전자세금계산서 발급의무대상사업자(법인 및 전년도 매출액이 3억원 이상인 개인사업자)가 기한이 경과한 후 재화 또는 용역의 공급시기가 속하는 과세기간 말의 다음 달 11일까지 국세청장에게 세금계산서 발급명세를 전송하는 경우	공급가액의 0.3%

가산세종류	의무위반 사항 및 가산세 등	가산세
세금계산서 지연발급 가산세	세금계산서의 발급시기를 경과한 후 해당 재화 또는 용역의 공급시기가 속하는 과세기간(월합계 세금계산서를 발급하는 경우에는 그 과세기간 말의 다음 달 10일)의 확정신고기한 내에 발급하는 경우	공급가액의 1% (공급받는 자의 경우 0.5%)
세금계산서 불성실가산세	세금계산서의 필요적 기재사항의 전부 또는 일부가 착오 또는 과실로 적혀 있지 아니하거나 사실과 다른 경우	공급가액의 1%
세금계산서 합계표불성실 가산세	매출처별 세금계산서합계표를 제출하지 아니한 경우	공급가액의 0.5%
	매출처별 세금계산서합계표의 기재사항 중 거래 처별 등록번호 또는 공급가액의 전부 또는 일부 가 적혀 있지 아니하거나 사실과 다르게 적혀 있는 경우 단, 착오 기재의 경우 제외함	공급가액의 0.5%
	예정신고누락분 매출처별 세금계산서합계표를 확정신고시 제출하는 경우	공급가액의 0.5%
	매입처별 세금계산서합계표의 기재사항 중 공급가액을 사실과 다르게 과다하게 적어 신고한 경우	공급가액의 1%
영세율과세표준 불성실가산세	영세율과세표준을 과소신고(신고하지 아니한 경우 포함)한 경우에는 부가가치세 과소신고한 납부세액의 100분의 10에 상당하는 금액과 그 과소신고분 영세율과세표준의 1천분의 5에 상당하는 금액을 합한 금액을 가산세로 한다.	공급가액의 0.5%
현금매출 명세서미제출 가산세	부동산업, 전문, 과학 및 기술서비스업, 보건업, 예식장업, 부동산중개업, 산후조리업 등을 영위하는 사업자가 현금매출명세서를 제출하지 아니한 경우	공급가액의 1%
부동산임대 공급가액명세서 미제출가산세	부동산임대사업을 하는 사업자가 부동산임대공급가액명세서를 제출하지 아니하거나 제출한 수입금액이 사실과 다르게 적혀 있는 경우	공급가액의 1%

[개정 세법] 세금계산서를 지연발급한 경우 세금계산서불성실 가산세
1) 공급시기 이후 해당 과세기간의 다음달 25일 이내에 발급하는 경우
• 공급자 : 공급가액의 1%
• 공급받는자 : 공급가액의 0.5% (매입세액은 공제됨)
2) 공급시기 이후 해당 과세기간의 다음달 26일 이후 6개월 이내 발급하는 경우
• 공급자 : 공급가액의 2%
• 공급받는자 : 공급가액의 0.5% (매입세액은 공제됨)

[개정 세법] 세금계산서를 해당 과세기간의 확정신고기한 이후 6개월 이내에 발급한 경우 매입세액공제
(종전) 매입자가 세금계산서를 공급시기 이후 해당 과세기간의 확정신고일 이후에 발급받은 경우 매입세액공제를 받을 수 없음
(개정) 세금계산서를 발급받았으나, 실제 공급시기가 속하는 과세기간의 확정신고기한 다음날부터 6개월 이내에 발급받은 것으로서 수정신고·경정청구하거나, 거래사실을 확인하여 결정·경정하는 경우 매입세액공제
<적용시기> 2019. 2. 11. 이후 공급받는 분부터 적용

[세법 개정] 수정세금계산서 발급기한 확대(부가령 §70①)

현 행	개 정
□ 필요적 기재사항(공급자, 공급받는자, 공급가액, 작성연월일 등)을 잘못 기재한 세금계산서에 대한 수정세금계산서 발급기한	□ 수정세금계산서 발급기한 확대
○ 재화·용역의 공급시기가 속하는 과세기간의 확정신고기한까지	○ 확정신고기한까지 → 확정신고기한 다음날부터 1년까지

<적용시기> '22.2. 15. 이후 재화·용역을 공급하는 분부터

🅠 소득세 가산세 [소득세법 제81조 ~ 제81조의12]

가산세종류	의무위반 사항 및 가산세 등	가산세
무기장가산세	사업자가 장부를 비치·기록하여 소득금액을 계상하지 아니한 경우 단, 신규사업자 및 소규모사업자(전년도 수입금액 4800만원 이하)는 제외	산출세액의 20%
지급명세서 미제출가산세	원천세 지급에 대한 지급명세서를 다음해 2월 말일 또는 3월 10일까지 제출하지 아니한 경우 ▶ 3개월 이내 제출시 100분의 0.5%	지급금액의 1%
계산서미발급 가산세	계산서 발급대상업종에 해당하는 복식부기의무자가 계산서를 발급하지 아니한 경우	공급가액의 2%
계산서지연발급 가산세	계산서 발급대상업종에 해당하는 복식부기의무자가 계산서를 공급시기가 속하는 과세기간의 다음 연도 1월 25일까지 발급한 경우	공급가액의 1%
계산서합계표 미제출가산세	복식부기의무자가 매출·매입처별계산서합계표를 다음해 2월 10일까지 제출하지 아니한 경우 공급가액의 0.5%(1개월 내 지연제출 0.3%) - 2017년 이전 1%(지연제출 0.5%)	공급가액의 0.5%
세금계산서 합계표미제출 가산세	면세사업을 영위하는 복식부기의무자가 매입처별세금계산서합계표를 다음해 2월 10일까지 제출하지 아니한 경우 공급가액의 0.5%(1개월 내 지연제출 0.3%) - 2017년 이전 1%(지연제출 0.5%)	공급가액의 0.5%
정규영수증 미수취가산세	사업자(소규모사업자 및 추계과세자 제외)가 경비지출에 대하여 정규영수증(세금계산서, 계산서, 신용카드, 현금영수증 등)을 수취하지 아니한 경우	거래금액의 2%
영수증수취 명세서미제출 가산세	사업자(소규모사업자 및 추계과세자 제외)가 정규영수증 수취예외거래 중 특정거래에 대하여 영수증수취명세서를 제출하지 아니한 경우	거래금액의 1%

가산세 종류	의무위반 사항 및 가산세 등	가 산 세
사업장현황신고 불성실가산세	의료업, 수의업, 약사업을 영위하는 사업자가 다음 해 2월 10일까지 사업장현황신고를 하지 아니한 경우	수입금액의 0.5%
사업용계좌 미사용가산세	복식부기의무자가 주요거래(금융기관을 이용한 거래대금결제, 인건비, 임차료등)에 대하여 사업용 계좌를 사용하지 아니한 경우	미사용금액의 0.2%
현금영수증 미가맹가산세	현금영수증가맹점 가입대상사업자가 현금영수증 가맹점으로 가입하니 아니한 경우	수입금액의 1%
현금영수증 미발급가산세	현금영수증가맹점이 발급을 거부하였거나 사실과 다르게 발급한 경우	미발급액의 5%
현금영수증 의무발급업종 미발급가산세	학원, 병·의원, 전문서비스업 등 특정 현금영수증가맹업종(현금영수증 편 참조)이 10만원 이상 거래에 대하여 현금영수증을 발급하지 아니한 경우 그 금액의 100분의 20	
공동사업자 불성실가산세	1. 공동사업자가 사업자등록을 하지 아니하거나 공동사업자가 아닌 자가 공동사업자로 거짓으로 등록한 경우: 등록하지 아니하거나 거짓 등록에 해당하는 각 과세기간 총수입금액의 1천분의 5 2. 공동사업자가 신고하여야 할 내용을 신고하지 아니하거나 거짓으로 신고한 경우: 신고하지 아니하거나 거짓 신고에 해당하는 각 과세기간 총수입금액의 1천분의 1	

[개정 세법] 소득세법의 가산세 조문 변경

(소득세법 제81조) → 소득세법 제81조 ~ 제81조의 13

5

원천세 신고 및 납부
국세청 자료, 홈택스

SECTION 01

원천징수제도 및 원천세 신고·납부

1) 사업주는 매 월 종업원에게 급여 지급시 근로소득세 및 지방소득세를 징수 및 신고·납부하여야 하며, 퇴직하는 직원에게 퇴직금을 지급하는 경우 퇴직소득세 및 지방소득세를 징수 및 신고·납부하여야 합니다.

또한 이자, 배당, 기타, 인적용역 사업소득을 지급하는 경우 이자소득세, 배당소득세, 기타소득세, 사업소득세를 징수 및 납부하여야 합니다.

2) 원천징수에 관한 내용은 국세청에서 발간한 '원천세 신고안내'에 자세히 설명되어 있으므로 본서에서는 가장 기본이 되는 내용만 수록하였음을 참고하시기 바랍니다.

♣ 국세청 발간 '원천세 신고안내'
국세청 홈페이지 → 국세신고안내 → 원천세 → 참고자료실

원천징수제도

🅠 원천징수제도

모든 국민은 납세의 의무가 있으며, 소득이 있는 자는 원칙적으로 소득에 대하여 세법이 정하는 바에 따라 세금을 직접 납부하여야 합니다.

한편, 소득이 있는 모든 거주자에게 해당 소득에 대한 신고납부의무를 규정하는 경우 세법에 대한 지식이 부족한 국민에게 세무신고에 따른 불편을 초래하고, 국가의 세금 징수비용이 과다하게 드는 등 문제점이 있습니다.

따라서 특정한 소득(근로소득, 퇴직소득, 이자소득, 배당소득, 기타소득, 인적용역 사업소득 등)에 대하여 그 소득을 지급하는 자로 하여금 세법이 정하는 바에 의하여 세금을 징수하여 납부하게 함으로서 소득이 있는 거주자의 납세편의를 제공하고 있으며, 이와 같은 방법으로 세금을 징수하는 것을 원천징수라 하며, 원천징수대상소득을 지급하는 자를 원천징수의무자라고 합니다.

원천징수대상소득을 지급하는 자는 그 지급금액에서 세법에 정한 세금을 차감하여 지급하고, 차감한 금액은 다음 달 10일까지 관할세무서에 신고 및 납부를 하여야 합니다.

단, 사업자 등이 금융기관에 이자를 지급하는 경우에는 세법의 규정에 의하여 이자소득세 및 지방소득세를 징수 및 납부하지 않습니다.

■ 원천징수대상소득

지급을 받는 자의 소득	지급을 하는 자의 비용 또는 이익 처분(배당)
• 근로소득	근로자에게 지급하는 급여
• 근로소득(일용근로)	일용근로자에게 지급하는 임금
• 퇴직소득	퇴직자에게 지급하는 퇴직금
• 이자소득	금전 등의 차입금에 대한 이자
• 배당소득	법인의 주주에 대한 배당금
• 사업소득(인적용역)	계속적으로 인적용역을 제공받고 지급하는 수수료
• 기타소득	기타의 지급액으로 소득세법에서 별도로 정한 것

♣ 원천세 신고안내
[국세청 홈페이지] → 국세신고안내 → 원천세 → 참고자료실

지급명세서 제출

① 근로소득, 퇴직소득, 인적용역 사업소득을 지급하는 사업자는 그 지급 및 세금 징수에 관한 개인별 내역서인 **지급명세서**를 작성하여 다음해 3월 10일까지 제출하여야 합니다. 단, 근로소득은 연말정산에 관한 지급명세서를 제출하여야 합니다.

② 이자소득 및 배당소득, 기타소득을 지급하는 사업자는 그 지급 및 세금 징수에 관한 개인별 내역서인 **지급명세서**를 작성하여 다음해 2월 말일까지 제출하여야 합니다.

③ 지급명세서는 3부를 발행하여 소득자보관용은 그 지급을 받는자에게 교부하고, 발행자보고용은 제출 기한내에 관할세무서에 제출하여야 하며, 발행자보관용은 회사내에 증빙으로 보관합니다.

■ 원천징수대상소득의 원천징수세율 및 지급명세서 제출기한

소득 종류	원천징수세율	지급명세서 제출기한
• 이자소득	지급금액의 25%	다음해 2월 말일
• 배당소득	지급금액의 14%	다음해 2월 말일
• 사업소득(인적)	지급금액의 3%	다음해 3월 10일
사업소득(봉사료)	지급금액의 5%	다음해 3월 10일
• 근로소득	간이세액표	다음해 3월 10일
근로소득(일용)	150,000원 초과금액 × 2.7%	지급일의 다음달 말일
• 기타소득	(지급액 - 필요경비)× 20%	다음해 2월 말일
• 퇴직소득	퇴직소득원천징수 참고	다음해 3월 10일

♣ 국세청 홈페이지 → 국세신고안내 → 원천세 → 지급명세서 제출

근로소득 간이지급명세서 제출

소득세 납세의무가 있는 개인에게 다음 각 호의 어느 하나에 해당하는 소득을 국내에서 지급하는 자는 근로소득간이지급명세서를 그 지급일이 속하는 반기의 마지막 달의 다음 달 말일(휴업, 폐업 또는 해산한 경우에는 휴업일, 폐업일 또는 해산일이 속하는 달의 다음 달 말일)까지 원천징수 관할 세무서장에게 제출하여야 한다.

1. 일용근로자가 아닌 근로자에게 지급하는 근로소득
2. 원천징수대상 사업소득

[개정 세법] 근로소득 간이지급명세서 제출기한 연장
(소득법 §164①단서, §164의3①)
(종전) 반기 마지막 달의 다음 달 10일
(개정) 반기 마지막 달의 다음 달 말일
<적용시기> 2020.1.1. 이후 제출하는 분부터 적용

◆ 2022년 12월 근로소득 또는 원천징수대상 사업소득을 2023년 1월에 지급하는 경우 간이지급명세서 제출기한

해당 귀속연도의 근로소득 또는 원천징수대상 사업소득을 12월 말일까지 미지급한 경우에는 12월에 지급한 것으로 보아 작성한다.

예시) '22년 12월분 근로·사업소득을 '23년 1월에 지급한 경우에 '22년 12월 지급분 간이지급명세서에 포함하여 제출하고, '23년 1월 지급분 간이지급명세서 제출시에는 제외함

[개정 세법] 근로소득 간이지급명세서 미제출 가산세 인하
(개정) 미제출 가산세 : 0.25%, 지연제출(3개월 내 제출) 0.125%
<적용시기> 2021.1.1. 이후 제출하는 분부터 적용

[세법 개정] 근로소득 간이지급명세서 제출대상 소득 범위 조정
(제출대상 소득 범위 조정)
(종전) 반기 근무분 소득 → (개정) 반기 동안 지급한 소득
<적용시기> 2020.1.1. 이후 제출하는 분부터 적용

[세법 개정] (원천징수대상) 사업소득 간이지급명세서 제출기한
(종전) 지급일이 속하는 반기의 마지막 달의 다음달 말일
(개정) 매월 지급일의 다음달 말일
<적용시기> 2021.7.1. 이후 지급하는 소득분부터 적용

[세법 개정] 일용근로소득 지급명세서 제출기한
(현행) 지급일이 속하는 분기의 마지막 달의 다음달 말일
[개정] 매월 지급일의 다음달 말일
<적용시기> 2021.7.1. 이후 지급하는 소득분부터 적용

근로소득세 등 징수 및 신고·납부

🅠 간이세액표에 의한 근로소득세 징수

직원에게 급여를 지급하는 경우 근로소득 간이세액표에 의하여 근로소득세 및 지방소득세(근로소득세의 10%)를 징수하여 둔 다음 급여지급일의 다음달 10일까지 「원천징수이행상황신고서」를 제출하고, 근로소득세 및 지방소득세를 납부하여야 합니다. 단, 반기 신고자의 경우 반기의 다음달 10일까지 신고 및 납부를 하시면 됩니다.

♣ 상세내용 → <국세청 발간> 간이세액표 참조 [매 년 변경됨]
국세청 홈페이지 → 국세신고안내 → 원천세 → 근로소득간이세액표

● 간이세액표의 월 급여액

급여총액에 대하여 해당란의 세액을 적용합니다. 간이세액표의 월급여액은 그 명칭에 관계없이 회사에서 지급하는 모든 급여를 말합니다. 다만, 다음의 비과세소득은 제외합니다.

● 근로소득세 징수에서 제외되는 주요 비과세소득

[1] 비과세 차량보조금(자가운전보조금)
종업원 소유차량을 종업원이 직접 운전하여 사용자의 업무수행에 이용하고 시내출장 등에 소요된 실제여비를 지급받는 대신에 그 소요경비를 당해 사업체의 규칙 등에 의하여 정하여진 지급기준에 따라 지급받는 금액 중 월 20만원 이내의 금액

[2] 근로자가 제공받는 식사 또는 기타 음식물

현물식사 및 일률적으로 식사대를 지급하고 야간근무등 시간외근무를 하는 경우에 별도로 제공받는 식사.기타 음식물은 비과세됨

[3] 식사를 제공받지 않는 근로자의 월 10만원 이하 식사대

회사가 종업원에게 별도의 식사를 제공하지 않는 경우 종업원에게 지급하는 매 월 10만원 이하의 식대
1. 식사대를 매월 13만원을 지급받는 경우 10만원은 비과세하고 3만원은 과세
2. 회사에서 식사를 제공하면서 별도로 식대를 지급하는 경우 식대는 과세됨

[세법 개정] 식대 비과세 한도 확대(소득령 §17의2)

현 행	개 정
□ 비과세되는 식사대 범위	□ 비과세 한도 확대
○ 근로자가 사내급식 또는 이와 유사한 방법으로 제공받는 식사 또는 음식물	○ (좌 동)
○ 사내급식 등을 제공받지 않는 근로자가 받는 월 10만원 이하의 식사대	○월 10만원 이하 → 월 20만원 이하

<적용시기> '23.1.1. 이후 발생하는 소득 분부터 적용

[4] 출산·보육수당 [소득세법 제12조(비과세소득) 3 머]

근로자 또는 그 배우자의 출산이나 6세 이하의 자녀의 보육과 관련하여 사용자로부터 지급받는 급여로서 월 10만원 이내의 금액

1. 맞벌이부부가 6세 이하의 자녀 1인에 대하여 각 근무처로부터 보육수당을 수령하는 경우 각각 월10만원 이내의 금액을 비과세함
2. 근로자가 6세 이하의 자녀 2인을 둔 경우에는 자녀수에 상관없이 월10만원 이내의 금액을 비과세함
3. 근로자에게 지원하는 보육수당의 비과세 기준을 적용함에 있어서 만 6세 이하 기준의 적용은 해당 과세기간 개시일을 기준으로 판단

[5] 보장성보험료 중 연 70만원 이하의 금액

종업원의 사망·상해 또는 질병을 보험금의 지급사유로 하고 종업원을 피보험자와 수익자로 하는 보험으로서 만기에 납입보험료를 환급하지 아니하는 보험(단체순수보장성보험)과 만기에 납입보험료를 초과하지 아니하는 범위안에서 환급하는 보험(단체환급부보장성보험)의 보험료중 연 70만원 이하의 금액

[6] 생산직근로자등의 야간근로수당 등 [소득령 제17조]

직전연도 총급여가 3천만원 이하인 생산직근로자로서 월정액급여가 210만원 이하인 경우 연장, 야간, 휴일근로를 제공하고 지급받는 연장, 야간, 휴일근로수당 및 동 연장·야간·휴일근로 가산금 중 연간 240만원 이내의 금액

[7] 비과세 학자금

다음 요건을 모두 갖춘 근로자 본인의 학자금으로서 초·중등교육법 및 고등교육법에 의한 학교(외국에 있는 이와 유사한 교육기관 포함) 및 「근로자직업능력개발법」에 의한 직업능력개발훈련시설의 입학금·수업료·수강료 기타 공납금 중 당해 연도에 납입할 금액

1. 근로자가 종사하는 사업체의 업무와 관련있는 교육·훈련을 위하여 지급받는 학자금으로서,
2. 당해 업체의 규칙 등에 정해진 지급기준에 의하여 지급되고,

3. 교육·훈련기간이 6월 이상인 경우에는 교육·훈련후 교육기간을 초과하여 근무하지 않는 경우 반환하는 조건일 것.

[실무] 과세대상 학자금
위의 요건을 충족하지 않는 학자금은 과세대상 근로소득에 해당하므로 학자금을 무상으로 지원하는 경우 근로소득에 합산하여야 합니다. 단, 학자금(자녀 학자금 포함)의 무상대여액에 대한 인정이자상당액은 근로소득으로 보지 아니합니다.

● 간이세액표의 공제대상 가족의 수

공제대상 가족의 수는 본인 및 기본공제대상자인 배우자, 부양가족을 각각 1인으로 보아 공제대상 가족수를 계산합니다. 다만, 만 20세 이하 자녀가 있는 경우 공제대상 가족수에 추가합니다.

■ 근로자 본인 및 배우자(연간소득금액 100만원 이하인 자)

■ 공제대상가족

근로자(배우자 포함)와 생계를 같이 하는 부양가족으로서 연간소득금액이 100만원 이하자 중 다음의 요건을 갖춘 부양가족만 공제대상 가족수에 해당합니다.

● 직계비속(자녀), 입양자 : 20세 이하

● 직계존속(부모, 조부모 등) : 60세 이상

부모님을 실제 부양하시는 경우 부양가족공제는 부모님의 연령이 60세 이상이고, 연간소득금액이 100만원 이하인 경우에 부양가족공제를 적용받을 수 있습니다.

| 보 충 | 생계를 같이하는 부양가족의 범위 |

직계비속(자녀)을 제외하고는 주민등록등본상 동거가족으로 근로자의 주소 또는 거소에서 현실적으로 생계를 같이하여야 합니다. 다만, 다음의 경우에는 생계를 같이하는 것으로 봅니다.
- 직계비속(자녀)이 아닌 동거가족으로서 일시 퇴거자임을 증명하는 경우
- 직계존속(부모)이 주거의 형편에 따라 별거하고 있는 경우로서 부모님을 실제로 부양하는 경우 부양가족 공제가 가능합니다.

◈ 직계존속의 소득금액에 포함하지 않는 소득
1. 기초연금
2. 이자 및 배당소득의 연간 합계액이 2천만원 이하인 경우
3. 공적연금소득(국민연금, 공무원연금, 군인연금) 수령액 중 2001년 이전 불입액에 대한 연금수령액(비과세소득)
4. 사적연금의 연간합계액이 1200만원 이하(분리과세소득)인 경우
5. 일용근로소득

◈ 직계존속이 연금소득이 있는 경우 연금소득금액 계산
부모님께서 연금소득이 있는 경우 공적연금(국민연금, 공무원연금)의 경우 연금수령액 중 2002년 이후 불입액의 연간 연금소득금액(연금소득 - 연금소득공제)이 100만원을 초과하는 경우 부양가족공제를 받을 수 없는 것이므로 2002년 이후 불입액에 대한 연간 총연금액이 5,166,666원 이하인 경우 연간 연금소득금액(과세대상 연금액 5,166,666원 - 연금소득공제 4,166,666원)이 100만원 이하에 해당되는 것이며, 사적연금일 경우에는 총 연금액이 1200만원 이하인 경우(분리과세되므로 연간소득금액에서 제외함)에 연간 소득금액이 100만원 이하에 해당되는 것입니다.

인적공제대상자의 소득금액과 공제 대상 여부

기본공제대상자의 <u>연간소득금액</u>의 합계액이 100만원을 초과하는 경우 및 금융소득(이자소득 + 배당소득)의 연간 합계액이 2,000만원을 초과하는 경우에는 배우자공제 및 부양가족공제 뿐만 아니라 추가공제도 받을 수 없습니다. 단, 기본공제대상자가 <u>일용근로자</u>인 경우 소득금액에 관계없이 연령조건을 충족하는 경우 부양가족공제를 받을 수 있습니다.

● 근로소득 : 연간 과세대상 근로소득이 5,000,000원 초과하는 경우
● 연금소득 : 연간 과세대상 연금액이 5,166,666원을 초과하는 경우
  - 연금소득금액 100만원 (연금 5,166,666원 - 연금소득공제 4,166,666원)
● 퇴직소득 : 퇴직금이 100만원을 초과하는 경우
● 금융소득 : 이자 및 배당소득 연간합계액이 2,000원을 초과하는 경우

▶ 소득종류별 소득 및 소득금액

소득종류	공제금액	소득금액
근로소득	근로소득공제 • 급여액 500만원 이하 : 70% 부양가족이 근로소득이 있는 경우 예외적으로 500만원 이하인 경우 공제대상에 해당	근로소득 - 근로소득공제
사업소득	필요경비 • 총수입금액 × 단순경비율	사업소득 - 필요경비
기타소득	필요경비 • 기타소득(인적용역) × 60%	기타소득 - 필요경비
연금소득	연금소득공제 • 총연금액 350만원 이하 : 전액 • 총연금액 350만원 초과 700만원 이하 350만원 + 350만원 초과금액의 40%	연금소득 - 연금소득공제
양도소득	필요경비 및 장기보유특별공제액	양도소득 - 필요경비 등

🅠 원천징수이행상황신고서 신고 및 세금납부

근로소득은 **지급일의 다음달 10일**까지 「원천징수이행상황신고서」를 작성하여 신고하고, 근로소득세 및 지방소득세를 납부하여야 합니다. 단, 반기 신고자의 경우 반기의 다음달 10일까지 신고 및 납부를 하시면 됩니다.

근로소득이외에 퇴직소득 등 다른 원천징수대상소득이 있는 경우 이를 「원천징수이행상황신고서」의 해당란에 기재하여 제출하고, 소득종류별로 납부서를 작성하여 금융기관에 납부하여야 합니다.

단, 급여 및 퇴직금을 지급하지 못한 경우 지급의제일에 지급한 것으로 보아 지급의제일의 다음달 10일까지 신고.납부하여야 합니다.

▶ 원천징수대상소득의 지급의제일

소 득 종 류	귀속 월	지급의제일	귀속 월	지급의제일
• 근로소득	1월 ~ 11월	12월	12월	다음해 2월
• 퇴직소득	1월 ~ 11월	12월	12월	다음해 2월

사 례   중도퇴사자 원천징수이행상황신고서 작성방법

① 원천징수이행상황신고서 기재시 중도퇴사자가 있는 경우 A01(간이세액)에는 중도퇴사자의 당월 분 급여를 포함하여 기재하고, A02 (중도퇴사자)에는 중도퇴사자의 당해연도 총지급액을 기재합니다.
② 계속근무자의 경우 연말정산을 하고 원천징수이행상황신고서 작성시에는 기신고한 중도퇴사자를 제외하고 신고하는 것이며, 이때 1년 동안 중도퇴사란에 기재된 금액과 연말정산란에 기재된 금액이 지급명세서 제출금액과 일치하여야 합니다.
③ 계속근로자가 납부세액이 있고, 중도퇴사자에 대하여는 환급세액이 발생한 경우 A01(간이세액)에는 납부할 금액을, A02 (중도퇴사자)에는 환급세액(△ 표기)을 기재한 다음 이를 차가감하여 총합계(A99)에는 납부할 세액을 기재합니다.

사 례   중도퇴사자 연말정산 및 유의사항

① 중도퇴사자의 경우 퇴사월의 급여를 지급하는 날까지 연말정산을 하여 추가 납부할 근로소득세가 있는 경우 징수하여야 하며, 기납부한 세액이 연말정산에 의하여 확정된 근로소득세(결정세액)보다 많은 경우 환급을 하여야 합니다.
② 퇴사자에게 퇴사일까지 근로소득지급명세서를 교부하여야 하며, 다음해 3월 10일까지 세무서에 제출하여야 합니다.
③ 퇴사일까지의 건강보험료 및 고용보험료 종업원부담금을 정산하여 추가 징수할 금액이 있는 경우 징수하였다가 건강보험공단에 납부하여야 하며, 과다 징수한 경우 환급을 하여 주어야 합니다.
④ 퇴사자는 퇴사한 연도 중 다른 회사에 입사한 경우 전 근무지 근로소득지급명세서를 원천징수의무자(경리부서)에게 반드시 제출을 하여야 합니다.

🆀 원천세 수정신고 및 수정신고서 작성방법

원천세를 신고하였으나 그 신고한 내용에 누락 또는 오류가 있는 경우 수정신고를 할 수 있으며, 수정신고서는 다음과 같은 방법으로 작성하여 제출합니다.

① 수정신고서는 별지로 작성하여 제출하며, 귀속연월과 지급연월은 반드시 당초 신고서와 동일하게 기재합니다.

② 당초의 모든 숫자는 상단에 빨강색으로, 수정 후 모든 숫자는 하단에 검정색으로 기재합니다.

③ 수정신고로 인한 납부세액 또는 환급세액은 **당월분 원천징수이행상황신고서의 수정신고(A90)란에 옮겨 적어 조정 환급하여야 합니다.** 즉, 수정신고서의 수정신고(세액) A90란은 기재하지 않는 것이며 수정신고서의 총합계(A99)란의 차액은 수정신고 월의 정기신고서 '수정신고(A90)'란에 옮겨 기재합니다.

따라서 수정신고는 수정신고용 원천징수이행상황신고서와 함께 당월분(또는 반기분)신고서를 같이 제출하여야 합니다.

④ 별지 작성한 수정 신고서의 총합계(A99)의 납부세액 차액(수정신고 납부할 세액 - 당초신고.납부세액)은 당월 신고서 수정신고(A90)란의 징수세액란에 옮겨 적고, 신고 및 납부하여야 합니다.

🅠 원천세 가산세

● 원천세 미납부가산세 (1 + 2) 미납금액 10% 한도

1. 미납부금액의 3%
2. 미납부금액 × 미납일수 × 2.2/10,000

[개정 세법] 2019년 이후 납부지연가산세 이자율 인하
[국세기본법 시행령 제27조의4]
- 2019년 2월 11일 이전의 미납기간 : 1일 0.03%
- 2019년 2월 12일 이후의 미납기간 : 1일 0.025%
- 2022년 2월 15일 이후의 미납기간 : 1일 0.022%

[개정 세법] 납부지연가산세 세율 인하(국기령 §27의4)
(종전) 1일 0.025% (연 9.125%)
(개정) 1일 0.022% (연 8.030%)
<적용시기> 2022.2.15. 이후 가산세를 부과하는 분부터 적용. 다만, 영 시행 전 기간에 대한 부과 분은 종전규정 적용

● 원천세 신고불성실가산세(없음)

신고불성실가산세는 없습니다.

● 원천세 지급명세서 미제출가산세

근로소득 연말정산에 대한 지급명세서 및 기타 원천세 지급명세서를 그 지급일이 속하는 연도의 다음해 2월 말일 또는 3월 10일까지 관할

세무서에 제출하지 아니한 경우 지급금액의 1%(2017년 이전 제출분 2%)를 가산세로 부담하여야 합니다. 단, 제출기한일로부터 **3개월 이내**에 제출하는 경우 가산세의 50%를 감면받을 수 있습니다.

원천세(특별징수분) 지방소득세 미납부가산세

지방소득세를 기한내에 납부하지 아니한 세액 또는 미달하게 납부한 세액의 100분의 3에 상당하는 금액과 미납일수에 1만분의 2.2를 곱한 금액을 가산세로 부담하여야 합니다.(한도액 10%)

4대보험료 징수 및 납부

급여 해당 월의 다음달 10일까지 4대보험료를 납부하여야 합니다. 매월 공단에서 고지하는 4대보험료는 전년도 과세대상 급여총액을 12로 나눈 금액에 4대보험료율을 적용하여 고지합니다.

건강보험 및 고용보험은 당해 연도에 실제 지급한 임금을 기준으로 내년도 2월 말일까지 확정 정산하여야 하므로 지급하는 급여를 기준으로 징수한 다음 납부한 금액과의 차액은 보관하여 두었다가 확정정산에 의한 추가 납부 금액을 납부하시는 것이 적절합니다.

■ 4대보험료 고지 및 납부

1. 매 월 급여 지급시 근로소득세 및 지방소득세, 4대보험료 직원부담금을 차감하고 지급합니다.(예수금) 공단에서 부과하는 금액은 전년도 급여를 기준으로 부과한 것이므로 실제 지급할 급여를 기준으로 보험료율을 곱한 금액을 급여에서 차감하고 지급하시면 됩니다.

2. 4대보험료 납부시에는 공단에서 부과한 금액(직원부담금 + 회사부담금)을 납부합니다.
3. 급여 지급시 직원으로부터 징수하여 둔 금액과 공단에 납부한 직원부담금의 차액(865,000원)은 다음해 정산시 추가 납부하시면 됩니다.

Q&A 급여가 매월 달라지는 경우 4대보험료 공제는 어떻게 하나요?

건강보험 및 고용보험료 종업원부담금은 실제 지급한 급여를 기준으로 정산을 하여 추가 납부하여야 하므로 실제 지급한 급여를 기준으로 징수하시고, 국민연금은 별도의 정산절차가 없으므로 고지한 금액을 기준으로 징수를 하시면 됩니다.
회사 부담금은 고지한 금액만 복리후생비 등 경비로 처리를 하시면 됩니다.

Q&A 근로소득세 및 지방소득세, 4대보험료 중 종업원부담금을 회사가 모두 부담하기로 한 경우에는 어떻게 처리하나요?

근로소득세 및 지방소득세, 4대보험료 종업원부담금액에 상당하는 금액을 급여에 추가한 다음 정상적인 방법으로 처리하여야 합니다. 예를 들어 급여 실지급액을 100만원으로 하고 근로소득세 및 지방소득세, 4대보험료 종업원부담금의 합계액이 10만원 상당인 경우 급여를 110만원으로 책정한 다음 급여지급시 10만원을 공제하고 100만원을 지급하여야 하는 것입니다.

🅠 상여금 지급과 원천징수

● 지급대상기간이 있는 상여금

상여금을 일정 기간마다 정기적으로 지급하는 경우

▶ **상여 등에 대한 산출세액 = (①× ②) − ③**

① 상여금 및 상여금 지급대상기간의 급여를 합한 금액을 지급대상기간의 월수로 나누어 매 월 평균 총급여액(상여금 포함급여)에 대한 간이세액표 해당 세액

$$월\ 평균\ 총급여액 = \frac{상여금 + 지급대상기간의\ 상여금\ 이외의\ 급여}{지급대상기간의\ 월수}$$

② 지급대상기간의 월수
③ 지급대상기간의 상여외의 급여에 대한 기 원천징수세액

● 지급대상기간이 없는 상여금

① 상여금을 받은 연도의 1월 1일부터 지급일이 속하는 월까지를 그 지급대상기간으로 하여 지급대상기간이 있는 상여금의 계산방법으로 계산

② 같은 해에 2회 이상 지급받을 때에는 직전에 상여를 지급받은 날이 속하는 달의 다음달부터 그 후에 지급받은 날이 속하는 달까지를 지급대상기간으로 하여 지급대상기간이 있는 상여금의 계산방법으로 계산

청년 등 취업자에 대한 소득세 감면

◻ 중소기업 청년 등 취업자에 대한 소득세 감면

[1] 개요
근로계약 체결일 현재 연령이 15세 이상 34세 이하인 청년(2018년 1월 1일 이후 29세 → 34세), 60세 이상인 사람·장애인(2014년 1월 1일 이후) 경력단절여성(2017년 1월 1일 이후)이 특정한 업종의 중소기업체(비영리기업 포함)에 2023년 12월 31일까지 취업하는 경우 그 중소기업체로부터 받는 근로소득으로서 **취업일부터 3년(2018년 이후 청년의 경우 5년)이 되는 날**이 속하는 달까지 발생한 소득에 대해서 일정비율에 상당하는 금액을 감면받을 수 있습니다. 이 경우 소득세 감면기간은 소득세를 감면받은 사람이 다른 중소기업체에 취업하거나 해당 중소기업체에 재취업하는 경우에 관계없이 소득세를 감면받은 최초 취업일부터 계산합니다. [조세특례제한법 제30조]

[2] 취업 연도별 감면율 [감면한도액 : 150만원]
2012.1.1. ~ 2013.12.31. 기간 취업시 : 100분의 100
2014.1.1. ~ 2015.12.31. 기간 취업시 : 100분의 50
2016.1.1. ~ 2017.12.31. 기간 : 100분의 70(감면한도액 150만원)
2018.1.1. 이후 : 100분의 70(청년의 경우 100분의 90)

[3] 2018년 개정 → 감면기간 및 감면율
청년 중소기업 취업자 소득세 감면기간은 취업일부터 5년이 되는 날이 속하는 달까지입니다. 예를 들어 2017년 6월 10일 입사한 경우 감면기간은 2017년 6월부터 2022년 6월 30일까지이며, **2017년 6월 10일부터 2017년 12월까지는 70%의 감면율이 적용되고, 2018년 1월**

부터 2022년 6월 30일까지 적용되는 감면율은 90%입니다. (취업일부터 감면기간을 계산하는 것으로 신청일이 아님)

[4] 2018년 이후 취업하고, 종전 근무지에서 감면을 받은 사실이 없는 경우

취업일(근로계약체결일) 현재 연령이 15세이상 34세 이하인 경우 취업월부터 5년간 근로소득세의 90%를 감면받을 수 있습니다.

[5] 감면대상 연령

1. 감면대상 근로자 연령은 만34세 이하입니다. 예를 들어 2018년 9월 17일 입사자의 경우 1983년 9월 18일 이후 출생한 경우 만34세 이하로 감면을 받을 수 있습니다.
2. 취업시 연령요건을 충족하면 취업일부터 5년이 되는 날까지 감면 적용을 받을 수 있는 것으로 감면 기간 중 연령을 초과하는 경우에도 감면을 받을 수 있습니다.

[6] 종전 법령에 의하여 취업 당시 29세 이하로 감면기간(3년)이 종료되었으나 개정 법령으로 감면기간이 남아 있는 경우

종전 법령에 의하여 감면기간이 종료된 경우 그 종료월부터 2017년 12월까지는 감면을 받을 수 없으나 2018년 이후 개정 법령에 의한 감면기간 연장으로 2018년 이후 감면기간이 남아 있는 경우 종료월까지 근로소득의 90%를 감면받을 수 있습니다.

[7] 2017. 12. 31. 이전 입사시 만30세 ~ 만34세 이하인 경우

취업 당시 만34세 이하인 경우로서 5년이 경과되지 않는 경우 2017년 이전 소득에 대하여는 감면을 받을 수 없으나 2018년 이후 잔여기간에 대하여는 90% 감면을 받을 수 있습니다. 예를 들어

2017년 9월 입사 당시 연령이 30세 이상 34세 이하로 감면대상이 아니었으나 개정 법령에 의한 연령조건(입사 당시 34세 이하)을 충족하는 경우 감면대상기간은 2022년 9월까지이며, 이 경우 2017년 9월부터 2017년 12월 기간은 감면을 받을 수 없으나 2018년 1월부터 2022년 9월까지 기간에 대하여는 근로소득세의 90%를 감면받을 수 있습니다.

감면대상 청년 근로자 등

[1] 청년
근로계약 체결일 현재 연령이 15세 이상 34세 이하인 사람(외국인 포함). 다만, 다음의 어느 하나에 해당하는 병역을 이행한 경우에는 그 기간(6년을 한도)을 근로계약 체결일 현재 연령에서 빼고 계산한 연령이 34세 이하인 사람을 포함합니다.
① 현역병(상근예비역 및 경비교도·전투경찰순경·의무소방원을 포함)
② 공익근무요원
③ 현역에 복무하는 장교, 준사관 및 부사관

[2] 60세 이상의 사람
근로계약 체결일 현재 연령이 60세 이상인 사람

[3] 장애인
「장애인복지법」의 적용을 받는 장애인 및 상이자

[4] 다음의 요건을 모두 충족하는 경력단절여성
1. 해당 기업에서 1년 이상 근무하였을 것
2. 임신·출산·육아의 사유로 해당 기업에서 퇴직하였을 것

3. 해당 기업에서 퇴직한 날부터 3년 이상 10년 미만의 기간이 지났을 것

◈ 감면대상에서 제외되는 근로자
1. 법인의 임원
2. 법인의 최대주주 또는 최대출자자와 그 배우자
3. 제2호에 해당하는 자의 직계존속·비속 및 친족관계인 사람
4. 일용근로자
5. 국민연금, 건강보험료 등의 납부사실이 확인되지 아니하는 사람

감면대상 업종

- 제조업, 건설업, 도매 및 소매업
- 운수업, 숙박 및 음식점업(주점 및 비알콜 음료점업은 제외한다)
- 부동산업 및 임대업, 기타 전문·과학 및 기술 서비스업
- 건축기술·엔지니어링 및 기타 과학기술서비스업,
- 출판·영상·방송통신 및 정보서비스업(비디오물 감상실 운영업 제외)
- 농업, 임업 및 어업, 광업, 전기·가스·증기 및 수도사업
- 하수·폐기물처리·원료재생 및 환경복원업, 연구개발업, 광고업
- 시장조사 및 여론조사업, 사업시설관리 및 사업지원 서비스업
- 기술 및 직업훈련 학원, 사회복지 서비스업
- 수리업을 주된 사업으로 영위하는 기업

▶ 제외 업종 예시
- 법무관련, 회계·세무관련 서비스업 등
- 보건업(병원, 의원 등), 금융 및 보험업
- 예술, 스포츠 및 여가관련 서비스업

- 교육서비스업(기술 및 직업훈련 학원 제외), 기타 개인 서비스업
- 국가, 지방자치단체, 공공기관 및 지방공기업

감면신청 및 감면세액

감면 신청

[1] 근로자

근로자는 '중소기업 취업자 소득세 감면신청서'에 병역복무기간을 증명하는 서류 등을 첨부하여 취업일이 속하는 달의 다음 달 말일까지 원천징수의무자에게 제출하여야 합니다. 다만, 감면 신청기한 경과 후 감면신청서를 제출하더라도 감면을 적용받을 수 있습니다.

[2] 원천징수의무자

근로자로부터 감면 신청을 받은 경우 그 신청을 한 근로자의 명단을 신청을 받은 날이 속하는 달의 다음 달 10일까지 원천징수 관할 세무서장에게 제출하여야 합니다. 이 경우 원천징수의무자는 감면신청서를 제출받은 달의 다음 달부터 매월분의 근로소득에 대한 소득세 중 감면급여비율 상당액을 원천징수하지 않습니다.

[3] 감면세액

중소기업체로부터 받는 근로소득(감면소득)과 그 외의 종합소득이 있는 경우 해당 과세기간의 감면세액은 다음 계산식에 따라 계산한 금액으로 하되, 연간 감면한도액은 150만원으로 합니다.

$$\frac{\text{종합소득}}{\text{산출세액}} \times \frac{\text{근로소득금액}}{\text{종합소득금액}} \times \frac{\text{감면대상 중소기업체로부터 받는 총급여액}}{\text{해당 근로자의 총급여액}} \times \text{감면율}$$

퇴직소득세 신고 및 납부

◎ 퇴직연금제도를 시행하고 있지 않는 회사

① 직원이 퇴직하여 퇴직금을 지급하는 경우 퇴직소득세를 계산하여 퇴직소득세 및 지방소득세를 차감한 금액을 퇴직일로부터 20일이내에 지급을 하여야 합니다.

② 퇴직금 지급액 및 퇴직소득세 징수내역은 퇴직금 지급일의 다음달 10일까지 (반기 신고자의 경우 해당 반기의 다음달 10일) 「원천징수이행상황신고서」에 기재하여 신고하여야 하며, 퇴직소득세 및 지방소득세를 납부하여야 합니다.

③ 퇴직소득세로 납부할 세액이 없는 경우에도 그 지급에 관한 내용을 「원천징수이행상황신고서」에 기재하여 신고를 하여야 하며, 다음해 3월 10일까지 퇴직소득지급명세서를 제출하여야 합니다.

④ 퇴직연금제도를 시행하고 있지 않는 사업자이나 근로자가 퇴직으로 인하여 지급받는 퇴직급여액(명예퇴직수당과 단체퇴직보험금 포함)을 퇴직한 날부터 60일 이내에 개인형퇴직연금계정(IRP)으로 이전하는 경우 퇴직소득세 중 개인형퇴직연금으로의 이전비율에 상당하는 금액(퇴직소득세 × 이전한 퇴직소득금액/퇴직소득금액)은 과세이연됩니다. 이 경우 사업자는 '퇴직소득지급명세서'를 작성하여 개인형퇴직연금계좌를 취급하는 퇴직연금사업자에게 즉시 통보하여야 하며, 또한 다음연도 3월 10일까지 관할세무서에 '퇴직소득지급명세서'를 제출하여야 합니다.

확정기여형 퇴직연금의 퇴직소득세 원천징수

확정기여형퇴직연금제도에서 가입자는 퇴직할 때에 받을 급여를 갈음하여 그 운용 중인 자산을 가입자가 설정한 개인형퇴직연금제도의 계정으로 이전해 줄 것을 해당 퇴직연금사업자에게 요청할 수 있으며, 가입자의 요청이 있는 경우 퇴직연금사업자는 그 운용 중인 자산을 가입자의 개인형퇴직연금제도 계정으로 이전하여야 합니다.

한편, 거주자가 퇴직으로 인하여 지급받는 퇴직급여액(명예퇴직수당과 단체퇴직보험금)에 해당하는 금액[2013년 이후 비율 제한 없음] 을 퇴직한 날로부터 **60일 이내**에 개인형퇴직연금제도의 계정으로 이체 또는 입금하거나 과세이연계좌를 다른 금융회사의 과세이연계좌로 이체를 통하여 이전하는 경우 당해 퇴직급여액 중 퇴직연금계좌로 이전한 금액은 퇴직소득으로 보지 않으며, 이 경우 퇴직소득세는 연금지급시 연금소득세로 과세이연되어 퇴직소득세를 징수 및 납부하지 않습니다. (소득세법 제146조) 단, 개인형퇴직연금불입 이후 근로자는 개인형퇴직연금을 해지할 수는 있으며, 이 경우 퇴직연금사업자가 퇴직소득세를 계산하여 징수 및 납부합니다.

확정기여형퇴직연금의 원천징수의무자

확정기여형퇴직연금의 경우 원천징수의무자는 퇴직연금운용사업자이므로 회사는 별도로 원천징수이행상황신고서를 제출할 필요가 없습니다. 다만, 퇴직연금제도 시행전 퇴직금을 지급하거나 추가로 퇴직금을 직접 지급하는 경우에는 사용자가 지급하는 금액을 기준으로 퇴직소득세를 원천징수 및 납부하고, 원천징수내역을 퇴직연금사업자에게 통보하여야 하며, 다음해 3월 10일까지 지급명세서를 관할 세무서에 제출하여야 합니다.

● 퇴직연금 추가 불입금 세액공제

법정 퇴직연금외에 근로자가 본인의 노후 생활을 위하여 개인형퇴직연금을 추가로 연간 1800만원 이내의 금액을 불입할 수 있습니다.

개인형퇴직연금 불입액은 퇴직연금 이외의 연금저축불입액과 합산하여 연간 700만원을 한도로 퇴직연금불입액의 **100분의 12**[해당 과세기간에 종합소득과세표준을 계산할 때 합산하는 종합소득금액이 4천만원 이하(근로소득만 있는 경우에는 총급여액 5천 500만원 이하)인 거주자에 대해서는 100분의 15]에 해당하는 금액을 세액공제받을 수 있습니다.

[개정 세법] 연금계좌 세제혜택 확대 (소득법 §59의3, §64의4 신설, 소득령 §40의2)

현 행				개 정		
□ 연금계좌 세액공제 대상 납입한도 ㅇ 연금저축 + 퇴직연금				□ 세액공제 대상 납입한도 확대 및 종합소득금액 기준 합리화 ㅇ 연금저축 + 퇴직연금		
총급여액 (종합소득금액)	세액공제 대상 납입한도 (연금저축 납입한도)		세액공제율	총급여액 (종합소득금액)	세액공제 대상 납입한도(연금저축 납입한도)	세액공제율
	50세미만	50세이상				
5,500만원 이하 (4,000만원)	700만원 (400만원)	900만원* (600만원*)	15%	5,500만원 이하 (4,500만원)	900만원 (600만원)	15%
1.2억원 이하 (1억원)			12%	5,500만원 초과 (4,500만원)		12%
1.2억원 초과 (1억원)	700만원 (300만원)					

<적용시기> (공제 대상 납입한도) '23.1.1. 이후 납입하는 분부터 적용

🔲 확정급여형 퇴직연금의 퇴직소득세 원천징수

확정급여형의 경우 사용자가 근로자 퇴직금 지급에 대한 퇴직소득세 원천징수 및 납부, 지급명세서등의 원천징수업무를 처리하였으나 법개정으로 퇴직연금을 전액 개인형퇴직연금계좌로 이전하여야 하며, 퇴직금상당액을 개인형퇴직연금에 이전하는 경우 정책목적으로 퇴직소득세 납부를 일단 보류(과세이연이라 한다.)하고, 나중에 연금을 지급받는 시점에서 연금소득세를 징수하고 합니다.

예를 들어 개인형퇴직연금을 해지하는 경우 해지시에 퇴직연금사업자가 퇴직소득세를 계산하여 신고 및 납부하며, 연금으로 지급받는 경우에는 연금소득에 대하여 연금소득세[2015년 이후 이연퇴직소득세 × 연금수령액 ÷ 이연퇴직소득 × 70%]를 징수하여 납부하도록 하고 있습니다.

단, 퇴직소득세를 원천징수하지 않는 경우에도 사용자는 '퇴직소득지급명세서'를 작성하여 과세이연계좌를 취급하는 퇴직연금사업자에게 즉시 통보하고, 또한 다음연도 3월 10일까지 관할세무서에 '퇴직소득지급명세서'를 제출하여야 합니다.

◆ 퇴직금 지급에 대한 '원천징수이행상황신고서' 작성방법
퇴직소득세를 개인퇴직연금계좌에 입금하여 퇴직소득세를 과세이연한 경우 원천징수이행상황신고서상 퇴직소득란의 인원과 총지급액란에 해당 퇴직소득 지급금액을 기재하고 징수세액의 소득세 등란에는 '0'원으로 기재하는 것이며, 퇴직소득 원천징수의무자가 회사인 회사지급분 및 확정급여형퇴직연금을 지급하는 경우에는 'A22'란에 기재합니다.

[원천징수이행상황신고서 일부]

소득자 소득구분		코드	원천징수명세				
			소득지급 (과세미달, 일부비과세 포함)		징수세액		
			④인원	⑤총지급액	⑥소득세등	⑦농어촌 특별세	⑧가산세
퇴 직 소 득	연금계좌	A21					
	그 외	A22	1	10,000,000	0		
	가감계	A20					

🅠 퇴직소득 및 퇴직소득세 계산

● 퇴직소득

퇴직소득은 거주자·비거주자 또는 법인의 종업원이 현실적으로 퇴직함으로 인하여 받는 퇴직소득으로 당해 연도에 발생한 다음 소득의 합계액을 말한다.

① 사용자 부담금을 기초로 하여 현실적인 퇴직을 원인으로 지급받는 소득
② 퇴직소득의 일부 또는 전부를 지연하여 지급하면서 지연지급에 대한 이자를 함께 지급하는 경우 해당 이자
③ 「건설근로자의 고용개선 등에 관한 법률」 제14조에 따라 지급받는 퇴직공제금
④ 기타 퇴직소득에 포함되는 것
1. 불특정다수의 퇴직자에게 적용되는 퇴직급여지급규정·취업규칙 또는 노사합의에 의하여 지급 받는 퇴직수당·퇴직위로금 기타 이와 유사한 성질의 급여

2. 퇴직급여지급규정·취업규칙의 개정 등으로 퇴직금지급제도가 변경됨에 따라 퇴직금정산액을 지급하면서 퇴직금지급제도 변경에 따른 손실보상을 위하여 지급되는 금액
3. 명예퇴직수당, 해고예고수당

▶ 해고예고수당은 퇴직금에 해당하는 것임

[소득세법기본통칙 22- 2] 사용자가 30일전에 예고를 하지 아니하고 근로자를 해고하는 경우 근로자에게 지급하는 근로기준법 제32조의 규정에 의한 해고예고수당은 퇴직소득으로 본다.

> **보충** 퇴직소득 지급시기 의제
> ① 퇴직소득을 지급하여야 할 원천징수의무자가 1월부터 11월까지의 사이에 퇴직한 자의 퇴직급여액을 당해 연도의 12월 31일까지 지급하지 아니한 때에는 그 퇴직급여액은 12월 31일에 지급한 것으로 봅니다.
> ② 12월에 퇴직한 자의 퇴직급여액을 다음 연도 1월 31일까지 지급하지 아니한 때에는 2월 말일에 지급한 것으로 봅니다.

▣ 퇴직소득세 계산

홈택스 → 세금종류별 서비스 → 모의계산(좌측 하단)

퇴직소득 지급명세서 작성 및 제출

퇴사한 연도의 다음해 3월 10일까지 제출하여야 하며, 12월 중 퇴사한 직원의 퇴직금을 다음해 지급하더라도 '지급일'을「과세기간 종료일」로 하므로 다음해 3월 10일까지 제출하여야 합니다.

🇶 퇴직소득세 과세이연 및 지급명세서 제출

● 퇴직소득세 과세이연

2012년 7월 26일 이후 확정급여형퇴직연금제도 및 확정기여형퇴직연금제도를 운용하는 사용자의 경우 근로자에 대한 퇴직금 지급시 일단 사용자 또는 퇴직연금사업자는 개인형퇴직연금계좌(IRP)로 이전하여야 하며, 이 경우 퇴직소득세는 과세이연되어 징수하지 않습니다. 과세이연이란 세금납부를 연기하여 주는 것을 말합니다. 연기된 퇴직소득세는 나중에 연금 수령시 연금소득세를 납부하게 됩니다. 단, 퇴직금 중 일부 금액만 과세이연계좌로 이체한 경우 그 금액에 상당하는 퇴직소득세(퇴직소득세 × 과세이연계좌로 이체한 퇴직소득금액/퇴직소득금액)만 과세이연됩니다.

한편, 퇴직금을 개인형퇴직연금으로 이전한 이후 근로자는 개인형퇴직연금을 해지할 수는 있으며, 해지시 퇴직연금사업자가 퇴직소득세를 계산하여 징수 및 납부합니다.

● 확정급여형퇴직연금제도의 지급명세서 제출

개인형퇴직연금계좌(IRP)으로 이전하여 퇴직소득세를 원천징수하지 않는 경우에도 사업자는 '퇴직소득지급명세서'를 작성하여 과세이연계좌를 취급하는 퇴직연금사업자에게 즉시 통보하여야 하며, 또한 다음연도 3월 10일까지 관할세무서에 '퇴직소득지급명세서'를 제출하여야 하며, 제출하지 않는 경우 지급명세서 미제출가산세(지급금액의 2%)가 적용됩니다.

● 확정기여형퇴직연금제도의 지급명세서 제출

확정기여형퇴직연금제도를 채택하고 있는 사업자의 경우 퇴직소득세 원천징수와 관련한 모든 업무를 퇴직연금사업자가 부담하므로 사용자는 근로자 퇴사시 별도로 처리할 업무는 없습니다. 다만, 추가적으로 지급하는 퇴직금이 있는 경우 그 지급금액에 대하여 퇴직소득세를 징수 및 납부하고, 퇴직연금사업자에게 통보를 하여야 하며, 다음해 3월 10일까지 관할세무서에 퇴직소득지급명세서를 제출하여야 합니다.

한편, 회사가 퇴직연금 외에 추가로 지급하는 퇴직금을 개인형퇴직연금계좌(IRP)로 이전하는 경우 퇴직소득세는 과세이연되나 퇴직소득지급명세서를 작성하여 다음해 3월 10일까지 관할 세무서에 제출하여야 합니다.

● 퇴직연금제도를 도입하지 않는 사업자

거주자가 퇴직으로 인하여 지급받는 퇴직급여액을 퇴직한 날로부터 **60일 이내**에 확정기여형퇴직연금제도 또는 개인형퇴직연금제도의 계정으로 이체 또는 입금하거나 과세이연계좌를 다른 금융회사의 과세이연계좌로 이체를 통하여 이전하는 경우 당해 퇴직급여액은 실제로 지급받기 전까지 퇴직소득으로 보지 않습니다. 이 경우 퇴직소득세는 연금지급시 연금소득세로 과세이연되어 퇴직소득세를 징수 및 납부하지 않습니다.

퇴사자 4대보험 정산 등

◎ 퇴사자 4대보험 자격상실신고

퇴사자가 있는 경우 사용자는 퇴사일로부터 14일 이내에 자격상실신고서를 작성하여 국민연금관리공단, 건강보험공단, 근로복지공단 중 1곳에만 신고서를 제출하면 됩니다.

[1] 퇴사자 국민연금
직원이 중도에 퇴사한 경우 상실한 달(**상실한 달 전 날**을 기준)까지 보험료를 납부하여야 합니다. 국민연금은 전년도 급여를 기준으로 당해 연도에 납부함으로서 확정되며, 별도의 정산은 하지 않습니다.

[2] 퇴사자 건강보험료 정산
중도 퇴사한 경우 상실한 달(상실한 달 전 날을 기준)까지 보험료를 납부하여야 합니다. 당해 연도에 납부한 건강보험료는 전년도 급여를 기준으로 납부한 금액이므로 당해 연도에 실제 지급한 급여를 기준으로 정산하여 과소 징수한 금액이 있는 경우 추가로 징수하여야 하며, 과다 납부한 금액은 환급을 하여야 합니다.

[3] 퇴사자 고용보험료 정산
퇴사일까지 지급한 임금총액에 대하여 종업원 부담금을 정산하여 과다 징수한 금액은 돌려주고 과소 징수한 금액이 있는 경우에는 추가 징수하여야 합니다.

반기(6개월)별 근로소득세 신고 및 납부

반기별 신고대상자

근로소득 등을 지급하는 사업자는 매 월 근로소득세를 신고하고 납부하여야 하나 소규모 사업자의 납세편의를 제공하기 위하여 직전년도 상시고용인원이 20인 이하인 사업장의 경우 6개월에 한 번씩 신고 및 납부를 할 수 있습니다.

반기별 신고·납부기한

구 분	급여지급기간	신고 및 납부기한	비 고
상반기	1월 ~ 6월	7월 10일	전년도 연말정산과 같이 신고
하반기	7월 ~ 12월	다음해 1월 10일	

반기별 신고·납부 승인 신청

반기별로 신고 및 납부하고자 하는 사업자는 사업장 관할세무서장으로부터 원천징수세액을 매 반기별로 신고 및 납부할 수 있도록 승인을 받아야 하며, 반기별 신고·납부승인을 얻고자 하는 경우 해당 반기 직전 월의 1일부터 말일까지 사업장 관할세무서장에게 반기별 신고납부신청을 하여야 합니다.

단, 신규사업장의 경우 신청일이 속하는 반기의 상시고용인원 20명 이하인 경우 반기별 신고·납부를 신청할 수 있습니다.

◘ 반기별 승인신청기한

승인신청기한	승인통지기한	적용기간	신고기한
12월 1일 ~ 31일	1월 31일	상반기(1월 ~ 6월)	7월 10일
6월 1일 ~ 30일	7월 31일	하반기(7월 ~ 12월)	다음해 1월 10일

▶ **반기별 납부승인을 받은 경우 원천징수이행상신고서 제출기한**

반기별 납부 승인을 얻은 자는 지급일을 기준으로 상반기분은 7월 10일까지, 하반기분은 다음연도 1월 10일까지, 6개월 동안의 근로소득세 등 원천징수내역을 기재한「원천징수이행상황신고서」를 관할세무서에 제출하고 징수한 세액은 은행에 납부하여야 합니다.

지방소득세 납부

급여지급시 근로소득세를 징수할 경우 원천징수의무자(사업자)는 원천징수하는 근로소득세의 10%를 지방소득세로 징수하여 두었다가 그 징수일이 속하는 달의 다음 달 10일까지 관할 시·군·구에 납부하여야 하며, 별도의 신고는 하지 않습니다.

반기별 신고대상자 지급명세서 제출

① 반기별 신고납부자는 다음해 7월 10일까지「원천징수이행상황신고서」를 관할세무서에 제출합니다만, 연말정산에 대한 '근로소득지급명세서'는 다음연도 3월 10일까지 사업장 소재지 관할 세무서장에게 제출하여야 합니다.

② 퇴직금을 지급하는 경우 퇴직금 지급에 대한 내역서인 '퇴직소득 지급명세서'를 다음연도 3월 10일까지 사업장 소재지 관할 세무서장에게 제출하여야 합니다.

반기별 신고·납부자 연말정산

연말정산 절차 및 신고기한

① 2023년 2월 말일까지 ~ 내부적인 연말정산 완료
근로자의 근로소득세 결정에 관한 내역서인 지급명세서 작성

② 2023년 3월 10일까지 ~ 근로소득 지급명세서 제출
「홈택스」에 입력하여 제출하시면 됩니다.

③ 2023년 7월 10일까지
1. 연말정산분에 대한 원천징수이행상황신고 및 납부
2. 2023. 1. 1. ~ 2023. 6. 30. 기간 동안 지급한 근로소득, 퇴직소득, 기타소득 등 원천징수대상소득에 대한 반기별 신고

반기별 신고· 납부자 연말정산 환급신청

① 연말정산에 의한 환급세액이 많은 경우로서 세무서로부터 환급을 받고자 하는 경우 환급신청을 하여 환급을 받을 수 있으며, 이 경우 3월 10일까지 원천징수이행상황신고서를 신고하여야 합니다.

예를 들어 2022년도 근로소득세로 결정된 금액이 100,000원이고 간이세액표에 의하여 납부한 근로소득세(기납부세액)가 500,000원인 경

우로서 과다 납부한 근로소득세 400,000원을 환급받고자 하는 경우에는 2023년 3월 10일까지 「원천징수이행상황신고서」를 제출하여야 합니다. 이 경우 2023년 1월 및 2월분 원천세 지급 및 징수에 관한 내용과 연말정산분을 같이 신고하여야 합니다.

원천징수이행상황신고서의 「원천징수세액환급신청서」에 "☑" 표시하고 「㉑ 환급신청액」란에 환급신청액을 기재(원천징수세액환급신청서 부표 반드시 작성)하여 관할세무서장에게 제출합니다.

② 연말정산 환급에 따른 지방소득세 특별징수를 환급 받으시려면 아래의 서류를 구비하여 기 납입한 구청에 환급 신청하시면 됩니다.

1. 지방소득세 특별징수 환급청구서(별첨)
2. 지방소득세 특별징수 개인별 납부 내역서(별첨)
3. 소득세 환급결정통지서 사본 또는 소득세 환급 입금된 통장사본
4. 원천징수이행상황신고서(연말정산분)

③ 2023년 7월 10일 상반기 신고시에는 3월부터 6월 기간 동안 지급한 근로소득 등 원천징수소득만 신고하고 납부하여야 합니다.

연말정산

🇶 연말정산이란?

매 월 간이세액표에 의하여 납부한 근로소득세는 급여총액이 확정되기 전 미리 납부한 금액으로 당해 연도가 종료된 후 실제 지급한 급여총액을 기준으로 소득세법의 규정에 의하여 납부할 근로소득세를 확정한 다음(결정세액) 미리 납부한 근로소득세(기납부세액)를 차감하여 납부 또는 환급할 근로소득세를 확정하는 것을 말합니다.

♣ 연말정산에 관한 내용 → 국세청 홈페이지 참조

연말정산 관련 국세청 자료 [국세청 홈페이지]
■ 국세청 홈페이지 : 안내 책자 및 책자 파일
■ 연말정산 자동 계산 : 조회·계산 → 연말정산 자동 계산
■ 연말정산간소화 서비스
■ 무료상담 : 국번없이 126

🇶 연말정산의무자

근로소득을 지급하는 자(개인, 법인, 국가 등 모두 포함) 단, 근로소득 중 일용근로소득을 지급한 경우 일용근로소득은 분리과세되는 소득으로 그 지급시 원천징수함으로서 납세의무가 종결되는 것이므로 별도의 연말정산을 하지 않습니다.

▣ **연말정산에 의한 환급금 발생시 회계처리**
♣ 상세 내용 → 경영정보사 홈페이지 참조

이자소득세 원천징수

🅠 이자소득 원천징수 개요

① 금전 등을 차입하고 그에 대한 대가로 이자를 지급하는 자는 소득세법의 규정에 이자소득세 및 이자소득세의 10%를 지방소득세로 징수하여 신고 및 납부를 하여야 합니다.

법인으로부터 자금을 차입하고, 그 이자를 지급하는 자는 이자소득세에 상당하는 세액을 법인세(이자소득세)로 징수하여 납부하되, 지방소득세는 징수하지 않았습니다만, 2015년 1월 이후 법인에게 이자를 지급하는 경우에도 지방소득세(법인세의 10%)를 징수 및 납부하여야 합니다.

② 금융기관으로부터 금전을 차입한 자가 금융기관에 이자를 지급하는 경우에는 이자소득세를 징수납부하지 않습니다.

🅠 이자소득으로 보지 아니하는 소득

① 물품을 매입할 때 대금의 결제방법에 따라 에누리되는 금액
② 외상매입금을 약정기일 전에 지급함으로써 받는 할인액
③ 물품을 판매하고 대금 결제방법에 따라 추가로 지급받는 금액
④ 외상매출금의 지급기일을 연장하여 주고 추가로 지급받는 금액
⑤ 장기할부조건으로 판매함으로써 현금거래 또는 통상적인 대금의 결제방법에 의한 거래의 경우보다 추가로 지급받는 금액

이자소득세 및 지방소득세 원천징수

금융기관 등이 예금이자소득을 지급하는 경우

☐ 이자소득세 원천징수세액 = 총지급액 × 14%

이자로 지급하는 금액의 14%를 이자소득세로 이자소득세의 10%를 지방소득세로 징수하여 납부합니다.

법인의 경우 예금이자 수입에 대하여 원천징수당한 이자소득세는 선납세금으로 처리한 다음 납부할 법인세에서 공제를 받을 수 있습니다.

개인사채에 대한 이자 지급 및 원천징수

기업이 개인 또는 법인으로부터 차입한 차입금에 대한 이자를 지급하여야 하는 경우 그 지급금액의 25%(금융업을 영위하지 아니하는 자가 개인 등에게 금전을 차입하고 이자를 지급하는 경우 이자소득 원천징수세율) 및 지방소득세(이자소득세의 10%)를 원천징수하여 징수일의 다음달 10일까지 관할세무서에 납부하여야 합니다.

이자소득 지급명세서 제출

이자를 지급하는 자는 이자소득 지급에 관한 명세서인 지급명세서를 작성하여 그 지급일의 다음연도 2월 말일까지 사업장 관할 세무서에 제출하여야 합니다.

기타소득세 원천징수

기타소득이란 이자소득·배당소득·사업소득·근로소득·연금소득·퇴직소득·양도소득 외의 소득으로 일시적이고, 우발적으로 발생하는 소득을 말합니다.

근로소득, 기타소득, 사업소득 구분

소득구분은 대가를 지급하는 지급자의 입장이 아닌 용역을 제공하고 그 대가를 받는 자 기준으로 판단합니다. 따라서 동일회사에 여러 번 또는 여러 회사나 용역공급의뢰처에 개인인적용역을 제공하는 경우라면, 계속 반복적인 용역제공으로 보아 사업소득으로 구분하여야 합니다.

● 사업소득

사업소득이란 개인이 물적 시설없이 근로자를 고용하지 아니하고 독립적으로 일의 성과에 따라 수당 또는 이와 유사한 성질의 대가를 받는 용역으로 원천징수대상이 되는 사업소득은 용역을 제공하는 자가 독립된 자격으로 인적용역 또는 의료보건용역을 계속·반복적으로 제공하고 지급받는 대가를 말합니다.

□ 사업소득세 원천징수세액 = 총지급액 × 3%

● 기타소득

기타소득이란 이자소득·배당소득·사업소득·근로소득·연금소득·퇴직소득·양도소득외의 소득으로 일시적이고, 우발적으로 발생하는 소득을 말합니다.

☐ 기타소득세 원천징수세액 = (총지급액 - 필요경비) × 20%

사업소득과 기타소득 여부는 그 일에 대해 상대방이 계속성이 있느냐, 없느냐에 따라 적용이 달라집니다. 즉 그 지급을 받는 자가 일시적으로 용역을 제공하는 것이라면, 기타소득으로 보아 그 지급금액의 60% 또는 80%를 필요경비로 공제한 금액에 대하여 20%(지방소득세 별도)의 세율을 적용하여 기타소득세를 원천징수하여야 합니다만,

소득을 지급받는 자가 계속적으로 용역을 제공한다면, 사업소득으로 보아 지급받는 금액에 대하여 3%(지방소득세 별도 : 사업소득세의 10%)의 세율을 적용하여 사업소득세를 원천징수하여야 합니다.

● 근로소득

근로소득이란 고용관계에 의하여 근로를 제공하고 그 대가로서 지급받는 급여로 근로자가 종속적인 지위에서 근로를 제공하고 받는 대가를 말하며, 고용관계가 있는지 여부의 판단은 근로제공자가 업무 내지 작업에 대한 거부를 할 수 있는지, 시간적·장소적인 제약을 받는지, 업무수행과정에 있어서 구체적인 지시를 받는지, 복무규정의 준수의무 등에 의하여 종합적으로 판단할 사항입니다.

▣ 기타소득세 원천징수 대상소득

① 다음의 1에 해당하는 인적용역을 일시적으로 제공하고 지급받는 대가
1. 고용관계 없이 다수인에게 강연을 하고 강연료 등의 대가를 받는 용역
2. 라디오·텔레비전방송 등을 통하여 해설·계몽 또는 연기의 심사 등을 하고 보수 또는 이와 유사한 성질의 대가를 받는 용역
3. 변호사·공인회계사·세무사·건축사·측량사·변리사 기타 전문적 지식 또는 특별한 기능을 가진 자가 당해 지식 또는 기능을 활용하여 보수 또는 기타 대가를 받고 제공하는 용역
4. 기타의 용역으로서 고용관계 없이 수당 또는 이와 유사한 성질의 대가를 받고 제공하는 용역

② 문예·학술·미술·음악 또는 사진에 속하는 창작품에 대한 원작자로서 받는 소득으로서 다음의 1에 해당하는 것
1. 원고료 및 저작권사용료인 인세
2. 미술·음악 또는 사진에 속하는 창작품에 대하여 받는 대가

③ 저작자 또는 실연자·음반제작자·방송사업자외의 자가 저작권 또는 저작인접권의 양도 또는 사용의 대가로 받는 금품

④ 광업권·어업권·산업재산권 및 산업정보, 산업상 비밀, 상표권·영업권(점포임차권 포함), 토사석의 채취허가에 따른 권리, 지하수의 개발·이용권 그 밖에 이와 유사한 자산이나 권리를 양도하거나 대여하고 그 대가로 받는 금품

⑤ 물품(유가증권 포함) 또는 장소를 일시적으로 대여하고 사용료로서 받는 금품

⑥ 계약의 위약 또는 해약으로 인하여 받는 위약금과 배상금

⑦ 재산권에 관한 알선수수료 및 사례금

🔵 기타소득세 원천징수

기타소득을 지급하는 때는 기타소득총지급액에서 필요경비를 공제한 기타소득금액에 원천징수세율 20%(지방소득세 별도)를 적용하여 소득세를 원천징수하여 다음달 10일까지 기타소득세를 납부하여야 합니다.

다만, 기타소득금액(기타소득 - 필요경비)이 5만원 이하인 경우에는 기타소득 과세 최저한 규정에 의하여 원천징수하지 않습니다.

원천징수세액이 1천원 미만인 경우에는 징수하지 아니합니다.

● 기타소득으로 원천징수할 금액

① 기타소득금액 = 기타소득 총수입금액 - 필요경비
② 원천징수세액 = 기타소득금액 × 원천징수 세율(20/100)
○ 지방소득세 10% 별도 징수

사 례 기타소득세 원천징수

[예제] 기타소득에 해당하는 강의료 지급금액이 300,000원인 경우
- 과세표준(120,000원) = 지급금액(300,000원) - 필요경비(180,000원)
- 기타소득세(24,000원) = 과세표준(120,000원) × 기타소득세율(20%)
- 지방소득세(2,400원) = 기타소득세(24,000원) × 10%
▶ 기타소득금액(기타소득 - 필요경비) 5만원 이하인 경우 기타소득세를 징수하지 않습니다.

🅠 기타소득 필요경비

기타소득금액은 당해 연도의 총수입금액에서 이에 소요된 필요경비를 공제한 금액으로 합니다.

● 지급액의 80%를 필요경비 공제할 수 있는 기타소득

① 공익법인이 주무관청의 승인을 얻어 시상하는 상금과 부상
② 다수가 순위 경쟁하는 대회에서 입상자가 받는 상금 및 부상
③ 지역권 또는 지상권을 대여하고 받는 금품
④ 계약의 위약 또는 해약으로 인하여 받는 위약금과 배상금 중 주택입주 지체상금

● 지급액의 60%를 필요경비 공제할 수 있는 기타소득

① 다음에 해당하는 인적용역을 일시적으로 제공하고 지급받는 대가
1. 고용관계없이 다수인에게 강연을 하고 강연료 등의 대가를 받는 용역
2. 라디오·텔레비전방송 등을 통하여 해설·계몽 또는 연기의 심사 등을 하고 보수 또는 이와 유사한 성질의 대가를 받는 용역
3. 변호사·공인회계사·세무사·건축사·측량사·변리사기타 전문적 지식 또는 특별한 기능을 가진 자가 당해 지식 또는 기능을 활용하여 보수 또는 기타 대가를 받고 제공하는 용역
4. 기타의 용역으로서 고용관계없이 수당 또는 이와 유사한 성질의 대가를 받고 제공하는 용역
5. 계약의 위약 또는 해약으로 인하여 받는 위약금과 배상금 중 주택입주 지체상금계약의 위약 또는 해약으로 인하여 받는 위약금과

배상금 중 주택입주자가 주택건설업자로부터 받은 주택입주 지체상금을 말한다.
② 문예·학술·미술·음악 또는 사진에 속하는 창작품에 대한 원작자로서 받는 소득으로서 다음의 하나에 해당하는 것
1. 원고료
2. 저작권사용료인 인세
3. 미술·음악 또는 사진에 속하는 창작품에 대하여 받는 대가
③ 광업권·어업권·산업재산권 및 산업정보, 산업상 비밀, 상표권·영업권(점포임차권 포함), 토사석의 채취허가에 따른 권리, 지하수의 개발·이용권 그 밖에 이와 유사한 자산이나 권리를 양도하거나 대여하고 그 대가로 받는 금품으로서 필요경비가 확인되지 아니하거나 수입금액의 100분의 80에 미달하는 것

[개정 세법] 원고료, 인세, 일시적 강연료 등 필요경비율 조정 등
1. 2018. 4. 1. ~ 2018.12.31. 지급분 : 필요경비율 70%
2. 2019. 1. 1. 이후 지급분 : 필요경비율 60%

▶ 증빙서류 확인되는 경우만 필요경비 인정되는 기타소득

지급금액의 80% 또는 60%를 필요경비로 공제받을 수 있는 기타소득외의 기타소득은 증빙서류에 의하여 확인되는 실제 필요경비만을 공제받을 수 있다.

Q 기타소득자의 종합소득세 신고

기타소득금액(기타소득 - 필요경비)이 300만원을 초과하는 경우에는 종합소득세 확정신고를 하여야 하며, 기타소득금액이 300만원 이하인 경우에는 분리과세와 종합과세 중 선택할 수 있습니다.

원천징수대상 사업소득 원천징수

원천징수대상 사업소득이란 개인이 물적 시설 없이 근로자를 고용하지 아니하고 독립적으로 일의 성과에 따라 수당 또는 이와 유사한 성질의 대가를 받는 용역으로 용역을 제공하는 자가 독립된 자격으로 인적용역 또는 의료보건용역을 계속·반복적으로 제공하고 지급받는 대가를 말합니다.

▣ 사업소득세 원천징수 대상소득

원천징수대상 사업소득은 아래에 열거하는 사업소득을 지급하는 경우에 한하는 것으로 소득세법에서 통칭하는 사업소득과 구분되며, 법인에게 아래에 열거하는 사업소득을 지급하는 경우에는 계산서 등 정규영수증을 수취하여야 합니다.

① 개인이 물적 시설 없이 근로자를 고용하지 아니하고 독립된 자격으로 용역을 공급하고 대가를 받는 다음에 규정하는 인적용역
1. 저술·서화·도안·조각·작곡·음악·무용·만화·배우·성우·가수 이와 유사한 용역
2. 연예에 관한 감독·출·촬영·녹음·장치·조명과 이와 유사한 용역
3. 건축감독·학술용역·기술용역과 이와 유사한 용역
4. 직업운동가·역사·기수·운동지도가(심판을 포함합니다)와 이와 유사한 용역
5. 저작자가 저작권에 의하여 사용료를 받는 용역
6. 보험가입자의 모집, 저축의 장려 또는 집금 등을 하고 실적에 따라 보험회사 등으로부터 받는 모집수당·장려수당·집금수당

7. 교정.번역.고증.속기.필경.타자.음반취입과 이와 유사한 용역
8. 고용관계 없는 자가 강연을 하고 강연료.강사료 등의 대가를 받는 용역
9. 개인이 일의 성과에 따라 수당 또는 이와 유사한 성질의 대가를 받는 용역

② 개인.법인 또는 법인격 없는 사단.재단 기타 단체가 독립된 자격으로 용역을 공급하고 대가를 받는 인적용역

● 원천징수대상 사업소득자의 사업자등록

인적용역소득에 대해서는 소득을 지급하는 자가 3% 원천징수(지방소득세 별도)를 하여야 하며, 부가가치세가 면세되는 인적용역을 제공하는 자유직업소득자의 경우 부가가치세법에 의한 사업자등록은 필요하지 않으나 소득세법에 의한 면세사업자등록은 할 수 있습니다.

다만, 면세사업자등록을 하지 않은 경우에도 사업소득을 지급하는 자가 사업소득세 및 지방소득세를 원천징수하여 신고 및 납부하므로 특별한 불이익은 없습니다. 이 경우에도 사업소득자는 자신의 수입에 대하여 종합소득세 신고를 하여야 합니다.

◆ 보험모집인, 방문판매원의 연말정산
보험모집인, 방문판매원이 지급받는 소득은 사업소득으로 원칙적으로 다음해 5월 중에 종합소득세 확정신고를 하여야 합니다만, 해당 과세기간에 신규로 사업을 개시 또는 직전 과세기간의 수입금액 7,500만원 미만인 경우 해당 사업자에게 사업소득을 지급하는 원천징수의무자가 해당 과세기간의 사업소득금액에 대하여 연말정산하여 소득세를 징수·납부함으로서 납세의무를 송결시킬 수 있습니다.

🆀 사업소득세 원천징수

원천징수하여야 하는 사업소득은 통상의 사업소득과 다른 개념(원천징수대상이 아닌 경우 세금계산서, 계산서 등을 수취하여야 함)으로 원천징수대상 사업소득을 지급하는 경우 사업소득세를 원천징수하여 그 징수일의 다음달 10일까지 납부하여야 합니다.

▶ **사업소득에 대한 원천징수세율**
1. 사업소득의 100분의 3 및 지방소득세(사업소득세의 10%)
2. 봉사료의 경우 100분의 5 및 지방소득세

▶ **원천징수대상 사업소득 간이지급명세서 제출**
원천징수대상 사업소득을 지급하는 자는 매월 지급일이 속하는 달의 다음 달 말일까지 간이지급명세서를 제출하여야 합니다. 단, 12월분 사업소득을 다음해 1월에 지급한 경우에는 12월 지급분 간이지급명세서에 포함하여 제출하고, 다음해 1월 지급분 간이지급명세서 제출시에는 제외합니다

🆀 사업소득을 지급받는 자의 종합소득세 신고

당해 연도에 사업소득이 있는 거주자는 사업소득금액에 관계없이 반드시 당해 연도의 다음연도 5월 1일부터 5월 31일까지 주소지 관할세무서에 종합소득세 확정신고를 하여야 합니다.

종합소득세 신고시 납부할 세액에서 사업소득을 지급하는 자로부터 원천징수당한 사업소득세는 기납부세액으로 공제받을 수 있습니다.

SECTION 02
일용근로자 원천징수 세무실무와 4대보험

일용직 근로자 및 법정수당 등

🔲 일용직 근로자란?

일용근로자란 근로를 제공한 날 또는 시간에 따라 급여를 계산하거나 근로를 제공한 날 또는 시간의 근로성과에 따라 급여를 계산하여 지급받는 자로 다음에 해당되지 아니하는 자를 말합니다.
O 건설공사 종사자, 하역(항만)작업 종사자가 아닌 자 : 근로자로서 근로계약에 따라 일정한 고용주에게 3월 이상 계속하여 고용되는 자
O 하역(항만)작업 종사자 : 통상 근로를 제공한 날에 급여를 지급받지 아니하고 정기적으로 근로대가를 받는 자
O 건설공사 종사자 : 동일한 고용주에게 계속하여 1년 이상 고용된 자

보 충	건설공사에 종사하는 자의 일용근로자 해당 요건

◎ 건설공사에 종사하는 자로서 다음에 해당하지 아니하는 자
① 동일한 고용주에게 계속하여 1년 이상 고용된 자
② 다음의 업무에 종사하기 위하여 통상 동일한 고용주에게 계속 고용되는 자
1. 작업준비를 하고 노무에 종사하는 자를 직접 지휘·감독하는 업무
2. 작업현장에서 필요한 기술적인 업무, 사무, 취사, 경비 등의 업무
3. 건설기계의 운전 또는 정비업무

일용직 근로자의 법정수당 및 퇴직금

일용직 근로자의 주휴일 및 주휴수당

근로기준법상 1주간의 소정근로일수를 개근한 근로자에게는 1일의 유급휴가를 주어야 하는데 1일단위로 근로계약을 체결하는 일용근로자의 경우 1주간의 소정근로일수를 산정할 수 없으므로 유급 주휴일을 부여하지 않습니다.

다만, 일용근로자가 계속적으로 근로를 제공하는 경우에는 실제 근로일수를 기준으로 1주일에 소정근로일수를 개근한 경우 주휴일을 부여하여야 합니다.

이 경우 주휴수당을 포함하여 임금을 지급하기로 사전에 약정한 경우에는 무급으로 주휴일을 부여하는 것이나 약정이 없는 경우 유급으로 주휴일을 부여하여야 합니다.

● 일용직 근로자의 연장·야간·휴일근로 가산수당

① 일용근로자의 경우도 연장근로 및 야간근로에 대하여 가산수당을 지급하여야 합니다.

② 휴일근로의 경우 주휴수당을 포함하여 임금을 지급하기로 사전에 약정하지 아니한 계속근로자는 휴일근로에 대하여 가산수당을 지급하여야 합니다.

③ 일용근로자를 포함하여 상시 근로자 수가 5인 미만인 경우에는 가산수당 지급의무가 없습니다.

> **보 충** 일용근로자의 주휴수당 및 통상임금
>
> 일급계약인 경우, 주휴수당은 1주간의 소정근로에 대해 개근하는 경우 지급되는 조건부 임금으로 통상임금에 포함되지 않습니다만, 월급 계약인 경우에는 급여액에 주휴수당이 포함되어 있는데, 이러한 경우 주휴수당은 '소정근로시간외에 유급으로 처리되는 시간'을 말하므로 통상임금에 포함합니다.

● 일용직근로자 퇴직금

① 일용근로자의 경우에도 근로기간이 1년 이상인 경우 퇴직금을 지급하여야 합니다.

② 퇴직금 산정의 기준이 되는 일용직근로자의 평균임금은 통상근로자와 동일하게 퇴사일로부터 역산하여 3개월 동안의 임금을 기준으로 계산합니다. 다만, 근로일수가 통상의 근로와 달리 현저히 적을 때에는 통상근로계수(0.73)를 적용하여 평균임금을 산정할 수 있습니다. (1일 임금 × 통상근로계수)

일용직 근로자 4대보험 가입 및 신고

일용직 근로자의 경우 다음의 가입제외자가 아닌 경우 4대보험에 가입을 하여야 합니다.

🅠 일용직근로자 4대보험 가입대상 및 제외자

[1] 국민연금 가입대상자 및 제외되는 자
(1) 가입대상자
사업장에서 종사하는 18세 이상 60세 미만의 근로자로서, 사업장에 고용된 날부터 1개월간 8일 이상이고, 근로시간이 월60시간 이상인 근로자는 사업장에 고용된 날부터 사업장가입자로 적용하여야 합니다. 한편, 일용직 근로자로서 채용 당시에는 가입 요건에 해당하지 아니하여 제외되었으나 그 후 요건에 해당되는 때에는 취득신고를 하여야 하며, 이 경우 자격취득일은 최초고용일로 합니다. (2015.5.6. 국민연금 일용근로자 사업장 가입기준 지침 개정)

1. 명시적인 근로(고용)계약서가 있는 경우, 실제 근로를 제공한 기간·일수 불문하고 계약내용이 1개월 이상(기간의 정함이 없는 경우 포함)이고, 1개월 간 8일 이상인 경우 사업장가입자로 적용
2. 명시적인 근로(고용)계약서가 없는 경우(계약내용이 1개월 미만 포함), 사업장에 고용된 날 또는 기산일부터 1개월간 8일 이상 근로한 경우, 사업장에 고용된 날 또는 기산일부터 사업장가입자로 적용

(2) 가입제외자
1월 미만의 기한부로 사용되는 근로자로서 1개월의 근로시간이 월 60시간 미만이거나 근로일수가 8일 미만인 자

[2] 건강보험 가입대상자 및 제외되는 자

1월 미만의 기한부로 사용되는 근로자 및 1개월 동안의 소정(所定) 근로시간이 60시간 미만인 단시간근로자는 건강보험가입대상에 해당하지 않습니다. 다만, 1월 이상 계속 사용되는 경우에는 자격 취득 신고 대상입니다.

[3] 고용보험 가입대상자 및 제외되는 자

1개월간 소정근로시간이 60시간 미만인 자(1주간의 소정근로시간이 15시간 미만인 자 포함)는 고용보험가입대상이 아닙니다. 다만, 생업을 목적으로 근로를 제공하는 자 중 3개월 이상 계속하여 근로를 제공하는 자와 일용근로자(1개월 미만 동안 고용되는 자)는 1개월간 소정근로시간이 60시간 미만이더라도 가입대상에 해당합니다.

[4] 산재보험 가입대상근로자에서 제외되는 자

근무일수와 시간에 관계없이 모든 근로자에 대하여 가입을 하여야 합니다.

▶ 일용직 근로자 고용보험 및 산재보험 가입 요약표

구 분	가입대상자
국민연금	18세 이상 60세 미만인 근로자로서 일반 근로자는 1개월간 근로시간이 60시간 이상인 단시간근로자 * 건설업의 경우 1개월간 20일 이상 근로자
건강보험	1개월 이상 근로하는 일용 근로자 * 건설업의 경우 1개월간 20일 이상 근로자
고용보험	1개월간 근로시간이 60시간 이상인 단시간근로자 단, 실업급여의 경우 65세 이상 신규 채용자는 제외
산재보험	모든 일용근로자

🇶 일용직 근로자의 '근로내용확인신고서' 제출

일용직근로자의 경우 고용보험 및 산재보험 신고시 근로내역확인서를 작성하여 채용일의 다음달 15일까지 고용노동부에 제출하여야 하며, 제출하지 않는 경우 고용노동부로부터 300만원 이하의 과태료가 부과될 수 있습니다.

1. 근로내역확인서 서식은 1일 단위로 근로계약을 체결하거나 1개월 미만 동안 고용되는 일용근로자를 위한 서식입니다.
2. 건설업(건설장비운영업 제외) 사업장은 고용보험 근로자 근로내용 확인신고서만 작성하고, 산재보험 근로자 근로내용 확인신고서를 작성하지 않습니다.
3. 건설업(건설장비운영업 제외) 사업장 소속 일용근로자의 경우 임금총액만 적고, 그 밖의 업종의 사업장 소속 일용근로자는 보수총액(과세소득)과 임금총액(과세소득 및 비과세소득)을 모두 적습니다.

▶ **근로내용확인신고서 제출시 일용근로자 지급명세서 제출 의무 면제**

일용근로자의 임금 지급내역에 대한 지급명세서를 지급일이 속하는 분기 마지막달의 다음달 말일까지 제출하여야 합니다. 단, 4/4분기 지급금액은 다음해 1월말일까지 지급명세서를 제출할 수 있으며, 미제출시 '지급명세서보고불성실가산세'(지급금액의 1%)가 부과됩니다. (제출기한일로부터 3개월 이내 제출시 가산세 0.5%)

단, '근로내용확인신고서'에 국세청 신고항목 일용근로 소득신고가 추가되어 고용노동부에 신고한 내용은 국세청에 일용근로소득 지급명세서를 별도 제출하지 않아도 되나 지급명세서를 제출하여도 무방합니다.

일용직 근로자 세무실무

일용직 근로자 근로소득세 원천징수

다음의 산식에 의하여 계상한 근로소득세를 원천징수하여 지급일의 다음달 10일까지 관할 세무서에 신고 및 납부하여야 합니다.

① 과세대상급여 = 일급여액 - 비과세급여
② 근로소득과세표준 = 과세대상급여 - 근로소득공제(150,000원)
③ 근로소득산출세액 = 근로소득과세표준 × 원천징수세율(6%)
④ 원천징수세액 = 산출세액 - 근로소득세액공제(산출세액의 55%)

▶ 일용근로자와 일반근로자의 세무신고

구 분	일용근로자	일반근로자
대 상 자	근로일수나 시간에 따라 일당 계산	월급으로 지급
원천징수	일당에서 근로소득공제 후 세율적용	간이세액표 적용
연말정산	하지 않음	연말정산(종합과세)
지급명세서	지급일의 다음달 말일	다음해 3월 10일

사 례 일용직근로자 근로소득세 계산

[예제] 일당 200,000원인 일용근로자가 10일을 근로한 경우 원천징수할 금액
① 과세표준(500,000원) = [일당 (200,000원) - 근로소득공제(15만원)]× 10일
② 산출세액(30,000원) = 과세대상급여 (500,000원) × 세율(0.06)
③ 납부할 세액(13,500) = 산출세액(30,000) - 세액공제 (16,500)

[개정 세법] 일용근로소득 원천징수세액 [소득세법 제47조 ②]
(일용근로소득 - 150,000원) × 2.7%

보 충   일용직근로자 근로소득세 소액부징수

① 지급시점에서 소득자별로 원천징수할 세액의 합계액을 기준으로 근로소득세가 1,000원 미만인 경우 근로소득세를 징수하지 아니합니다.
② 지방세는 소득분(원천납부하는 세액 제외)의 세액이 2,000원미만인 때에는 소득분을 징수하지 아니합니다.

보 충   일용직근로자의 연장, 야간근로수당 과세 여부

생산직 일용근로자의 경우 월정액급여에 관계없이 연장근로, 야간근로로 인하여 통상임금에 가산하여 받는 급여(한도 없음)는 비과세됩니다.
단, 건설업을 영위하는 업체의 건설현장에서 근로를 제공하는 일용근로자는 "공장 또는 광산에서 근로를 제공하는 자"에 해당하지 아니하므로 연장. 야간 또는 휴일 근로로 인하여 받는 급여는 과세대상 근로소득에 해당합니다.

보 충   일용근로자로서 3개월 이상 근무시 원천징수방법 예시

1. 20×7년 1월 일용근로자로 고용 : 1월 ~ 3월 일용근로자로 원천징수
2. 20×7년 4월부터 : 상용근로자로 간이세액표에 의거 원천징수
3. 20×8년 2월 연말정산 : 20×7년 1월 ~ 12월 급여 합산하여 연말정산
   * 일용근로기간 동안의 원천징수세액은 기납부액에 포함하여 차감함

보 충   일용근로자의 연말정산 및 종합소득세 신고

일용직근로자는 임금 지급시 임금을 지급하는 자가 근로소득세를 징수하여 납부함으로서 납세의무가 종결되므로 별도의 연말정산을 하지 아니하며, 다른 소득이 있어 종합소득세 신고를 하는 경우에도 종합소득에 합산하지 아니합니다.

보 충   배우자가 일용근로자인 경우 배우자공제를 받을 수 있나요?

근로자의 배우자가 일용직근로자로서 다른 소득이 없는 경우 배우자공제를 받을 수 있습니다.

일용직근로자 세무신고 및 증빙

원천징수이행상황신고서 기재방법

근로소득 일용근로자란(A03)에 인원수, 총지급액 등 해당 내역을 기재한 후 원천세 신고를 합니다. 단, 일용근로자를 3개월 이상(건설업은 1년 이상) 계속하여 고용시는 일반급여소득자와 마찬가지로 매월 급여를 지급하는 때에 근로소득간이세액표에 의하여 계산한 세액을 근로소득세로 원천징수하여야 합니다.

일용직근로자에 대한 임금 지급과 증빙서류

일용근로자 임금지급대장에 급여를 지급받는 자의 서명 및 날인은 받아두고 일용근로자의 신원을 확인할 수 있는 주민등록등본이나 주민등록증 앞·뒤 사본을 첨부하여 두어야 하며, 지급사실을 확인할 수 있는 서류 (무통장입금표 등 금융기관을 통한 지급증빙서류)를 보관하여야 합니다.

서 식 경영정보사(경리업무닷컴) 홈페이지(www.coskt.co.kr)

상호	일용노무비 지급명세서		기간	년 월 일부터 년 월 일까지		일간	공사장명	
							공정명	
직종 직책	성명	주민 등록 번호	주소지 거소지	출 역 상 황	출역 일수	단가	총액	세액합계	차감 지급액	영수인
				1 2 3 4 5 6 7 8 9 10 11 12 13 14 15 16 17 18 19 20 21 22 23 24 25 26 27 28 29 30 31				근로 소득세	지방 소득세		

● 일용근로자 지급명세서 제출

일용근로자의 임금 지급내역에 대한 지급명세서는 지급일이 속하는 달의 다음달 말일까지 제출하여야 합니다.

지급명세서를 제출하지 않은 경우 '지급명세서보고불성실가산세'(지급금액의 0.25%)가 부과됩니다. (단, 제출기한일로부터 1개월 이내 제출시 가산세 0.125%)

◆ 일용근로자가 유급휴일에 대하여 지급받는 유급휴일수당
일용근로자가 유급휴일에 대하여 지급받는 유급휴일수당은 당해 법령에서 정한 기간의 근로일수에 배분하여 원천징수하여야 한다.

[세법 개정] 일용근로소득 지급명세서 제출(소득세법 제164조)
일용근로소득 지급명세서 : 매 분기 → 매월 지급일의 다음달 말일
<적용시기> 2021.7.1. 이후 지급하는 소득분부터 적용

[개정 세법] 2021.7.1. 이후 일용근로 지급명세서 가산세 인하
해당 지급명세서를 그 기한까지 제출하지 아니한 경우 : 제출하지 아니한 분의 지급금액의 100분의 1 → 100분의 0.25(제출기한이 지난 후 1개월 이내에 제출하는 경우 지급금액의 0.125)

▶ **근로내역확인신고서 제출시 일용근로자 지급명세서 제출의무 면제**
고용노동부의 '근로내용확인신고서'에 국세청 신고항목 일용근로소득 신고가 추가됨에 따라 고용노동부에 이미 신고한 내용은 국세청에 일용근로소득지급명세서를 별도 제출하지 않아도 됩니다.

국세청 홈페이지 살펴보기

국세청 홈페이지에는 사업자의 세무신고 지원을 위하여 세무신고안내, 각종 계산 프로그램, 국세청 발간 도서 등을 제공하고 있습니다.

국세청 홈페이지는 수시로 변경되며, 아래 내용은 2022년 8월 기준으로 변경된 홈페이지 내용입니다.

알림 소식

고시 · 공고 · 행정예고	
- 고시	건물 기준시가 계산방법 고시
	업무용승용차 운행기록 방법에 관한 고시(소득세법)
	현금영수증사업자가 지켜야 할 사항 고시
공지사항	기준경비율 적용 검토표 작성요령 안내

국민 소통

국세청100배 활용하기 가이드맵	서면질의 · 사전답변
규제혁신	
적극행정	

국세신고안내

개인신고안내	
- 종합소득세	
장부기장의무 안내	
경비율적용 방법 안내	
성실신고확인제도 안내	
중간예납 안내	
참고자료실	업무용승용차 관련비용의 세무처리 안내
- 주택임대소득	
- 종교인소득	
- 부가가치세	
- 사업장현황신고	
- 원천세	
- 연말정산	
- 양도소득세	
- 주택세금 100문100답	
- 상속세	
- 증여세	
- 종합부동산세	
- 세금납부 안내	
법인신고안내	
- 법인세	
- 공익법인	
- 부가가치세	
- 원친세	근로소득간이세액표
- 종교인소득	
- 세금납부안내	

국세정책/제도

사업자등록안내	
근로·자녀장려금	
전자(세금)계산서/현금영수증	
신용카드	
신종업종 세무 안내	SNS 마켓 사업자
중소기업 세무컨설팅 제도	
국제조세정보	
세법해석 질의 안내	
세무서식	
통합자료실	
- 세무용어사전	
- 국세청 프로그램	
- 국세청 발간책자	
개정세법해설	
분야별해설 책자	
기타참고 책자	
- 세무일정	

국세청 홈택스

국세청 홈택스에서 각종 세금신고, 전자세금계산서 발급, 전자세금계산서 합계표 조회, 세무상담, 신청서 제출, 각종 조회 및 증명서 인터넷 발급, 현금영수증 사용내역 조회, 소득금액 증명 등의 업무를 처리할 수 있습니다.

조회/발급

전자세금계산서 조회 및 발급, 현금영수증 조회 및 수정, 거래처 사업자 형태, 폐업 여부 조회, 기준경비율 및 단순경비율, 근로소득 간이세액표 등의 내용을 확인할 수 있습니다.

민원증명

사업자등록증명, 사업자등록증 재발급
휴업사실증명, 폐업사실증명
납세증명서(국세완납증명), 납부내역증명(납세사실증명)
소득금액증명, 소득확인증명서(개인종합자산관리계좌 가입용)
부가가치세 과세표준증명
부가가치세 면세사업자 수입금액증명
표준재무제표증명

신청/제출

▶ 신청
사업자등록신청 및 정정
원천징수세액 반기별납부 승인 및 포기신청

▶ 제출
지급명세서 제출
일용근로소득 지급명세서 제출
세금계산서합계표 및 계산서합계표 제출

🅠 신고/납부

부가가치세, 법인세, 원천세, 종합소득세, 양도소득세, 증여세, 개별소비세, 주세, 증권거래세 등의 세금신고를 할 수 있습니다.

🅠 세금 종류별 서비스

모의 계산에서 양도소득세, 증여세, 퇴직소득세, 종합부동산세, 근로장려금 등 자동계산 서비스를 제공하고 있습니다.

🅠 세무상담

국세청 홈택스의 상담에서는 인터넷상담 신청한 질문과 그 답변을 세목별로 다양하게 검색하실 수 있도록 정리되어 있습니다.

국세법령정보시스템

국세법령정보시스템에서는 조세법령, 조세조약, 기본통칙, 세법집행기준, 판례 및 질의회신 사례, 세무서식 등을 제공하고 있습니다.

▶ 전화 세무상담 : 국번없이 126

6

장부기장 재무제표

SECTION 01

개인기업 장부기장

개인사업자는 소득을 계산하여 종합소득세를 신고 및 납부를 하여야 하는데 과세연도 기간의 소득을 알기 위해서는 반드시 장부기장을 하여야 합니다. 장부기장은 회계원칙에 의한 복식부기기장을 원칙으로 하되, 소규모 사업자는 세법이 정하는 바에 따라 간편장부로 기장할 수 있습니다.

개인사업자의 장부기장

사업소득이 있는 자는 과세기간 동안 (1. 1 ~ 12. 31) 사업으로 벌어들인 사업소득금액(수입금액 - 필요경비)을 계산하기 위하여 반드시 장부기장을 하여야 합니다. 장부기장은 복식부기에 의한 기장을 원칙으로 하되, 소규모 자영업자의 경우 간편장부에 의한 기장방법이 있습니다.

🅠 복식부기의무자 장부기장

개인사업자 중 **전년도 수입금액**이 다음의 업종별 기준금액 이상인 경우 복식부기기장을 하여야 하며, 복식부기기장대상자에 해당하는 경우 세무사사무소에 장부기장 및 세무신고를 맡겨야 할 것입니다.

▶ 복식부기기장대상자 [전년도 수입금액이 아래 기준금액 이상인 사업자]

업 종 별	기준금액
1. 농업·임업 및 어업, 광업, 도매 및 소매업, 부동산매매업 그 밖에 제2호 및 제3호에 해당하지 아니하는 사업	3억원
2. 제조업, 숙박 및 음식점업, 전기·가스·증기 및 수도사업, 하수· 폐기물처리·원료재생 및 환경복원업, 건설업(비주거용 건물 건설업은 제외하고, 주거용 건물 개발 및 공급업을 포함한다), 운수업, 출판·영상·방송통신 및 정보서비스업, 금융 및 보험업	1억5천만원
3. 부동산 임대업, 전문·과학 및 기술 서비스업, 사업시설관리 및 사업지원서비 스업, 교육서비스업, 보건업 및 사회복지 서비스업, 예술·스포츠 및 여가관 련 서비스업, 수리 및 기타 개인 서비스업, 가구내 고용활동	7천500만원

TIP	복식부기 기초 개념

예를 들어 직원들이 식사를 하고 현금 100,000원을 지급한 경우 이를 복식부기 방식으로 기록하여 보면 다음과 같습니다.
감소한 자산의 종류는 현금이고, 그 원인은 식대를 지불한 것입니다.
① 감소한 자산의 종류는 무엇인가? ~ '현금'이다. (자산 종류)
② 왜 인출되었는가? ~ '식대'를 지급하였다. (원인)
현금이 인출된 원인은 식대를 지급한 것이고, 감소한 자산의 종류는 현금으로 이 거래를 복식부기에 의한 분개 형식으로 기록할 수 있으며, 분개시 왼쪽 면을 회계용어로 '**차변**'이라고 하며, 오른쪽 면을 '**대변**'이라고 합니다.

(차변) 복리후생비   100,000   /   (대변) 현금   100,000

직원들 식대는 회계관습에 의하여 '**복리후생비**' 라는 용어를 사용하여야 하며, 유사한 지출 항목의 통일된 명칭을 '**계정과목**'이라고 합니다.

복식부기 기장에 의한 결산과 사업소득 계산

복식부기기장은 전문직인 회계교육을 받아야만, 기장을 할 수 있습니다만, 이에 대한 자세한 내용은 경영정보사 홈페이지에 한글파일 및 PDF로 올려 두었으므로 참고하시기 바라며, 본서에서는 손익계산서 및 재무상태표에 대한 기초적인 내용만 살펴 보도록 하겠습니다.

간편장부대상자 및 간편장부기장

간편장부대상자

간편장부대상자란 당해 연도에 **신규로 사업을 개시한 자**와 **직전연도** 수입금액(매출액)의 합계액이 복식부기 업종별 기준금액에 미달하는 사업자를 말합니다.

예를 들어 2021년 10월에 신규로 음식점 사업을 개시한 사업자의 수입금액이 1억 5천만원 미만이면, 2022년도는 간편장부대상자에 해당하는 것입니다. (연간으로 환산하지 않음)

간편장부대상자는 사업자 본인이 본서를 참고하여 국세청 홈택스에서 종합소득세 신고를 할 수 있으므로 세무사사무소에 장부를 맡기지 않아도 될 것입니다.

♣ 간편장부 상세내용 → 간편장부대상자 소득세 신고 참고

SECTION 02

사업자 소득계산
손익계산서 이해
재무상태표 이해

수익(매출)이 발생하면 회사내로 자산(돈)이 유입되고, 비용이 발생하면 회사 밖으로 돈이 유출됩니다.
비용지출이 있는 경우 반드시 그 지출에 대한 증빙(지출증빙 편 참고)을 갖추어 두어야 합니다.

수익과 비용은 무엇을 의미하는가요?

사업상 물품 등을 계속반복적으로 판매하거나 서비스를 제공하고 그에 대한 대가를 받는 것을 주업으로 하는 자를 사업자라고 하며, 사업자의 가장 중요한 수익은 매출입니다. 예를 들어 음식점의 경우 식사를 제공하고 그 대가로 받은 금액 또는 도매업 및 소매업의 경우 상품을 제공하고 그 대가로 받은 금액을 '매출'이라고 하며, 매출이 발생하면 돈이 들어옵니다.

그 대금을 나중에 받기로 하는 외상매출의 경우에도 결국 돈이 들어오게 됩니다. 즉, 수익이 있다는 말은 돈이 들어오는 것을 의미하며, 돈을 벌이기 위해서는 물품을 판매하거나 서비스 제공이 있어야 합니다.

한편, 매출을 위해서는 반드시 그에 따른 여러 가지 비용이 들어가게 될 것입니다. 음식점의 경우 식재료구입비, 임차료, 종업원 인건비, 주류 및 음료구입비, 광고비용, 전기요금 등 공과금이 발생하게 됩니다. 이와 같이 매출을 위해서는 여러 가지 경비가 발생하게 되며, 이러한 경비를 일반적으로 '비용'이라고 하며, 개인사업자의 경우 '필요경비'라고 명칭합니다. 비용이 발생하면, 반드시 돈이 지출되게 됩니다. 예를 들어 재료구입비, 임차료, 종업원 인건비, 주류 및 음료구입비, 광고비용, 전기요금 등 비용이 발생하게 되는 경우 돈이 지출되게 되는 것이며, 외상 거래의 경우에도 결국 돈이 지출되게 되는 것입니다.

위의 내용을 요약하면, 수익(매출)이 발생하면 돈이 유입되고, 필요경비가 발생하면, 돈이 유출되는 것입니다. 따라서 사업과 관련한 소득은 수익에서 필요경비(비용)를 차감한 금액으로 계상하는 것입니다. (소득 = 수익 - 필요경비)

결론적으로 수익이 비용보다 많으면 이익이 발생하는 것이며, 이익이 발생한다는 구체적인 의미는 이익이 난 만큼 돈을 벌인다는 뜻입니다. 그러나 수익보다 비용이 많이 발생하면, 손실이 나는 것이며, 손실이 발생하면, 손실이 발생한 만큼 돈이 없어지게 되는 것입니다. 손실이 계속하여 나게 되면 유출되는 돈이 유입되는 돈보다 많아 돈이 부족하게 될 것이며, 부족한 자금을 보충하기 위하여 돈을 빌리게 되는 것입니다. 따라서 손실이 계속 누적되면 결국 빚만 남게 되는 것입니다.

사업자의 소득은 어떻게 계산하나요?

페인트 소매업을 하는 사업자의 경우 페인트를 판매하기 위하여 먼저 페인트 제조회사등으로부터 페인트를 구입한 다음 구입한 금액 보다 높은 가격으로 판매하는 경우 이익이 발생할 것입니다. 예를 들어 20×6년 동안 페인트 2억 1천만원 어치를 구입하여 그 전부를 2억 8천만원에 판매하였다면, 7천만원의 이익이 발생합니다.

그런데 페인트를 판매하기 위해서는 사업장 임차료, 직원 급여 및 식대, 광고비용, 판매를 위한 접대비, 출장비용, 전화비, 차량의 운행과 관련한 기름값, 보험료 등 여러 가지 비용이 들 것입니다.

예를 들어 판매 및 관리를 위한 비용(사업장 임차료, 직원 급여 및 식대, 광고비용, 판매를 위한 접대비, 출장비용, 전화비, 차량의 운행과 관련한 기름값, 보험료 등)이 4천 4백만원이고,
사업과 관련한 은행 차입금에 대한 이자가 2백만원이라고 가정하면, 사업자의 소득은 2천 4백만원[매출(2억 8천만원) - 매출원가(2억1천만원) - 경비(4천 6백만원)]이 되며, 이 결과 회사의 자산은 사업개시 시점보다 2천 4백만원이 증가하게 되는 것입니다.

이를 정리하여 보면 페인트를 판매하고 그 대가로 받은 금액을 '**상품매출**'이라고 합니다. 상품을 판매하면 반드시 회사에 돈이 들어 올 것입니다. 매출대금은 매출과 동시에 대금을 결제받는 경우도 있지만, 외상으로 판매한 다음 나중에 받는 경우라도 결과적으로 회사에 돈이 들어오는 것입니다.

한편, 상품 매출시 2억 8천만원을 받는 대가로 2억 1천만원 어치의 상품을 인도하여 주었다고 가정합시다. 이 인도한 상품의 원가를

'**매출원가**'라고 합니다. 상품을 매입한 경우 그 대금을 지급하였을 것입니다. 상품매입과 동시에 지급하는 경우도 있지만 외상으로 거래할 수도 있습니다. 외상의 경우에도 나중에 반드시 돈을 지급하여야 하므로 결과적으로 회사의 돈이 유출되게 됩니다. 다른 비용들도 마찬가지입니다. 비용이 발생하면 반드시 회사의 돈이 유출되게 되는 것입니다.

다시 말하면, 수익이 발생하면 회사에 돈이 유입되고, 반면, 비용이 발생하면, 회사의 돈이 유출되게 되는 것입니다.

따라서 사업과 관련한 소득은 수익(매출)에서 비용(매출원가, 인건비, 기타 경비)을 차감한 금액으로 계상합니다. 소득이 있으면 소득에 상당하는 금액만큼 회사의 자산은 늘어나게 됩니다.

■ 판매비와관리비 지출내역 예시

계 정 과 목	금 액	계 정 과 목	금 액
급 여	15,000,000	보 험 료	1,000,000
복 리 후 생 비	2,500,000	차 량 유 지 비	4,000,000
여 비 교 통 비	1,500,000	사 무 용 품 비	1,000,000
접 대 비	3,400,000	소 모 품 비	1,000,000
통 신 비	3,000,000	지 급 수 수 료	600,000
수 도 광 열 비	1,200,000	광 고 선 전 비	1,000,000
세 금 과 공 과 금	1,600,000	잡 비	1,200,000
지 급 임 차 료	6,000,000	소 계	9,800,000
소 계	34,200,000	합 계	44,000,000

1월 1일부터 12월 31일 기간의 수익 및 경비를 요약한 표를 손익계산서라고 하며, 손익계산서 형식은 다음과 같습니다.

◨ 손익계산서

손 익 계 산 서
제1기 20×6년 01월 01일부터 20×6년 12월 31일까지

과목	금	액
Ⅰ　상　품　매　출		280,000,000
Ⅱ　매　출　원　가		210,000,000
1　기 초 상 품 재 고 액		
2　당 기 상 품 매 입 액	210,000,000	
3　기 말 상 품 재 고 액		
Ⅲ　매　출　총　이　익		70,000,000
Ⅳ　판 매 비 와 관 리 비		44,000,000
01　급　　　　　　　　여	15,000,000	
02　복　리　후　생　비	2,500,000	
03　여　비　교　통　비	1,500,000	
04　접　　대　　비	3,400,000	
05　통　　신　　비	3,000,000	
06　수　도　광　열　비	1,200,000	
07　세　금　과　공　과　금	1,600,000	
08　감　가　상　각　비		
09　지　급　임　차　료	6,000,000	
10　보　　험　　료	1,000,000	
11　차　량　유　지　비	4,000,000	
12　사　무　용　품　비	1,000,000	
13　소　모　품　비	1,000,000	
14　지　급　수　수　료	600,000	
15　광　고　선　전　비	1,000,000	
16　잡　　　　　　　비	1,200,000	
Ⅴ　영　업　이　익		26,000,000
Ⅵ　영　업　외　비　용		2,000,000
01　이　자　비　용	2,000,000	
Ⅵ　당　기　순　이　익		24,000,000

� 매출원가 및 기말상품재고액

그런데 위의 손익계산서에는 몇 가지 문제가 있습니다. 위 사례는 상품 2억 1천만원 어치를 구입하여 구입한 상품 전부를 2억 8천만원에 판매를 한 경우입니다. 손익계산기간은 1월 1일(신규사업자의 경우 개업일)부터 12월 31일 기간 동안으로 하며, 이 기간(과세기간이라고 합니다.) 동안 총수입금액에서 총비용(필요경비)을 차감한 금액을 소득으로 계산하여 사업소득을 계산합니다.

과세기간(1월 1일부터 12월 31일까지) 동안 구입한 상품을 모두 판매한 경우에는 구입한 상품의 취득원가가 전액 매출원가가 되는 것입니다만, 손익계산기간 동안 구입한 상품 중 일부는 판매를 위하여 사용·소비하고 일부는 12월 31일 현재 회사에 남아 있는 경우를 살펴보기로 하겠습니다.

과세기간 동안 판매용 페인트를 2억 1천만원 어치 구입한 다음 이 중 2억원 어치를 2억 8천만원에 판매를 한 경우입니다.
이 경우 상품 1천만원 어치는 12월 31일 시점에 회사의 재고창고에 남아 있을 것이고, 2억원 어치만 페인트를 매입한 자에게 넘겨 준 것이므로 매출을 위하여 사용소비된 매출원가는 2억원이 되고, 매출총이익은 8천만원이 되는 것입니다.

한편, 12월 31일 현재 판매하지 못하고 남아 있는 상품 1천만원 어치는 다음해 이후에 판매할 것이므로 이월상품으로 다음해의 기초상품재고액이 되고, 다음해의 상품매입액과 합하여 판매가능한 상품이 되는 것이며, 다음해의 기말상품재고액을 차감한 금액이 다음해의 매출원가가 되는 것입니다.

예 제 20×6년(20×6.1.1 ~ 20×6.12.31) 매출원가 및 매출총이익 계산

- 20×6년 상품 매출총액   280,000,000원
- 20×6년 상품 총매입액   210,000,000원
- 20×6년 12월 31일 현재 기말상품재고액 10,000,000원

상 품	구 분	손 익 계 산 서	
상품 총매입액 (210,000,000원)		상품매출	280,000,000
	매 출 원 가 (판매 상품원가) 200,000,000원	매출원가	200,000,000
	기말상품재고액 10,000,000원		
		매출총이익	80,000,000

1. 20×6년 12월 31일 기말 현재 판매되지 않고 남아 있는 상품(기말상품 재고액)은 매출원가에 해당하지 않으므로 총상품매입액에서 차감한 금액을 매출원가로 하는 것입니다.

2. 20×6년에 매입한 상품 중 20×6년에 판매하지 못하고 20×7년으로 이월되는 상품 1천만원('기말상품재고액'이라고 합니다.)은 20×7년도에 판매를 할 수 있으므로 20×7년의 매출원가는 20×6년도로부터 이월된 상품 1천만원('기초상품재고액'이라고 합니다.)과 20×7년도 총매입액을 합한 금액이 20×7년도의 판매가능한 상품이 됩니다.

3. 판매가능한 상품 중 20×7년 12월 31일 현재 판매하지 못한 재고상품은 다시 20×8년으로 이월하게 됩니다.

■ 기말상품재고액을 반영한 손익계산서

손 익 계 산 서
(제1기) 20×6년 01월 01일부터
20×6년 12월 31일까지

과 목	금	액
I 상 품 매 출		280,000,000
II 매 출 원 가		200,000,000
1 기 초 상 품 재 고 액	0	
2 당 기 상 품 매 입 액	210,000,000	
3 기 말 상 품 재 고 액	10,000,000	
III 매 출 총 이 익		80,000,000
IV 판 매 비 와 관 리 비		44,000,000
01 급 여	15,000,000	
02 복 리 후 생 비	2,500,000	
03 여 비 교 통 비	1,500,000	
04 접 대 비	3,400,000	
05 통 신 비	3,000,000	
06 수 도 광 열 비	1,200,000	
07 세 금 과 공 과 금	1,600,000	
08 감 가 상 각 비		
09 지 급 임 차 료	6,000,000	
10 보 험 료	1,000,000	
11 차 량 유 지 비	4,000,000	
12 사 무 용 품 비	1,000,000	
13 소 모 품 비	1,000,000	
14 지 급 수 수 료	600,000	
15 광 고 선 전 비	1,000,000	
16 잡 비	1,200,000	
V 영 업 이 익		36,000,000
VI 영 업 외 비 용		2,000,000
01 이 자 비 용	2,000,000	
VI 당 기 순 이 익		34,000,000

◘ 자산인 상품과 비용인 매출원가

사업을 위하여 취득하거나 발생하는 경비는 대부분 과세기간 중에 **사용.소비**함으로서 비용이 되는 것이나 어떤 경우에는 과세기간의 비용으로 처리할 수 없는 것들이 있습니다.

예를 들어 판매를 위하여 매입한 상품이 상품창고에 입고된 경우 그 자체는 **'상품'**이라는 자산입니다. 이 상품이라는 자산을 판매하여 매입자에게 인도하여 준 상품은 사업을 위하여 사용.소비된 것이므로 비용(매출원가)이 되는 것이나 기말(12월 31일) 현재 판매하지 못하고 남아 있는 상품은 다음해 이후에 판매할 것이므로 당해 연도의 비용이 아니며, 12월 31일 현재 시점에서는 회사의 자산(상품)인 것입니다.

◘ 자산인 차량운반구와 비용인 감가상각비

사업에 사용하기 위하여 차량 또는 기계장치 등의 자산을 취득한 경우 취득시점에 즉시 비용으로 처리할 수 있느냐 하는 문제입니다. 차량 및 기계장치 등은 돈을 주고 구입을 하였으나 그 자체로 금전적 가치가 있는 자산이므로 즉시 비용처리하는 것은 적절하지 않다는 사실은 이해할 수 있을 것입니다.

즉, 돈(현금, 예금이체 등)이라는 자산을 건네주고 새로운 자산(차량운반구)을 취득한 것으로서 1년 동안 사업을 위하여 모두 사용.소비된 것이 아니므로 비용으로 처리할 수는 없다는 뜻입니다.

한편, 자산 중에는 사업에 사용함으로서 그 가치가 감소하는 자산이 있고, 가치가 감소하지 않는 자산이 있습니다. 토지 등의 자산은 사업에 사용한다하더라도 그 가치가 감소하지 않으나 차량운반구 또는 기계장치등은 사업에 사용하면 그 가치가 감소할 것입니다. 사업에 사용함으로서 감소된 가치분을 측정하여 비용처리하는 것을 '감가상각비'라고 합니다.

예를 들어 사업에 사용하기 위하여 포터를 2천만원에 구입하였습니다. 포터는 향후 5년간 사업에 사용할 수 있다고 보고 그 가치가 매 년 동일하게 감소한다고 가정하면 매 년 감가상각비로 계상할 금액은 4백만원(2천만원 ÷ 5년)이 될 것이며, 이 가치감소분을 손익계산서의 감가상각비로 계상하시면 되는 것입니다만, 가치가 감소하는 자산의 매 년 가치감소분을 사업자가 측정하여 정확히 계상하는 것은 현실적으로 불가능할 것입니다. 따라서 세법에서는 자산의 종류별로 감가상각비로 계상할 금액에 대하여 구체적인 방법(정액법, 정률법, 내용연수등)을 정하고 있으나 간편장부대상자의 경우 5년 동안 매 년 동일한 금액을 감가상각비로 계상하여도 무방할 것입니다.

● 헷갈리는 자산과 비용

선풍기, 냉장고, 사무용비품(의자, 책상, 캐비넷), 컴퓨터 및 주변기기(프린트기, 마우스, 키보드 등), 공구 등은 통상 취득하여 1년 이내에 전부 사업에 사용소비되는 것이 아니므로 자산으로 판단하여 자산으로 처리한 다음 감가상각비를 계상하여 비용처리하여야 할 것으로 생각할 수 있습니다.

그러나 금액적으로 중요하지 않은 이들 자산을 모두 자산으로 처리한 다음 감가상각비를 계상하여 비용화한다면 장부정리가 매우 복잡하여 질 것입니다. 따라서 자산으로 판단되는 것 중 **사업에 사용함으로서 그 가치가 감소되는 것으로서 취득금액이 100만원 이하인**

경우 감가상각이라는 별도의 절차없이 구입 즉시 전부 필요경비 (소모품비)로 처리하는 것을 세무당국에서 인정하고 있으므로 필요경비로 처리하시면 됩니다.

▶ **자산의 취득과 관련한 비용 계정과목**
① 상품 또는 원재료의 매입과 관련하여 운반비를 지급한 경우 운반비는 '상품' 또는 '원재료' 계정으로 처리합니다.
② 토지, 건물, 차량 등의 취득과 관련한 제비용(토지의 정지비용, 등록세, 취득세, 법무사수수료 등)은 해당 자산(토지, 건물, 차량운반구)의 취득가액에 포함하여 처리합니다.
③ 수입물품의 취득과 관련한 제비용(관세, 보험료, 운반비 등)은 수입물품의 취득가액으로 처리합니다.

Q **계정과목은 어떻게 정하며, 법적 근거가 있나요?**

사업과 관련하여 여러 가지 비용이 발생하며, 이러한 비용은 사업소득 계산시 필요경비로 계상하여 총수입금액에서 차감하여 사업소득금액을 계상하며, 필요경비의 명칭을 유사한 항목끼리 구분한 것을 계정과목이라고 합니다. 계정과목은 수익 또는 비용의 명칭을 통일.요약한 것으로 각각의 회사마다 지출 또는 수입에 대하여 요약하는 명칭이 다르면 금융기관, 세무서, 기타 회사의 이해관계자에게 많은 혼란이 초래되므로 필요경비 항목은 그 성격별로 적절히 구분하여야 합니다.

단, 계정과목은 법적근거를 가지거나 강제성을 가지는 것이 아니므로 회사의 사정이나 그 중요도에 따라 언제든지 계정을 통합하거나, 보다 세분화하기 위하여 특정한 명칭이 없는 경우 계정과목을 새로 설정하여 처리할 수도 있으므로 계정과목의 명칭에 대하여 지나치게 신경을 쓰실 필요는 없습니다.

■ 판매비와 관리비 계정과목

계 정 과 목	내 용
급 료	직원에게 지급하는 급여 및 제수당, 상여금 등
퇴 직 급 여	직원의 퇴직시 지급하는 퇴직급여
복 리 후 생 비	식대, 4대보험 회사부담금, 직원경조사비, 회식비, 피복비
여 비 교 통 비	직무와 관련한 각종 출장비 및 여비
접 대 비	거래처 접대비 및 선물대, 거래처 경조사비 등
통 신 비	전화요금, 휴대폰요금, 정보통신요금, 우편요금 등
수 도 광 열 비	수도가스요금, 난방비용, 전력비
세금과공과금	자동차세, 면허세, 재산세
감 가 상 각 비	건물, 기계장치, 차량운반구 감가상각비
지 급 임 차 료	사무실 임차료
수 선 비	각종 수리비, 비품 수리비 등
보 험 료	건물 화재보험료, 승용자동차 보험료 등
차 량 유 지 비	유류대, 주차요금, 통행료, 자동차수리비, 검사비 등
도 서 인 쇄 비	신문대, 도서구입비, 서식인쇄비, 복사요금 등
사 무 용 품 비	문구류 구입대금, 서식구입비 등
소 모 품 비	각종위생용 소모품, 철물 및 전기용품, 기타 소모품
지 급 수 수 료	기장수수료, 송금, 추심, 신용보증, 보증보험수수료 등
광 고 선 전 비	광고선전과 관련한 광고비용
잡 비	달리 분류되지 않는 기타 경비

■ 영업외비용 계정과목

계 정 과 목	내 용
이 자 비 용	이자비용, 어음할인료 등
기 부 금	교회·사찰헌금, 학교기부금, 불우이웃돕기 성금 등
잡 손 실	손해배상금, 분실금, 기타 분류되지 않는 영업외비용

◆ 잡비 및 잡손실

계정과목에서 따로 분류되지 않는 비용으로 영업활동과 관련한 비용은 잡비로 처리하고, 영업활동과 관련없이 발생하는 비용은 잡손실로 처리합니다.

◙ 기말상품재고액 및 감가상각비를 반영한 손익계산서

손 익 계 산 서

제1기 20×6년 01월 01일부터 20×6년 12월 31일까지

과 목	금 액	
Ⅰ 상 품 매 출		280,000,000
Ⅱ 매 출 원 가		200,000,000
1 기 초 상 품 재 고 액	0	
2 당 기 상 품 매 입 액	210,000,000	
3 기 말 상 품 재 고 액	10,000,000	
Ⅲ 매 출 총 이 익		80,000,000
Ⅳ 판 매 비 와 관 리 비		48,000,000
01 급 여	15,000,000	
02 복 리 후 생 비	2,500,000	
03 여 비 교 통 비	1,500,000	
04 접 대 비	3,400,000	
05 통 신 비	3,000,000	
06 수 도 광 열 비	1,200,000	
07 세 금 과 공 과 금	1,600,000	
08 감 가 상 각 비	4,000,000	
09 지 급 임 차 료	6,000,000	
10 보 험 료	1,000,000	
11 차 량 유 지 비	4,000,000	
12 사 무 용 품 비	1,000,000	
13 소 모 품 비	1,000,000	
14 지 급 수 수 료	600,000	
15 광 고 선 전 비	1,000,000	
16 잡 비	1,200,000	
Ⅴ 영 업 이 익		32,000,000
Ⅵ 영 업 외 비 용		2,000,000
01 이 자 비 용	2,000,000	
Ⅵ 당 기 순 이 익		30,000,000

♣ 표준 손익계산서

국세청 홈페이지 → 국세청책제도 → 통합자료실 → 세무서식

■ 소득세법 시행규칙 [별지 제40호의7서식] <개정 2014.3.14>　　　　(앞쪽)

표준손익계산서

단위: 원

상 호		사업자등록번호			과세기간	．．．부터 ．．．까지		

계 정 과 목	코드	금 액	계 정 과 목	코드	금 액
Ⅰ. 매출액	01		9. 가스·수도비	30	
1. 상품매출	02		10. 유류비	31	
2. 제품매출	03		11. 보험료	32	
3. 공사수입	04		12. 리스료	33	
4. 분양수입	05		13. 세금과공과	34	
5. 임대수입	06		14. 감가상각비	35	
6. 서비스수입	07		15. 무형자산상각비	36	
7. 기타	08		16. 수선비	37	
Ⅱ. 매출원가	09		17. 건물관리비	38	
1. 상품매출원가	10		18. 접대비 (①+②)	39	
① 기초재고액	11		① 해외접대비	40	
② 당기매입액	12		② 국내접대비	41	
③ 기말재고액	13		19. 광고선전비	42	
④ 타계정대체액	14		20. 도서인쇄비	43	
2. 제조·공사·분양원가	15		21. 운반비	44	
① 기초재고액	16		22. 차량유지비	45	
② 당기총원가	17		23. 교육훈련비	46	
③ 기말재고액	18		24. 지급수수료	47	
④ 타계정대체액	19		25. 판매수수료	48	
Ⅲ. 매출총이익(Ⅰ-Ⅱ)	20		26. 대손상각비	49	
Ⅳ. 판매비와 관리비	21		27. 경상개발비	50	
1. 급여, 임금·제수당	22		28. 소모품비	51	
2. 일용급여	23		29. 의약품비	52	
3. 퇴직급여	24		30. 의료소모품비	53	
4. 복리후생비	25		31. 경영위탁수수료	54	
5. 여비교통비	26		32. 외주용역비	55	
6. 임차료	27		33. 인적용역비	56	
7. 통신비	28		34. 기타 소계	57	
8. 전력비	29			58	

• 상품매출원가(①+②-③-④)
① 기초재고액 + ② 당기매입액 - ③ 기말재고액 - ④ 타계정대체액

(뒤쪽)

표준손익계산서

단위: 원

상 호		사업자등록번호		과세기간	. . . 부터 . . . 까지		
계 정 과 목	코드	금 액		계 정 과 목	코드	금 액	
②	59			7. 투자자산 처분손실	88		
③	60			8. 유·무형자산 처분손실	89		
④ 기타	61			9. 재고자산 감모손실	90		
Ⅴ. 영업손익(Ⅲ - Ⅳ)	62			10. 재해손실	91		
Ⅵ. 영업외수익	63			11. 충당금·준비금 전입액	92		
1. 이자수익	64			12. 전기오류수정손실	93		
2. 배당금수익	65			13. 기타 소계 (①+②+③+④)	94		
3. 외환차익	66			①	95		
4. 외화환산이익	67			②	96		
5. 단기투자자산 처분이익	68			③	97		
6. 투자자산 처분이익	69			④ 기타	98		
7. 유·무형자산 처분이익	70			Ⅷ. 당기순손익(Ⅴ+Ⅵ-Ⅶ)	99		
8. 판매장려금	71			작 성 방 법			
9. 국고보조금	72						
10. 보험차익	73						
11. 충당금·준비금 환입액	74						
12. 전기오류수정이익	75						
13. 기타 소계	76						
①	77						
②	78						
③	79						
④ 기타	80						
Ⅶ. 영업외비용	81						
1. 이자비용	82						
2. 외환차손	83						
3. 외화환산손실	84						
4. 기타 대손상각비	85						
5. 기부금	86						
6. 단기투자자산 처분손실	87						

작 성 방 법

□ 표준손익계산서는 기업회계기준을 준용하여 다음과 같이 작성해야 합니다.

1. 손익계산서의 계정과목과 같은 계정과목이 없는 경우에는 유사한 계정과목 란에 적습니다.
2. 단체퇴직보험료 등은 퇴직급여(코드번호:24)란에 적습니다.
3. 유류비(코드번호:31)란은 차량유지관련 이외의 유류비를 적습니다.
4. 지급수수료(코드번호:47)는 외주용역비(코드번호:55) 및 인적용역비(코드번호:56) 이외의 수수료를 적습니다.
5. 의약품비(코드번호:52) 및 의료소모품비(코드번호:53)란은 의료업자만 적습니다.
6. 외주용역비(코드번호:55)란은 특정업무나 기능을 외부 전문업체 등에 위탁하고 지급하는 비용을 적습니다.(치과에서 지출하는 기공료 포함)
7. 인적용역비(코드번호:56)란은 원천징수 대상 사업소득자에게 영업실적에 따라 지급한 수당(수수료)을 적습니다.(학원 강사, 외판원, 음료품 배달원 등)
8. Ⅳ. 판매비와 관리비, Ⅵ. 영업외수익, Ⅶ. 영업외비용 항목에 동일한 계정과목 등이 없는 경우 합계금액을 항목별로 분류하여 Ⅳ.34. 기타 소계, Ⅵ.13. 기타 소계, Ⅶ.13. 기타 소계 란에 각각 적고, 항목 란 아래 칸에 ①, ②, ③ 란에 금액이 큰 계정과목부터 순차적으로 계정과목을 적고 관련 금액을 적습니다.
9. Ⅱ. 2. ② 당기총원가란은 표준원가명세서의 당기제품제조원가(1.제조원가명세서의 Ⅸ), 당기공사원가(2.공사원가명세서의 Ⅺ), 당기완성주택 등 공사비(3.분양원가명세서의 Ⅺ), 당기총원가(4.기타원가명세서의 Ⅸ)의 합계액과 일치해야 합니다.
10. 그 밖의 사항은 표준재무상태표 작성요령을 준용합니다.

🅠 손익계산서에서 이익이 발생하거나 손실이 발생하면, 재무상태표에 어떤 영향을 미치나요?

사업자가 1년 동안 사업을 하여 이익이 발생하게 되면, 이익이 발생한 만큼 순자산이 증가하게 됩니다. 순자산이란 자산에서 부채(빚)을 차감한 금액으로 사업으로 실제 벌어들인 자산의 크기를 말합니다.
예를 들어 1월 1일(회계기초)에 자산이 5억원이고 부채가 3억원인 경우 순자산은 2억원(자산 5억원 - 부채 2억원)입니다.

그런데 사업으로 1년 동안 2억원의 돈을 벌었고, 그 중 1억원을 빚을 갚는데 사용한 경우 12월 31일(회계기말) 현재 자산은 6억원(5억원 + 2억원 - 1억원)이 될 것이고, 부채는 2억원(3억원 - 1억원)이 되어 순자산은 4억원이 되어 순자산이 2억원 증가하게 되는 것입니다.

	1월 1일	증가	감소	12월 31일	
자 산	5억원	2억원	1억원	자 산	6억원
부 채	3억원		1억원	부 채	2억원
자본금	2억원			자본금	4억원

반면, 1년동안 사업을 하여 1억원의 손실이 발생하여 부채를 상환하지 못한 경우 자산은 1억원이 감소되어 4억원이 되고, 부채는 2억원으로 회계기말 순자산은 2억원이 되어 1월 1일 순자산보다 1억원이 감소하게 되는 것입니다.

	1월 1일	증가	감소	12월 31일	
자 산	5억원		1억원	자 산	4억원
부 채	3억원			부 채	3억원
자본금	2억원			자본금	1억원

따라서 손익계산서의 이익이 발생하면, 이익만큼 순자산이 증가하게 되며, 손실이 발생하면, 순자산이 감소하게 되는 것입니다.

한편, 기업의 경우 자산 및 부채의 형태는 여러 가지 종류가 있으며, 12월 31일(회계기말) 자산 및 부채를 종류별로 구분하여 표시한 양식을 재무상태표(과거에는 대차대조표라고 하였음)라고 합니다.

개인기업의 경우 법인과 달리 사업으로 벌어 들인 소득에 대하여 종합소득세 신고 및 납부를 함으로서 납세의무가 종결되고, 다른 제재가 없으므로 사업자는 특별한 절차없이 자기가 벌어 들인 돈을 언제든지 인출하여 갈 수 있으며, 또한 회사에 본인 돈을 입금하거나 다른 자산 등을 출자를 할 수 있습니다.

따라서 개인기업의 자본금은 들쑥날쑥하게 되며, 자본금이 마이너스가 될 수도 있는 것입니다.

위 사례의 경우 1월 1일 현재 자산이 5억원이고, 부채가 3억인 경우 자본금은 2억원입니다. 그런데 2억원의 이익이 나서 1억원은 빚을 갚는데 사용하고 1억원은 사업주가 가져간 경우 12월 31일 현재 자산은 5억원(기초 5억원 + 이익으로 인하여 증가한 자산 2억원 -부채상환 1억원 - 자본금 인출 1억원), 부채는 2억원으로 순자산은 3억원이 되며, 순자산은 재무상태표에서 자본금으로 표시가 됩니다.

1월 1일		증가	감소	12월 31일	
자 산	5억원	2억원	2억원	자 산	5억원
부 채	3억원		1억원	부 채	2억원
자본금	2억원			자본금	3억원

- 자산 감소 2억원 : 부채상환 1억원 + 대표자 인출 1억원

🆀 인출금과 자본금

개인기업은 자본금의 입금 및 출금이 자유로우며 언제든지 자본금을 인출할 수 있고, 또 회수할 수 있습니다. 따라서 개인기업 대표자가 회사자금을 개인용도로 인출하는 것은 전부 인출금으로 처리하며, 반대로 대표자가 회사에 금전 등을 입금한 경우에는 인출금을 회수한 것으로 처리한 다음 결산시 자본금과 대체처리합니다.

■ 인출금 분개처리 사례

① 5. 10 사업주가 회사 보통예금 통장에 1천만월을 입금하다.

| 보통예금 | 20,000,000 | / | 인출금 | 20,000,000 |

② 5. 31 개인 사업주 종합소득세 및 지방소득세 5,000,000원을 회사자금으로 보통예금에서 인출하여 납부하다.

| 인출금 | 5,000,000 | / | 보통예금 | 5,000,000 |

③ 7. 31 개인 사업주의 재산세 2,000,000원을 회사 보통예금 통장에서 인출하여 납부하다.

| 인출금 | 2,000,000 | / | 보통예금 | 2,000,000 |

④ 10. 20 사업주가 5,000,000원을 보통예금에서 인출하여 가다.

| 인출금 | 10,000,000 | / | 보통예금 | 10,000,000 |

⑤ 12.31. 인출금 잔액 8,000,000원을 자본금과 대체하다.

| 자본금 | 8,000,000 | / | 인출금 | 8,000,000 |

Q 자본금이 마이너스가 되는 경우 어떤 문제가 있나요?

앞에서 살펴본 바와 같이 개인사업자가 사업을 하여 벌어 들인 돈보다 많이 인출하여 가져가는 경우 자본금이 마이너스가 될 수 있으며, 이 경우 세무상 특별한 문제는 발생하지 않습니다.

다만, 초과인출금(마이너스 자본금)이 발생한 경우로서 차입금이자가 있는 경우 차입금이자 중 다음의 계산식에 의한 금액은 필요경비에 산입할 수 없습니다.

◆ 초과인출금에 대한 지급이자 = 지급이자 × (해당 과세기간 중 초과인출금의 적수 / 해당 과세기간 중 차입금의 적수)

한편, 자본금이 마이너스가 되는 경우 은행 대출 유지에 문제가 생길 수 있으며, 신규 대출을 받기도 어려운 점이 있으므로 이러한 점을 감안하여 회사 자금을 인출하여야 할 것입니다.

재무상태표 구성항목인 자산, 부채, 자본

🅠 자산

자산이란 금전적 가치가 있는 유형, 무형의 물건 및 권리로서 회사에는 많은 형태의 자산이 있으며, 그 내용을 살펴보면 다음과 같습니다.

● 유동자산

■ 당좌자산

계 정 과 목	내 용
현 금	통화, 자기앞수표, 타인발행 당좌수표, 가계수표
당 좌 예 금	어음, 수표 등을 발행하기 위하여 별도 예치하여 둔 예금
보 통 예 금	통상의 보통예금
정 기 예 금	이자수익을 목적으로 일정 기간 예치하여 두는 예금
정 기 적 금	목돈마련 및 이자수익을 목적으로 일정액을 적립하는 예금
유 가 증 권	투자목적으로 취득한 주식 등을 통칭한 것
외 상 매 출 금	상품 또는 제품을 매출하고 그 대금을 외상으로 한 금액
받 을 어 음	매출대금등을 어음으로 수취한 것
단 기 대 여 금	금전을 타인에게 단기(결산일부터 1년 이내)로 대여한 것
미 수 금	비유동자산(고정자산)을 매각하고 그 대금을 외상으로 한 금액
선 급 금	상품 등을 공급받기 전에 계약금 등으로 미리 결제하여 준 금액

■ 재고자산

상 품	도·소매업종이 판매를 목적으로 취득한 상품
제 품	제조업의 완성제품
원 재 료	제조업이 제품제조를 위하여 취득한 원료 및 재료
저 장 품	소모공구기구비품, 수선용부분품 및 기타 저장품
미 착 품	수입시 발생하는 수입비용 및 수입대금을 일시 처리하는 계정
재 공 품	일정 시점 생산과정에 있는 미완성된 제품의 평가액

● 비유동자산

비유동자산이란 유동자산에 해당하지 않는 자산으로 장기투자를 목적으로 취득한 투자자산, 사업에 사용할 목적으로 취득하는 토지, 건물, 기계장치, 차량 등의 유형자산, 물리적 형체는 없지만 금전적 가치가 인정되는 특허권, 영업권 등의 무형자산, 기타 달리 분류할 수 없는 기타비유동자산으로 구분합니다.

■ 투자자산

장 기 성 예 금	만기가 결산일로부터 1년 이후의 장기예금
투 자 부 동 산	투자를 목적으로 취득한 부동산

■ 유형자산

토 지	토지
건 물	사무실, 공장, 창고 등 회사소유 건물
기 계 장 치	각종 기계장치
차 량 운 반 구	화물자동차, 승용자동차, 지게차, 중기 등
비 품	에어컨, 컴퓨터, 복사기 등
건 설 중 인 자 산	건설중인 자산의 가액

■ 무형자산

영 업 권	영업상의 권리로서 유상으로 취득한 것
특 허 권	특허 취득과 관련하여 지출 중 무형자산 요건을 충족하는 것
개 발 비	개발과 관련하여 발생한 비용으로 개발비로 계상한 것

■ 기타비유동자산

임 차 보 증 금	사무실, 공장 등의 임차보증금
부도어음과수표	어음 또는 수표가 부도처리된 경우 사용하는 계정

◆ 유동자산과 비유동자산 구분 사유

기업이 즉시 상환하여야 할 부채(단기부채)가 많음에도 기업의 자산구조가 주로 비유동자산으로 구성된 경우 그 처분이 용이하지 않고, 현금화하는 데 어려움이 있으므로 자산(비유동자산)이 많음에도 부채를 상환하지 못하여 부도가 발생하는 경우가 있을 수 있으므로, (이러한 위험을 유동성위기라 한다.) 기업의 이해관계자에게 유용한 재무정보를 제공하기 위하여 구분합니다.

부채

부채란 일반적으로 빚이라고 합니다. 기업의 부채는 주로 상품(도소매업) 또는 원재료(제조업, 건설업 등)를 구입하거나 각종 비용 대금을 나중에 지급하기로 한 경우 구입 또는 발생시점부터 지급할 때까지 일시적으로 존재하며,(외상 → 대금결제) 부채를 상환하는 경우 부채는 없어지고, 회사의 자산은 유출되게 됩니다. 따라서 상품, 원재료 등을 구입하면서 그 대금을 구입일에 바로 지급한 경우에는 부채가 발생하지 않습니다.

그리고 회사 자금이 부족한 경우 금융기관 등으로부터 돈을 빌리게 될 것이며, 이 경우에도 빌린 돈을 갚는 시점에 부채는 없어지고, 회사의 자산이 유출될 것입니다.

한편, 부채는 당해 회사가 아닌 자나 다른 회사로부터 일시 받아 둔 경우에도 발생하기도 합니다. 예를 들어 근로자가 부담하여야 하는 근로소득세 및 4대보험료 종업원 부담금을 급여를 지급하면서 공제한 경우 그 공제한 금액은 나중에 당해 회사가 은행에 납부를 하여야 하므로 부채(예수금)로 장부정리를 한 후 납부시 부채(예수금)가 없어진 것으로 장부정리를 하는 것입니다.

▶ **가수금, 선수금**

원인을 알 수 없는 돈이 회사 통상에 입금이 된 경우 나중에 반환하여 주어야 하므로 가수금으로 잡은 후 반환시 가수금을 반제한 것으로 처리하며, 상품 등을 인도하기 전에 미리 입금된 금액은 부채 항목인 선수금으로 처리합니다. 이는 선수금으로 들어 온 돈에 대하여 나중에 기업의 자산인 상품 등을 인도하여 주어야 하므로 선수금은 부채로 처리하는 것입니다.

기업에서는 사업을 하는 과정에서 다양한 종류의 부채가 발생하게 되며, 부채 종류는 다음과 같습니다.

◼ 유동부채

계 정 과 목	내 용
외 상 매 입 금	물품을 구입하고 그 대금을 나중에 지급하기로 한 것
지 급 어 음	물품대금결제를 위하여 어음을 발행하여 지급한 것
미 지 급 금	비유동자산 등을 구입하고 그 대금을 나중에 지급하기로 한 것
예 수 금	근로소득세 등을 근로자로부터 일시 받아둔 금전
부 가 세 예 수 금	매출시 매입자로부터 받아 둔 부가가치세
가 수 금	원인불명의 입금금액 등을 일시적으로 처리하는 계정
선 수 금	상품 등을 인도하기 전 그 대금을 미리 받은 것
단 기 차 입 금	1년 이내에 상환하여야 하는 차입금

◼ 비유동부채

계 정 과 목	내 용
장 기 차 입 금	상환기간이 1년을 초과하는 차입금
임 대 보 증 금	건물 등을 임대하여 주고받아 둔 보증금

자본금

개인사업자의 경우 자본금은 자산에서 부채를 차감한 금액(순자산)이 자본금이 됩니다.

■ 소득세법 시행규칙 [별지 제40호의6서식] <개정 2014.3.14> (앞쪽)

표준재무상태표

단위: 원

상 호		사업자등록번호		대상 과세기간	. . . 부터 . . . 까지	
계 정 과 목	코드	금 액	계 정 과 목	코드	금 액	
Ⅰ. 유동자산	01		(2) 장기투자증권	32		
1. 당좌자산	02		(3) 장기대여금	33		
(1) 현금 및 현금성자산	03		① 관계회사	34		
(2) 단기금융상품	04		② 임원 및 종업원	35		
(3) 단기투자증권	05		③ 기타	36		
(4) 단기대여금	06		(4) 기타	37		
① 관계회사	07		2. 유형자산	38		
② 임원 및 종업원	08		(1) 토지	39		
③ 기타	09		(2) 건물	40		
(5) 매출채권	10		(3) 구축물	41		
(6) 선급금	11		(4) 기계장치	42		
(7) 미수금	12		(5) 선박	43		
① 공사미수금	13		(6) 건설용 장비	44		
② 분양미수금	14		(7) 차량운반구	45		
③ 기타	15		(8) 공구 및 기구	46		
(8) 선급비용	16		(9) 비품	47		
(9) 기타	17		(10) 건설 중인 자산	48		
2. 재고자산	18		(11) 기타	49		
(1) 상품	19		3. 무형자산	50		
(2) 제품	20		(1) 영업권	51		
(3) 반제품 및 재공품	21		(2) 산업재산권	52		
(4) 원재료	22		(3) 개발비	53		
(5) 부재료	23		(4) 기타	54		
(6) 미착상품	24		4. 기타 비유동자산	55		
(7) 건설용지	25		(1) 장기매출채권	56		
(8) 완성건물	26		(2) 장기선급금	57		
(9) 미성공사	27		(3) 장기미수금	58		
(10) 기타	28		(4) 임차보증금	59		
Ⅱ. 비유동자산	29		(5) 기타보증금	60		
1. 투자자산	30		(6) 기타	61		
(1) 장기금융상품	31		자산 총계(Ⅰ+Ⅱ)	62		

• 구축물 (시설장치 포함)
• 산업재산권 (특허권, 상표권 등)

(뒤쪽)

표준재무상태표

단위: 원

상 호		사업자등록번호		대상 과세기간	. . . 부터 . . . 까지

계 정 과 목	코드	금 액	작 성 방 법
Ⅰ. 유동부채	63		□ 표준재무상태표는 기업회계기준을 준용하여 다음과 같이 작성해야 합니다. 1. 소득별(사업, 부동산)로 각각 별지로 작성해야 합니다. 2. 공동사업자는 공동사업장별로 작성해야 합니다. 3. 재무상태표의 계정과목과 같은 계정과목이 없는 경우에는 유사한 계정과목 란에 적습니다. 4. 계정과목에 적을 금액이 없는 때에는 금액란에 "0"으로 적습니다. 5. 단기투자증권(코드번호:05)은 단기매매증권 및 유동자산으로 분류되는 매도가능증권과 만기보유증권을 적습니다. 6. 완성건물(코드번호:26)은 판매용 주거용건물 및 비주거용건물을 적습니다. 7. 의료업자의 의료기구 또는 의료시설은 공구 및 기구(코드번호:46)란에 적습니다.
1. 단기차입금	64		
2. 매입채무	65		
3. 선수금	66		
4. 미지급금	67		
5. 예수금	68		
6. 미지급비용	69		
7. 유동성장기부채	70		
8. 유동성충당부채	71		
9. 기타	72		
Ⅱ. 비유동부채	73		
1. 장기차입금	74		
① 관계회사	75		
② 임원 및 종업원	76		
③ 기타	77		
2. 장기매입채무	78		
3. 장기선수금	79		
4. 장기미지급금	80		
5. 임대보증금	81		
6. 기타보증금	82		
7. 퇴직급여충당부채	83		
8. 기타충당부채	84		
9. 제준비금	85		
10. 기타	86		
부채총계(Ⅰ+Ⅱ)	87		
Ⅲ. 자본금	88		
Ⅳ. 당기순손익	89		
자본 총계(Ⅲ+Ⅳ)	90		
부채 및 자본총계 (Ⅰ+Ⅱ+Ⅲ+Ⅳ)	91		

사업자금 대출 정부지원제도
고용 관련 지원제도, 4대보험
금융자산 관리 및 세금 절세

이진규 지음

▶ 창업자금 정부지원 대출
▶ 사업 관련 정부보조금
▶ 고용 관련 지원제도, 4대보험
▶ 금융자산 관리 및 세금 절세

"창업자금 대출 및 금융자산 관리 ."

■ 저자 이진규 (약력)
(현)삼일인포마인 세무상담위원
(현)비즈폼, 이지분개 세무상담위원
　　20여년간 세무상담
(현)경영정보사 도서 집필 및 발간
(전)국세청 세무조사관

■ 저자 저서
법인관리 및 법인세무 컨설팅
법인기업의 세무회계실무
세법의 가산세 및 세무회계실무
부가가치세 및 원천세 실무
세금개요 및 절세

사업자금 대출 정부지원제도
고용 관련 지원제도, 4대보험
금융자산 관리 및 세금 절세

2023. 03. 10. 초판 발행
저　　자 : 이　진　규
발 행 인 : 이　진　규
발 행 처 : 경영정보문화사
신고번호 : 제2022-000018호

주　　소 : 경상북도 경산시 하남로 10
전　　화 : 080 - 250 - 5771
홈페이지 : www.ruddud.co.kr
이 메 일 : lee24171@gmail.com

정　　가　17,000원

사업자금 대출 정부지원제도
고용 관련 지원제도, 4대보험
금융자산 관리 및 세금 절세

[제1부] 창업자금 및 정부지원제도

창업과 관련한 정책자금 및 정부보조금을 지원받기 위하여 알아두어야 하는 내용, 소상공인 창업자금대출, 지역신용재단의 보증제도, 정책자금 관련 알아야 할 기본사항들, 정부 보조금을 지원받기 위해 알아야 할 사항 등을 수록하였습니다.

[제2부] 고용창출 지원제도

기업의 고용창출과 관련하여 국가가 지원하는 지원금인 청년일자리 도약 장려금 사업, 청년내일채움공제(고용노동부) 지원금, 재직자 청년 내일채움공제 플러스(중소벤처기업진흥공단), 고용촉진장려금, 고령자 계속고용장려금, 신중년 적합직무 고용지원, 두루누리 및 고용증대세액공제, 사회보험료 세액공제, 경력단절 여성 재고용 세액공제, 청년 취업자에 대한 소득세 감면 등 세금혜택에 대한 내용에 대하여 수록하였습니다.

[제3부] 4대보험 핵심 실무

신규입사자 4대보험 신고 및 퇴사자의 4대보험 정산, 4대보험료 정산 및 회계처리, 임금 인상과 관련한 4대보험 처리방법, 4대보험 관련 실무 유의사항, 사업주 4대보험 가입, 4대보험료 납부에 대한 혜택, 의료비 본인부담금 환급제도 등 핵심 실무내용을 수록하였습니다.

[제4부] 금융소득 세금절세 등

예금상품의 금리를 비교하여 기업 및 근로자의 자금운용에 도움이 될 수 있도록 하였으며, CMA 및 MMF에 대한 내용을 제시하여 단기 자금의 활용방안을 제시하여 두었습니다.

창업 자금 및 정부지원제도

section 01 소상공인 정책자금

[1] 소상공인 사업자대출 지원정책   3
[2] 소상공인시장진흥공단 대출 등 지원   4

section 02 중소기업 정책자금

[1] 정책자금 관련 알아야 할 기본사항들   11
    대출금 지원과 정부 보조금   11
    시설자금 및 운전자금   12
    자기자본(자본) 및 타인자본(부채)   12
    재무상태표 및 개시 재무상태표   13
    거치기간, 정책자금 기준금리   14

[2] 정부지원 융자금 (중소벤처기업진흥공단)   15

[3] 정부 지원 무상 보조금 지원정책   18

[4] 정부보조금 (중소기업기술개발종합관리시스템)   20

[5] 클린사업장 조성지원 (안전보건공단)   22

[6] 정부 보조금을 지원받기 위해 알아야 할 사항   24

[7] 중소기업 지원정보 사이트   26

고용창출 정부지원제도

section 01 고용창출 정부지원

1. 청년일자리 도약 장려금 사업   31
2. [신규직원] 청년내일채움공제(고용노동부)   36
3. [재직자] 청년 내일채움공제 플러스   39
4. 고용촉진과 관련한 지원금 등   41

section 02 고용창출 관련 세금 감면

1. 고용증대 세액공제   49
2. 고용증가 인원에 대한 사회보험료 세액공제   58
3. 경력단절 여성 재고용 세액공제 등   61
4. 근로소득을 증대시킨 기업의 세액공제 등   63
5. 정규직 근로자로의 전환에 따른 세액공제   67
6. 고용유지 중소기업에 대한 소득공제   68
7. 청년 등 취업자에 대한 소득세 감면   69

4대 사회보험료 핵심 실무

section 01 4대보험료 고지 및 징수·납부·정산

① **4대보험 가입대상 사업장 및 가입신고**	**77**
② **4대보험 가입신고 및 절차**	**79**
③ **4대보험 가입대상 근로자 및 가입신고**	**80**
4대보험 가입대상 근로자 및 제외 근로자	80
외국인 4대보험 가입	84
④ **4대보험료 고지 및 정산 [근로자]**	**87**
4대보험료 요율 [종업원 및 사업주 부담금 비율]	87
국민연금 고지 및 정산	87
건강보험료 고지 및 정산	88
고용보험료 및 산재보험료 고지 및 정산	89
건설업 고용보험료 및 산재보험료 고지와 정산	90
4대보험료 고지 기준금액 (과세대상소득)	91
4대보험료 부과기준이 되는 임금 범위	91
⑤ **4대보험 관련 기타 실무 유의사항**	**92**
연도 중 급여가 인상된 경우	92
직원이 1명인 경우 4대보험 가입 및 보험료 절약	92
휴직자(무급) 4대보험 납부	92
■ **직장가입자 건강보험료**	**93**
근로소득 외 소득이 있을 시 건강보험료 납부	93
부양가족 중 소득이 있는 경우 건강보험료 납부	94
본인의 부양가족 중 건강보험료 피부양자가 될 수 없는 경우	95
실업자, 퇴직자에 대한 건강보험료 납부 특례	97

section 02 개인기업 사업주 4대보험가입 및 보험료

1 개인기업 사업주의 4대보험료 — 98
종업원이 있고, 사업장으로 가입이 되어 있는 경우 — 99
종업원이 없는 경우 — 100

2 자영업자의 지역 건강보험료 부과기준 — 102
부양가족 중 소득이 있는 경우 건강보험료 납부 — 103
본인의 부양가족 중 건강보험료 피부양자가 될 수 없는 경우 — 104
건강보험료 부과기준대상 소득에 포함하는 금액 — 105
지역건강보험료 부과 체계 — 106
보험료부과점수의 산정방법 — 108

3 자영업자 본인 고용보험 가입 및 실업급여 — 111

4 자영업자 본인 산재보험 가입 — 112

section 03 4대보험료 납부에 따른 혜택 등

1 국민연금 불입에 따른 혜택 — 113
국민연금 수급 — 113
연령별 국민연금 수급연도 — 114
연령별 조기노령연금 수령 비율 — 116
유족연금 — 116
부부가 모두 국민연금에 가입한 경우 유족연금 — 117

2 고용보험료 납부에 따른 혜택 — 118
근로자 지원제도 — 118
사업주 지원제도 — 118

3 의료비 본인부담금 환급제도 — 119

금융소득 세금절세 및 리스 등

section 01 금융소득 세금절세 개요

[1] 이자소득 및 배당소득 원천징수   125
[2] 금융소득 종합과세제도   126

section 02 금융소득 종합과세

[1] 금융소득 종합과세 및 분리과세   128
[2] 금융소득 2천만원 초과자 종합과세   130

section 03 비과세 금융소득

[1] 비과세금융상품 개요   134

[2] 비과세 금융상품   135
65세 이상자 등에 대한 비과세 종합저축   135
조합 등에 대한 출자금 배당소득 비과세   136
조합등 예탁금에 대한 비과세 등   137

[3] 개인종합자산관리계좌(ISA)   138

section 04 연금저축 및 세금절세

[1] 연금의 종류 및 세금절세　　　　　　　　　　141

[2] 세제적격 연금저축 및 세제비적격 연금저축　　142

[3] 연금저축 해지에 대한 세금 추징　　　　　　　144

[4] 연금소득에 대한 세금 및 세금절세　　　　　　145

section 05 저축성보험 보험차익 비과세

[1] 저축성보험 보험차익 비과세　　　　　　　　　147

[2] 종신형 연금보험 보험차익 비과세　　　　　　　149

section 06 예금 금리 및 금융상품 종류, CMA

[1] 예금 금리 개요　　　　　　　　　　　　　　　150

[2] 예금과 금리　　　　　　　　　　　　　　　　151

[3] CMA　　　　　　　　　　　　　　　　　　　153

[4] MMF　　　　　　　　　　　　　　　　　　　158

[5] 정기예금 예치 및 정기적금 불입　　　　　　　160

[6] 일시적으로 발생하는 고액의 현금 관리　　　　161

section 07 예금금리 비교 및 단리와 복리

[1] 보험, 저축은행, 새마을금고, 신협 정기적금 비교   163

[2] 단리와 복리계산 및 복리이자 수익   165

[3] 정기예금, 정기적금의 복리이자수익 얻는 방법   165

section 08 예금자보호제도

[1] 예금자보호가 되는 것   169

[2] 예금자보호가 되지 않는 금융상품   169

section 09 리스와 할부 비교

[1] 리스   170

[2] 금융리스 및 운용리스   173

section 10 자동차 세금

[1] 차량의 취득   183

[2] 자동차 보유와 관련한 세금 및 보험료 등   186

[3] 경형자동차 유류 환급제도   188

CHAPTER 1

창업 관련 정부지원금
중소기업 지원정보

SECTION 01

소상공인 정책자금

소상공인 사업자대출 지원정책

Q 개요

정부는 고용창출 및 실업문제를 해결하기 위하여 창업을 촉진하고 있으며, 이를 위하여 다양한 창업자금지원제도를 마련하여 두고 있습니다. 창업자금에는 대출형식의 지원자금과 무상 보조금 지원제도가 있습니다.

대출방식의 창업지원자금은 **소상공인시장진흥공단** 및 **지역 신용보증재단**에서 신청을 받아 창업자금을 대출받을 수 있도록 지원을 하여 주고 있으며,

창업과 관련한 무상지원정책은 대부분 **창업진흥원**에서 그 업무를 수행하고 있습니다.

소상공인시장진흥공단 대출 등 지원

■ 소상공인지원자금(소상공인시장진흥공단)

소상공인이란 제조업, 건설업, 운송업, 광업의 경우 상시 종업원 10인 미만 업체를 말하며, 도소매업 및 각종 서비스업은 상시 종업원 5인 미만 업체를 말합니다.

소상공인시장진흥공단에서 지원하는 소상공인에 대한 창업 대출자금은 창업일(사업자등록신청일)로부터 **3년 이내**에 대출을 받을 수 있으며, 전국 주요 도시에 소상공인지원센터를 두어 창업자금을 지원하고 있습니다. (콜센터 전화번호 1588-5302)

▶ 지역별 소상공인지원센터 전화번호
소상공인시장진흥공단 홈페이지 → 전국 소상공인지원센터

■ 소상공인 창업자금 지원대상업종
① 제조업, 건설업, 운송업, 광업 : 상시 종업원 10인 미만 업체
② 도소매업 등 각종 서비스업 : 상시 종업원 5인 미만 업체

■ 소상공인 정책자금 융자제외 대상 업종

업 종
도박기계 및 사행성, 불건전 오락기구 제조업
담배 중개업
예술품, 골동품 및 귀금속 중개업
잎담배 도매업
담배 도매업 * 담배대용물(전자담배 등) 포함
모피제품 도매업 * 단, 인조모피제품 도매업 제외

업 종
도박기계 및 사행성, 불건전 오락기구 도매업
도박기계 및 사행성, 불건전 오락기구 소매업
약국, 한약국
성인용품 판매점
도박기계 및 사행성, 불건전 오락기구, 성인용품 소매업 및 소매 중개업
다단계 방문판매
통관업(관세사, 관세법인, 통관취급법인등)
일반유흥주점업
무도유흥주점업
경마, 경륜, 경정 관련 잡지 발행업
도박 및 사행성, 불건전 게임 S/W 개발 및 공급업
온라인게임 아이템 중개업
금융업
보험 및 연금업
금융 및 보험관련 서비스업
부동산업 * 부동산의 임대, 구매, 판매에 관련되는 산업활동으로서, 직접 건설한 주거용 및 비주거용 건물의 임대활동과 토지 및 기타 부동산의 개발·분양, 임대 활동이 포함 * '착한 임대인'에 한해 비주거용 건물 임대업(68112) 신청 가능 ('20.12.~'23.12.) (4page 참고) * 단, 부동산관리업(6821), 신청일 기준 동일장소에서 6개월 이상 사업을 지속 중인 부동산 중개 및 대리업(68221)은 신청가능 -부동산관리업:수수료 또는 계약에 의하여 타인의 부동산시설을 유지 및 관리하는 산업활동(주거용·비주거용 부동산관리) -부동산 중개 및 대리업: 수수료 또는 계약에 의해 건물, 토지 및 관련 구조물 등을 포함한 모든 형태의 부동산을 구매 또는 판매하는데 관련된 부동산 중개 또는 대리 서비스를 제공하는 산업활동
도박기계 및 사행성, 불건전 오락기구 임대업
법무, 회계 및 세무 등 기타법무관련 서비스업
수의업
감정평가업
탐정 및 조사 서비스업 (예: 탐정업, 흥신소 등)

업 종
신용조사 및 추심대행업
경품용 상품권 발행업, 경품용 상품권 판매업
보건업 * 단, 보건업(86) 중 유사의료업(86902)은 신청가능 * 안마원(96122)은 서비스업에 해당되어 신청 가능(통계청 기준)
경주장 및 동물 경기장 운영업
골프장 운영업
성인용게임장, 성인오락실, 성인PC방, 전화방
성인용 게임장 운영업
기타 사행시설 관리 및 운영업
무도장 운영업 (예: 댄스홀, 콜라텍 등)

증기탕 및 안마시술소
* 시각장애인이 운영하는 안마원 및 안마시술소는 신청 가능
  - 안마원 개설신고증명서 또는 안마시술소 개설신고증명서 징구
  - 임대차계약서 또는 등기부등본 징구

점술 및 유사서비스업 (점집, 무당, 심령술집 등)
휴게텔, 키스방, 대화방
기타 위 업종을 변경하여 운영되는 도박, 향락 등 불건전 업종, 기타 국민보건, 건전문화에 반하거나 사치, 투기조장 등 우려가 있다고 중소벤처기업부 장관이 지정한 업종

▣ 융자금 조건 및 금리 비교

창업과 관련한 정부의 자금지원은 담보능력이 부족한 사업자를 위하여 신용평가를 통한 신용보증서 발급으로 장기상환방식의 대출지원을 하여 주는 것으로 정부의 무상보조금은 아닙니다.

소상공인시장진흥공단에서 지원하는 창업자금은 일반적으로 시중금리보다 금리(정책자금 기준금리 + 추가 금리)가 다소 낮으므로 필요한 자금을 대출받으시면 됩니다.

정책자금은 접수 공지 후 자금소진으로 조기에 마감될 수 있으므로 자금이 필요한 경우 수시로 소상공인시장진흥공단 홈페이지 **공지사항**을 확인하여야 합니다.

다음에 제시하는 자료는 매 년 또는 매 분기마다 변경되므로 정확한 내용은 소상공인시장진흥공단 홈페이지 공지사항을 참고하시기 바랍니다.

▣ 소상공인정책자금(대리대출) [소상공인시장진흥공단]

[상세내용] 소상공인시장진흥공단 홈페이지 → 알림마당 → 공지사항 (검색어) '대리'

[붙임2] '23년 소상공인정책자금 대리대출 안내자료

세부자금명	대상	금리	한도	기간
일반자금	업력 3년 미만 소상공인	기준+0.6%p	7천만원	5년(2년거치)
성장촉진자금	업력 3년 이상 소상인	기준+0.4%p	1억원	5년(2년거치)
장애인기업지원자금	장애인기업	2.0%	1억원	7년(2년거치)
위기지역지원자금	고용위기·산업위기대응특별지역, 조선사 소재지역 소상공인	2.0%	7천만원	5년(2년거치)
긴급경영안정자금	재해·재난 직·간접피해로 재해확인증 발급받은 소상공인	2.0%	7천만원	5년(2년거치)
청년고용연계자금	업력 3년 미만 청년대표, 청년고용('22년 동일) 소상공인	2.0%	7천만원	5년(2년거치)

- 정책자금 기준금리 : 4.04% ('23.1분기 기준, 기획재정부 고시, 분기별 변동)

▶ 대리대출 및 직접대출
1. 대리대출은 소상공인시장진흥공단이 보증서를 발급한 후 금융기관에서 보증서에 의하여 대출을 하여 주는 것을 말하며,
2. 직접대출이란 소상공인시장진흥공단 또는 중소벤처기업진흥공단에서 직접 대출을 하여 주는 것을 말합니다.

소상공인정책자금(직접대출) [소상공인시장진흥공단]
[상세내용] 소상공인시장진흥공단 홈페이지 → 알림마당 → 공지사항 (검색어) '특화' (소상공인 특화자금)

자금명	지원대상	접수기간	접수방식
소상공인 특화자금	제조업을 영위하는 소공인	분기별로 공고 (예)1/4분기 '23.01.02. ~ '23.01.06.	운전자금 온라인 접수* 시설자금 현장접수**
성장촉진자금 (자동화설비)	업력 3년 이상으로 자동화 설비 도입 및 도입예정 소상인		온라인 접수*
소상공인· 전통시장자금	저신용(신용평점 744점 이하) 소상공인	별도안내	
신사업창업 사관학교 연계자금	신사업창업사관학교 졸업 후 1년 이내 창업 소상공인	상시접수	현장접수

* 온라인 접수 : 소상공인정책자금 사이트(https://ols.sbiz.or.kr) → 대출신청 → 직접대출신청
* 시설자금은 현장방문하여 상담 후 접수 진행

<주의> 매 분기별 또는 수시로 공고하고, 자금소진시까지 신청을 받으므로 소상공인시장진흥공단 홈페이지 공고 내용 수시 확인

신용보증재단 대출 보증(신규사업자 등)

신용보증재단은 담보력은 미약하나 신용상태가 양호한 각 시도 소재 소기업과 소상공인의 채무를 보증하여 기업의 자금융통을 원활히 하고 **지역경제** 활성화에 기여함을 목적으로 지역신용보증재단법에 의하여 설립한 재단으로서 기업의 신용도를 심사하여 신용보증서를 제공하여 은행으로부터 대출을 받을 수 있도록 지원하고 있습니다.

▣ 지원대상
중소기업기본법 제2조에 따른 중소기업, 소상공인 지원 및 보호에 관한 법률 제2조에 따른 소상공인 등

▣ 지원내용
소기업·소상공인 등이 금융기관 등에 대하여 부담하는 각종 채무에 대한 보증(대출보증, 어음보증, 이행보증, 지급보증의 보증, 시설대여 보증, 특례보증 등)

▣ 보증한도
지역 신용보증재단별로 상품이 다를 수 있으므로 정확한 내용은 각 지역 신용보증재단 홈페이지 내용을 참고하시면 됩니다.

- 소액심사 (보증금액 70백만원 이하)
사업자등록을 한 후 영업 중이거나 영업이 확실시 될 것

- 표준심사 (보증금액 1억원 이하)
사업자등록을 한 후 업력이 6개월 이상인 기업으로 신청일 현재 가동(영업)중일 것

■ 정밀심사 (보증금액 1억원 초과)
영업실적이 1년 이상일 것

◨ 지역신용보증재단

지역 신용보증재단	전화번호
강원신용보증재단	033-260-0001
경기신용보증재단	1577-5900
경남신용보증재단	055-212-1250
경북신용보증재단	054-474-7100
광주신용보증재단	062-950-0011
대구신용보증재단	053-560-6300
대전신용보증재단	042-380-3800
부산신용보증재단	051-860-6600
서울신용보증재단	1577-6119
세종신용보증재단	044-865-0550
울산신용보증재단	052-289-2300
인천신용보증재단	1577-3790
전남신용보증재단	061-729-0600
전북신용보증재단	063-230-3333
제주신용보증재단	064-758-5740
충남신용보증재단	041-530-3800
충북신용보증재단	043-249-5700

소상공인시장진흥공단 대출, 신용보증재단 대출 보증

소상공인시장진흥공단 대출 보증과 지역신용보증재단 대출 보증은 주관기관이 다르므로 별도로 신청을 할 수 있습니다.

단, 창업자의 경우 소상공인시장진흥공단 대출 보증과 지역신용보증재단 대출 보증을 합하여 7천만원 한도내에서 보증을 받을 수 있습니다.

SECTION 02

중소기업 정책자금

정책자금 관련 알아야 할 기본사항들

Q 대출금 지원과 정부 보조금

정부가 지원하는 정책자금에는 중소기업의 부족한 자금을 장기 상환 방식의 대출금으로 지원하는 융자금제도와 정부에서 무상으로 보조하는 출연금이 있습니다. 따라서 본서 및 관련 사이트를 참고하여 정부 무상 보조금을 지원받을 수 있는지 여부를 검토하시고, 대출금은 이자가 상대적으로 낮은 자금을 지원받으면 됩니다.

Q 청년 창업과 시니어 창업

정부정책자금 중에는 청년 및 시니어에 대하여 보다 낮은 금리나 유리한 조건의 대출금이나 정부 보조금이 있습니다. 따라서 이러한 자금지원정책을 충분히 검토하여 보다 유리한 조건의 대출금을 지원받으시기 바랍니다. 정부정책자금에서 정의하는 **청년이란 39세 이하인 자**를 말하며, 시니어(senior)란 연장자라는 뜻으로 40세 이상인 자를 말합니다.

❓ 시설자금 및 운전자금

① 시설자금이란 사업과 관련한 시설물인 건물, 기계장치, 비품, 인테리어 등의 취득 및 설치와 관련하여 소요되는 자금을 말합니다.
② 운전자금이란 인건비, 임차료, 광고선전비 등 사업 운영과 관련하여 소요되는 자금을 말합니다.

❓ 자기자본(자본) 및 타인자본(부채)

시설자금과 운전자금을 전액 사업자 본인 돈으로 투자하는 경우 자금의 차입은 필요하지 않을 것입니다. 이 경우 사업을 위하여 투자한 본인 자금의 명칭을 '자기자본'이라고 합니다. 한편, 창업을 위하여 자기자본외에 남의 돈을 빌리는 경우 빌린 돈의 명칭을 '부채'라고 하며, '타인자본'이라고도 명칭합니다.

사업을 운용하기 위하여 필요한 자산(현금.예금 등 운영자금, 임차보증금, 상품, 비품, 차량 등)은 내 돈(자기자본)과 남의 돈(타인자본 = 부채)으로 보유 또는 취득하는 것이며, 남의 돈(부채)을 많이 빌리는 경우 사업과 관련하여 지출하는 각종 비용 이외에 추가적으로 이자를 지급하게 되어 자금압박을 받게 되고, 사업실패의 중요한 원인이 되기도 합니다.

따라서 자기자본 보다 타인자본(부채)이 너무 많은 경우(통상 **부채비율이 200%를 초과**하는 경우) 정책자금지원대상에서 제외하기도 합니다. 단, 창업기업의 경우에는 예외로 합니다.

◪ 담보대출 및 신용대출

대출은 일반적으로 담보대출(부동산 등에 대하여 저당권 설정)과 신용대출이 있습니다. 신용대출은 부동산 등의 담보를 사용하지 않고 개인 또는 기업의 신용만으로 금융기관에서 대출을 받는 것을 말합니다.

◪ 재무상태표 및 개시 재무상태표

재무상태표란 일정 시점에 기업이 보유한 자산(현금, 예금, 상품, 토지, 건물, 차량운반구, 비품 등)이 어떻게 만들어 졌는가를 일정한 형식[자산 = 부채(남의 돈, 차입금) + 자본(내 돈, 자본금)]에 의하여 표시한 표를 말합니다. 개시 재무상태표란 회사를 설립할 때 자기자본(자본) 및 타인자본(부채)으로 취득한 자산현황(현금, 보통예금, 상품, 비품, 기계장치, 차량운반구, 임차보증금 등)을 나타내는 것으로 주로 금융기관 등에 자금을 차입할 시 금융기관의 요구가 있는 경우 작성하여 제출합니다.

▣ 개시 재무상태표 작성 방법
① 사업을 위하여 출자한 자기 돈의 금액(법인의 경우 법인등기부상 자본금)을 대변에 기재합니다.
② 차변에는 자기 자본 및 타인 자본으로 취득 또는 형성된 자산의 구체적 내역을 기재합니다. 예를 들어 기업이 보유한 현금 및 예금, 상품, 차량운반구, 비품, 임차보증금 등 자산항목을 기재합니다.
③ 자기 자본(자본금) 및 타인 자본(부채)의 합계액은 반드시 자산의 합계액과 일치하여야 합니다.

사 례 개시 재무상태표 작성

개시 재무상태표

20×6.10.30 현재

자 산		부 채 및 자 본	
현금	5,000,000	차입금(부채)	50,000,000
보통예금	25,000,000	자본금(자본)	100,000,000
상품	40,000,000		
차량운반구	20,000,000		
비품	10,000,000		
임차보증금	50,000,000		
합 계	150,000,000	합 계	150,000,000

▶ 예시 개시 재무상태표는 내 돈 1억원을 출자하고, 5천만원은 남의 돈으로 사업을 하는 경우로서 부채비율은 50%가 되는 것입니다.

▶ 부채비율(50%) : 부채(50,000,000원) ÷ 자본(100,000,000원)

Q 거치기간, 정책자금 기준금리

■ 거치기간

거치기간이란 이자만 납부하는 기간으로 사업초기 대출금 상환에 대한 부담을 줄여주기 위하여 융자금은 일정 기간 동안의 거치기간을 두고 있습니다.

■ 정책자금 기준금리

정책자금 대출시 이자율 기준이 되는 금리로 한국은행 기준금리 등에 의하여 기준금리는 수시로 변동됩니다.

[중소벤처기업진흥공단] → 알림마당 → 공지사항 → '기준금리' 검색

정부지원 융자금 (중소벤처기업진흥공단)

🅠 개요

소상공인이 아닌 경우 중소벤처기업진흥공단에서 집행하는 기업지원 대출금을 지원받을 수 있습니다.

국가는 기업의 생산활동을 촉진하고, 자금운용을 원활하게 하여 주기 위하여 여러 종류의 자금지원 시스템을 만들어 기업의 자금 융통을 적극적으로 지원하여 주고 있습니다. 특히 산업의 기반인 제조 관련 기업은 중점적으로 각종 지원자금을 마련하고 있는바 제조 관련 기업은 각종 자금지원제도를 참조하여 잘 활용하면 자금조달에 많은 도움이 될 것입니다.

정부 지원자금은 사업계획을 수립하여 공고한 다음 사업자의 신청을 받아 지원기관이 심사평가과정을 거쳐 결정한 다음 지원합니다. 따라서 사업자는 정부로부터 지원받을 수 있는 자금을 미리 계획하여 자금지원 공고 전에 준비하여야 할 것입니다. 예를 들어 기업의 부채비율이 높을 경우 지원 대상에서 제외되는 경우가 많으므로 자본금증자를 통하여 부채비율을 낮추고, 기타 평가사항도 잘 관리하여 정책자금을 받을 수 있음에도 불구하고 서류상의 문제로 지원을 받지 못하는 일이 없도록 하여야 할 것입니다.

[기업지원자금]
중소벤처기업진흥공단 홈페이지 → 지원사업 → 정책자금융자

[2023년도 중소기업 정책자금 융자계획 공고]
중소벤처기업진흥공단 홈페이지 → 알림마당 → 공지사항

> 중소기업에 대한 융자자금은 중소벤처기업부의 주관하에 '중소벤처기업진흥공단'에서 자금집행하고 있으며, 각 사업별 융자금액, 금리, 대출상환기간 등이 다르므로 매 년 초(또는 전년도 12월 말)에 공고되는 당해연도 '중소기업정책자금융자계획'을 유의하여 살펴보아야 합니다.

[중소벤처기업부 홈페이지] → 알림소식 → 법령정보 → 공고
중소벤처기업부소관 중소기업 정책자금 융자계획

융자방식 및 자금 규모 등

국가는 신용이 부족한 중소기업의 자금난이나 시설투자, 연구개발 등을 지원하기 위하여 정부기관 또는 정부기관의 업무를 대행하는 공공기관(중소벤처기업진흥공단 등)에서 대출금 지원신청을 받아 신청내용을 심사평가하여 신용보증기금 또는 기술신용보증기금으로 하여금 보증서를 발급하여 주도록 하며, 자금이 필요한 사업자는 이 보증서에 의하여 금융기관에서 자금을 대출받을 수 있도록 하고 있습니다.

담보제공능력이 미약한 중소기업이 정부지원자금을 융자받으려면 가장 어려운 문제가 보증입니다. 자금을 지원받고자 하는 기업이 담보제공능력이 부족할 시 어려움이 있으나 신기술, 첨단기술, 고도기술사업 등의 경우에는 신용보증기금의 기술 평가만으로 융자를 받

을 수도 있고, 그렇지 못한 경우에는 신용보증기금 및 기술신용보증기금 등을 통하여 신용보증서를 발급 받으면 됩니다.

보증서발급 신청시 신용보증기금 또는 기술신용보증기금은 보증인의 보증을 요구하거나, 금융권에 비하여 다소 완화된 조건이나 물건을 담보로 요구할 수도 있습니다. 그리고 대부분의 경우 신청업체의 재무제표를 요구합니다. 따라서 사업자는 평소 재무제표의 건전화를 위하여 재무제표 관리에 관심을 가져야 할 것입니다.

▶ 정책자금 기준금리 확인
중소벤처기업진흥공단 홈페이지 → 알림마당 → 공지사항
[분기별 공지] '기준금리' 검색

■ 문의처
1357(중소기업통합콜센터)
1811-3655(정책자금 안내콜센터)

정부 지원 무상 보조금 지원정책

창업의 경우 실패의 위험성이 높고, 사업실패는 곧 사업자와 그 가족 구성원이 빈곤층으로 몰락하게 되어 사업재기를 하지 못하는 경우 살아있는 시간 동안 무서운 경제적 고통을 겪게 됩니다. 또한 국가적으로는 사업을 실패한 국민이 증가하게 되면, 빈곤층이 증가하게 되어 여러 가지 사회문제(실업문제, 복지재정의 증가, 신용불량자의 증가, 사회 양극화 등)가 발생하게 되므로 국가는 창업자가 사업실패를 하지 않도록 제도적 지원책을 마련하고 있습니다.

제도적 지원책으로는 전술한 장기상환방식의 창업자금 대출금 지원외에 특정 사업에 대한 무상보조금 지급, 창업교육 등으로 크게 구분할 수 있으며, 그 내용은 **창업진흥원**에서 운영하는 홈페이지인 **'K-스타트업'**에서 자세한 내용을 살펴 볼 수 있고, 구체적 사업시행에 관한 내용은 **'창업지원온라인관리시스템'**의 해당 사업별 공지사항에서 확인할 수 있습니다. 정부의 무상보조금은 신청기간이 있으며, 주로 해당 연도 1월에 집중(통상 1~2월 중 사업공고) 되어 있으므로 신청기간을 잘 파악하여야 합니다.

> **참고** 창업진흥원 홈페이지 ☎ 1357
> 1. 중소벤처기업부 산하기관으로 중소벤처기업부에서 배정한 창업관련 정책자금(신기술 및 기술혁신사업 등으로 정부 무상 보조금)의 집행 및 창업자와 창업기업의 교육.연수, 전시/행사, 사업지원, 판로/수출, 인력 등을 지원하는 공공기관입니다.
> 2. 창업진흥원의 업무에 관한 자세한 내용은 'K-스타트업' 홈페이지에서 제공하고 있습니다.

> **참고** 창업지원사업 통합 공고
> 매 년 1월 초 또는 전년도 12월 말경 창업지원사업에 대하여 중소벤처기업부에서 통합하여 공고하고 있습니다.
> 창업진흥원 → 알림소식 → 공지사항

> **참고** K-스타트업 홈페이지 및 창업지원온라인관리시스템
> K-스타트업은 창업진흥원에서 운용하는 홈페이지로 창업과 관련한 정부의 무상 보조금 및 국비로 지원하는 창업교육사업에 대한 전반적인 내용을 확인할 수 있습니다.

Q 정부보조금 신청시기

① 정부무상보조금, 창업관련 무상지원금 등의 경우 사업신청기간을 공고하며, 이 기간 중 반드시 신청을 하여야 하며, 당해 연도 **1월, 2월, 3월** 중 신청시기가 주로 집중되어 있습니다.

② 정책자금 대출금의 경우 일반적으로 해당 연도 1월에 사업내용을 공고(중소벤처기업부 홈페이지 참조)하며, 자금소진시까지 신청을 받아 대출을 할 수 있도록 지원하여 줍니다.

③ 소상공인지원센터에서 집행하는 소상공인지원자금의 경우 창업일로부터 6개월 이내, 중소벤처기업진흥공단에서 집행하는 청년창업전용자금은 3년 이내, 창업기업지원은 창업일로부터 5년 이내에 신청을 하여야 하며, 이 기한이 경과하면 신청을 할 수 없습니다. 단, 소상공인특화자금은 창업시기에 관계없이 신청을 할 수 있습니다.

정부보조금 (중소기업기술개발종합관리시스템)

정부보조금 개요

국가는 중소기업의 기술개발을 통한 성장을 돕기 위하여 중소기업의 신기술·신제품 개발 및 제품·공정혁신 등에 소요되는 기술개발 관련 비용의 일부를 정부 출연형식의 보조금으로 지원하여 기술경쟁력 향상을 도모하고 있습니다.

정부출연금은 총 사업비의 75% 이내(단. 창업성장사업은 90%)에서 지원하고, 민간부담 현금은 민간부담금의 20% 이상을 원칙으로 합니다. 단, 세부 사업별, 과제별 특성에 따라 출연금 지원기준 및 민간부담 현금 비율이 다르므로 개별 사업공고를 반드시 참조하여야 합니다.

정부 지원자금은 사업계획을 수립하여 공고한 다음 사업자의 신청을 받아 지원기관이 심사평가과정을 거쳐 결정한 다음 지원합니다. 따라서 사업자는 정부로부터 지원받을 수 있는 자금을 미리 계획하여 자금지원 공고 전에 준비하여야 할 것입니다. 예를 들어 기업의 부채비율이 높을 경우 지원 대상에서 제외되는 경우가 많으므로 자본금증자를 통하여 부채비율을 낮추고, 기술개발과 관련한 자금 지원을 받기 위해서는 재무제표에 연구개발비의 지출내역이 반영되어 있어야 지원을 받기가 유리한 바 연구개발비를 지출한 경우 재무제표에 반영할 것이며, 기타 평가사항도 잘 관리하여 정부에서 지원하는 자금을 받을 수 있음에도 불구하고 서류 미비로 지원을 받지 못하는 일이 없도록 하여야 할 것입니다.

정부보조금은 주로 전년도 12월 말경 또는 연초에 공고를 하며, 신청기간이 있습니다. 신청기간이 지나면 해당 자금을 이용할 수 없으므로 정부의 무상보조금을 지원받기 위해서는 중소벤처기업부에서 운용하는 정부 출연금 통합관리사이트인 '중소기업기술개발종합관리시스템'을 수시로 방문하거나 경제신문 등을 구독하여 정책자금에 대한 사업시행시기를 적기에 파악하여 신청을 하여야 합니다.

> **참고** '중소기업기술개발지원사업' 통합 공고
> 매 년 12월 말 경 다음해의 중소기업기술개발지원사업에 대한 통합 공고를 중소벤처기업무에서 공고하며, 공고내용은 아래 홈페이지에서 확인할 수 있습니다.
> 중소벤처기업부 홈페이지 → 알림소식 → 법령정보 → 고시/공고/훈령

▶ 지원절차

사업내용 및 신청자격 및 절차 등

사업내용 및 신청자격, 지원규모, 신청방법, 출연금 지원기준, 출연료 납부, 지원제외대상자 등에 대한 모든 내용은 '중소기업기술개발종합관리시스템'에서 자세히 제공하고 있습니다.

클린사업장 조성지원 (안전보건공단)

🅠 사업 개요

종업원 50인 미만 소기업에 대한 기술지원 결과 도출된 유해, 위험요인을 개선하여 안전하고 쾌적한 일터를 조성하기 위한 기술, 자금, 교육을 포괄적으로 지원함으로써 산업재해예방에 기여하는 것을 목적으로 합니다.

▶ 안전보건공단 홈페이지
사업안내 → 산업안전 → 클린사업장조성지원

🅠 지원 내용

▣ 지원금액 [매년 변동]

1) 클린사업장 인정 : 사업장당 3,000만원 한도
소요비용의 50%(10인미만 사업장은 소요금액의 70%)
2) 클린사업 지원 이후 고용증가 사업장 최대 1,000만원 한도 추가지원(단, 고용증가 인원 1명당 200만원)

구 분	클린사업장 인정	시스템비계 (추락방지용 안전시설)
최대지원금액	3,000만원 [고용증가 사업장은 최대 1,000만원 추가지원]	1,000만원[강관비계를 시스템비계로 대체하는 경우 임차비용 차액 및 설치비용 지원]

■ 지원품목

구 분	주요품목
작업안전 개선	○ 전도재해 예방을 위한 바닥도장공사, 적재대, 공구대
	○ 추락재해 예방을 위한 안전난간대, 전도방지사다리 고소작업대
	○ 협착재해 예방을 위한 방호장치, 방호덮개, 자동화설비
	○ 전기시설 충전부 방호장치, 방폭시설 등
작업환경 개선	○ 분진·유해물질 제거를 위한 국소배기장치, 전체환기시설
	○ 소음방지시설, 조명시설, 개인보호장구 등
작업공정 개선	○ 근골격계질환 예방을 위한 전동지게차(좌승식 제외) 이동식대차, 에어발란스
	○ 높낮이 조절작업대, 인력운반보조기구 등

■ 문의처

☐ 클린사업 대표전화 ☎ 1544-3088

정부 보조금을 지원받기 위해 알아야 할 사항

1 창업관련 정부지원제도의 개요를 살펴 본 다음 지원대상자에 해당하는 지 여부를 먼저 파악합니다.

창업과 관련한 정부의 무상지원제도 개요를 파악하시기 바랍니다. 대부분 창업관련 정책자금은 중소벤처기업부에서 사업계획을 수립하고, 그 집행은 중소벤처기업부 산하기관인 창업진흥원(정부 무상보조금)에 예산을 배정하여 운용하고 있습니다. 다만, 창업성장기술개발사업과 1인창조기업 기술개발 관련 정부의 무상보조금은 중소벤처기업부에서 총괄하고, 중소기업기술정보진흥원등에서 있습니다.

[중소벤처기업부 홈페이지] 알림소식 → 법령정보 → 공고 → '창업지원사업 통합 공고' 참조

2 사업종류별 전체 자금규모 및 업체당 지원금액 등을 참고하여 지원신청의 실익 여부를 검토합니다.

정책 자금으로 배정된 자금이 미미한 경우 경쟁이 치열하므로 열심히 노력만 하고 정부자금을 지원받지 못하여 시간과 돈만 낭비할 수도 있습니다. 다만, 지원대상에서 탈락하더라도 신청 과정에서 사업계획서의 작성방법 및 정부지원제도 전반을 이해하게 되어 차후 다른 종류의 정부자금지원신청시에 소중한 경험이 될 수도 있으므로 경험을 축적한다는 취지에서는 도움이 되므로 일단, 신청을 하여 보시는 것도 좋을 것입니다.

K-스타트업, 창업지원온라인관리시스템, 중소기업기술개발사업 종합관리시스템 홈페이지에서 신청시기를 알아 둡니다.

중소기업벤처기업부, 창업진흥원에서 지원하는 정부 무상보조금은 신청시기가 있으며, 신청시기가 주로 1월에 집중되어 있으므로 미리 준비하여야 합니다.

 K-스타트업, 창업지원온라인관리시스템, 중소기업기술개발사업 종합관리시스템에서 해당 사업의 운영지침이나 관리지침을 다운받아 신청자격, 평가방법 등을 알아 봅니다.

해당 사업의 운용지침 또는 관리지침을 살펴보시면, 지원 신청가능 여부를 파악할 수 있으며, 주관부서, 평가방법, 가점제도 등 사업전반에 대한 내용을 알 수 있으므로 자금지원을 받고자 하는 경우 해당 사업의 지침을 완전히 숙지하여 지원대상자로 될 수 있도록 최대한 노력을 하여야 합니다.

 사업계획서는 정부지원자금을 받기 위한 가장 중요한 서류로서 사업계획서 작성에 만전을 기하여야 합니다.

사업계획서는 심사평가에서 선정기준에 결정적인 영향을 줍니다. 따라서 해당 분야의 기존 사업계획서 등을 수집하여 이를 참고한 다음 설득력 있는 사업계획서를 작성하여야 하며, 평가담당관에게 사업자로서 성공할 수 있을 것이라는 믿음을 주어야 합니다.

중소기업 지원정보 사이트

국가는 중소기업 창업 및 재창업, 기존 중소기업의 육성발전 및 경영안정을 돕기 위하여 각종 자금 및 경영지원을 하고 있으며, 이에 대한 정보를 중소벤처기업부 및 관련 홈페이지에서 제공하고 있습니다.

중소벤처기업부   http://www.smba.go.kr   ☎ 1357

중소벤처기업부 홈페이지에서는 중소기업의 지원정책 및 정보공개[법령정보, 행정정보공개 행정·입법예고, 중소기업 통계, 정책자료, 중소기업 범위 해설 등 중소기업 지원에 대한 전반적인 정보를 찾아 볼 수 있습니다.

기업마당   www.bizinfo.go.kr

중소벤처기업부에서 운영하는 사이트로서 중소기업인 또는 예비창업자가 정부의 각 기관 및 지방자치단체에서 중소기업에 지원하는 각종 정책자금등에 관한 정보를 쉽게 찾을 수 있도록 만든 것입니다. 자세한 정보는 해당기관 홈페이지로 이동하여 검색할 수 있도록 설계되어 있습니다.

[책자] 내 손안의 정책 가이드북
[책자] 중소·벤처기업 지원사업
<기업마당> → 자료마당 → 중소기업지원책자

중소벤처기업진흥공단　　www.sbc.or.kr　☎ 1357

1. 중소벤처기업부 산하기관으로 중소벤처기업부에서 배정한 대출자금인 융자자금을 실제 집행하는 기관입니다.

2. 중소벤처기업진흥공단의 주요 기능은 중소벤처기업부 장관이 정한 기본정책에 따라 중소기업이 당면한 애로사항의 시정을 지원하고, 중소벤처기업진흥기금과 중소기업창업자금을 관리·운영하는 것입니다. 이를 위해 ① 중소기업 구조개선 등 구조고도화사업 지원, ② 기술경영 지도 및 연수, ③ 협동화 입지 및 판로 지원, ④ 중소벤처기업 창업 지원, ⑤ 중소기업의 정보화 지원 등의 사업을 하고 있습니다.

중소기업기술개발종합관리시스템　　www.smtech.go.kr

1. 중소기업의 기술개발 등과 관련한 무상으로 지원하는 정책자금을 집행하기 위하여 중소벤처기업부에서 직접 운용하는 사이트입니다.

2. 중소기업의 국가 보조금 정책에 관한 내용 및 사업계획서 작성등에 대한 내용을 동영상으로 제공하고 있으며, 정책자금을 신청하고자 하는 경우 본 사이트에서 회원가입 후 신청을 하시면 됩니다.

CHAPTER 2

고용창출 지원제도
고용창출 세금 감면

SECTION 01

고용창출 관련 정부지원 제도

고용노동부에서 지원하는 고용과 관련한 각종 정부지원제도에 대하여 고용노동부 홈페이지에서 특정 메뉴에서 통일하여 제공하지 아니하고 부서별로 여기 저기 올려 놓다보니 자료를 찾기가 쉽지 않습니다.

따라서 본서에서는 해당 자료를 쉽게 찾을 수 있도록 고용노동부 메뉴 경로 또는 구글, 네이버 등에서 메뉴얼을 바로 찾을 수 있도록 제시하고 있으므로 참고하시기 바랍니다.

1 청년일자리 도약 장려금 사업

◎ 사업 개요

- 5인 이상 우선지원대상기업에서 취업애로청년을 정규직으로 채용하고 6개월 이상 고용유지시 최장 2년간 최대 1,200만원 지원

■ 성장유망업종, 미래유망기업, 고용위기지역 소재 기업 등은 5인 미만 기업도 가능

('22년) 월80만원×12개월 지급
('23년) 최초 1년은 月60만원×12개월 지급, 2년 근속시 480만원 일시 지급

■ 고용보험법 시행령 [별표 1] <개정 2017. 12. 26.>
우선지원 대상기업의 상시 사용하는 근로자 기준(제12조제1항 관련)

산업분류	분류 기호	상시 사용하는 근로자 수
1. 제조업[다만, 산업용 기계 및 장비 수리업(34)은 그 밖의 업종으로 본다]	C	500명 이하
2. 광업	B	300명 이하
3. 건설업	F	
4. 운수 및 창고업	H	
5. 정보통신업	J	
6. 사업시설 관리, 사업 지원 및 임대 서비스업[다만, 부동산 이외 임대업(76)은 그 밖의 업종으로 본다]	N	
7. 전문, 과학 및 기술 서비스업	M	
8. 보건업 및 사회복지 서비스업	Q	
9. 도매 및 소매업	G	200명 이하
10. 숙박 및 음식점업	I	
11. 금융 및 보험업	K	
12. 예술, 스포츠 및 여가관련 서비스업	R	
13. 그 밖의 업종		100명 이하

비고: 업종의 구분 및 분류기호는 「통계법」 제22조에 따라 통계청장이 고시한 한국표준산업분류에 따른다.

지원대상

■ 기업
사업참여 신청 직전 월부터 이전 1년간 평균 고용보험 피보험자 수가 5인 이상인 우선지원 대상기업 사업주

- 지식서비스·문화콘텐츠·신재생에너지 산업, 미래유망기업, 지역주력산업, 고용위기지역 소재 기업, 특별고용지원업종 등은 1인 이상도 가능

- 소비향락업 등 업종, 국가 및 공공기관, 임시 및 일용 인력 공급업, 근로자 파견업, 임금체불·중대 산업재해 발생 등으로 명단 공표 중인 기업 등은 참여 제한

- 구체적인 참여자격, 참여제한 요건 등은 「청년일자리도약장려금 사업 운영지침」에서 확인할 수 있습니다. (공지사항 참조)

■ 청년
채용일 기준 6개월 이상 실업상태인 만15세~34세 취업애로청년

- 단, 고졸 이하 학력, 고용촉진장려금 대상, 국민취업지원제도 참여자, 청년도전지원사업 수료자, 폐자영업자, 최종학교졸업일 이후 채용일까지 고용보험 총 가입기간이 12개월 미만인 청년 등은 실업기간이 6개월 미만이어도 지원

- 사업주의 배우자, 직계 존비속, 외국인, 중앙부처 또는 지방자치단체로부터 다른 인건비 지원을 받는 청년, 채용일 기준 고등학교 또는 대학교재학 중인자 등은 지원 제외

■ 구체적인 청년 요건 등은 「청년일자리도약장려금 사업 운영지침」에서 확인할 수 있습니다. (공지사항 참조)

Q 지원내용 및 지원한도

■ **지원내용**
신규채용 청년 1인당 월 최대 60만원씩 1년간 지원
최초 채용 후 2년 근속시 480만원 일시지급(2년간 최대 1,200만원)

■ **지원요건**
정규직 채용 후 6개월 이상 고용유지, 주 30시간 이상 근로 및 최저임금 이상 지급, 고용보험 가입 등

■ **지원한도**
사업참여 신청 직전 월말부터 이전 1년간 평균 고용보험 피보험자 수의 50%(비수도권 지역은 100%)까지 지원(단, 최대 30명)

Q 참여방법 및 문의처

■ **참여방법**
■ 청년일자리창출지원 사업 누리집에서 기업 소재지를 담당하는 운영기관을 지정하여 참여 신청

■ 온라인 참여 승인 이후 청년을 채용하는 것이 원칙이며, 사업 참여신청 전 청년을 먼저 채용한 경우, 3개월 이내 사업 참여신청을 해야 지원 가능

■ **지원절차**

사전 참여신청(운영기관) 후 청년 채용, 6개월 후 지원금 지급

■ **문의처**
- 고용노동부 고객상담센터 상담문의 (국번없이) 1350
- 청년일자리창출지원사업 누리집(www.work.go.kr/youthjob)의 공지사항에서 지역별 운영기관에 문의

2023년 개편사항 주요 내용

■ **참여기업에 대한 재정건전성(매출액) 심사 도입**

참여신청일 기준 업력이 1년 이상인 기업은 연매출액('21년, '22년 중 택일)이 일정 수준* 이상이어야 지원대상에 포함
* 해당 기업의 기준 피보험자수 × 1,800만원

■ **지원대상 취업애로청년 확대**

가정밖·학교밖 청년 등 안정적인 자립을 위해 정부지원이 필요한 청년 및 북한이탈청년도 지원대상에 포함

■ **지원기간 연장 및 지원수준 개편**

'23년 채용자부터는 2년간 최대 1,200만원을 지원*
* 최초 1년은 월60만원 × 12개월 지원, 2년 근속시 장기고용인센티브 480만원 일시지급

2023년 청년 일자리 도약 장려금 상세내용

[구글, 네이버] (검색어) **청년 일자리 창출 지원 사업 워크넷**

② [신규직원] 청년내일채움공제(고용노동부)

[1] 청년내일채움공제는 신규직원의 재산형성을 지원하는 제도로 정규직 채용일로부터 **6개월 이내**에 고용노동부에 신청을 하여야 하며,
[2] 채용일로부터 **6개월이 경과한** 재직근로자의 경우 중소벤처기업진흥공단 상품인 **청년재직자 내일채움공제 플러스**를 신청하시면 됩니다.

🅠 지원개요 및 지원대상기업 등

■ **지원개요**

- 청년 본인이 2년간 400만원(20개월간 16만원, 이후 4개월간 20만원)을 적립하면 기업(400만원)과 정부(400만원)가 공동 적립

- 2년 후 만기공제금 1,200만원+α를 지원
최소 2년 동일 사업장에서 근무하면서 실질적 경력 형성의 기회를 가질 수 있으며, 만기 후 중소기업벤처기업부의 내일채움공제(3~5년)로 연장가입 가능

■ **지원대상기업**

공제 가입 대상 청년의 정규직 채용일 기준, 직전 3월간 평균 고용보험 피보험자수 5인~50인 미만*을 고용하고 있는 건설업·제조업 중소기업

* 사업주 단위로 판단하되, 피보험자수 산정 시 사업주, 일용근로자, 특수고용형태종사자, 노무제공자, 예술인은 제외하고 산정

■ **지원대상 근로자**

(연령) 만 15세 이상 34세 이하
- 군 경력자는 복무기간에 비례하여 참여제한 연령을 연동하여 적용(최고 만39세로 한정)

(고용보험 이력) 정규직 취업일 현재 고용보험 이력이 없거나 최종학교 졸업 후 고용보험 총 가입기간이 12개월 이하인 자
- 단, 3개월 이하 단기 가입이력은 총 가입기간에서 제외
- 방송·통신·방송통신·사이버(원격대학), 학점은행제, 야간대학, 대학원은 제외

(학력) 제한은 없으나, 정규직 취업일 현재 고등학교 또는 대학 재학·휴학 중인 자는 제외(졸업예정자 가능)

▶ 기업적립금(2년간 400만원: 20개월간 16만원, 이후 4개월간 20만원)은 100% 기업 부담

신청방법 및 신청기한 등

■ **신청방법**

워크넷-청년공제 홈페이지(www.work.go.kr/youngtomorrow) (운영기관의 자격심사에 따른 워크넷 승인 완료 후) 청년공제 청약 홈페이지(www.sbcplan.or.kr)에서 청약 신청

■ **신청기한**

정규직 채용일로부터 6개월 이내 청년공제 청약 홈페이지에서 청약 신청을 완료하여야 합니다.

■ 자격심사에 소요되는 시간(통상 10영업일)을 감안하여 워크넷 참여신청은 미리 신청하여야 함

▶ 청년공제 청약 홈페이지(www.sbcplan.or.kr)

■ **문의처**

고용노동부 고객상담센터 (국번없이) 1350(유료) (3번 → 8번)

청년 내일채움공제 [신규 근로자] 상세내용
[구글, 네이버] (검색어) **청년 내일채움공제 워크넷**

③ [재직자] 청년 내일채움공제 플러스

■ 사업 개요(중소벤처기업진흥공단)
중소기업에 근무하는 청년들의 장기재직과 자산형성을 지원하기 위해 지난 2018년 신설한 청년재직자 내일채움공제는 2022년 사업종료까지 총 15만 7천명이 가입한바 있으며, 그 후속사업으로 새롭게 청년재직자 내일채움공제 플러스로 개편됐습니다.

■ 지원대상기업
제조업·건설업 영위 50인 미만 중소기업

■ 가입대상 근로자
- 중소기업에 정규직으로 6개월 이상 재직하고 있는 청년근로자(만 15~34세 이하)
- 군필자의 경우 복무기간에 비례해 적용하되 최고 만 39세로 한정
- 6개월 이상 재직중인 연소득 3,600만원 이하 청년근로자

▶ 가입 제외 대상
1. 해당기업의 최대주주 또는 최대출자자(개인사업자는 대표자를 의미)
2. 위에 해당하는 자의 배우자, 직계비속, 형제·자매 관계에 있는 자
3. 정부 및 지방자치단체에서 시행중인 근로자에게 직접 지원하는 자산형성 지원성격의 사업에 참여 중인 자

■ 적립금액 및 정부지원금액
[청년] 3년간 600만원 적립
(1년차 월 14만원 x 12개월, 2~3년차 월 18만원 x 24개월)

[기업] 3년간 600만원 적립
(1년차 월 14만원 x 12개월, 2~3년차 월 18만원 x 24개월)
[정부] 3년간 600만원 적립(3년간 6회 분할적립)

■ 부금납입

청년·중소기업·정부가 동일비율(3년간 각 600만원)로 공동 적립

구 분		적 립 금 액	
납입 금액	청년	600만원	(1년차) 14만원/월 고정
	기업	600만원	(2~3년차) 18만원/월 고정
	정부	600만원	가입기간에 비례하여 차등적립

(수령금액) 3년 1,800만원 + 복리이자

■ 가입혜택

기업이 부담함 납입금 전액 손금(비용)인정 및 연구인력개발비 세액 공제(당기 발생액의 25% or 증가발생액의 50%) 선택 적용

■ 신청방법

○ 내일채움공제에서 청약 신청(청년재직자 내일채움공제 플러스 온라인 가입 메뉴얼 참조)
○ 방문신청 : 중소벤처기업진흥공단 지역 본부 지역본부 안내

☎ 상담전화 : 1588-6259 [주무부서 → 중소벤처기업부]

청년 내일채움공제 플러스[재직자] 상세 내용

[구글, 네이버] (검색어) 내일채움공제 → 재직근로자
상품안내 → 청년 내일채움공제 플러스
상품안내 및 가입 및 해지 안내

4 고용촉진과 관련한 지원금 등

◎ 고용촉진장려금

[1] 사업내용
- 고용노동부장관이 지정하는 취업지원프로그램(취업성공패키지 등)을 이수하고 직업안정기관 등에 구직등록한 실업자를 고용한 사업주
- 구직등록 후 1개월 이상 실업상태에 있는 중증장애인, 여성가장 등 취업취약자 및 취업지원프로그램(취업성공패키지 등)을 참여하기 어려운 도서지역 거주자를 고용한 사업주

[2] 지원내용
- 신규 고용 근로자 1인당 1년간 지원
- 우선지원대상기업 월 60만원(연간 720만원)
- 대규모기업 월 30만원(연간 360만원)
- 취업성공패키지 Ⅰ유형을 이수한 사람 중 기초생활수급자, 취업지원프로그램 이수면제자 중 중증장애인·여성가장으로서 1개월 이상 실업상태에 있는 사람에 대하여는 최대 2년간 지원

[관련 법령] 고용보험법 시행령 제26조(고용촉진장려금)

2023년 고용촉진장려금 상세내용

고용노동부 → 뉴스·소식 → 공지사항 [2023년 고용장려금 지원제도]
[구글] (검색어) 2023년 고용장려금 공모사업
[구글] (검색어) 고용촉진장려금 가이드 워크넷

🅠 고령자 계속고용장려금

[1] 지원 요건
정년에 도달한 재직 노동자를 정년 이후에도 계속해서 고용하는 제도를 취업규칙, 단체협약 등에 명시적으로 도입하면 비용 지원

[2] 비용지원이 되는 계속고용제도(정년 운용기업)
- 정년 연장 : 현 정년보다 정년을 연장(1년 이상)하는 것
- 정년 폐지 : 정년을 폐지하는 것
- 계속 고용(재고용) : 현행 정년은 유지 하지만, 재고용 등을 통하여 1년 이상 계속해서 고용하는 것

[3] 지원 수준
정년 이후 계속고용 된 근로자 1인당 분기 90원씩, 최대 2년간 지원 (분기 매월 말 피보험자수 평균의 30% 및 최대 30명 한도)

[4] 대상 기업
우선지원대상기업 및 중견기업
- (지원제외업종) 국가 지방자치단체, 공공기관, 지방공기업과 60세 이상인 피보험자 비율이 30% 초과하는 기업

[5] 신청
고용보험 누리집(www.ei.go.kr) → 기업서비스 → 고용창출장려금 → 고령자 계속고용장려금 메뉴에서 신청

[고용노동부 홈페이지] → 정책자료 → 정책자료실

■ 고령자 계속고용장려금, 고령자 고용지원금 안내자료

신중년 적합직무 고용지원

지원대상

만 50세 이상 실업자(구직자)를 신중년 적합직무에 채용한 우선지원대상기업 및 중견기업

지원요건(아래 요건 모두 충족)

1. 만50세 이상 실업자를 신규고용하여 3개월간 고용유지
2. 최저임금액 이상의 임금 지급
3. 4대보험가입(국민연금, 건강보험, 고용보험, 산재보험)
4. 근로계약기간의 정함이 없는 근로자로 채용

지원금액

- 우선지원대상기업 : 월 80만원
- 중견기업 : 월 40만원

유형	3개월 지원액	1년 지원액
우선지원대상기업	240만원	960만원
중견기업	120만원	480만원

[고용노동부 홈페이지] → 정책자료 → 정책자료실
- 2023년 신중년 경력형 일자리 사업 운영지침
- 2023년 신중년 적합직무 고용장려금 지원 안내

■ 우선지원 대상기업의 상시 사용하는 근로자 기준(제12조제1항 관련)

산업분류	분류기호	상시 근로자 수
1. 제조업[다만, 산업용 기계 및 장비 수리업(34)은 그 밖의 업종으로 본다]	C	500명 이하
2. 광업	B	300명 이하
3. 건설업	F	
4. 운수 및 창고업	H	
5. 정보통신업	J	
6. 사업시설 관리, 사업 지원 및 임대 서비스업[다만, 부동산 이외 임대업(76)은 그 밖의 업종으로 본다]	N	
7. 전문, 과학 및 기술 서비스업	M	
8. 보건업 및 사회복지 서비스업	Q	
9. 도매 및 소매업	G	200명 이하
10. 숙박 및 음식점업	I	
11. 금융 및 보험업	K	
12. 예술, 스포츠 및 여가관련 서비스업	R	
13. 그 밖의 업종		100명 이하

비고: 업종의 구분 및 분류기호는 「통계법」 제22조에 따라 통계청장이 고시한 한국표준산업분류에 따른다.

■ 신중년 적합직무

직업 분야	신중년 적합직무
경영/사무 관련 전문직 및 사무직	경영/인사 전문가, 광고/조사/상품기획/행사기획/감정 전문가, 경영지원 사무원, 회계/경리 사무원, 무역·운송·생산·품질 사무원, 금융/법률 사무원
연구관련직	인문·사회과학 연구원, 자연과학 연구원 및 시험원, 생명과학 연구원 및 시험원
정보통신/방송 관련 기술·기능직(기능직의 보조원은 제외	컴퓨터하드웨어·통신공학 기술자, 컴퓨터시스템 전문가, 소프트웨어 개발자, 데이터·네트워크 및 시스템 운영 전문가, 정보보안 전문가, 통신·방송송출 장비 기사, 정보통신기기 설치·수리원, 방송·통신장비 설치·정비원, 연극·영화·방송 기술자

직업 분야	신중년 적합직무
의료/보건/사회복지 관련 종사자(단순직 제외)	간호사, 영양사, 의료기사·치료사·재활사, 보건·의료 종사자
사회복지/교육 관련 종사자	사회복지사 및 상담사, 문리·기술·예능 강사
문화/출판//디자인(캐드)관련 종사자	번역가 및 통역가, 출판물 전문가, 학예사·사서·기록물관리사, 디자이너, 제도사(캐드원)
영업/서비스/음식 관련 종사자(단순직 제외)	영업원 및 상품중개인, 결혼상담원 및 웨딩플래너, 여행서비스원, 주방장 및 조리사, 제과·제빵원
건설 관련 기술(엔지니어) 및 기능직	건축·토목공학 기술자 및 시험원, 건설구조 기능원, 건축마감 기능원, 배관공
운전/운송 기능직	화물차·특수차 운전원, 물품이동장비 조작원(크레인·호이스트·지게차), 건설·채굴 기계 운전원
공학관련 기술(엔지니어) 및 시험원	기계·로봇공학 기술자 및 시험원, 금속·재료공학 기술자 및 시험원, 전기·전자공학 기술자 및 시험원, 화학공학 기술자 및 시험원, 에너지·환경공학 기술자 및 시험원, 섬유공학 기술자 및 시험원, 식품공학 기술자 및 시험원, 소방·방재·산업안전·비파괴 기술자
기계/금속 관련 기능직(단순생산직, 기능직의 보조업무 등은 제외)	기계장비 설치·정비원(운송장비 제외), 운송장비 정비원, 금형원 및 공작기계 조작원, 냉·난방 설비 조작원, 기계 조립원(운송장비 제외), 운송장비 조립원, 금속관련 기계·설비 조작원, 판금원 및 제관원, 단조원 및 주조원, 용접원, 도장원 및 도금원
화학/의료/식품/기타 기능직(단순생산직 제외)	석유·천연가스 제조 제어장치 조작원, 섬유/의복기능직, 가구/귀금속/간판 기능직
신직업	경영/마케팅 관련 신직업, 사회복지/교육 관련 신직업, 공학관련 신직업(4차 산업혁명 등)

⑤ 두루누리 사회보험

◲ 지원내용 및 지원대상

[1] 지원대상
근로자 수가 10명 미만인 사업에 고용된 근로자 중 월평균보수가 260만원 미만인 신규가입 근로자와 그 사업주
- 2021년부터는 신규가입자에 대해서만 지원

◆ 근로자 수가 '10명 미만인 사업'이란?
지원신청일이 속한 보험연도의 전년도에 근로자인 피보험자 수가 월평균 10명 미만이고, 지원신청일이 속한 달의 말일을 기준으로 10명 미만인 사업

[2] 지원수준 및 지원기간
(지원수준) 신규가입 근로자 및 사업주가 부담하는 고용보험과 국민연금 보험료의 80%
(지원기간) 36개월간

[3] 지원제외자 (다음 하나 이상에 해당하는 자)
지원 대상에 해당하는 근로자가 아래의 어느 하나라도 해당되는 경우에는 지원 제외됩니다.

1. 지원신청일이 속한 보험연도의 전년도 재산의 과세표준액 합계가 6억원 이상인 자
2. 지원신청일이 속한 보험연도의 전년도(소득자료 입수 시기에 따라 보험연도 전전년도) 종합소득이 4,300만원 이상인 자

♣ 두루누리 지원사업은 매년 변경되므로 정확한 내용은 '두루누리 사회보험' 홈페이지를 참조하시기 바랍니다.

지원절차

■ 두루누리 사회보험료 지원을 신청하면 사업주가 월별보험료를 법정기한 내에 납부하였는지를 확인하여 완납한 경우 그 다음 달 보험료에서 해당 월의 보험료 지원금을 뺀 나머지 금액을 고지하는 방법으로 지원하고 있습니다.

■ 두루누리 사회보험료의 경우 지원신청일이 속한 달의 고용보험료부터 해당 보험연도 말까지 지원하되, 보험연도 말 현재 고용보험료 지원을 받고 있고 그 보험연도 중 보험료 지원기간의 월평균 근로자인 피보험자 수가 **10명 미만인 경우**에는 다음 보험연도에 별도로 신청하지 않더라도 계속 지원을 받으실 수 있습니다.

■ 고용보험료의 경우 사업주가 보수총액신고 또는 피보험자격 취득신고를 법정기한 내에 그 신고를 이행한 날이 속한 달의 고용보험료부터 지원하고, 피보험자가 일용근로자인 경우에는 사업주가 법정기한 내에 제출한 달의 '근로내용 확인신고서'에 기재된 사람에 대한 월별보험료만을 지원합니다.

◆ 신규가입자의 사업주 지원액 예시
<월평균보수 200만원 기준> 근로자 수 10명 미만인 사업
월 90,400원(80%) 지원
(고용보험) 200만원 × 1.15%(고용보험료 사업주부담금 요율) × 80%
(국민연금) 200만원 × 4.5%(국민연금 사업주 부담금 요율) × 80%

◈ 신규가입자의 근로자 지원액 예시

<월평균보수 200만원 기준> 근로자 수 10명 미만인 사업

월 86,400원(80%) 지원

(고용보험) 200만원 × 0.9%(고용보험 근로자 부담금 요율) × 80%

(국민연금) 200만원 × 4.5%(국민연금 근로자부담금 요율) × 80%

■ 4대보험료 요율 [종업원 및 사업주 부담금 비율(2023년 기준)]

구 분		회사분	종업원분	합계	비 고
국민연금		4.50%	4.50%	9.00%	
건강보험요율(합계)		3.999%	3.999%	7.998%	
국민건강보험료		3.545%	3.545%	7.090%	
노인성장기요양보험		0.454%	0.454%	0.908%	
고 용 보험료	실업급여	0.90%	0.90%	1.8%	
	고용안정 직업능력 개발사업	0.25%	-	0.25%	150명 미만 사업장
		0.45%	-	0.45%	150명 이상(특정업종)
		0.65%	-	0.65%	150명 ~ 1,000명
		0.85%	-	0.85%	1000명 이상
산재보험료		회사부담	없음		업종별로 다름
임금채권부담금		0.06%	없음		

두루누리 상세 내용

■ 두루누리 사회보험 홈페이지 [구글, 네이버] (검색어) 두루누리

http://insurancesupport.or.kr/home/start.php

SECTION 02

고용 창출 세금 감면

1 고용증대 세액공제

Q 고용증대세제 신설

2018년 1월 1일 이후 개시하는 과세연도분부터 종전 고용창출투자세액공제 및 청년고용증대세제를 통합하여 조세특례제한법 제29조의7에 고용을 증대시킨 기업에 대한 세액공제를 신설하였습니다.

Q 고용증대세액공제

내국인(소비성서비스업 등 일부 업종 제외)이 2024년 12월 31일이 속하는 과세연도까지의 기간 중 해당 과세연도의 상시근로자(내국인) 수가 직전 과세연도의 상시근로자의 수보다 증가한 경우에는 다음에 따른 금액을 더한 금액을 해당 과세연도의 법인세 또는 소득세에서 공제를 받을 수 있습니다. [조세특례제한법 제29조의7]

◼ 세액공제액 [2022년 귀속분]

구 분	중소기업		중견기업	대기업
	수도권 내	수도권 밖		
상시근로자	770만원	700만원	450만원	-
청년, 장애인등	1100만원	1200만원	800만원	400만원

• 2021~2022년 고용증가분에 한시 적용

[개정 세법] 고령자에 대한 고용증대세제 세액공제액 인상
(종전) 청년 정규직 근로자, 장애인 근로자
(개정) 청년 정규직 근로자, 장애인 근로자, 60세 이상인 근로자
<적용시기> '21.1.1. 이후 개시하는 과세연도부터 적용

▶ **청년 정규직 근로자와 장애인 근로자 등**
1. 15세 이상 29세 이하인 사람 다만, 해당 근로자가 병역을 이행한 경우에는 그 기간(6년 한도)을 현재 연령에서 빼고 계산한 연령이 29세 이하인 사람을 포함합니다.
2. 「장애인복지법」의 적용을 받는 장애인과 「국가유공자 등 예우 및 지원에 관한 법률」에 따른 상이자

◆ 청년 정규직에서 제외하는 자
기간제근로자 및 단시간근로자, 파견근로자, 청소년

▶ **소비성서비스업 (공제대상에서 제외되는 업종)**
1. 호텔업 및 여관업(「관광진흥법」에 따른 관광숙박업은 제외)
2. 주점업(일반유흥주점업, 무도유흥주점업 및 단란주점 단, 외국인전용유흥음식점업 및 관광유흥음식점업은 제외)

▶ **상시근로자에서 제외하는 근로자**
1. 근로계약기간이 1년 미만인 근로자

2. 단시간근로자. 다만, 1개월간의 소정근로시간이 60시간 이상인 근로자는 상시근로자로 봅니다.
3. 임원, 해당 기업의 최대주주 또는 최대출자자(개인사업자의 경우 대표자)와 그 배우자
4. 제3호에 해당하는 자의 직계존비속(그 배우자 포함) 및 「국세기본법 시행령」제1조의2제1항에 따른 친족관계인 사람

▶ 상시근로자 수, 청년등 상시근로자 수의 계산(100분의 1 미만 절사)

1. 상시근로자 수

해당 과세연도의 매월 말 현재 상시근로자 수의 합
해당 과세연도의 개월 수

2. 청년등 상시근로자 수

해당 과세연도의 매월 말 현재 청년등 상시근로자 수의 합
해당 과세연도의 개월 수

▶ 단시간근로자의 근로자수 계산

단시간근로자로서 1개월간의 소정근로시간이 60시간 이상인 근로자는 0.5명으로 하여 계산하되, 다음의 요건을 모두 충족하는 경우에는 0.75명으로 하여 계산합니다.

1. 해당 과세연도의 상시근로자 수가 직전 과세연도의 상시근로자 수보다 감소하지 아니하였을 것
2. 기간의 정함이 없는 근로계약을 체결하였을 것
3. 상시근로자와 시간당 임금, 그 밖에 근로조건과 복리후생 등에 관한 사항에서 차별적 처우가 없을 것
4. 시간당 임금이 「최저임금법」제5조에 따른 최저임금액의 100분의 130(중소기업의 경우에는 100분의 120) 이상일 것

▶ **해당 과세연도에 창업을 한 내국인의 상시근로자수 계산**

해당 과세연도에 창업을 한 내국인의 경우 직전 과세연도의 상시근로자 수는 없는 것으로 합니다.

◆ 창업으로 보지 아니하는 경우
1. 현물출자 또는 사업의 양수를 통하여 종전의 사업을 승계하거나 종전의 사업에 사용되던 자산을 인수 또는 매입하여 같은 종류의 사업을 하는 경우
2. 거주자가 하던 사업을 법인으로 전환한 경우
3. 폐업 후 사업을 다시 개시하여 폐업 전의 사업과 같은 종류의 사업을 하는 경우

Q 상시근로자가 감소하지 않은 경우 추가 공제

해당 과세연도의 상시근로자의 수가 최초로 공제받은 과세연도의 상시근로자의 수보다 증가한 경우에는 해당 과세연도와 해당 과세연도의 종료일부터 **2년[중소기업 및 중견기업의 경우에는 3년]**이 되는 날이 속하는 과세연도까지의 소득세(사업소득에 대한 소득세만 해당) 또는 법인세에서 공제를 받을 수 있습니다.

Q 2년내 근로자수가 감소한 경우 추가 납부

고용증대세액공제를 받은 내국인이 공제를 받은 과세연도의 종료일부터 2년이 되는 날이 속하는 과세연도의 종료일까지의 기간 중 각 과세연도의 청년 등 상시근로자 수 또는 전체 상시근로자 수가 공제를 받은 과세연도보다 감소한 경우에는 공제받은 세액에 상당하는 금액을 소득세 또는 법인세로 납부하여야 합니다.

단, 공제받은 과세연도의 종료일 현재 29세 이하인 사람은 이후 과세연도에도 29세 이하인 것으로 봅니다.

1. 공제받은 과세연도(2개 과세연도 이상 연속으로 공제받은 경우에는 공제받은 마지막 과세연도로 함) 대비 해당 과세연도의 상시근로자 및 청년등 상시근로자 감소 인원에 공제받은 금액을 곱한 금액
2. 공제받은 과세연도 대비 직전 과세연도의 상시근로자 및 청년등 상시근로자 감소 인원에 공제받은 금액을 곱한 금액

[개정 세법] 상시근로자 수 감소 기준연도 변경
공제받은 직전 과세연도 → 공제받은 과세연도
<적용시기> 2020년 이후 신고하는 분부터

▶ 고용증대세액 공제 추가 납부 계산 사례
국세상담센터 → 법인세 → 조세특례제한법(고용증대세액공제 등)

농어촌특별세, 최저한세 적용 및 중복공제

▶ **최저한세 적용**

'청년고용 증대기업에 대한 세액공제'는 조세특례제한법 제132조의 규정에 의한 최저한세 적용대상이 되며, 최저한세로 인하여 공제를 받지 못한 금액은 이월하여 공제를 받을 수 있습니다.

■ 최저한세율
<법인기업> [중소기업] 과세표준의 7%
            [일반기업] 과세표준 100억원 이하 10%
<개인기업> 산출세액의 35%(산출세액 3천만원 초과분은 45%)

▶ **농어촌특별세 적용**

'청년고용 증대기업에 대한 세액공제'는 농어촌특별세 적용대상이므로 감면받은 세액의 20%를 농어촌특별세로 납부하여야 합니다.

▶ **중복공제**

창업중소기업 등에 대한 세액감면 또는 중소기업에 대한 특별세액감면이 있는 경우에도 공제를 받을 수 있으며, 투자 관련 세액공제와 중복공제가 가능하며, 다음의 세액공제는 각각의 사유별로 세액공제를 받을 수 있습니다.

☐ 조세특례제한법 제29조의3(경력단절 여성 재고용 기업에 대한 세액공제)
☐ 조세특례제한법 제29조의7(고용을 증대시킨 기업에 대한 세액공제)
☐ 조세특례제한법 제30조의2(정규직 근로자로의 전환에 따른 세액공제)

[중복공제] 중소기업에 대한 특별세액감면이 있는 경우
중소기업에 대한 특별세액감면 + 청년고용 증대기업에 대한 세액

[개정 세법] 고용증대세제 공제액 명확화 및 사후관리 기준 보완
(조특법 §29의7①·②)
ㅇ 각 공제금액(청년/청년 외)은 전체 상시근로자 수 증가분을 한도로 함을 명시
ㅇ 상시근로자 수 감소 기준연도 변경
공제받은 직전 과세연도 → 공제받은 과세연도
<적용시기> (사후관리) 2020.1.1. 이후 신고하는 분부터 적용

[세법 개정] 고용증대세액공제 공제금액 한시 상향 및 적용기한 연장(조특법 §29의7)

종 전	개 정
□ 고용증대 세액공제	□ 수도권 외 지역 취약계층 공제금액 한시 상향 및 적용기한 3년 연장
○ (대상) 모든 기업 (소비성 서비스업 제외) ○ (요건) 상시근로자 수 증가	○ (좌 동)
○ (공제금액) 상시근로자 증가 인원 × 1인당 공제금액	○ 청년·장애인·60세 이상 근로자 공제금액 100만원 한시 상향 ('21~'22년)

구 분	중소		중견	대
	수도권	지방		
청년·장애인 등	1,100	1,200	800	400
기 타	700	770	450	-

구 분	중소		중견		대	
	수도권	지방	수도권	지방	수도권	지방
청년·장애인 등	1,100	1,300	800	900*	400	500*
기 타	700	770	450	450	-	-

* '21~'22년 고용증가분에 한시 적용

○ (공제기간) 중소·중견 3년 대기업 2년 ○ (사후관리) 공제기간 동안 상시근로자 감소 시 잔여기간 공제 배제 및 공제세액 추징	○ (좌 동)
○ (적용기한) '21.12.31.	○ '24.12.31.

<적용시기> '21.12.31. 및 '22.12.31.이 속하는 과세연도의 상시근로자 증가 분에 대해 적용

■ 통합고용세액공제 신설(조특법 §29의8 신설)

현 행	개 정
□ 고용지원 관련 세액공제 제도 ❶ 고용증대 세액공제(§29의7) 고용증가인원 × 1인당 세액공제액 	구 분	공제액 (단위:만원)		
	중소 (3년 지원)	중견 (3년 지원)	대기업 (2년 지원)
	수도권	지방		
상시근로자	700	770	450	-
청년 정규직, 장애인, 60세 이상|1,100|1,200|800|400| * 청년 연령범위(시행령): 15~29세 ❷ 사회보험료 세액공제(§30의4) : 고용증가인원 × 사용자분 사회보험료 × 공제율 | 구 분	중소 (공제율)
상시근로자 (2년 지원)	50%**
청년*, 경력단절여성 (2년 지원)|100%| * 청년 연령범위(시행령): 15~29세 ** 전기통신업, 인쇄물 출판업 등의 서비스업종 영위기업은 75%	○ (적용대상) 모든 기업* * (제외) 소비성 서비스업 ○ (기본공제) 고용증가인원 × 1인당 세액공제액 | 구 분	공제액 (단위:만원)		
	중소 (3년 지원)	중견 (3년 지원)	대기업 (2년 지원)
	수도권	지방		
상시근로자	850	950	450	-
청년 정규직, 장애인, 60세 이상, 경력단절여성	1,450	1,550	800	400	 - 우대공제 대상인 청년 연령범위* 확대 경력단절여성을 우대공제 대상에 추가 * 청년 연령범위(시행령): 15~34세 ** 일부 서비스업종 우대는 폐지 - 공제 후 2년 이내 상시근로자 수가 감소하는 경우 공제금액 상당액을 추징

<적용시기> '23.1.1. 이후 개시하는 과세연도 분부터 적용
* '23년 및 '24년 과세연도 분에 대해서는 기업이 '통합고용세액공제'와 기존 '고용증대 및 사회보험료 세액공제' 중 선택하여 적용 가능(중복 적용 불가)

현 행	개 정
❸ 경력단절여성 세액공제(§29의3①) : 경력단절여성 채용자 인건비 × 　공제율 	구 분	공제율	
	중소	중견
---	---	---
경력단절여성 (2년 지원)	30%	15%	 ❹ 정규직 전환 세액공제(§30의2) : 정규직 전환 인원 × 공제액 　* 전체 상시근로자 수 미감소 시 	구 분	공제액 (단위:만원)	
	중소	중견
---	---	---
정규직 전환자 (1년 지원)	1,000	700	 ❺ 육아휴직복귀자 세액공제(§29의3②) : 육아휴직 복귀자 인건비 × 공제율 　* 전체 상시근로자 수 미감소 시 	구 분	공제율	
	중소	중견
---	---	---
육아휴직 복귀자 (1년 지원)	30%	15%		○ (추가공제) : 정규직 전환·육아휴직 복귀자 　인원 × 공제액 　* 전체 상시근로자 수 미감소 시 | 구 분	공제액 (단위:만원)	
	중소	중견
---	---	---
정규직 전환자 (1년 지원)	1,300	900
육아휴직 복귀자 (1년 지원)			 - 전환일·복귀일로부터 2년 이내 해당 근로자와의 근로관계 종료 시 공제금액 상당액 추징

<적용시기> '23.1.1. 이후 개시하는 과세연도 분부터 적용
* '23년 및 '24년 과세연도 분에 대해서는 기업이 '통합고용세액공제'와 기존 '고용증대 및 사회보험료 세액공제' 중 선택하여 적용 가능(중복 적용 불가)

② 고용증가 인원에 대한 사회보험료 세액공제

◎ 개요

중소기업이 2024년 12월 31일이 속하는 과세연도까지의 기간 중 해당 과세연도의 상시근로자 수가 직전 과세연도의 상시근로자 수보다 증가한 경우 상시근로자 고용증가 인원 사회보험료 상당액에 공제율을 곱한 금액을 해당 과세연도의 소득세 또는 법인세에서 공제를 받을 수 있습니다. [조세특례제한법 제30조의4]

▶ **사회보험료 상당액**

사회보험료 상당액이란 해당 과세연도 종료일 현재 적용되는 다음 각 호의 수를 더한 수로 합니다.
1. 건강보험료 사업주부담금 비율
2. 장기요양보험료 사업주부담금 비율
3. 국민연금보험료 사업주부담금 비율
4. 고용보험료 사업주부담금 및 산재보험료 (업종별로 다름)

◎ 공제율

[1] 청년 상시근로자 고용증가 인원 사회보험료 상당액

청년 상시근로자 고용증가인원 × 청년 상시근로자 고용증가인원에 대한 **사용자**의 사회보험료 부담금액 × 100분의 100

$$\frac{\text{해당 과세연도에 청년 상시근로자에게 지급하는 과세대상 총급여액}}{\text{해당 과세연도의 청년 상시근로자 수}} \times \text{사회보험료 요율}$$

◘ **상시근로자**

상시근로자는 「근로기준법」에 따라 근로계약을 체결한 내국인 근로자로 하며, 다음 각 호의 어느 하나에 해당하는 사람은 제외합니다.
1. 근로계약기간이 1년 미만인 근로자. 다만, 근로계약의 연속된 갱신으로 그 근로계약 총 기간이 1년 이상인 근로자는 상시근로자로 봄
2. 임원
3. 해당 기업의 최대주주와 그 배우자 및 직계존비속(배우자)과 친족
4. 단시간근로자. 다만, 1개월간의 소정근로시간이 60시간 이상인 근로자는 상시근로자로 보나 인원수는 0.5로 합니다.(일정 요건을 갖춘 상용형 시간제 근로자의 경우 **0.75명**)

◘ **일정 요건 [조특령 제23조]**
1. 해당 과세연도의 상시근로자 수가 직전 과세연도 보다 감소하지 아니하였을 것
2. 기간의 정함이 없는 근로계약을 체결하였을 것
3. 상시근로자와 시간당 임금, 복리후생 등에 관한 사항에서 차별적 처우가 없을 것
4. 시간당 임금이 최저임금액의 100분의 120 이상일 것

[2] 청년 외 상시근로자 고용증가 인원 사회보험료 상당액

청년 외 상시근로자 고용증가인원 × 청년 외 상시근로자 고용증가인원에 대한 사용자의 사회보험료 부담금액 × 100분의 50(신성장서비스업 75%, 경력단절여성 100%)

◘ 청년 외 상시근로자 고용증가 인원에 대한 세액공제액

$$\text{청년 외 상시근로자 고용증가인원} \times \frac{\text{해당 과세연도에 청년 외상시근로자에게 지급하는 과세대상 총급여액}}{\text{해당 과세연도의 청년 외 상시근로자 수}} \times \text{사회보험료율} \times \frac{50}{100}$$

[관련 법령] 조세특례제한법 제30조의4 및 동법 시행령 제27의4

❓ 농어촌특별세, 최저한세, 중복공제

▶ 중복공제

'중소기업 사회보험료 세액공제'는 '고용증대세액공제' '중소기업에 대한 특별세액감면'이 있는 경우에도 공제를 받을 수 있으며, 투자 관련 세액공제와 중복공제가 가능합니다.

[중복공제] 중소기업에 대한 특별세액감면이 있는 경우
▶ 중소기업에 대한 특별세액감면(○) + 사회보험료 세액공제(○)
▶ 창업중소기업에 대한 세액감면(○) + 사회보험료 세액공제(×)

▶ 최저한세 적용

'중소기업 사회보험료 세액공제'는 조세특례제한법 제132조의 규정에 의한 최저한세 적용대상이 되며, 최저한세로 인하여 공제를 받지 못한 금액은 이월하여 공제를 받을 수 있습니다.

▶ 농어촌특별세 적용

세액을 공제감면받은 경우 공제감면세액의 20%를 농어촌특별세로 납부하여야 하나 '중소기업 사회보험료 세액공제'는 농어촌특별세가 비과세 됩니다. [농어촌특별세법 제4조(비과세)]

[세법 개정] 중소기업 사회보험료 세액공제 실효성 제고 및 적용기한 연장(조특법 §30의4)
[현행] (사후관리) 공제기간 동안 상시근로자 감소 시 잔여기간 공제 배제
[개정] 상시근로자 수 감소 시 공제세액 납부* 추가
* 고용증대세액공제 등 여타 고용지원세제와 동일하게 규정
(적용기한) '21.12.31. → '24.12.31.
<적용시기> '22.1.1. 이후 개시하는 과세연도에 상시근로자 수가 증가하는 경우부터 적용

③ 경력단절 여성 재고용 세액공제 등

ⓐ 경력단절 여성 재고용 세액공제

중소기업 또는 중견기업이 다음 각 호의 요건을 모두 충족하는 여성과 2022년 12월 31일까지 1년 이상의 근로계약을 체결(재고용)하는 경우에는 재고용한 날부터 2년이 되는 날이 속하는 달까지 해당 경력단절 여성에게 지급한 인건비의 100분의 30(중견기업은 100분의 15)에 상당하는 금액을 해당 과세연도의 소득세(사업소득에 대한 소득세만 해당) 또는 법인세에서 공제합니다. [조세특례제한법 제29조의3]
1. 해당 기업에서 1년 이상 근무하였을 것
2. 임신·출산·육아의 사유로 해당 기업에서 퇴직하였을 것
3. 해당 기업에서 퇴직한 날부터 3년 이상 10년 미만의 기간이 지났을 것
4. 해당 기업의 최대주주 또는 최대출자자(개인사업자의 경우 대표자)나 그와 특수관계인이 아닐 것

[세법 개정] 경력단절여성 고용기업 세액공제 요건완화(조특법 §29의3)
[개정] 퇴직 후 2년 이상 15년 이내 동종업종 취업
<적용시기> '22.1.1. 이후 경력단절여성을 재고용하는 분부터 적용

▶ **임신·출산·육아의 사유**
1. 퇴직한 날부터 2년 이내에 임신하거나 난임시술을 받은 경우(의료기관의 진단서 또는 확인서를 통하여 확인되는 경우에 한정)
2. 퇴직일 당시 임신한 상태인 경우(의료기관의 진단서를 통하여 확인되는 경우로 한정)
3. 퇴직일 당시 8세 이하 또는 초등학교 2학년 이하의 직계비속이 있는 경우

🔲 중소·중견기업 육아휴직 복귀자 인건비 세액공제 신설

① 중소기업 또는 중견기업이 다음 각 호의 요건을 모두 충족하는 사람을 2022년 12월 31일까지 복직시키는 경우에는 복직한 날부터 1년이 되는 날이 속하는 달까지 해당 육아휴직 복귀자에게 지급한 인건비의 100분의 10(중견기업의 경우에는 100분의 5)에 상당하는 금액을 해당 과세연도의 소득세(사업소득에 대한 소득세만 해당) 또는 법인세에서 공제합니다. 다만, 해당 중소기업 또는 중견기업의 해당 과세연도의 상시근로자 수가 직전 과세연도의 상시근로자 수보다 감소한 경우에는 공제하지 않습니다. [조세특례제한법 제29조의3]

1. 해당 기업에서 1년 이상 근무하였을 것
2. 육아휴직한 경우로서 육아휴직 기간이 연속하여 6개월 이상일 것
3. 해당 기업의 최대주주 또는 최대출자자(개인사업자의 경우에는 대표자를 말함) 그와 특수관계인이 아닐 것

② 육아휴직 복귀자의 자녀 1명당 한 차례에 한정하여 적용합니다.

③ 소득세 또는 법인세를 공제받은 기업이 해당 기업에 복직한 날부터 1년이 지나기 전에 해당 육아휴직 복귀자와의 근로관계를 종료하는 경우에는 근로관계가 종료한 날이 속하는 과세연도의 과세표준신고를 할 때 공제받은 세액에 상당하는 금액을 소득세 또는 법인세로 납부하여야 한다.

[개정 세법] 중소·중견기업의 육아휴직 복귀자 인건비 세액공제 인상 및 사후관리 합리화(조특법 §29의3②)
(종전) (세액공제액) 복직 후 1년간 인건비의 10%(중견 5%)
(개정) (세액공제액) 복직 후 1년간 인건비의 30%(중견 15%)
<적용시기> '21.1.1. 이후 육아휴직에서 복귀하는 사람의 인건비를 지급하는 분부터 적용

4 근로소득을 증대시킨 기업의 세액공제 등

■ 근로소득을 증대시킨 기업에 대한 세액공제

내국인이 다음 각 호의 요건을 모두 충족하는 경우에는 2025년 12월 31일이 속하는 과세연도까지 직전 3년 평균 초과 임금증가분의 100분의 5(중소기업 100분의 20. 중견기업 100분의 10)에 상당하는 금액을 해당 과세연도의 소득세(사업소득에 대한 소득세만 해당함) 또는 법인세에서 공제합니다. [조세특례제한법 제29조의4]

1. 상시 근로자의 해당 과세연도의 평균임금 증가율이 직전 3개 과세연도의 평균임금 증가율의 평균(직전 3년 평균임금 증가율의 평균)보다 클 것
2. 해당 과세연도의 상시근로자 수가 직전 과세연도의 상시 근로자 수보다 크거나 같을 것

▶ **상시근로자 수**

다음 계산식에 따라 계산하며, 이 경우 100분의 1 미만의 부분은 없는 것으로 합니다.

$$\frac{\text{해당 과세연도의 매월 말 현재 상시근로자 수의 합}}{\text{해당 과세연도의 개월 수}}$$

◆ **상시 근로자에서 제외하는 자**

1. 임원
2. 근로소득의 금액이 7천만원 이상인 근로자
3. 해당 기업의 최대주주 또는 최대출자자(개인사업자의 경우 대표자) 및 그와 친족관계인 근로자

4. 근로소득세를 원천징수한 사실이 확인되지 아니하는 근로자
5. 근로계약기간이 1년 미만인 근로자
6. 단시간근로자

◆ 세액공제를 받으려는 연도의 5년 이내 기간 중에 퇴사한 직원이 있는 경우 [조세특례제한법 시행령 제26조의4 ⑩]
세액공제를 받으려는 과세연도의 종료일 전 5년 이내의 기간 중에 퇴사하거나 새로 상시근로자수에서 제외하게 된 근로자가 있는 경우에는 상시근로자 수 및 평균임금을 계산할 때 해당 근로자를 제외하고 계산한다.

◆ 세액공제를 받으려는 연도의 5년 이내 기간 중에 입사한 직원이 있는 경우
세액공제를 받으려는 과세연도의 종료일 전 5년 이내의 기간 중에 입사한 근로자가 있는 경우에는 해당 근로자가 입사한 과세연도의 평균임금 증가율을 계산할 때 해당 근로자를 제외하고 계산한다.

Q 평균임금증가분 초과분 임금증가분 세액공제

근로소득증대 세액공제에도 불구하고 중소기업이 다음 각 호의 요건을 모두 충족하는 경우에는 2025년 12월 31일이 속하는 과세연도까지 전체 중소기업의 평균임금증가분을 초과하는 임금증가분의 100분의 20에 상당하는 금액을 제1항에 따른 금액 대신 해당 과세연도의 소득세(사업소득에 대한 소득세만 해당) 또는 법인세에서 공제할 수 있습니다. [조세특례제한법 제29조의4 ⑤]
1. 상시 근로자의 해당 과세연도의 평균임금 증가율이 전체 중소기업 임금증가율(3.0%, 2023년 이후 3.2%)보다 클 것

2. 해당 과세연도의 상시근로자 수가 직전 과세연도의 상시 근로자 수보다 크거나 같을 것
3. 직전 과세연도의 평균임금 증가율이 음수가 아닐 것

▶ **전체 중소기업의 평균임금증가분을 초과하는 임금증가분**

전체 중소기업의 평균임금증가분을 초과하는 임금증가분 = [해당 과세연도 상시근로자의 평균임금 - 직전 과세연도 상시근로자의 평균임금 × (1 + 0.033)] × 직전 과세연도 상시근로자 수

[개정 세법] 근로소득증대세제 재설계(조특법 §29의4)

현 행	개 정
□ 근로소득증대세제	□ 적용기한 연장 및 대기업 적용배제
○ (적용요건) 당해연도 임금 증가율 〉 직전 3년 평균임금 증가율* 　* 중소기업은 전체 중소기업 평균임금증가율 보다 높은 경우도 가능	○ (좌 동)
○ (세액공제) 3년 평균임금 증가율 초과 임금증가분 × 공제율* 　* 중소 20%, 중견 10% 　　대기업 5%	○ 대기업을 적용대상에서 제외
○ (적용기한) '22.12.31.	○ '25.12.31.

<적용시기> '23.1.1. 이후 개시하는 과세연도 분부터 적용

농어촌특별세, 최저한세, 중복공제

[1] 농어촌특별세 신고 및 납부

근로소득증대세액공제를 받은 경우 농어촌특별세법에 의하여 세액공제액의 20%를 신고 및 납부하여야 합니다.

[2] 중복지원 또는 중복지원 배제

아래의 세액공제는 각각의 사유별로 세액공제를 받을 수 있으며, 창업중소기업 등에 대한 세액감면 또는 중소기업에 대한 특별세액감면등과 중복하여 공제받을 수 있습니다.

[조세특례제한법] 제29조의3(경력단절 여성 재고용 기업에 대한 세액공제)
제29조의5(청년고용을 증대시킨 기업에 대한 세액공제)
제29조의7(고용을 증대시킨 기업에 대한 세액공제)
제30조의2(정규직 근로자로의 전환에 따른 세액공제)

[3] 세액공제의 이월공제

근로소득증대세액공제가 해당 과세연도에 납부할 세액이 없거나 최저한세 적용을 받아 해당연도에 공제받지 못한 금액이 있다면 이는 해당 과세연도의 다음 과세연도의 개시일로부터 5년 이내(2021년 이후 10년)에 끝나는 각 과세연도에 이월하여 공제받을 수 있습니다.

5 정규직 근로자로의 전환에 따른 세액공제

① 중소기업 또는 중견기업이 2021년 6월 30일 당시 고용하고 있는 기간제근로자 및 단시간근로자, 파견근로자를 2022년 1월 1일부터 2022년 12월 31일까지 기간의 정함이 없는 근로계약을 체결한 근로자로 전환하거나 사용사업주가 직접 고용하거나 원사업자가 기간의 정함이 없는 근로계약을 체결하여 직접 고용하는 경우에는 정규직 근로자로의 전환에 해당하는 인원에 1천만원(중견기업 700만원)을 곱한 금액을 해당 과세연도의 소득세(사업소득에 대한 소득세만 해당) 또는 법인세에서 공제합니다.

② 제1항에 따라 소득세 또는 법인세를 공제받은 자가 정규직 근로자로의 전환을 한 날부터 2년이 지나기 전에 해당 정규직 근로자와의 근로관계를 끝내는 경우에는 근로관계가 끝나는 날이 속하는 과세연도의 과세표준신고를 할 때 공제받은 세액상당액을 가산하여 소득세 또는 법인세로 납부하여야 합니다.

[세법 개정] 정규직 전환 세액공제 실효성 제고 및 적용기한 연장(조특법 §30의2, 조특령 §27의2)
[개정] 요건 정비 (㉠, ㉡ 모두 충족)
㉠ '21.6.30. 현재 비정규직 근로자를 '22.12.31.까지 정규직으로 전환
㉡ 전년대비 상시근로자 수 유지
<단서 신설> 특수관계인 제외
(적용기한) '21.12.31. → '22.12.31.
<적용시기> '22.1.1. 이후 개시하는 과세연도 분부터 적용

6 고용유지 중소기업에 대한 소득공제

① 중소기업으로서 다음 각 호의 요건을 모두 충족하는 기업은 제2항의 산식에 따라 계산한 금액을 2023년 12월 31일이 속하는 과세연도까지 각 사업연도의 소득 또는 종합소득금액에서 공제받을 수 있습니다. (해당 과세연도 중 근로관계가 성립한 상시근로자는 제외)
1. 해당 과세연도의 상시근로자 1인당 시간당 임금이 직전 과세연도에 비하여 감소하지 아니한 경우
2. 해당 과세연도의 상시근로자 수가 직전 과세연도의 상시근로자 수와 비교하여 일정비율 이상 감소하지 아니한 경우
3. 해당 과세연도의 상시근로자 1인당 연간 임금총액이 직전 과세연도에 비하여 감소한 경우

② 제1항에 따라 소득공제하는 금액은 제1호의 금액과 제2호의 금액(음수인 경우 영으로 함)을 합하여 계산한 금액으로 합니다.
1. (직전 과세연도 상시근로자 1인당 연간 임금총액 - 해당 과세연도 상시근로자 1인당 연간 임금총액) × 해당 과세연도 상시근로자 수 × 100분의 10
2. (해당 과세연도 상시근로자 1인당 시간당 임금 - 직전 과세연도 상시근로자 1인당 시간당 임금 × 100분의 105) × 해당 과세연도 전체 상시근로자 근로시간 합계 × 100분의 10

③ 고용유지 중소기업에 근로를 제공하는 상시근로자에 대하여 2023년 12월 31일이 속하는 과세연도까지 다음 산식에 따라 계산한 금액을 해당 과세연도의 근로소득금액에서 공제(1천만원 한도)할 수 있습니다.
(직전 과세연도의 해당 근로자 연간 임금총액 - 해당 과세연도의 해당 근로자 연간 임금총액) × 100분의 50

[법령] 조세특례제한법 제30조의3 및 동법 시행령 제27조의3

7 청년 등 취업자에 대한 소득세 감면

◎ 청년 등 취업자에 대한 소득세 감면

[1] 개요

근로계약 체결일 현재 연령이 15세 이상 34세 이하인 청년(2018년 1월 1일 이후 29세 → 34세), 60세 이상인 사람·장애인(2014년 1월 1일 이후) 경력단절여성(2017년 1월 1일 이후)이 특정한 업종의 중소기업체(비영리기업 포함)에 2023년 12월 31일까지 취업하는 경우 그 중소기업체로부터 받는 근로소득으로서 **취업일부터 3년(2018년 이후 청년의 경우 5년)이 되는 날**이 속하는 달까지 발생한 소득에 대해서 일정비율에 상당하는 금액을 감면받을 수 있습니다. 이 경우 소득세 감면기간은 소득세를 감면받은 사람이 다른 중소기업체에 취업하거나 해당 중소기업체에 재취업하는 경우에 관계없이 소득세를 감면받은 최초 취업일부터 계산합니다. [조세특례제한법 제30조]

[2] 취업 연도별 감면율 [감면한도액 : 150만원]

2012.1.1. ~ 2013.12.31. 기간 취업시 : 100분의 100
2014.1.1. ~ 2015.12.31. 기간 취업시 : 100분의 50
2016.1.1. ~ 2017.12.31. 기간 : 100분의 70(감면한도액 150만원)
2018.1.1. 이후 : 100분의 70(청년의 경우 100분의 90)

[3] 2018년 개정 → 감면기간 및 감면율

청년 중소기업 취업자 소득세 감면기간은 취업일부터 5년이 되는 날이 속하는 달까지입니다. 예를 들어 2017년 6월 10일 입사한 경우 감면기간은 2017년 6월부터 2022년 6월 30일까지이며, **2017년 6월 10일부터 2017년 12월까지는 70%의 감면율이 적용되고,**

2018년 1월부터 2022년 6월 30일까지 적용되는 감면율은 90%입니다. (취업일부터 감면기간을 계산하는 것으로 신청일이 아님)

[4] 2018년 이후 취업하고, 종전 근무지에서 감면을 받은 사실이 없는 경우

취업일(근로계약체결일) 현재 연령이 15세이상 34세 이하인 경우 취업월부터 5년간 근로소득세의 90%를 감면받을 수 있습니다.

[5] 감면대상 연령

1. 감면대상 근로자 연령은 만34세 이하입니다. 예를 들어 2018년 9월 17일 입사자의 경우 1983년 9월 18일 이후 출생한 경우 만34세 이하로 감면을 받을 수 있습니다.
2. 취업시 연령요건을 충족하면 취업일부터 5년이 되는 날까지 감면 적용을 받을 수 있는 것으로 감면 기간 중 연령을 초과하는 경우에도 감면을 받을 수 있습니다.

[6] 종전 법령에 의하여 취업 당시 29세 이하로 감면기간(3년)이 종료되었으나 개정 법령으로 감면기간이 남아 있는 경우

종전 법령에 의하여 감면기간이 종료된 경우 그 종료월부터 2017년 12월까지는 감면을 받을 수 없으나 2018년 이후 개정 법령에 의한 감면기간 연장으로 2018년 이후 감면기간이 남아 있는 경우 종료월까지 근로소득의 90%를 감면받을 수 있습니다.

[7] 2017. 12. 31. 이전 입사시 만30세 ~ 만34세 이하인 경우

취업 당시 만34세 이하인 경우로서 5년이 경과되지 않는 경우 2017년 이전 소득에 대하여는 감면을 받을 수 없으나 2018년 이후 잔여기간에 대하여는 90% 감면을 받을 수 있습니다.

감면대상 청년 근로자 등

[1] 청년
근로계약 체결일 현재 연령이 15세 이상 34세 이하인 사람(외국인 포함). 다만, 다음의 어느 하나에 해당하는 병역을 이행한 경우에는 그 기간(6년을 한도)을 근로계약 체결일 현재 연령에서 빼고 계산한 연령이 34세 이하인 사람을 포함합니다.
① 현역병(상근예비역 및 경비교도.전투경찰순경.의무소방원을 포함)
② 공익근무요원
③ 현역에 복무하는 장교, 준사관 및 부사관

[2] 60세 이상의 사람
근로계약 체결일 현재 연령이 60세 이상인 사람

[3] 장애인
「장애인복지법」의 적용을 받는 장애인 및 상이자

[4] 다음의 요건을 모두 충족하는 경력단절여성
1. 해당 기업에서 1년 이상 근무하였을 것
2. 임신·출산·육아의 사유로 해당 기업에서 퇴직하였을 것
3. 해당 기업에서 퇴직한 날부터 3년 이상 10년 미만의 기간이 지났을 것

◆ 감면대상에서 제외되는 근로자
1. 법인의 임원
2. 법인의 최대주주 또는 최대출자자와 그 배우자
3. 제2호에 해당하는 자의 직계존속·비속 및 친족관계인 사람
4. 일용근로자

🅠 감면대상 업종

- 제조업, 건설업, 도매 및 소매업
- 운수업, 숙박 및 음식점업(주점 및 비알콜 음료점업은 제외한다)
- 부동산업 및 임대업, 기타 전문.과학 및 기술 서비스업
- 건축기술.엔지니어링 및 기타 과학기술서비스업,
- 출판.영상.방송통신 및 정보서비스업(비디오물 감상실 운영업 제외)
- 농업, 임업 및 어업, 광업, 전기.가스.증기 및 수도사업
- 하수.폐기물처리.원료재생 및 환경복원업, 연구개발업, 광고업
- 시장조사 및 여론조사업, 사업시설관리 및 사업지원 서비스업
- 기술 및 직업훈련 학원, 사회복지 서비스업
- 수리업을 주된 사업으로 영위하는 기업

▶ **제외 업종 예시**
- 법무관련, 회계.세무관련 서비스업 등
- 보건업(병원, 의원 등), 금융 및 보험업
- 예술, 스포츠 및 여가관련 서비스업
- 교육서비스업(기술 및 직업훈련 학원 제외), 기타 개인 서비스업
- 국가, 지방자치단체, 공공기관 및 지방공기업

🅠 감면신청 및 감면세액

▶ **감면 신청**

[1] 근로자
근로자는 '중소기업 취업자 소득세 감면신청서'에 병역복무기간을 증

명하는 서류 등을 첨부하여 취업일이 속하는 달의 다음 달 말일까지 원천징수의무자에게 제출하여야 합니다. 다만, 감면 신청기한 경과 후 감면신청서를 제출하더라도 감면을 적용받을 수 있습니다.

[2] 원천징수의무자

근로자로부터 감면 신청을 받은 경우 그 신청을 한 근로자의 명단을 신청을 받은 날이 속하는 달의 다음 달 10일까지 원천징수 관할 세무서장에게 제출하여야 합니다. 이 경우 원천징수의무자는 감면신청서를 제출받은 달의 다음 달부터 매월분의 근로소득에 대한 소득세 중 감면급여비율 상당액을 원천징수하지 않습니다.

[3] 감면세액

중소기업체로부터 받는 근로소득(감면소득)과 그 외의 종합소득이 있는 경우 해당 과세기간의 감면세액은 다음 계산식에 따라 계산한 금액으로 하되, 연간 감면한도액은 150만원으로 합니다.

$$\text{종합소득 산출세액} \times \frac{\text{근로소득금액}}{\text{종합소득금액}} \times \frac{\text{감면대상 중소기업체로부터 받는 총급여액}}{\text{해당 근로자의 총급여액}} \times \text{감면율}$$

[개정 세법] 2023년 이후 중소기업 취업자에 대한 소득세 감면한도를 과세기간별 150만원에서 **200만원**으로 상향함(제30조)

CHAPTER 3

4대보험료 고지 및 징수

사업주의 4대보험

4대보험료 정산

4대보험료 납부혜택

SECTION 01

4대보험료 고지 및 징수
4대보험료 납부 및 정산

> 근로자를 1인 이상 고용하고 있는 사업주는 사업주 본인 및 근로자에 대하여 국민연금 및 건강보험을 사업장가입자로 가입하여야 하며, 근로자는 고용보험 및 산재보험에 가입을 하여야 합니다.

1 4대보험 가입대상 사업장 및 가입신고

Q 국민연금 및 건강보험 가입대상 사업장

■ 직원 유무에 따른 4대보험 가입

구 분	직원이 없는 경우	직원이 1인 이상 있는 경우	
	사업주	사업주	종업원
국민연금·건강보험	×	○	○
고용보험	×	×	○
산재보험	×	×	○

고용보험 및 산재보험 가입대상 사업장

1인 이상 종업원을 고용하는 사업자는 종업원에 대하여 고용보험 및 산재보험에 가입을 하여 주어야 합니다. 단, 다음 적용제외 사업장은 가입의무가 없습니다.

■ 고용보험 적용제외 사업자 [고용보험법 시행령 제2조]
① 농업·임업·어업 및 수렵업 중 법인이 아닌 자가 상시 4명 이하의 근로자를 사용하는 사업
② 가사서비스업
③ 「건설산업기본법」에 따른 건설업자, 「주택법」에 따른 주택건설사업자, 「전기공사업법」에 따른 공사업자, 「정보통신공사업법」에 따른 정보통신공사업자, 「소방시설공사업법」에 따른 소방시설업자 또는 「문화재수리등에 관한 법률」에 따른 문화재수리업자가 아닌 자가 시공하는 공사로 다음 각 호에 해당하는 공사
가. 「고용보험 및 산업재해보상보험의 보험료 징수 등에 관한 법률 시행령」 제2조제1항제2호에 따른 총공사 금액이 2천만원 미만인 공사
나. 연면적이 100제곱미터 이하인 건축물의 건축 또는 연면적이 200제곱미터 이하인 건축물의 대수선에 관한 공사

■ 산재보험 적용제외 사업자 [산업재해보상보험법 시행령 제2조]
1. 「선원법」, 「어선원 및 어선 재해보상보험법」 또는 「사립학교교직원 연금법」에 따라 재해보상이 되는 사업
2. 가구내 고용활동
3. 농업, 임업(벌목업은 제외한다), 어업 및 수렵업 중 법인이 아닌 자의 사업으로서 상시근로자 수가 5명 미만인 사업

② 4대보험 가입신고 및 절차

▣ 4대보험 관리공단에 직접 신고

적용대상 사업장이 된 날로부터 14일 이내(국민연금은 15일)이내 사업장 적용신고서(통합신고서로 1장에 작성)를 국민연금공단, 국민건강보험공단, 근로복지공단 중 1곳에만 사업장적용신고서를 제출하시면 됩니다.

서 식	국민연금공단, 국민건강보험공단, 근로복지공단 홈페이지

▣ 4대보험 전자신고

사업장 관할 4대보험 관리공단에 사업장으로 가입(사업장 적용신고서 팩스 전송)을 한 이후에 4대보험 포탈사이트에서 회원가입하여 4대보험과 관련한 모든 업무를 전자적으로 처리할 수 있습니다.

① 사업장 관할 세무서에 사업자등록
② 사업장적용신고서를 사업장 관할 건강보험공단등에 팩스 제출
③ 4대보험 포탈사이트(www.4insure.or.kr) 접속
④ 회원가입
⑤ 가입 신청내용 입력

③ 4대보험 가입대상 근로자 및 가입신고

◎ 4대보험 가입대상 근로자

▶ 국민연금

[1] 국민연금 가입대상 근로자 [국민연금법 제6조, 제13조]
① 18세 이상 60세 미만인 근로자로서 1개월 이상의 근로를 제공하는 근로자
③ 다음 각 호의 어느 하나에 해당하는 자는 65세가 될 때까지 국민연금공단에 가입을 신청하면 임의계속가입자가 될 수 있다.
1. 국민연금 가입자 또는 가입자였던 자로서 60세가 된 자
2. 전체 국민연금 가입기간의 5분의 3 이상을 광업, 어선에서의 어업 직종의 근로자로 국민연금에 가입하거나 가입하였던 사람

[2] 국민연금 가입대상이 아닌 자 [국민연금법 시행령 제2조]
1. 일용근로자나 1개월 미만의 기한을 정하여 근로를 제공하는 사람. 다만, 1개월 이상 계속하여 근로를 제공하는 사람으로서 다음 각 목의 어느 하나에 해당하는 사람은 근로자에 포함된다.
 가. 건설공사의 사업장 등에서 근로를 제공하는 경우: 1개월 동안의 근로일수가 8일 이상이거나 1개월 동안의 소득)이 보건복지부장관이 정하여 고시하는 금액(200만원) 이상인 사람
  나. 가목 외의 사업장에서 근로를 제공하는 경우: 1개월 동안의 근로일수가 8일 이상 또는 1개월 동안의 근로시간이 60시간 이상이거나 1개월 동안의 소득이 보건복지부장관이 정하여 고시하는 금액(200만원) 이상인 사람

2. 법인의 이사 중 소득이 없는 사람
3. 1개월 동안의 소정근로시간이 60시간 미만인 단시간근로자. 다만, 해당 단시간근로자 중 다음 각 목의 어느 하나에 해당하는 사람은 근로자에 포함된다.
   가. 3개월 이상 계속하여 근로를 제공하는 사람으로서 「고등교육법」 제14조제2항에 따른 강사
   나. 3개월 이상 계속하여 근로를 제공하는 사람으로서 사용자의 동의를 받아 근로자로 적용되기를 희망하는 사람
   다. 1개월 이상 계속하여 근로를 제공하는 사람으로서 1개월 동안의 소득이 보건복지부장관이 정하여 고시하는 금액(200만원) 이상인 사람

▶ 건강보험

[1] 건강보험 가입대상 근로자

모든 사업장의 근로자 및 사용자원은 직장가입자가 된다. 다만, 고용기간이 1개월 미만인 일용근로자는 제외한다.

[2] 건강보험 가입대상이 아닌 자 [국민건강보험법 시행령 제9조]

1. 비상근 근로자 또는 1개월 동안의 소정(所定)근로시간이 60시간 미만인 단시간근로자
2. 비상근 교직원 또는 1개월 동안의 소정근로시간이 60시간 미만인 시간제공무원 및 교직원
3. 소재지가 일정하지 아니한 사업장의 근로자 및 사용자
4. 근로자가 없거나 제1호에 해당하는 근로자만을 고용하고 있는 사업장의 사업주

▶ 고용보험

[1] 고용보험 가입대상 근로자
① 1개월간 소정근로시간이 60시간 이상인 자
② 생업을 목적으로 근로를 제공하는 자 중 3개월 이상 계속하여 근로를 제공하는 자
③ 일용근로자

[2] 고용보험 가입대상이 아닌 자 [고용보험법 시행령 제3조]
① 사업주 본인
② 65세 이상인 자 단, 고용안정·직업능력개발 사업에 관하여는 고용보험에 가입하여야 합니다. (실업급여만 가입대상 아님)
③ 소정근로시간이 60시간 미만인 자

▶ 산업재해보상보험

① 모든 근로자는 산재보험에 가입하는 것을 원칙으로 합니다.
② 사업주 본인은 원칙적으로 산재보험가입대상이 아닙니다, 다만, 50인 미만의 근로자를 고용하는 사업주는 산재보험에 임의 가입할 수 있습니다.

■ 4대보험 고객센터 전화번호

구 분	주관기관	고객센터	실무 관련 책자
국민연금	국민연금공단	1355	국민연금 사업장 실무안내
건강보험	국민건강보험공단	1577-1000	건강보험 사업장 업무편람
고용보험	근로복지공단	1588-0075	산재·고용보험 실무편람
산재보험	근로복지공단	1588-0075	산재·고용보험 실무편람

🅠 4대보험 가입제외 근로자 요약

◨ 연령 조건

구 분	가입제외 근로자	비 고
국민연금	18세 미만인자, 60세 이상인자	
건강보험	해당 없음	
고용보험	65세 이후 새로 채용한 근로자	
산재보험	해당 없음	

◨ 근무 기간 및 근무 시간 조건 (일용직 근로자)

구 분	가입제외 근로자
국민연금	1개월 미만 일용직, 월 60시간 이하 근로자
건강보험	1개월 미만 일용직, 월 60시간 이하 근로자
고용보험	1개월 미만 일용직, 월 60시간 이하 근로자
산재보험	근로조건에 관계없이 가입하여야 합니다.

🅠 휴직자(무급) 4대보험 납부

◨ 휴직자 4대보험 면제

구 분	납부 여부
국민연금	면제
건강보험	납부 유예 복직 후 납부 단, 육아휴직의 경우 60% 감면
고용보험	면제
산재보험	면제

외국인 4대보험 가입

국민연금(상호주의)

「국민연금법」에 따른 국민연금은 상호주의 원칙에 따라 대한민국의 국민연금에 상응하는 연금에 대해 그 외국인근로자의 본국법이 대한민국 국민에게 적용되는 경우에만 적용됩니다.

◆ 국민연금 적용 대상국
중국, 키르기즈스탄, 태국, 몽골, 우즈베키스탄, 필리핀, 스리랑카, 인도네시아

◆ 국민연금 적용 대상국이 아닌 국가
베트남, 파키스탄, 캄보디아, 방글라데시, 네팔, 미얀마

국민건강보험(당연 적용)

「출입국관리법」에 따라 외국인 등록을 한 비전문취업(E-9) 또는 방문취업(H-2) 체류자격을 가진 외국인근로자는 「국민건강보험법」의 적용을 받는 직장가입자입니다.

고용보험(당연 적용)

비전문취업(E-9) 또는 방문취업(H-2) 체류자격을 가진 외국인근로자는 신청에 의해 「고용보험법」에 따른 피보험자격을 취득하게 되므로, 사용자는 자신이 고용하고 있는 외국인근로자가 고용보험에 가입하려는 경우 외국인 고용보험 가입 신청을 해야 합니다.

▶ 산업재해보상보험(당연 적용)

산업재해보상보험은 내·외국인근로자를 구분하지 않고 근로자를 사용하는 모든 사업 또는 사업장에 적용되지만, 다음의 어느 하나에 해당하는 사업에는 적용되지 않습니다.

1. 가구내 고용활동
2. 농업·임업(벌목업은 제외)·어업·수렵업 중 법인이 아닌 자의 사업으로서 상시근로자수가 5명 미만인 사업

◉ 4대보험 가입신고

최초로 사업장 적용신고를 할 시 4대보험 가입대상 근로자가 있는 경우 국민연금공단 또는 건강보험관리공단에 전화하여 신고서 양식을 팩스로 받아 직접 신고를 하여야 합니다.

다만, 최초 신고일 이후 근로자를 채용하거나 근로자가 퇴직하는 등 가입대상 근로자의 변동이 있는 경우 4대보험 포탈사이트를 이용하여 신규입사자는 추가로 자격취득신고를 하여야 하고, 퇴사자는 자격상실신고를 하여야 합니다.

■ 2023년도 사업종류별 산재보험료율   단위: 천분율(‰)

사 업 종 류	요율	사 업 종 류	요율
1. 광업		4. 건 설 업	36
석탄광업 및 채석업	185	5. 운수·창고·통신업	
석회석·금속·비금속·기타광업	57	철도·항공·창고·운수관련서비스업	8
2. 제조업		육상 및 수상운수업	18
식료품 제조업	16	통신업	9
섬유 및 섬유제품 제조업	11	6. 임 업	58
목재 및 종이제품 제조업	20	7. 어 업	28
출판·인쇄·제본업	10	8. 농 업	20
화학 및 고무제품 제조업	13	9. 기타의 사업	
의약품·화장품·연탄·석유제품 제조업	7	시설관리 및 사업지원 서비스업	8
기계기구·금속·비금속광물제품 제조업	13	기타의 각종사업	9
금속제련업	10	전문·보건·교육·여가관련 서비스업	6
전기기계기구·정밀기구·전자제품 제조업	6	도소매·음식·숙박업	8
선박건조 및 수리업	24	부동산 및 임대업	7
수제품 및 기타제품 제조업	12	국가 및 지방자치단체의 사업	9
3. 전기·가스·증기·수도사업	8	0. 금융 및 보험업	6
		* 해외파견자: 14/1,000	

2. 2023년도 통상적인 경로와 방법으로 출퇴근하는 중 발생한 재해에 관한 산재보험료율: 전 업종 1.0/1,000 동일

* 사업종류의 세목과 내용예시 및 총칙을 규정한 사업종류 예시표는 고용노동부 홈페이지(www.moel.go.kr) 정보공개-법령정보-훈령·예규·고시란과 근로복지공단 홈페이지(www.comwel.or.kr) 가입·납부서비스-보험료 신고 및 납부-보험료율-연도별 산재보험료율표에 게재

④ 4대보험료 고지 및 정산 [근로자]

건강보험공단이 국민연금공단 및 근로복지공단으로부터 부과자료(고지확정자료)를 받아 통합하여 매 월 고지합니다.

■ 4대보험료 요율 [종업원 및 사업주 부담금 비율(2023년 기준)]

구 분		회사분	종업원분	합계	비 고
국민연금		4.50%	4.50%	9.00%	
건강보험요율(합계)		3.999%	3.999%	7.998%	
국민건강보험료		3.545%	3.545%	7.090%	
노인성장기요양보험		0.454%	0.454%	0.908%	
고 용 보험료	실업급여	0.90%	0.90%	1.8%	
	고용안정	0.25%	-	0.25%	150명 미만 사업장
	직업능력	0.45%	-	0.45%	150명 이상(특정업종)
	개발사업	0.65%	-	0.65%	150명 ~ 1,000명
		0.85%	-	0.85%	1000명 이상
산재보험료		회사부담	없음		업종별로 다름
임금채권부담금		0.06%	없음		

4대보험 고지 및 정산

국민연금 고지 및 정산

① 국민연금은 전년도에 지급한 소득세법상 과세대상소득을 12로 나누어 매월 고지하며, 사업장은 고지한 국민연금을 납부함으로서 별도의 정산없이 납부의무가 종결됩니다.
② 국세청에서 소득자료를 국민연금관리공단으로 통보하므로 별도의 소득총액신고서를 제출하지 않습니다.

▸ 건강보험료 고지 및 정산

① 건강보험료는 전년도 과세대상 급여총액(건강보험료 부과기준이 되는 보수총액)에 보험요율을 곱한 금액을 12로 나누어 매 월 고지하며, 사업자는 고지된 금액을 해당 월의 다음달 10일까지 납부를 하여야 합니다.

② 건강보험료는 실제 지급한 보수총액에 건강보험료율을 곱한 금액을 납부하여야 합니다.

당해 연도에 납부한 보험료는 전년도 보수총액을 기준으로 납부한 것이므로 건강보험료의 확정 정산을 위해 **다음해 3월 10일**까지 『직장가입자보수총액통보서』작성(보수총액, 근무월수 등 기재)하여 제출하여야 합니다.

당해 연도 실제 지급한 보수총액을 기준으로 계산한 확정보험료(당해 연도 보수총액 × 보험료율)에서 1년 동안 기 납부한 건강보험료의 합계가 확정보험료보다 적은 경우 추가 납부하여야 하며, 납부한 건강보험료가 많은 경우 다음 연도에 납부할 금액에서 상계하거나 환급을 받습니다.

▶ 차가감 납부 또는 환급발생 보험료 (1 - 2)
1. 해당 연도에 실제 지급한 보수를 기준으로 계산한 보험료
2. 전년도 보수를 기준으로 매 월 납부한 보험료의 합계액

③ 정산 결과 추가 납부 또는 환급 발생한 보험료는 **4월분 고지시** 반영하여 고지합니다. 다만, 추가 납부할 보험료가 월보험료의 100분의 30을 초과하는 경우 신청에 의하여 분납할 수 있습니다.

■ 건강보험 연말정산 절차 (근로자)

구 분	기 한	연말정산 업무절차
공 단	1월 말일	○ 연말정산 안내 및 전년도『직장가입자보수총액통보서』발송
사업장	3월 10일	○『직장가입자보수총액통보서』 작성 (전년도보수총액,근무월수 기재) 제출
공 단	3월 말일	○ 전년도보수총액 및 근무월수에 의해 결정된 『정산보험료 산출내역서』 및『분할납부 안내문』발송
사업장	4월 15일	○ 정산보험료 산출내역 결과에 따른 『분할납부신청서』(분할납부 대상 사업장일 경우) 제출
공 단		○ 정산보험료 고지 : 매년 4월분 보험료

▶ 고용보험료 및 산재보험료 고지 및 정산

[1] 일반 업종(건설업종 외)

① 고용보험료, 산재보험료는 전년도 임금(신규사업자의 경우 사업개시연도의 예상임금)을 기준으로 공단에서 매 월 고지하고, 당해 연도가 경과한 후 당해 연도에 실제 지급한 임금총액을 기준으로 다시 확정 정산합니다.

② 보험료 확정을 위하여 **사업주는 전년도에 근로자에게 지급한 보수총액 등을 매년 3월 15까지 공단에 신고하여야 합니다.**

③ 공단은 전년도 보험료를 확정하여 확정보험료를 계산한 다음 전년도에 매 월 납부한 보험료 합계금액이 적은 경우 추가 고지하며, 전년도에 납부한 개산보험료가 확정보험료 보다 많은 경우 당해 연도에 납부할 보험료에서 공제한 금액을 고지합니다.

[2] 건설업 고용보험료 및 산재보험료 고지와 정산

(1) 개산보험료의 신고 및 납부
건설업의 경우 추정임금(통상 전년도 임금)에 보험료율을 곱한 금액을 해당 연도 3월 31일(보험연도 중에 보험관계가 성립한 경우 그 성립일 부터 70일 이내에)까지 신고 및 납부하여야 하며, 대략의 임금을 기준으로 보험료를 납부한다하여 개산(槪算)보험료하며, 개산보험료를 일시에 납부하는 경우에는 **보험료의 3%**를 경감받을 수 있습니다.

계속사업장 또는 6월말 이전에 성립된 사업장은 사업주의 신청(반드시 개산보험료 신고 시 신청)에 의해 분할납부가 가능하며, 분할 납부기한은 다음과 같습니다.

◾ 분할납부시 납부기한(연간 적용사업장)

기 별	납부기한	기 별	납부기한
제 1 기	3.31	제 3 기	8.15
제 2 기	5.15	제 4 기	11.15

(2) 확정보험료
확정보험료라 함은 매 보험연도의 초일부터 연도 말일 또는 보험관계가 소멸한 날의 전날까지 지급한 보수총액에 보험료율을 곱하여 산정한 금액을 말합니다.

추정 임금에 의하여 선납한 개산보험료가 확정보험료보다 적은 경우 그 차액은 추가 납부하여야 하며, 개산보험료가 확정보험료보다 많은 경우 초과금액은 반환받거나 충당 신청할 수 있습니다.

🅠 4대보험료 고지 기준금액 (과세대상소득)

4대보험료는 건강보험공단이 국민연금관리공단, 근로복지공단(고용보험 및 산재보험)으로부터 보험료 부과자료를 통보받아 건강보험료를 포함하여 매월 통합하여 고지하며, 사업주는 해당 월의 다음달 10일까지 납부한 후 다음해에 실제 지급한 임금을 기준으로 정산하여 납부하게 됩니다. (국민연금은 별도의 정산을 하지 않음)

■ 4대보험료 부과기준이 되는 임금 범위

급여 항목 (소득세 과세대상총액)	부과기준 금액 포함 여부
○ 봉급, 급료, 보수, 세비 ○ 임금, 정기적·일률적 상여금 등	포 함
○ 일시적으로 지급하는 성과 상여금	포 함
○ 국외 근로소득	비과세 제외 단, 건강보험료에는 포함
○ 생산직근로자로서 전년도 임금이 3천만원 이하이고, 월액 210만원 이하자의 연장·야간·휴일근로수당 등	연240만원 한도 비과세 제외
○ (개정) 월 20만원 이하의 식대 (종전) 월 10만원 이하의 식대	제 외
○ 월 20만원 이하 자가운전보조금	제 외
○ 근로자 또는 그 배우자의 출산이나 6세 이하 자녀 보육과 관련하여 지급받는 월10만원 이하의 금액	제 외

▶ 법인대표자 인정상여
법인대표자 인정상여로 처분된 소득은 보수총액에 포함하지 않음

5 4대보험 관련 기타 실무 유의사항

Q 연도 중 급여가 인상된 경우

「직장가입자보수월액변경신청서」를 제출하여 실제 임금을 기준으로 보험료를 징수하여 납부하거나 변경신청을 하지 않는 경우 실제 지급한 임금을 기준으로 근로자가 부담하여야 할 보험료를 징수하여 두었다가 건강보험료 연말정산 후 다음해 4월 추가 고지금액을 납부하여야 합니다.

Q 직원이 1명인 경우 4대보험 가입, 보험료 절약

직원이 1명인 경우에도 4대보험 가입을 하여야 합니다. 이 경우 최초 가입시 직원에게 지급할 급여를 책정하여 신고하여야 하며, 대표자 본인의 국민연금 및 건강보험료는 직원과 같은 금액으로 고지되므로 직원에 대한 비과세소득(식대, 차량유지비 등)을 최대한 계상하여 신고를 하시면 4대보험료를 절약할 수 있습니다.

Q 휴직자(무급) 4대보험 납부

구 분	납부 여부
국민연금	면제
건강보험	납부 유예 복직 후 납부 단, 육아휴직의 경우 60% 감면
고용보험	면제
산재보험	면제

직장가입자 건강보험료

▶ 건강보험료율 등

건강보험료는 직장가입자와 지역가입자로 구분이 됩니다. 직장가입자는 전년도 소득세법에서 정하는 과세대상 급여총액을 12로 나눈 금액에 **7.998%(2023년)**를 곱한 금액을 매 월 건강보험료로 부과하며, 사용자와 근로자가 반반씩(회사 3.999%, 근로자 3.999%) 부담하여 납부하는 것입니다.

따라서 당해 연도에 납부한 건강보험료는 전년도 급여총액을 기준으로 납부한 것으로서 당해 연도 급여가 인상된 경우 그 차액(당해 연도 급여총액 - 전년도 급여총액)에 7.998%를 곱한 금액을 추가로 고지하며, 추가 금액은 4월분 건강보험료에 합산이 되어 고지가 되므로 급여가 전년도에 비하여 인상된 경우 4월분 보험료가 많아져서 근로자에게 많은 부담이 되는 것입니다.

▶ 근로소득 외 소득이 있을 시 건강보험료 납부

근로자인 건강보험 직장가입자가 근로소득을 제외한 다른 소득(이자소득, 배당소득, 사업소득, 연금소득)의 연간 합계액이 **2,000만원을 초과**하는 경우 건강보험료를 추가로 납부하게 됩니다.

이 경우 근로소득 이외의 **소득월액에 3.999%를 곱하여 계산한 금액**을 매 월 추가로 납부하게 됩니다. 다만, 근로자가 별도의 사업을 운영하는 사업장에 근로자가 있고, 해당 사업장의 직장가입자로 가입된 경우 사업소득에 대한 금액은 제외합니다.

근로자가 회사에 근무하면서 근로자 본인 명의로 별도의 사업자등록이 있고, 해당 사업장에 종업원이 있는 경우

현재 근무하는 회사에서 건강보험료를 납부하여야 하며, 본인 명의 사업장에 종업원이 있는 경우 사업자등록이 있는 사업장에서도 본인 및 종업원은 해당 사업장의 직장가입자로 건강보험료를 각각 납부하여야 합니다.

근로자가 회사에 근무하면서 근로자 본인 명의로 별도의 사업자등록이 있고, 해당 사업장에 종업원이 없는 경우

현재 근무하는 회사에서 건강보험료를 납부하여야 하나 종업원이 없는 사업장이 있는 경우에는 종업원이 없는 사업장에 대한 건강보험료를 신고 및 납부하지 않습니다. 따라서 근로자 본인은 직장 건강보험료만을 납부하시면 됩니다. 다만, 보수(근로소득)를 제외한 다른 소득(이자소득, 배당소득, 사업소득, 연금소득)의 연간 합계액이 3,400만원(2022년 7월 이후 2000만원)을 초과하는 경우 소득을 기준으로 계산한 건강보험료를 추가로 납부하여야 합니다.

▣ 부양가족 중 소득이 있는 경우 건강보험료 납부

▶ 배우자(맞벌이부부), 부모, 자녀가 근로소득이 있는 경우

본인, 배우자, 부모, 자녀가 각각 직장에 근무하는 경우에는 본인 및 배우자, 부모, 자녀는 직장가입자로 각각 건강보험료를 납부하여야 합니다.

▶ **근로자의 배우자, 부모, 자녀가 사업자등록이 있는 경우**

세대구성원이라 하더라도 배우자, 부모, 자녀가 사업소득이 있는 경우에는 배우자, 부모, 자녀는 근로자 본인의 피부양자가 될 수 없으며, 직장가입자(해당 사업장에 근로자가 있는 경우) 또는 지역가입자로 건강보험료를 별도로 납부하여야 합니다. 단, 소득이 없던 배우자, 부모, 자녀가 새로 사업자등록을 하였으나 종업원이 없는 경우 그 소득이 국세청의 통보에 의하여 건강보험공단에서 확인되기 전까지는 근로자 본인의 피부양자이므로 별도의 지역가입자에 해당하지 않습니다.

◆ 본인이 근로자인 경우로서 부양가족이 사업자등록이 있거나 소득이 있더라도 본인인 근로자의 피부양자(부양가족)에 해당하는 경우
1. 사업자등록이 되어 있는 자로서 사업이 부진하여 사업소득이 없는 자
2. 사업자등록이 되어 있지 않는 자로서 사업소득(보험모집인 등), 기타소득 등의 연간 합계액이 500만원 이하인 자
* 소득금액이란 총수입금액에서 필요경비를 차감한 금액(수익 - 비용)으로 국세청의 통보에 의한 소득금액을 말합니다.
3. 이자소득과 배당소득의 연간 합계액이 2천만원 이하인 자

◆ 본인의 부양가족 중 건강보험료 피부양자가 될 수 없는 경우
1. 부양가족이 사업자등록이 있고, 사업소득이 있는 자
2. 사업자등록이 되어 있지 않더라도 사업소득(보험모집인 등), 기타소득 등의 연간 합계액이 500만원을 초과하는 자
3. 이자소득과 배당소득의 연간 합계액이 2천만원을 초과하는 자
4. 금융소득 1천만원 초과자 : 금융소득 전액 + 재산 5.4억 원 초과
5 금융소득 1천만원 초과자 : 금융소득 전액, 연금소득, 사업소득, 근로소득의 합계액이 2천만원을 초과하는 경우
6. 재산이 9억원을 초과하는 경우

소득의 구분 및 종류

▶ 분리과세소득은 종합소득세 신고시 합산하지 않습니다.

◆ 종합소득세 신고시 합산하지 않는 소득 (분리과세)
조세 정책 목적에 의하여 일부 소득은 종합소득에 합산하지 아니하고, 소득을 지급하는 자가 소득세를 원천징수하여 납부함으로서 소득을 지급받는 자의 납세의무가 종결되는 것을 분리과세라 하며, 분리과세 대상소득의 경우 종합소득에 합산하지 않습니다.

보 충 분리과세 대상소득

- 이자소득과 배당소득의 합계액이 2,000만원 이하의 경우
- 일용근로소득
- 기타소득금액(기타소득 - 필요경비)이 300만원 이하의 기타소득
- 사적연금(금융기관 연금 등)이 1200만원 이하인 경우

◆ 공적연금 및 사적연금 운용수익 합계액이 1200만원을 초과하는 경우
사적연금(금융기관 연금등)의 운용수익으로 발생한 연금액이 1200만원을 초과하는 경우 종합소득세 신고를 하여야 합니다.

단, 공적연금(국민연금, 공무원연금 등) 만이 있는 경우 근로소득과 같은 방법으로 연말정산에 의하여 납세의무가 종결되나 다른 종합소득 신고 대상소득이 있는 경우 금액에 관계없이 종합소득에 합산하여야 합니다.

▶ 실업자, 퇴직자에 대한 건강보험료 납부 특례

사용관계가 끝난 직장가입자 중 지역가입자로 자격이 변경된 사람으로서 실업 전 해당 사업장에서 1년 이상 계속하여 직장가입자의 자격을 유지한 사람은 지역가입자가 된 이후 최초로 고지받은 지역가입자 보험료의 납부기한 이내에 공단에 직장가입자로서의 자격을 유지할 것을 신청하면, 사용관계가 끝난 날의 다음 날부터 **3년이 되는 날까지의 기간 동안** 직장가입자의 자격을 유지할 수 있습니다.

공단에 신청한 가입자는 사용관계가 끝난 날이 속하는 달을 제외한 직전 3개월간 지급받은 보수의 평균액을 기준으로 보수월액을 산정하며, 공단은 보수월액을 기준으로 산정한 건강보험료의 50%를 경감하여 주므로 퇴직 전 근로자 본인이 부담한 건강보험료와 지역 보험료(고지금액 또는 공단에 문의)로 납부하여야 하는 금액을 비교하여 직장가입자로서 부담한 건강보험료가 지역보험료보다 적은 경우 공단에 신청을 하시면 건강보험료를 절약할 수 있습니다.

따라서 직장 가입자로서 부담하던 수준의 건강보험료를 납부하고자 하는 실직 또는 퇴직근로자의 경우 지역가입자가 된 이후 최초로 고지받은 지역가입자 보험료의 납부기한 이내에 국민건강보험공단 (1577-1000)에 전화하여 신청을 하시면 됩니다.

다만, 신청인이 신청 후 최초로 내야 할 보험료를 그 납부기한까지 내지 아니하면 직장가입자의 자격을 유지할 수 없습니다.

SECTION 02

개인기업 사업주의 4대보험가입 및 보험료

> 근로자를 1인 이상 고용하고 있는 사업주는 국민연금 및 건강보험료를 사업장 가입자로 납부하여야 합니다. 단, 근로자가 없는 경우 국민연금 및 건강보험을 지역가입자로 보험료를 납부하여야 합니다.
> 사업주 본인은 고용보험 및 산재보험에 가입할 의무가 없으나 신청에 의하여 임의 가입할 수 있습니다.

1 개인기업 사업주의 4대보험료

Q 국민연금

사업자의 경우 사업 소득금액을 기준으로 국민연금을 고지하며, 별도의 정산은 필요하지 않습니다.

🅠 건강보험료

▶ 종업원이 있고, 사업장으로 가입이 되어 있는 경우

① 사업장 가입자로 보험료를 납부하여야 하며, 사업장 가입자의 경우 건강보험공단이 전년도 사업소득을 12로 나눈 금액에 보험료율을 곱한 금액을 매월 고지합니다.

② 개인 사업자가 건강보험공단의 고지에 의하여 납부한 건강보험료는 전년도 사업소득을 기준으로 납부한 금액이므로 당해 연도의 사업소득으로 확정하여 정산을 하게 됩니다.

따라서 개인 사업자 본인은 매년 5월 15일까지 공단에서 사업장으로 송부하는 '직장가입자 보수총액통보서'에 보수총액에는 사업소득(총수입금액 - 필요경비)을 기재하여 제출하여야 하며, 건강보험공단은 **6월분 고지시 6월분 보험**료 및 정산금액을 같이 고지합니다.

개인 사업자는 급여를 받는 것이 아니라 사업을 운영하여 1년간의 총수입금액(매출 등)에서 필요경비(매출을 위하여 사용소비된 경비)를 차감한 금액이 소득이 되는 것이므로 개인 사업자 본인은 당해 연도 중 사업장에서 발생한 사업소득(총수입금액 - 필요경비)을 보수총액으로 하는 것입니다.

단, 사업소득이 없거나 사업소득으로 산정한 보수월액이 당해 사업장 근로자의 최고월액보다 낮은 경우에는 당해 사업장 근로자의 최고월액에 해당하는 보수월액을 개인 사업자의 보수월액으로 합니다.

③ 사업장이 두 군데 이상인 경우 각 사업장별로 건강보험료를 납부하여야 합니다. 단, 다른 사업장에 종업원이 없는 경우 종업원이 있는 사업장에서만 건강보험료를 납부하면 됩니다.

④ 사업소득 이외에 근로소득이 있는 경우 사업소득 및 근로소득을 제공하는 사업장에서 각각 건강보험료를 납부하여야 합니다.

▶ 종업원이 없는 경우

① 사업장에 종업원이 없거나 종업원이 있어도 사업장 가입자로 신고를 하지 않는 경우 지역 건강보험료가 부과됩니다.

② **사업장에 종업원이 없는 경우 지역 건강보험료를 납부하여야 합니다만, 사업자가 다른 사업장의 근로자로서 직장가입자가 되는 경우 해당 사업장의 직장가입자가 되며, 이 경우 지역건강보험료는 납부하지 않아도 됩니다.**

③ 재산이 많아 지역건강보험료가 부담이 되는 경우로서 배우자가 사업장 업무에 종사한다면, 사업장 적용 신고를 하여 본인 및 배우자가 직장가입자로서 본인은 사업소득을 기준으로 배우자는 급여를 기준으로 건강보험료를 각각 납부할 수 있습니다.

사업장 적용을 받는 경우 국민연금도 직장가입자로 가입하여 각각 납부를 하여야 합니다만, 배우자의 급여가 260만원 이하인 경우 배우자의 국민연금불입액 중 80%를 국가로부터 보조를 받을 수 있습니다. (두루누리 제도 참조)

④ 지역건강보험료의 보험료는 지역가입자 건강보험료 부과기준을 참고하시기 바랍니다.

🄀 고용보험 및 산재보험

종업원이 1인 이상인 사업장의 사업주는 건강보험 및 국민연금은 가입하여야 하나 고용보험 및 산재보험은 가입대상이 아닙니다만, 사업주가 신청하는 경우 임의 가입할 수는 있습니다.

▣ 배우자, 직계존비속의 직원채용과 4대보험 가입

▶ 급여 책정
배우자 또는 직계존비속을 근로자로 채용하는 경우로서 배우자 또는 직계존비속외의 다른 근로자가 없는 경우 근로기준법의 적용을 받지 아니하므로 최저임금 미만으로 급여를 책정하더라도 특별히 문제가 될 점은 없으므로 국민연금, 건강보험료 부담을 줄이고자 하는 경우 최저임금 미만으로 급여를 책정하여도 무방합니다.

▶ 국민연금 및 건강보험
가족을 직원으로 채용하는 경우 가족 개인의 소득이 발생하므로 국민연금 및 건강보험 직장가입자로 가입을 하여야 하며, '사업장적용신고서' 및 '사업장가입자 자격취득 신고서'를 국민연금공단 또는 건강보험공단에 제출을 하여야 하며, 가족의 경우에도 두루누리 혜택(국민연금 일부 국가지원제도)을 받을 수 있으므로 '사업장적용신고서'에 연금(고용)보험료 지원 신청란에 체크 표시를 하시면 됩니다.

한편, 가족만으로 구성된 회사의 경우에는 고용보험 및 산재보험은 가입할 수 없습니다.

2 자영업자의 지역 건강보험료 부과기준

> 건강보험료는 대출시 소득금액 증빙, 자녀의 학비지원, 의료비환급 등 국가 복지지원정책의 기준금액이 되는 기본자료이므로 건강보험료 부과기준 금액을 알아 두시면 매우 유용합니다.

개요

건강보험료 직장가입자가 아닌 경우(근로자가 없는 개인 사업자인 세대주 또는 직업이 없는 세대주 등)에는 지역가입자로 건강보험료를 납부하여야 합니다.

지역가입자의 경우 **소득, 재산 보유현황, 자동차의 종류** 등을 기준으로 건강보험료를 계산하여 건강보험공단에서 매 월 보험료를 고지합니다. 따라서 재산을 취득하거나 자동차를 구입할 시 건강보험료 추가 부담액을 미리 계산하여 본 다음 재산 취득 또는 자동차 구입을 하는 것이 도움이 될 것입니다.

▶ **피부양자 대상 여부 판정시 소득기준**

피부양자의 소득[공적연금소득, 이자소득, 배당소득, 기타소득금액)]이 연간 3,400만원(2022년 9월 이후 2천만원)을 초과하는 경우 피부양자에서 제외되며, 이 경우 소득의 합계액으로 하되, 비과세소득 및 이자소득, 배당소득의 합계액이 1천만원 이하인 금액은 포함하지 않습니다.

■ 공적연금소득 : 국민연금, 공무원연금, 군인연금, 사립학교 연금등

◯Q 부양가족 중 소득이 있는 경우 건강보험료 납부

▣ 배우자, 부모, 자녀가 근로소득이 있는 경우

본인, 배우자, 부모, 자녀가 각각 직장에 근무하는 경우에는 본인 및 배우자, 부모, 자녀는 직장가입자로 각각 건강보험료를 납부하여야 합니다.

▣ 배우자, 부모, 자녀가 사업자등록이 있는 경우

세대구성원이라 하더라도 배우자, 부모, 자녀가 사업소득이 있는 경우에는 배우자, 부모, 자녀는 근로자 본인의 피부양자가 될 수 없으며, 직장가입자(해당 사업장에 근로자가 있는 경우) 또는 지역가입자로 건강보험료를 별도로 납부하여야 합니다.

단, 소득이 없던 배우자, 부모, 자녀가 새로 사업자등록을 하였으나 종업원이 없는 경우 그 소득이 국세청의 통보에 의하여 건강보험공단에서 확인되기 전까지는 근로자 본인의 피부양자이므로 별도의 지역가입자에 해당하지 않습니다.

◆ 본인이 근로자인 경우로서 부양가족이 사업자등록이 있거나 소득이 있더라도 본인 근로자의 피부양자(부양가족)에 해당하는 경우
1. 사업자등록을 하였으나 **최초 종합소득세 신고를 하기전까지의 기간**
2. 사업자등록이 되어 있지 않은 자로서 사업소득(보험모집인 등), 기타소득 등의 연간 합계액이 500만원 이하인 자
* 소득금액 : 총수입금액에서 필요경비를 차감한 금액(수익 - 비용)

◆ 본인의 부양가족 중 건강보험료 피부양자가 될 수 없는 경우
국민건강보험법 시행규칙 [별표 1의2]
1. 부양가족이 사업자등록이 되어 있고, 사업소득이 발생한 사업연도 이후
2. 부양가족이 사업자등록 여부에 관계없이 주택임대소득이 있는 경우
3. 사업자등록이 되어 있지 않더라도 사업소득(보험모집인 등), 기타소득 등의 연간 합계액이 500만원을 초과하는 자
4. 부양가족이 소유한 재산의 재산세 과세표준이 9억원을 초과하는 자
5. 부양가족이 소유한 재산이 재산세 과세표준이 5.4억원 초과 9억원 이하이나 연간소득이 1천만원을 초과하는 자
6. 국민건강보험법 시행령 제41조제1항 각 호에 따른 소득의 합계액이 연간 2,000만원을 초과하는 경우

□ 국민건강보험법 시행령 제41조(소득월액) -요약
① 법 제71조제1항에 따른 소득월액 산정에 포함되는 소득은 다음 각 호와 같다. 이 경우 「소득세법」에 따른 비과세소득은 제외한다. <개정 2022. 6. 30.>
1. 이자소득: 「소득세법」 제16조에 따른 소득
2. 배당소득: 「소득세법」 제17조에 따른 소득
3. 사업소득: 「소득세법」 제19조에 따른 소득
4. 근로소득: 「소득세법」 제20조에 따른 소득
5. 연금소득: 「소득세법」 제20조의3에 따른 소득. 다만, 공적연금소득의 경우에는 해당 과세기간에 발생한 연금소득 전부를 연금소득으로 한다.
6. 기타소득: 「소득세법」 제21조에 따른 소득

◆ 공적연금소득(국민연금, 공무원연금 등) 비과세 및 과세
- 2001년 12월 31일 이전에 납입한 연금불입액에 대한 연금
- 2002년 1월 1일 이후에 납입한 연금불입액에 대한 연금

◆ 재산세 과세표준
○ 주택 : 공시가격의 60%, 토지 및 기타건축물 : 공시가액의 70%
○ 공시가격 → 부동산공시가격알리미 홈페이지

◆ 건강보험료 부과기준대상 소득에 포함하는 금액
○ 이자소득과 배당소득의 연간 합계액이 1천만원을 초과하는 경우 전액
○ 사업소득 : 사업소득에서 필요경비를 차감한 금액
○ 근로소득 : 근로소득 전액의 50%
- 비과세 급여[월 20만원 이하 식대, 월 20만원 이하 차량유지비 등]는 제외하며, 근로소득공제를 차감하기 전의 총급여를 말함
○ 공적연금소득 : **공적연금소득의 50%**
- 총 연금액을 연금소득으로 보며, 연금소득공제를 차감하기 전의 연금
○ 사적연금소득 : 연금운용수익 소득의 50%
- 세액공제 받지 않은 납입액 : 비과세
- 세액공제 받은 납입액, 운용수익 : 연금소득세 과세
○ 기타소득 : 기타소득에서 필요경비를 차감한 금액

피부양자에서 제외되는 소득금액 인하

피부양자의 연간 소득이 3천4백만원 이하인 경우 피부양자 자격을 유지할 수 있었으나 2022년 9월 이후 피부양자의 **연 소득이 2000만원을 넘는 피부양자**는 지역가입자로 전환되어 별도로 보험료를 부담하여야 합니다.

◆ 보험료 경감고시
경제 상황을 고려해 피부양자 인정기준 강화에 따라 지역가입자로 전환되는 피부양자의 보험료를 2026년 8월까지 일부 경감
<경감률> 1년차 80%→ 2년차 60% → 3년차 40% → 4년차 20% 등 단계적으로 적용된다.

▶ 피부양자가 될 수 없는 경우 최소보험료 납부
지역가입자로 건강보험료를 납부하여야 하며, 지역가입자가 되는 경우 소득이 없더라도 최소보험료는 납부하여야 합니다.

🅠 지역건강보험료 부과 체계

➡ 세대 단위 산정 및 부과점수

지역가입자의 월별 보험료액은 세대 단위로 산정하며, 보험료부과점수는 지역가입자가 속한 세대의 보험료 부담능력을 표시하는 점수로서 가구별 소득, 재산, 자동차에 부과하는 등급별 점수의 합계액에 보험료부과 점수당 금액[건강보험법 시행령 제44조 제2항(2022년 205.3원, 2023년 208.4원)]을 곱한 금액으로 산정합니다.

[1] 소득에 부과되는 점수
소득에 부과하는 점수는 1천만원을 초과하는 경우의 금융소득 전액(이자소득 + 배당소득의 합계액이 1천만원 이하인 경우 제외), **사업소득, 기타소득 전액, 근로소득 및 연금소득은 해당 소득의 100분의 50**을 소득으로 평가하여 합산한 소득금액을 등급별로 구분하여 산정합니다.

▶ 소득월액(연간 소득 ÷ 12)
○ 이자소득 및 배당소득 : 1천만원을 초과하는 경우 전액
○ 사업소득 : 총수입금액에서 필요경비를 차감한 소득
○ 근로소득 : 근로소득의 50%
- 소득세법의 비과세소득은 제외, 근로소득공제를 차감하지 않은 금액
○ 연금소득 : 공적연금 전액의 50% 및 사적운용수익의 50%
○ 기타소득 : 기타소득에서 필요경비를 차감한 금액

[2] 재산에 부과되는 점수
재산(자동차는 제외)에 부과하는 점수는 1)과 2)의 금액을 합산한

금액에서 다음 표에 따른 5천만원을 뺀 금액을 등급별로 구분하여 산정합니다.

1) 토지, 건축물, 주택, 선박의 재산세 과세표준금액
2) 임차주택에 대한 보증금 및 월세금액을 보건복지부령으로 정하는 기준에 따라 평가한 금액
[보증금 + (월세금액을 1000분의 25로 나눈 금액)] × 100분의 30

▶ 주택 담보대출금 또는 전세보증금 대출금 공제

1) 지역가입자로서 무주택자(전·월세) 또는 1주택자(자가)가 실거주 목적으로 주택을 구입·임차하기 위하여 빌린 부채는 건강보험료 부과 대상에서 제외됩니다.

2) 대상이 되는 주택은 공시가격 5억원(재산과표 3억, 시가 7~8억 상당) 이하(전·월세의 경우 보증금 5억원 이하)이며, 주택담보대출·전세담보대출 등으로서 취득일·전입일 등으로부터 전후 3개월 이내에 발생한 대출이어야 합니다.

3) 대출액에 30%(임차), 60%(자가)를 곱하여 평가한 금액*을 건강보험료 재산과표에서 공제하되,
자가 세대는 과표 5,000만원(대출원금 8,300만원 상당)**까지,
임차 세대는 보증금의 범위에서 1.5억원 (대출원금 5억원)까지 공제받을 수 있습니다.
* 보험료부과 시 재산의 30%(임차), 60%(자가)를 곱하여 부과하고 있음
** 60% 평가된 뒤 5천만원이므로 대출원금 기준으로는 8,300만원 상당

■ 국민건강보험법 시행령 [별표 4] <개정 2022. 9. 1.>

보험료부과점수의 산정방법(제42조제1항 관련)

1. 제42조제1항에 따른 보험료부과점수는 지역가입자가 속한 세대의 보험료 부담능력을 표시하는 점수로서, 가목부터 다목까지의 규정에 따른 소득·재산 및 자동차에 부과하는 점수를 합하여 산정합니다.
다만, 가목에 따른 소득금액이 연 336만원 이하인 경우에는 가목에 따른 소득에 부과하는 점수가 아닌 제32조제2호나목에 따른 지역가입자의 월별 보험료액의 하한액을 제44조제2항에 따른 보험료부과점수당 금액으로 나누어 얻은 값에 나목 및 다목의 규정에 따른 재산 및 자동차에 부과하는 점수를 합하여 산정합니다.

　가. (제42조제2항에 `따른 `소득을 `보건복지부령으로 `정하는 `바에 `따라 `평가하여 `합산한 `금액)
÷ 12 × 제44조제1항에 따른 보험료율) ÷ 제44조제2항에 따른 보험료부과점수당 금액

　나. 재산(자동차는 제외합니다. 이하 이 표에서 같다)에 부과하는 점수는 다음의 금액을 합산한 금액에서 5천만원 및 제42조의2제3항 각 호의 구분에 따른 금액을 뺀 금액을 등급별로 구분하여 산정합니다. 이 경우 재산의 등급별 점수는 제2호의 표와 같다.
　　1) 제42조제3항제1호에 따른 토지, 건축물, 주택, 선박 및 항공기의 재산세 과세표준금액
　　2) 제42조제3항제2호에 따른 임차주택에 대한 보증금 및 월세금액을 보건복지부령으로 정하는 기준에 따라 평가한 금액

　다. 자동차에 부과하는 점수는 제42조제3항제3호에 따른 자동차에 사용연수에 따른 감액률을 반영하여 자동차 종류별 배기량에 따라 등급별로 구분하여 산정합니다. 이 경우 자동차의 등급별 점수는 제3호의 표와 같으며, 자동차가 2대 이상인 세대는 각각의 자동차에 대한 등급별 점수를 합산합니다.

2. 재산등급별 점수

등급	재산금액(만원)	점수	등급	재산금액(만원)	점수
1	450 이하	22	31	38,800 초과 ~ 43,200 이하	757
2	450 초과 ~ 900 이하	44	32	43,200 초과 ~ 48,100 이하	785
3	900 초과 ~ 1,350 이하	66	33	48,100 초과 ~ 53,600 이하	812
4	1,350 초과 ~ 1,800 이하	97	34	53,600 초과 ~ 59,700 이하	841
5	1,800 초과 ~ 2,250 이하	122	35	59,700 초과 ~ 66,500 이하	881
6	2,250 초과 ~ 2,700 이하	146	36	66,500 초과 ~ 74,000 이하	921
7	2,700 초과 ~ 3,150 이하	171	37	74,000 초과 ~ 82,400 이하	961
8	3,150 초과 ~ 3,600 이하	195	38	82,400 초과 ~ 91,800 이하	1,001
9	3,600 초과 ~ 4,050 이하	219	39	91,800 초과 ~ 103,000 이하	1,041
10	4,050 초과 ~ 4,500 이하	244	40	103,000 초과 ~ 114,000 이하	1,091
11	4,500 초과 ~ 5,020 이하	268	41	114,000 초과 ~ 127,000 이하	1,141
12	5,020 초과 ~ 5,590 이하	294	42	127,000 초과 ~ 142,000 이하	1,191
13	5,590 초과 ~ 6,220 이하	320	43	142,000 초과 ~ 158,000 이하	1,241
14	6,220 초과 ~ 6,930 이하	344	44	158,000 초과 ~ 176,000 이하	1,291
15	6,930 초과 ~ 7,710 이하	365	45	176,000 초과 ~ 196,000 이하	1,341
16	7,710 초과 ~ 8,590 이하	386	46	196,000 초과 ~ 218,000 이하	1,391
17	8,590 초과 ~ 9,570 이하	412	47	218,000 초과 ~ 242,000 이하	1,451
18	9,570 초과 ~ 10,700 이하	439	48	242,000 초과 ~ 270,000 이하	1,511
19	10,700 초과 ~ 11,900 이하	465	49	270,000 초과 ~ 300,000 이하	1,571
20	11,900 초과 ~ 13,300 이하	490	50	300,000 초과 ~ 330,000 이하	1,641
21	13,300 초과 ~ 14,800 이하	516	51	330,000 초과 ~ 363,000 이하	1,711
22	14,800 초과 ~ 16,400 이하	535	52	363,000 초과 ~ 399,300 이하	1,781
23	16,400 초과 ~ 18,300 이하	559	53	399,300 초과 ~ 439,230 이하	1,851
24	18,300 초과 ~ 20,400 이하	586	54	439,230 초과 ~ 483,153 이하	1,921
25	20,400 초과 ~ 22,700 이하	611	55	483,153 초과 ~ 531,468 이하	1,991
26	22,700 초과 ~ 25,300 이하	637	56	531,468 초과 ~ 584,615 이하	2,061
27	25,300 초과 ~ 28,100 이하	659	57	584,615 초과 ~ 643,077 이하	2,131
28	28,100 초과 ~ 31,300 이하	681	58	643,077 초과 ~ 707,385 이하	2,201
29	31,300 초과 ~ 34,900 이하	706	59	707,385 초과 ~ 778,124 이하	2,271
30	34,900 초과 ~ 38,800 이하	731	60	778,124 초과	2,341

3. 자동차등급별 점수

구분		사용연수별 점수		
등급	배기량	3년 미만	3년 이상 6년 미만	6년 이상 9년 미만
		100%	80%	60%
1	800시시 이하	18	14	11
2	800시시 초과 1,000시시 이하	28	23	17

3	1,000시시 초과 1,600시시 이하	59	47	35
4	1,600시시 초과 2,000시시 이하	113	90	68
5	2,000시시 초과 2,500시시 이하	155	124	93
6	2,500시시 초과 3,000시시 이하	186	149	111
7	3,000시시 초과	217	173	130

[3] 승용자동차에 부과되는 점수

승용자동차에 부과하는 점수는 자동차에 사용연수에 따른 감액률을 반영하여 자동차 종류별 배기량에 따라 등급별로 구분하여 산정하며, 자동차가 2대 이상인 세대는 각각의 자동차에 대한 등급별 점수를 합산합니다.

[자동차보험료 축소]
(종전) 승용차가액이 4천만원 미만인 경우에도 등급별 점수 적용
(개정) 4천만원 이상 차량에만 배기량, 경과연수에 따라 등급별 점수 적용
(179만대 → 12만대)

③ 자영업자 본인 고용보험 및 산재보험 가입

◙ 자영업자 고용보험 가입

사업주 본인은 고용보험의무가입대상자는 아닙니다만, 사업부진 등의 사유로 폐업하는 경우 근로자와 같이 일정기간 동안의 실업급여를 지원하여 주기 위하여 근로자를 사용하지 아니하거나, 50인 미만 근로자를 사용하는 자영업주(개인사업장은 사업주, 법인은 대표이사)로서 아래 요건을 모두 갖춘 사업자 본인은 고용보험에 임의가입을 할 수 있으며, 자세한 내용은 근로복지공단에 문의를 하시면 됩니다.

1. 사업자등록증을 갖춘 자
2. 사업자등록일로부터 6개월 이내인 자
3. 실업급여 수급 종료일로부터 2년 이내인 자
4. 임금근로자로 피보험자격이 취득되어 있지 않은 자

▶ **실업급여 관련 고용보험 가입을 할 수 없는 사업자**
① 다음 각 호의 어느 하나에 해당하는 사업
1. 농업·임업·어업 또는 수렵업 중 법인이 아닌 자가 상시 4명 이하의 근로자를 사용하는 사업
2. 다음 각 목의 어느 하나에 해당하는 공사
가. 총공사금액이 2천만원 미만인 공사
나. 연면적이 100제곱미터 이하인 건축물의 건축 또는 연면적이 200제곱미터 이하인 건축물의 대수선에 관한 공사
3. 가사서비스업

② 부동산임대업

▶ **자영업자 고용보험요율 = 기준보수액 × 보험요율**
보험요율 : 2.25% (실업급여 2% + 고용안정.직업능력개발사업 0.25%)

자영업자 산재보험 가입

[1] 종업원 50명 미만 자영업자 본인 산재보험 가입
사업주 본인은 산재보험의무가입 대상자는 아닙니다만, 보험가입자로서 **50명 미만의 근로자를 사용하는 사업주**의 경우 근로복지공단의 승인을 얻어 자기 또는 유족을 보험급여를 받을 수 있는 자로 하여 보험에 가입할 수 있습니다.

[2] 자영업자 산재보험 가입 신청 및 승인
중.소기업 사업주가 보험에 가입하고자 하는 『중.소기업 사업주 산재보험 가입신청서』를 작성하여 공단에 제출하여야 하며, 신청 및 가입절차는 근로복지공단(☎1588-0075)에 문의하시면 자세한 안내를 받을 수 있습니다.

① 중.소기업 사업주에 대한 보험료 및 보험급여의 산정기준이 되는 보수액 및 평균임금은 고용노동부장관이 고시하는 금액으로 하고 보험료율은 당해 사업이 적용받는 보험료율로 합니다.

■ 월 보험료 = 월단위 보수액 × 당해 사업장 산재보험료율

② 보험에 가입된 중.소기업 사업주는 보험연도마다 고용노동부장관이 고시하는 월 단위 보수액의 등급 중 하나를 선택하여 해당 보험연도의 전년도 12월 말일까지 다음 보험연도 월보수를 공단에 신고하여야 합니다.

SECTION 03

4대보험료 납부에 따른 혜택 등

4대보험료를 납부하는 경우 근로자 본인 및 사업주에 대하여 여러 가지 혜택이 있으며, 그 내용을 살펴보면 다음과 같습니다.

1 국민연금 불입에 따른 혜택

Q 국민연금 수급

국민연금은 기간에 관계없이 120회 이상 불입을 하여야 연금형태를 지급을 받을 수 있으며, 120회 미만 불입한 경우 연금수령 시점에 원금에 대한 이자를 포함하여 일시불로 지급을 받게 됩니다.

♣ 보건복지부 → 정책 → 연금 → 국민연금정책 → 국민연금급여

▶ 노령연금

[1] 노령연금 수급 개시 연령

노령연금이란 통상의 국민연금으로 가입자가 일정 연령 이상이 되는 월부터 지급하는 연금을 말합니다. 노령연금의 수급 개시 연령은 만 60세이나, 그 지급연령이 높아져 2013년부터는 5년마다 1세씩 연장하여 2033년부터는 65세부터 지급받을 수 있으며, 출생연도별 수급 개시연령은 다음과 같습니다.

■ 연령별 국민연금 수급연도

출생연도	노령연금수급연령	조기연금수급연령
1953 ~ 1956년생	61세	56세
1957 ~ 1960년생	62세	57세
1961 ~ 1964년생	63세	58세
1965 ~ 1968년생	64세	59세
1969년생 이후	65세	60세

[2] 노령연금 수령액

연금액은 본인의 가입기간 및 가입 중 평균소득액, 전체 가입자의 평균소득액을 기초로 계산됩니다. 수령액 산식은 다소 복잡하기 때문에 자세한 사항은 국민연금 홈페이지(내 연금 알아보기)에서 예상연금액을 조회하시어 향후 받게 될 금액을 확인(공인인증서 필요)하시기 바라며, 나중에 받게 될 예상연금액과 그동안 납부한 내역을 국민연금 홈페이지에서 확인할 수 있습니다.

예상연금액은 '국민연금 홈페이지 → 내연금노후설계 → 국민연금 예상연금 조회'에서 현재까지 납부한 보험료를 기준으로 만 60세 또는 연금수급가능 시까지 계속 납부하는 것을 가정한 예상연금액을 알아볼 수 있습니다.

Q&A 부양가족이 많은 경우 국민연금을 더 받을 수 있나요?

부양가족이 있을 경우 국민연금을 더 받을 수 있습니다. 부양가족연금은 연금을 받는 분의(유족연금의 경우에는 사망한 가입자 또는 가입자였던 분의)배우자, 자녀(18세 미만 또는 장애2급 이상), 부모(60세 이상 또는 장애2급 이상, 배우자의 부모 포함)로서 연금을 받으시는 분에 의해 생계를 유지하는 경우에 지급되며, 가입기간 등에 관계없이 정액으로 지급됩니다. 유족연금의 경우에는 지급사유 발생 당시 가입자 또는 가입자이었던 분에 의하여 생계를 유지하고 있던 분이 부양가족연금 대상입니다.

▶ 조기노령연금

① 국민연금 가입기간이 10년 이상되는 분은 소득이 일정 금액에 미달하거나 **소득이 있는 업무**에 종사하지 않는 경우 연령별 수급시기 전이라도 연금지급을 청구할 수 있으며, 이를 '조기노령연금'이라 합니다.

② '소득이 있는 업무'라 함은 최근 3년간의 국민연금 전체가입자의 평균소득월액의 평균액'(2022도 기준 월평균 2,681,724원)이며, 이 금액은 매년 변동됩니다.

③ 월 평균소득금액이란 사업소득금액(총수입금액 - 필요경비) 및 근로소득금액(근로소득 - 근로소득공제)을 합산한 금액을 당해연도 근무 종사월수로 나눈 금액을 말합니다. 조기노령연금은 연금을 지급받기 시작하는 연령에 따라 지급률(노령연금대비 지급비율)이 달라지며, 그 내용은 다음과 같습니다.

■ 연령별 조기노령연금 수령 비율

출생연도 조기연금	1953년~ 1956년생	1957년~ 1960년생	1961년~ 1964년생	1565년~ 1968년생	1969년생 이후
만56세	70%				
만57세	76%	70%			
만58세	82%	76%	70%		
만59세	88%	82%	76%	70%	
만60세	94%	88%	82%	76%	70%
만61세		94%	88%	82%	76%
만62세			94%	88%	82%
만63세				94%	88%
만64세					94%

▶ 재직자 노령연금

재직자 노령연금이란 가입기간이 10년 이상이고 국민연금 수급연령에 도달하였으나 소득이 있는 업무에 종사하고 있는 경우 60세 이상 65세 미만의 기간 동안 일정금액을 감액하여 지급하는 연금입니다. 단, 연금을 받을 당시 소득이 있는 업무에 종사하여 재직자노령연금을 받았다 하더라도 65세 이전에 소득이 있는 업무에 종사하지 않게 되면, 가입기간에 따라 완전노령연금이나 감액노령연금으로 변경하여 지급을 받게 됩니다.

▶ 장애연금

장애연금은 가입자의 가입중에 발생한 질병 또는 부상이 완치(진행중인 때는 초진일로부터 1년 6개월 경과시)되었으나 신체적 또는 정신적 장애가 남았을 때 이에 따른 소득 감소부분을 보전함으로써 자신과 가족의 안정된 생활을 보장하기 위한 급여로서 장애정도(1급~4급)에 따라 일정한 급여를 지급합니다.

▶ 유족연금

① 유족연금은 국민연금에 가입하고 있는 사람 또는 연금을 받던 사람이 사망하면 그에 의하여 생계를 유지하던 유족에게 가입기간에 따라 기본연금액의 일정률(40~60%)을 지급하여 남아있는 가족들이 안정된 삶을 살아갈 수 있도록 하기 위한 연금입니다.

가입기간	연금액
10년 미만	기본연금액 40% + 부양가족연금액
10년 이상 20년 미만	기본연금액 50% + 부양가족연금액
20년 이상	기본연금액 60% + 부양가족연금액

② 유족연금은 가입자 또는 가입자였던 분이 사망하거나, 노령연금 수급권자 또는 장애등급 2급 이상의 장애연금 수급권자가 사망하여 수급요건을 충족하는 경우에 그 유족의 생활을 보장하기 위하여 지급하는 연금입니다.

③ 유족연금은 사망 당시 수급자에 의하여 생계를 유지하고 있던 분 중 배우자, 자녀(만 19세미만이거나 장애등급 2급 이상), 부모(만 60세 이상이거나 장애등급 2급 이상), 손자녀(만 19세미만 또는 장애등급 2급 이상) 순으로 최우선 순위자에게 지급되며, 이를 충족하게 되면 우선순위에 의해 유족연금을 지급받을 수 있습니다.

▶ 부부가 모두 국민연금에 가입한 경우 유족연금

부부가 국민연금을 수령하던 중 배우자가 사망하는 경우 유족연금 (40% ~ 60%)의 100분의 30에 상당하는 금액만 추가로 지급받게 되므로 배우자가 국민연금에 임의 가입하고자 하는 경우 이 점을 유의하여야 합니다.

② 고용보험료 납부에 따른 혜택

> 사업주 및 근로자가 납부하는 고용보험료를 재원으로 정부는 사업주와 근로자를 위하여 지원사업을 실시하며, 자세한 내용은 고용노동부에서 운영하는 '고용보험' 홈페이지를 참고하시기 바랍니다.

◎ 근로자 지원제도

- 재직근로자 훈련지원
- 근로자 수강 지원금 지원
- 실업자 훈련지원
- 실업자 재취업 훈련지원
- 실업급여
- 육아휴직급여
- 산전후휴가급여

◎ 사업주 지원제도

- 고용유지 지원금
- 무급휴업·휴직 고용유지 지원금
- 정년연장 지원금
- 출산육아기 고용안정 지원금

♣ 상세 내용 : 고용보험(홈페이지) → 기업혜택안내

③ 의료비 본인부담금 환급제도

개요

본인, 부모님 또는 가족의 질병으로 수술, 장기입원 등으로 인하여 병원비 부담이 많아지는 경우 경제적으로 어려워 질 수가 있습니다. 따라서 국가는 병원비 부담액 중 비급여(보험이 되지 않는 의료비)를 제외한 **연간(1월 1일 ~ 12월 31일) 의료비**가 건강보험료 부담수준에 따라 121만원부터 506만원을 초과하는 경우 그 초과되는 금액을 전액 돌려주며, 이 제도가 의료비 환급제도입니다.

예를 들어 암으로 인하여 의료보험이 적용되는 의료비를 1천만원이 지출한 경우로서 소득수준(건강보험료 납부금액 기준)이 중위 4단계에 해당하는 경우 747만원을 환급을 받을 수 있으므로 가족의 경제적인 부담이 현저히 줄어들게 됩니다.

단, 의료보험이 되지 않는 특진비, 2인실 또는 1인실 등의 비용과 비급여 적용대상 진단비용 등은 환급대상이 아닌 점을 유의하여 특수검사의 경우 검사 전 검사비용 및 의료보험 여부를 확인하여 검사여부를 결정하여야 할 것입니다.

> **참고** 의료비 환급적용 제외 및 환수대상
> MRI일부금액, 선택진료비, 상급병실료 차액, 비급여항목은 제외되며, 보험료체납 후 진료, 기타 부당한 방법, 고의·중대한 과실에 의한 진료, 교통사고, 업무상 부상으로 인한 진료, 제3자 가해행위로 인한 진료 등으로 확인 되었을 시 환급액의 전부 또는 일부가 환수될 수 있다.

■ 종합병원 인실별 본인부담률

구분	1인실	2인실	3인실	4인실	5인실 이상
상급종합	비급여	50%	40%	30%	20%
종합병원		40%	30%	20%	20%

▶ **요양급여비용 중 본인이 부담하는 상한액**

매년 산정·적용되는 소득수준별 본인부담상한액은 국민건강보험공단 홈페이지에서 확인할 수 있다.

의료비 본인부담상한액 및 환급

■ 2022년 본인부담상한액 [국민건강보험법 시행령 별표 3]

요양병원 입원일수	연평균 보험료 분위						
	저소득 → 고소득						
	1분위	2~3분위	4~5분위	6~7분위	8분위	9분위	10분위
120일이하	81만원	101만원	152만원	280만원	350만원	430만원	580만원
120일초과	125만원	157만원	211만원				

* 1~5분위의 경우 입원일수 120일 초과 여부에 따라 상한액이 다름

▶ **의료비 본인부담금 환급절차**

(1) 사전 적용

같은 병원에서 계속 입원진료 중 건강보험 본인부담금(선택진료비 등 비급여 부분 제외)이 연간 580만원을 초과할 경우, 병원은 5만원까지만 청구하고 그 초과액은 공단에 청구하는 것을 말한다.

(2) 사후 적용

가입자가 여러 병원(약국 포함)에서 진료하고 부담한 건강보험 본인부담금 (선택진료비 등 비급여 부분은 제외)을 집계하여 상한액을 초

과한 본인부담금을 환급하여 주는 제도로서 공단은 사후환급대상이 되는 분께 다음해 4, 5월 중 지급신청 안내문을 보내준다.

■ 본인부담상한액 기준보험료 [국민건강보험법 시행령 별표 3]
본인부담상한액 기준보험료의 산정기준 등에 관한 고시

분위	기준보험료	
	직장보험료 구간	지역보험료 구간
1	11,220원 이하	51,100원 이하
2	11,220원 초과~14,380원 이하	51,100원 초과~63,130원 이하
3	14,380원 초과~22,170원 이하	63,130원 초과~70,000원 이하
4	22,170원 초과~35,670원 이하	70,000원 초과~81,310원 이하
5	35,670원 초과~61,490원 이하	81,310원 초과~94,480원 이하
6	61,490원 초과~94,380원 이하	94,480원 초과~111,760원 이하
7	94,380원 초과~122,360원 이하	111,760원 초과~136,490원 이하
8	122,360원 초과~169,610원 이하	136,490원 초과~172,480원 이하
9	169,610원 초과~246,970원 이하	172,480원 초과~235,970원 이하
10	246,970원 초과	235,970원 초과

▶ 보험료는 매 년 재조정됨

■ 법제처 → (검색어) 본인부담상한액 → 행정규칙
■ 법제처 → 국민건강보험법 시행령 → [별표 3] 본인부담상한액

Q & A 요양병원 입원비도 환급을 받을 수 있나?

부모님이 노인성 질환등으로 장기 요양이 필요한 경우 반드시 의료법에 의한 의료기관에서 요양을 하여야 연간 80만원부터 523만원을 초과하는 금액을 환급받을 수 있다. 따라서 병원이 아닌 일반요양원 등에 입원하시는 경우 의료비 환급도 받을 수 없으며, 근로자의 경우 세법에 의한 의료비공제 또한 받을 수 없는 것이므로 특히 유의를 하여야 한다. 요

양원의 경우 치매, 중풍 등으로 등급판정을 받은 경우 입원을 할 수 있으며, 입원비용의 80% 이상을 노인장기요양보험에서 지원하고 있다.

Q&A 농어촌에서 생활하시는 부모님의 주소지를 부양의무자인 근로자의 주소지로 이전하는 것은 좋은가?

농어촌에서 생활하시는 부모님의 건강보험료는 대부분 지역가입자 하위 50%에 해당하여 건강보험료가 얼마 되지 않아 의료비 지출액이 최하위 보험료 납부자의 경우 연간 의료비가 80만원을 초과하면, 부담한 의료비 중 80만원을 초과하는 금액은 환급을 받을 수 있는 장점이 있다. 또한 암, 심장질환, 뇌혈관질환 등 중증질환에 걸린 경우 비급여부분도 재난적 의료비 지원대상에도 해당될 수 있기 때문에 정부의 의료비 지원혜택을 받기 위해서는 부모님을 부양의무자의 주소로 이전을 하지 않는 것이 좋을 것이다. 참고로 농·어촌에서 생활하시는 부모님 주소지를 근로자의 주소지로 이전하지 않아도 연말정산시 부양가족으로 공제를 받을 수 있다.

CHAPTER 4

금융소득 종합과세
비과세 금융소득
예금 금리 비교
리스와 할부 비교

SECTION 01

금융소득 세금절세

1 이자소득 및 배당소득 원천징수

금융소득이란 금융자산의 저축 및 투자에 대한 대가를 말하며, 이자소득과 배당소득을 합하여 금융소득이라 합니다.

주식의 양도에서 발생하는 양도차익은 금융소득에 해당하지 아니하며, 비상장법인 주식의 양도로 인한 소득은 양도소득에 해당합니다.

■ 금융소득 = 이자소득 + 배당소득

① 이자소득 : 은행, 증권회사, 보험회사, 종합금융회사, 자산운용회사와 농·수협, 신용협동조합, 우체국, 새마을금고 등에서 받는 예.적금, 예탁금 등의 이자 및 국·공채, 금융채, 회사채 등에서 발생하는 이자와 할인액
② 배당소득 : 법인이 법인 이익의 일부를 자본을 출자한 주주에게 투자에 대한 대가로 지급하는 이익의 분배금

▶ 이자소득 및 배당소득 원천징수

이자소득 및 배당소득의 경우 그 소득을 지급하는 자(원천징수의무자)가 이자소득세(은행의 경우 14%) 및 지방소득세(이자소득세의 10%)

또는 배당소득세(14%) 및 지방소득세(배당소득세의 10%)를 징수하여 세무서에 납부합니다.

② 금융소득 종합과세제도

금융소득종합과세제도는 개인별 연간 금융소득이 **2천만원을 초과**하는 경우 금융소득을 다른 종합소득과 합산하여 누진세율(종합소득세율)을 적용하여 종합과세하는 제도를 말합니다. 단, 금융소득이 연간 2천만원 이하이거나, 금융소득이 연간 2천만원을 초과하는 경우에도 2천만원까지는 원천징수세율을 적용하여 산출세액을 계산합니다.

◎ 금융소득과 세금

[1] 이자소득
금전대부업을 영위하는 금융기관에 금전등을 예치하고 그에 대한 대가로 지급하는 은행 이자소득의 경우 이자를 지급받는자가 **이자금액의 14%**(금전대부업이 아닌 자가 이자를 지급하는 경우 25%)를 이자소득세로 **이자소득세의 10%**를 지방소득세로 부담하여야 합니다. 다만, 납세자의 편의를 위하여 금융기관이 예금주에게 이자를 지급하는 때에 징수하여 납부하므로 이자를 지급받는자는 그 내용을 잘 모를 것이나 예를 들어 예금금리 4%의 정기예금으로 1억원을 1년간 예치하여 두고 1년 뒤 원금 1억원 및 이자 4백만원을 지급받는다고 합시다. 이 경우 이자를 지급하는 금융기관은 이자 4백만원에 대하여 이자소득세(14%)로 560,000원 및 지방소득세로 56,000원을 공제하고 지급하게 됩니다.

그리고 은행은 예금주에게 이자를 지급하면서 공제한 이자소득세 및 지방소득세를 납부함으로서 세금 납부를 은행이 대행하는 것이나 세금은 이자를 지급받는 자가 부담하게 되는 것입니다. 이와 같은 방식으로 세금을 징수 및 납부하는 것을 원천징수라 하며, 근로소득, 이자소득, 배당소득, 퇴직소득등에 대한 세금은 원천징수되어 납부하게 되는 것입니다.

[2] 배당소득

배당소득이란 법인에서 발생한 이익을 법인의 주주(출자자)에게 배분하는 경우 주주가 얻게 되는 소득을 말합니다. 법인기업의 주주는 배당을 받을 목적으로 출자를 합니다. 따라서 주주는 출자한 기업에서 이익이 발생하는 경우 배당을 받을 권리를 가지게 됩니다. 이익이란 수익에서 비용을 차감한 것을 말하며, 이익이 발생하면, 이익이 발생한 만큼 기업의 순자산이 증가하게 됩니다.

예를 들어 회사의 사업연도 초 순자산총액이 10억원이고, 1년간 사업을 하여 3억원의 이익이 발생하였다면, 회계연도 말 순자산총액은 13억원으로 3억원의 순자산이 증가하게 되는 것이며, 이 증가한 자산의 원인은 이익으로 얻어 진 것으로 이익잉여금이라고 합니다.
다시 말하면, 배당이란 기업의 사업활동으로 증가한 자산(자산증가의 원인 = 이익)을 배당을 받을 목적으로 투자를 한 주주에게 분배하는 것을 말합니다.

SECTION 02

금융소득 종합과세

1 금융소득 종합과세 및 분리과세

개요

금융소득이 연간 2천만원 이하인 경우에는 14%의 세율로 분리과세되어 납세의무가 종결되나 2천만원을 초과하는 경우 다른 소득(사업소득, 근로소득 등)과 합산하여 종합소득세를 신고 및 납부하여야 합니다.

다음 사례와 같이 연간 금융소득(이자소득 + 배당소득)이 2천만원을 초과하는 경우 초과금액은 최소 15.4%(이자소득세 14% + 지방소득세 1.4%)의 세율이 적용되며, 사업소득 또는 근로소득등의 금액이 많은 경우 종합소득에 합산되어 누진세율이 적용되므로 연간 2천만원을 초과하는 금융소득은 최대 49.5%(최대기본세율 45% + 지방소득세 4.5%)의 세금을 부담하게 될 뿐만 아니라 근로소득을 제외한 다른 소득이 연간 3400만원(**2022년 7월 이후 2000만원**)을 초과하는 경우 건강보험료를 추가로 부담하여야 하므로 세법이 허용하는 범위내에서 금융소득을 줄이기 위한 방안을 검토하여야 할 것입니다.

🔳 배당소득 및 배당소득세 원천징수

거주자 등이 투자를 목적으로 법인의 주식을 보유하는 경우 당해 법인은 투자자금을 운용함으로서 발생한 이익을 법인의 주주(출자자)에게 출자지분에 따라 배분을 하게 되는데 이 경우 주주 입장에서는 투자한 법인으로부터 배당소득이 발생하는 것입니다.

법인기업이 주주에게 배당금을 지급하는 경우 법인은 그 지급액의 14%를 배당소득세로 배당소득세의 10%를 지방소득세로 징수하여 (법인에게 배당금 지급시에는 배당소득세 징수하지 않음) 관할 세무서에 신고 및 납부를 하게 되며, 배당금을 지급받는 주주는 법인이 원천징수한 배당소득세를 차감하고 지급을 받게 됩니다.

한편, 배당소득이 있는 주주는 소득이 있으므로 종합소득세 신고를 하여야 하는데 소액의 배당금을 받는 경우에도 종합소득세 신고를 하도록 법률이 정한다면, 납세자는 불편하고 세무당국은 납세관리를 위하여 많은 행정력이 필요하게 될 것이므로 연간 금융소득(이자소득 + 배당소득)이 2천만원 이하인 경우 그 지급을 하는 자가 소득세를 징수함으로서 납세의무를 종결하도록 하는 것이며, 이를 분리과세라고 합니다.

단, 금융기관에서 지급받는 이자소득 및 법인의 배당소득에 대한 세율은 14%인데, 최고 45%의 세율을 적용받는 다른 소득자와 과세형평에 문제가 있으므로 금융소득이 2천만원을 초과하는 경우 종합소득세 신고를 하도록 규정하고 있는 것입니다.

② 금융소득 2천만원 초과자 종합과세

거주자의 종합소득과세표준에 포함된 금융소득금액이 종합과세기준금액을 초과하는 경우 [1]과 [2] 중 큰 금액

[1] ①과 ②의 세액을 합산한 금액
① (금융소득 중 2천만원을 초과하는 금액 + 금융소득을 제외한 다른 종합소득금액 - 종합소득공제) × 기본세율(6% ~ 45%)
② 2천만원 × 원천징수세율(14%)

[2] ①과 ②의 세액을 합산한 금액
① 금융소득 × 원천징수세율(14%, 25%)
② 금융소득을 제외한 다른 종합소득금액 × 기본세율(6% ~ 45%)

■ 소득세 기본세율 (소득법 §55①)

2022년 귀속분			2023년 귀속분		
과세표준 구간	세율	누진공제액	과세표준 구간	세율	누진공제액
1,200만원 이하	6%		1,400만원 이하	6%	
1,200만원 초과 4,600만원 이하	15%	108만원	1,400만원 초과 5,000만원 이하	15%	126만원
4,600만원 초과 8,800만원 이하	24%	522만원	5,000만원 초과 8,800만원 이하	24%	576만원
8,800만원 초과 1억5천만원 이하	35%	1,490만원	8,800만원 초과 1억5천만원이하	35%	1,544만원
1억5천만원 초과 3억원 이하	38%	1,940만원	1억5천만원 초과 3억원 이하	38%	1,994만원
3억원 초과 5억원 이하	40%	2,540만원	3억원 초과 5억원 이하	40%	2,594만원
5억원 초과 10억원 이하	42%	3,540만원	5억원 초과 10억원 이하	42%	3,594만원
10억원 초과	45%	6,540만원	10억원 초과	45%	6,594만원

예 제	2천만원 이상의 금융소득이 있는 경우 산출세액 계산

이자소득　　　　90,000,000원
사업소득금액　　120,000,000원
소득공제　　　　10,000,000원
과세표준　　　　200,000,000원
산출세액　　　　51,800,000원

[풀이] [1]과 [2] 중 큰 금액 51,800,000원
[1] 51,800,000원(① 49,000,000원 + ② 2,800,000원)
 ① 49,000,000원 = [(90,000,000원 + 120,000,000원) - 20,000,000원
  - 10,000,000원] × 기본세율
 ② 2,800,000원 = 20,000,000원 × 14%
[2] 36,200,000원 = [① 12,600,000원 + ② 23,600,000원]
 ① 90,000,000원 × 14% = 12,600,000원
 ② 110,000,000원 × 35% - 14,900,000원 = 23,600,000원

▣ 금융소득 2천만원 초과자로 배당소득이 있는 경우

금융소득(이자소득 + 배당소득)에서 이자소득 및 배당소득 순서로 2천만원을 차감한 이후의 배당소득에 100분의 11에 해당하는 금액을 배당소득에 가산하며, 이를 Gross-Up이라고 합니다.

Gross-Up(배당소득에 가산한 금액)한 금액은 종합소득세 산출세액에서 다음의 금액을 배당세액공제받습니다. Gross-Up을 하고 배당세액공제를 하는 이유는, 배당소득이 있는 주주가 배당단계에서 이미 배당소득세로 납부한 세금의 이중과세를 방지하기 위한 것입니다.

▶ **배당세액공제액 (①과 ② 중 적은 금액)**
① Gross-up 금액
② 산출세액 - 원천징수세율방법의 산출세액

| 사 례 | 배당소득이 2천만원 초과시 그로스업 및 배당세액공제 |

- 근로소득금액   50,000,000원
  근로소득금액 = 근로소득 - 근로소득공제
- 사업소득금액   100,000,000원
  [총수입금액 500,000,000원 - 필요경비 400,000,000원]
- 이자소득   10,000,000원
  배당소득   200,000,000원(국내 비상장법인의 배당소득)
  배당소득가산액   20,900,000원(210,000,000원 - 10,000,000원 - 10,000,000원) × 11%
- 배당소득합계   220,900,000원
  [배당소득 200,000,000원 + 배당가산액 20,900,000원]
- 종합소득금액   380,900,000원
- 소득공제   30,000,000원
- 과세표준   350,900,000원
- 비교산출세액   109,142,000원
- 배당세액공제   20,900,000원 [MIN : 20,900천원, 52,642천원(① - ②]
  (산출세액에서 배당소득 그로스업 금액을 배당세액공제)

▶ 비교산출세액(109,142,000원) = ①과 ② 중 큰 금액
① 종합과세 산출세액 = (종합소득과세표준 350,900,000원 - 20,000,000원) × 기본세율 + 2,000만원 × 14% = 106,960,000원 + 2,800,000원
= 109,760,000원
② 분리과세 산출세액 = [(금융소득외 종합소득과세표준 120,000,000원) × 기본세율] + [금융소득 210,000,000원 × 원천징수세율]
= 27,100,000원 + 29,400,000원 = 56,500,000원

[상세 내용] 국세청 발간 자료 참조
국세청 홈페이지 → 국세정책/제도 → 통합자료실 → 국세청발간책자 → 분야별 해설책자 (금융소득종합과세 해설)

[개정 세법] 금융소득종합과세 대상자에 대한 이자·배당소득 과세특례 제한(조특법 §129의2)

종 전	개 정
□ 금융소득종합과세 대상자의 경우 가입을 제한하는 이자·배당소득 조세특례	□ 금융소득종합과세 대상자*의 가입 제한대상을 모든 저축지원 이자·배당소득 과세특례로 확대 * 가입 직전 3개 과세기간 중 1회 이상 금융소득종합과세 대상자인 자
ㅇ 비과세종합저축(§88의2) ㅇ ISA(§91의18)	ㅇ (좌 동)
<추 가>	ㅇ 청년우대형 주택청약종합저축(§87③) ㅇ 농어가목돈마련저축(§87의2) ㅇ 공모부동산펀드(§87의7) ㅇ 우리사주조합 출자금(§88의4) ㅇ 조합 등 출자금(§88의5) ㅇ 조합 등 예탁금(§89의3) ㅇ 장병내일준비적금(§91의19)

<적용시기> '21.1.1 이후 가입분부터 적용

SECTION 03

비과세 금융상품

1 비과세 금융상품 개요

앞에서 살펴본바와 같이 금융기관이 예금주에게 이자를 지급하는 경우 그 지급액의 14%에 상당하는 금액을 이자소득세로 이자소득세의 10%를 지방소득세로 원천징수하여 납부하여야 합니다. 따라서 예금주는 정기예금, 정기적금 등 예금에서 얻은 이자소득에서 이자소득세 및 지방소득세를 차감한 잔액을 지급받게 됨으로서 이자소득에서 15.4%를 공제한 금액이 실제 이자소득이 되는 것입니다.

> 정기예금 100,000,000원 예치 금리 연리 4%
> 이자소득   4,000,000원
> 이자소득세 및 지방소득세(15.4%)   616,000원
> 지급받는 금액(실제 이자소득)   3,384,000원

단, 국가는 정책목적으로 특정한 금융상품에 대하여 이자소득세 징수를 면제하거나 14%보다 낮은 세율을 적용하는 금융상품을 정하여 두고 있습니다. 따라서 이들 비과세 금융상품 또는 낮은 이자소득세 세율을 적용받는 금융상품에 돈을 예치하거나 적금을 불입하면 그 이자에 대한 세금을 절세할 수 있으며, 그 내용을 살펴보면 다음과 같습니다.

2 비과세 금융상품

Q 65세 이상자 등에 대한 비과세 종합저축

다음의 어느 하나에 해당하는 거주자가 1명당 저축원금이 5천만원 이하인 비과세종합저축에 **2025년 12월 31일**까지 가입하는 경우 해당 저축에서 발생하는 이자소득 또는 배당소득에 대해서는 소득세를 부과하지 않습니다.

단, 저축원금은 모든 금융회사등 및 공제회에 가입한 비과세종합저축의 계약금액의 총액으로 하며, 이 경우 비과세종합저축에서 발생하여 원금에 전입되는 이자 및 배당 등은 비과세종합저축으로 보되, 계약금액의 총액을 계산할 때에는 산입하지 않습니다.
[조세특례제한법 제88조의2]

1. 65세 이상인 거주자
2. 「장애인복지법」 제32조에 따라 등록한 장애인
3. 「독립유공자 예우에 관한 법률」 제6조에 따라 등록한 독립유공자와 그 유족 또는 가족
4. 「국가유공자 등 예우 및 지원에 관한 법률」 제6조에 따라 등록한 상이자(傷痍者)
5. 「국민기초생활보장법」 제2조제2호에 따른 수급자
6. 「고엽제후유의증 환자지원 등에 관한 법률」 제2조제3호에 따른 고엽제후유의증환자
7. 「5·18민주유공자 예우에 관한 법률」 제4조제2호에 따른 5·18민주화운동부상자

[개정 세법] 비과세종합저축 제도 소득요건 추가 및 적용기한 연장
(조특법 §88의2)

종 전	개 정
□ 비과세종합저축 과세특례 ○ (자격요건) 65세 이상 노인, 기초생활보장 수급자, 장애인, 유공자 등 <추 가>	□ 소득상위계층 가입 제외 및 적용기한 연장 ○ (좌 동) ○ 소득요건 추가 - 직전 3개연도 내 1회 이상 금융소득 종합과세 대상자 제외
○ (적용기한) 2019.12.31.	○ 2020.12.31.

<적용시기> 2020.1.1. 이후 신규로 가입하는 분부터 적용

▣ 조합 등에 대한 출자금 배당소득 비과세

농민·어민 및 그 밖에 상호 유대를 가진 거주자를 조합원·회원 등으로 하는 금융기관에 대한 출자금으로서 1명당 1천만원 이하의 출자금에 대한 배당소득과 그 조합원·회원 등이 그 금융기관으로부터 받는 사업 이용 실적에 따른 배당소득 중 **2025년 12월 31일**까지 받는 배당소득등에 대해서는 소득세를 부과하지 아니합니다.
[조세특례제한법 제88조의5]

▣ 조합등 출자금의 비과세 요건

출자금이란 다음 각호의 1에 해당하는 조합 등의 조합원·준조합원·계

원·준계원 또는 회원의 출자금으로서 제1호부터 제5호까지의 조합 등에 출자한 금액의 1인당 합계액이 1천만원 이하인 출자금을 말합니다. 단, 취급기관별이기 때문에 조합간 중복활용이 가능하나 조합원을 대상으로 하기 때문에 조합원 자격 등록을 위해 출자금을 납입하여야 합니다.

1. 「농업협동조합법」에 의한 조합
2. 「수산업협동조합법」에 의한 수산업협동조합
3. 「산림조합법」에 의한 조합
4. 「신용협동조합법」에 의한 신용협동조합
5. 「새마을금고법」에 의한 금고

조합등 예탁금에 대한 비과세 등

농민·어민 및 그 밖에 상호 유대를 가진 거주자를 조합원·회원 등으로 하는 조합 등에 대한 예탁금으로서 가입 당시 19세 이상인 거주자가 가입한 예탁금(1명당 3천만원 이하의 예탁금만 해당)에서 2007년 1월 1일부터 2025년 12월 31일까지 발생하는 이자소득에 대해서는 비과세하고, 2026년 1월 1일부터 2027년 12월 31일까지 발생하는 이자소득에 대해서는 「소득세법」 제129조에도 불구하고 100분의 5의 세율을 적용하며, 그 이자소득은 「소득세법」 제14조제2항에 따른 종합소득과세표준에 합산하지 아니하며, 「지방세법」에 따른 개인지방소득세를 부과하지 아니한다.
[조세특례제한법 제89조의3]

[개정 세법] 저축지원을 위한 이자·배당소득 과세특례 적용기한 연장 (조특법 §87의2, §88의2①, §88의5, §89의3)
적용기간 2년 연장

③ 개인종합자산관리계좌(ISA)

① 거주자(성년 또는 15세 이상인 자로서 가입일이 속하는 과세기간의 직전 과세기간에 근로소득이 있는 자)가 다음의 요건을 모두 갖춘 개인종합자산관리계좌)에 가입하거나 계약기간을 연장하는 경우 해당 계좌에서 발생하는 이자소득, 배당소득의 합계액에 대해서는 제2항에 따른 비과세 한도금액까지는 소득세를 부과하지 아니하며, 제2항에 따른 비과세 한도금액을 초과하는 금액에 대해서는 100분의 9의 세율을 적용하고 종합소득과세표준에 합산하지 아니한다. [조세특례제한법 제91조의18] <개정 2021. 12. 28.>

■ 개인종합자산관리계좌(다음 각 호의 요건을 모두 갖춘 계좌)
1. 1명당 1개의 계좌만 개설할 것
2. 신탁업자와 특정금전신탁계약을 체결하여 개인종합자산관리계좌의 명칭으로 개설한 신탁계좌
3. 계약기간이 3년일 것
4. 연 2,000만원, 5년간 최대 1억원까지 납입가능

② 개인종합자산관리계좌의 비과세 한도금액은 가입일 또는 연장일을 기준으로 다음 각 호의 구분에 따른 금액으로 한다.
<개정 2017. 12. 19., 2020. 12. 29., 2021. 12. 28.>
1. 다음 각 목의 어느 하나에 해당하는 경우: 400만원
  가. 직전 과세기간의 총급여액이 5천만원 이하인 거주자(직전 과세기간에 근로소득만 있거나 근로소득 및 종합소득과세표준에 합산되지 아니하는 종합소득이 있는 자로 한정한다)
  나. 직전 과세기간의 종합소득과세표준에 합산되는 종합소득금액이 3천8백만원 이하인 거주자(직전 과세기간의 총급여액이 5천만원을 초과하지 아니하는 자로 한정한다)

다. 농어민(직전 과세기간의 종합소득과세표준에 합산되는 종합소득금액이 3천8백만원을 초과하는 자는 제외한다)
2. 제1호에 해당하지 아니하는 자의 경우: 200만원

[개정 세법] 개인종합자산관리계좌(ISA) 세제지원 요건 완화
(조특법 §91의18)

종 전	개 정
□ 가입 대상 ㅇ 해당 과세기간 또는 직전 3개 과세기간 중 근로소득자 및 사업소득자 ㅇ 농·어민	□ 가입 대상 확대 ㅇ 가입 시 19세 이상 거주자 - 단, 근로소득 있는 자는 15세 이상 거주자
□ 계약기간 ㅇ 5년 이상	□ 계약기간 요건 완화 ㅇ 5년 이상 → 3년 이상 ※ 계약기간 연장, 계좌해지·만료 후 재가입 허용
□ 투자금 납입한도 ㅇ 연 2천만원* * 재형저축, 장기집합투자증권저축 계약금액을 공제	□ 납입한도 이월 허용 ㅇ 계약기간 총 납입한도* = 2천만원 × [1 + 계약기간 경과연수(최대 4년)] * 재형저축, 장기집합투자증권저축 계약금액을 공제

<적용시기> '21.1.1. 이후 가입·연장·해지분부터 적용

[개정 세법] 청년희망적금 이자소득 비과세 신설(조특법 §91의22)

현 행	개 정 안
<신 설>	□ 청년희망적금* 이자소득 비과세 특례 신설 * 저소득 청년에 대해 시중이자에 더하여 정부에서 저축장려금(2~4%p 수준의 가산이자)을 지급 ○ (가입요건) ❶만 19~34세 ❷총급여 3,600만원 또는 종합소득금액 2,400만원 이하 ❸계약기간 2년 * 직전 3개연도 중 1회 이상 금융소득종합과세 대상자 제외 ○ (세제지원) 이자소득 비과세 - (한도) 연 납입액 600만원 ○ (적용기한) '22.12.31일까지 가입하여 '24.12.31일까지 받는 이자소득

<적용시기> '22.1.1. 이후 지급하는 소득분부터 적용

SECTION 04

연금저축 및 세금절세

1 연금의 종류 및 세금절세

연금소득의 종류

구 분		범 위
공적연금		• 「국민연금법」에 따라 받는 각종 연금 • 「공무원연금법」,「군인연금법」,「사립학교직원 연금법」 또는「 별정우체국법」에 따라 받는 각종 연금 • 「국민연금과 직역연금의 연계에 관한 법률」에 따라 받는 연계노령연금, 연계퇴직연금
연금계좌	퇴직연금	• 「근로자 퇴직급여보장법」에 따라 받는 연금
	연금저축	• 연금저축에 가입하고 연금형태로 지급받는 소득 또는 해당 연금저축에 가입하고 저축납입계약 만료 전에 사망하여 계약이 해지되거나 만료 후 사망하여 연금외 형태로 받는 소득
그 밖의 연금		• 위의 연금이외에 연금형태로 받는 연금

② 세제적격 연금저축 및 세제비적격 연금저축

◎ 세제적격 연금저축

세제적격 연금저축이란 사업자 또는 근로자의 소득에서 소득공제를 받을 수 있는 연금저축을 말하며, 소득이 있는 거주자가 연금계좌에 납입한 연금저축으로 5년 이상 불입하고, 만55세 이후에 연금형태로 지급받을 수 있는 연금저축을 말합니다. 단, 세제적격 연금저축은 소득공제를 받을 수 있는 반면, 연금 수령시 보험차익을 연금소득세로 징수하고 있습니다. 한편, 국민연금불입액은 연금저축과는 별도로 전액 소득공제를 받을 수 있습니다.

[개정 세법] 연금계좌 세제혜택 확대 (소득법 §59의3, §64의4 신설,)

종 전				개 정		
□ 연금계좌 세액공제 대상 납입한도 　○ 연금저축 + 퇴직연금				□ 세액공제 대상 납입한도 확대 및 종합소득금액 기준 합리화 　○ 연금저축 + 퇴직연금		
총급여액 (종합소득금액)	세액공제 대상 납입한도 (연금저축 납입한도)		세액 공제	총급여액 (종합소득금액)	세액공제 대상 납입한도(연금저축 납입한도)	세액 공제율
	50세미만	50세이상				
5,500만원이하 (4,000만원)	700만원 (400만원)	900만원* (600만원*)	15%	5,500만원 이하 (4,500만원)	900만원 (600만원)	15%
1.2억원 이하 (1억원)						
1.2억원 초과 (1억원)	700만원 (300만원)		12%	5,500만원 초과 (4,500만원)		12%

<적용시기> (공제 대상 납입한도) '23.1.1. 이후 납입하는 분부터 적용

▣ 세액공제대상 연금계좌 요건

연금계좌란 다음 각 호의 어느 하나에 해당하는 계좌를 말합니다.
1. 다음 각 목의 어느 하나에 해당하는 금융회사 등과 체결한 계약에 따라 '연금저축'이라는 명칭으로 설정하는 계좌(연금저축계좌)
가. 신탁업자와 체결하는 신탁계약
나. 투자중개업자와 체결하는 집합투자증권 중개계약
다. 보험계약을 취급하는 기관과 체결하는 보험계약
2. 퇴직연금을 지급받기 위하여 가입하여 설정하는 다음 각 목의 어느 하나에 해당하는 계좌(퇴직연금계좌)
가. 확정기여형퇴직연금제도에 따라 설정하는 계좌
나. 개인형퇴직연금제도에 따라 설정하는 계좌

▶ 납입요건

1. 연간 1천800만원 이내(연금계좌가 2개 이상인 경우 그 합계액)의 금액을 납입할 것
2. 연금수령 개시 이후에는 연금보험료를 납입하지 않을 것

◎ 세제비적격 연금저축

세제비적격 연금보험이란 소득공제 요건을 충족하지 못하는 연금저축으로 보험차익에 대하여는 이자소득세(보험차익의 14%) 및 이자소득세(이자소득세의 14%)가 과세되나 연금을 수령하는 시점에서는 연금소득세가 과세되지 않습니다. 세제비적격 연금저축에 가입하고 10년 이상 저축을 유지하는 경우 발생하는 보험차익에 대해서는 이자소득세, 지방소득세 및 연금소득세가 과세하지 않습니다. 단, 10년 이내 중도해지시에는 보험차익에 대하여 및 이자소득세 및 지방소득세가 과세됩니다. 따라서 세금을 절세하기 위해서는 저축성보험의 경우 10년 이상 보험계약을 유지하여야 합니다.

③ 연금저축 해지에 대한 세금 추징

Q 세제적격 연금저축

연금저축 가입자가 불입계약기간 만료 전에 해지하거나, 불입계약기간 만료 후 연금외의 형태로 지급받는 경우에는 기타소득세 또는 퇴직소득세(퇴직연금 해지)가 과세됩니다.

단, 연금저축 해지 전 소득공제를 받지 않은 경우는 기타소득세로 추징되는 금액은 없습니다.

따라서 연금저축상품을 해지하는 경우로서 연금저축에 대하여 소득공제를 받은 사실이 없다면, 연금저축불입 중 소득공제를 받지 아니하였다는 사실을 입증할 수 있는 서류를 금융기관에 제출하면 기타소득세 징수를 면제받을 수 있습니다.

▶ 연금저축과 소득공제 및 중도해지시 부과되는 세금

구 분	납입기간	소득공제	연금소득세	이자소득세	중도해지
세제적격연금저축	5년 이상	○	과세	-	
	5년 이내	○	×	-	기타소득세 과세
세제비적격연금저축	10년 이상	×	×	비과세	
	10년 이내	×	×	과세	이자소득세 과세

▶ 기타소득세로 추징되는 금액
(통상적인 경우) : 기타소득으로 간주되는 금액 × 15/100
(부득이한 경우) : 기타소득으로 간주되는 금액 × 12/100

4 연금소득에 대한 세금 및 세금절세

◨ 공적연금 과세방법 및 원천징수세율

공적연금은 공적연금을 지급하는 자가 연금소득 간이세액표[소득세법 시행령 별표3]에 따라 연금소득세를 원천징수납부하고, 연말정산을 함으로서 납세의무가 종결됩니다. 단, 공적연금소득자가 종합과세되는 다른 소득인 사업소득 또는 연간 2천만원을 초과하는 금융소득 등이 있는 경우 종합소득에 합산신고를 하여야 합니다.

▶ 공적연금 종합소득 합산금액 : 과세대상연금소득 - 연금소득공제액

공적연금의 경우 2002년 2월 1일 이후에 납입한 연금불입액에 대하여 과세되므로 2001년 이전에 납입한 연금불입액에 대하여는 과세되지 않습니다. 과세대상연금소득은 국민연금공단에서 확인할 수 있습니다.

■ 연금소득공제액

총연금액	공제액
350만원 이하	총연금액
350만원 초과 700만원 이하	350만원 + (350만원을 초과하는 금액의 100분의 40)
700만원 초과 1400만원 이하	490만원 + (700만원을 초과하는 금액의 100분의 20)
1400만원 초과	630만원 + (1400만원을 초과하는 금액의 100분의 10)

◨ 사적연금 및 공적연금

1. 사적연금 : 보험회사의 연금, 퇴직연금 등
2. 공적연금 : 국민연금, 공무원연금, 군인연금

🅠 사적연금 과세방법 및 원천징수세율

사적연금은 사적연금을 지급하는 자가 그 지급금액에 연금소득자의 나이에 따라 다음 세율을 적용하여 계산한 연금소득세 및 지방소득세를 원천징수한 후의 금액을 지급합니다.

▣ 사적 연금소득에 대한 원천징수세율

연금종류		구분	세율
공적연금		연금소득	간이세액표
사적 연금	금융기관 연금 등	연금수령일 현재 55세 이상 70세 미만	5%
		연금수령일 현재 70세 이상 80세 미만	4%
		연금수령일 현재 80세 이상	3%
	퇴직연금	퇴직금을 연금으로 수령하는 경우	3%

▶ 이연퇴직소득의 연금수령 시 원천징수세율(소득세법 제129조)
ㅇ 연금수령시점 10년 이하 : 퇴직소득세의 70%
ㅇ 연금수령시점 10년 초과 : 퇴직소득세의 60%

▣ 분리과세대상 사적 연금소득의 세금절세

① 사적연금의 운용수익에서 발생한 연금 및 연금불입액에 대하여 연말정산 세액공제를 받은 연금계좌 납입액을 연금으로 수령하는 경우로서 연간 합계액이 1,200만원 이하인 경우 연금을 지급하는 자가 소득세를 징수함으로서 별도의 종합소득세 신고를 하지 않아도 되며, 이를 '분리과세'라고 합니다.

② 사적 연금소득이 연간 1,200만원 이하인 경우 분리과세되어 별도의 종합소득세 신고의무는 없습니다만, 종합소득세 신고를 하는 경우 대부분 연금소득세로 원천징수된 금액 전액을 환급받을 수 있으므로 종합소득세 신고를 하는 것이 세금을 절세할 수 있습니다.

SECTION 05

저축성보험 보험차익 비과세

1 저축성보험 보험차익 비과세

■ 개요

저축성보험의 보험차익은 이자소득으로 보아 과세됩니다. 다만, 특정한 요건을 충족하는 보험의 보험차익은 제외되며, 그 내용은 다음과 같습니다. [소득세법 제16조 제1항 제9호, 소득세법 시행령 제25조]

■ 저축성보험의 보험차익

보험계약에 따라 만기 또는 보험의 계약기간 중에 받는 보험금·공제금 또는 계약기간 중도에 해당 보험계약이 해지됨에 따라 받는 환급금(피보험자의 사망·질병·부상, 자산 손해 등으로 받는 것이 아닌 것)에서 납입보험료 또는 납입공제료를 뺀 금액을 말합니다.

■ 보험계약(다음 각 호의 어느 하나에 해당하는 것)

1. 「보험업법」에 따른 생명보험계약 또는 손해보험계약
2. 수산업협동조합중앙회 및 조합, 신용협동조합중앙회, 새마을금고중앙회가 영위하는 생명공제계약 또는 손해공제계약
3. 「우체국예금·보험에 관한 법률」에 의한 우체국보험계약

🇶 비과세되는 저축성보험

▣ 보험료 납입기간이 10년 이상인 저축성보험의 보험차익
최초로 보험료를 납입한 날부터 만기일 또는 중도해지일까지의 기간이 10년 이상인 보험으로서 보험계약 체결시점부터 다음에 해당하는 보험

계약자 1명당 납입할 보험료 합계액[계약자가 가입한 모든 저축성보험계약이 다음 각 목의 구분에 따른 금액 이하인 저축성보험

1. 2017년 3월 31일까지 체결하는 보험계약의 경우: 2억원
2. 2017년 4월 1일부터 체결하는 보험계약의 경우: 1억원

▶ 비과세되지 않는 경우
최초로 보험료를 납입한 날부터 만기일 또는 중도해지일까지의 기간은 10년 이상이지만 납입한 보험료를 최초납입일부터 10년이 경과하기 전에 확정된 기간 동안 연금형태로 분할하여 지급받는 경우

▣ 납입기간이 5년 이상인 월적립식 저축성보험
1. 최초납입일부터 납입기간이 5년 이상인 월적립식 보험계약일 것
2. 최초납입일부터 매월 납입하는 기본보험료가 균등(최초 계약한 기본보험료의 1배 이내로 기본보험료를 증액하는 경우를 포함한다)하고, 기본보험료의 선납기간이 6개월 이내일 것
3. 계약자 1명당 매월 납입하는 보험료 합계액(보장성보험료 제외)이 150만원 이하일 것(2017년 4월 1일부터 체결하는 보험계약으로 한정한다)

② 종신형 연금보험 보험차익 비과세

보험계약 체결시점부터 다음 각 호의 요건을 모두 갖춘 종신형 연금보험의 보험차익은 과세되지 않습니다.

1. 계약자가 보험료 납입 계약기간 만료 후 55세 이후부터 사망시까지 보험금·수익 등을 연금으로 지급받을 것
2. 연금 외의 형태로 보험금·수익 등을 지급하지 아니할 것
3. 사망시 보험계약 및 연금재원이 소멸할 것
4. 계약자와 피보험자 및 수익자가 동일하고 최초 연금지급개시 이후 사망일 전에 중도해지할 수 없을 것
5. 매년 수령하는 연금액이 다음의 계산식에 따라 계산한 금액을 초과하지 아니할 것

연금수령 개시일 현재 연금계좌 평가액 ÷ 연금수령 개시일 현재 기대여명연수 × 3

▶ 연금계좌, 저축성보험의 세금혜택 및 중도해지시 부과되는 세금

구 분		소득공제	이자소득	연금소득	기타소득
연금계좌	조건 충족	O	×	과 세	×
	중도 해지	-	-	×	O
장 기 저 축 성 보 험	조건 충족(10년 이상)	×	비과세	×	×
	중도 해지	×	과 세	×	×
	2억원 초과(월적립식외)	×	과 세	×	×
종 신 형 연금보험	조건 충족	×	비과세	과 세	×
	중도 해지	×	과 세	×	×

SECTION 06

예금 금리 및 금융상품 종류, CMA

1 예금 금리 개요

일반적으로 생활자금은 편리하다는 이유로 통상 보통예금에 입금하여 두고 필요시 마다 현금자동인출기(ATM)를 이용하여 인출하여 사용할 것이며, 목돈 마련을 하고자 하는 경우에는 은행에 정기적금을 들거나 보험회사의 저축성보험 또는 변액보험에 가입하여 매 월 일정금액을 불입할 것입니다.

그리고 다소의 여유 자금이 있는 가계는 이자수익을 목적으로 일정 기간(통상 1년 이상) 은행의 정기예금에 예치하여 두는 것이 일반적일 것입니다. 그러나 보통예금의 경우 이자가 거의 없으며(연리 0.1% 내외), 정기적금이나 정기예금도 요즈음에는 금리가 매우 낮아 적금이나 예금을 불입하여 원금은 보존하고 약간의 이자수익을 얻을 수는 있으나 물가상승률 등을 감안하면, 투자수익을 얻기에는 현실적으로 어려운 상황입니다.

또한 여유자금으로 재테크를 하려고 하여도 주식에 투자하기에는 너무 위험하고, 부동산을 취득하는 것도 부동산 경기가 침체되어 있고, 돈이 급하게 필요할 때 처분이 쉽지 않으므로 재테크를 한다는 것이 말처럼 쉬운 일은 아닐 것입니다.

그러나 여러분이 재테크에 대하여 좀 더 관심을 가지고, 본서를 이용하여 이자를 조금이라도 더 많이 받을 수 있는 금융상품을 알아보고, 개인이 직접 주식을 투자하는 것은 매우 위험하므로 해당 분야의 전문가들이 투자자로부터 자금을 모아 분산투자하는 방식인 펀드투자상품, 적립식펀드, 변액보험, 주식과 관련한 여러 가지 파생상품등을 주의 깊게 검토하시다 보면, 가지고 있는 돈으로 어느 정도의 위험은 있지만, 은행에 맡기는 것 보다는 더 많은 투자수익을 올릴 수 있는 금융상품들이 많이 있습니다.

본장에서 이러한 상품들에 대한 내용을 대략적으로 이해한 다음 자세한 내용은 관련 서적을 참고하여야 합니다.

2 예금과 금리

현금을 직접 보관하는데 따른 위험성 및 불편함으로 인하여 대부분의 사람은 금융기관에 현금을 예치하여 둔 다음 필요할 때마다 현금인출기(ATM)에서 인출하여 사용하며, 목돈을 마련하기 위하여 매달 일정 금액을 불입하는 정기적금을 들기도 하며, 이자수익을 목적으로 목돈을 은행에 예치(정기예금)하여 두기도 합니다.

금융기관은 고객이 예치한 돈을 돈이 필요한 사람에게 빌려주고 그에 대한 대가로 이자를 받아 운영하며, 고객이 예치하여 준 돈에 대한 보상으로 이자를 지급하여 줍니다. 한편, 금융기관은 돈이 필요한 사람에게 돈을 빌려주고 대출약정에 의한 대출기한이 경과한 후 회수할 것입니다.

그런데 고객이 예치한 돈을 수시로 인출하여 가는 경우 금융기관은 이러한 자금으로는 안정적으로 대출을 하여 줄 수 없으므로 수시 입출금이 가능한 보통예금에 대하여 높은 이자를 줄 수가 없을 것입니다. 따라서 보통예금의 경우 이자가 거의 없는 것입니다.

그러나 금융기관이 고객이 맡긴 돈을 장기간 사용할 수 있는 경우 그 돈으로 대출을 하여 주고, 안정적으로 운용할 수 있으므로 다소 높은 이자를 지급 할 수 있습니다.

따라서 예치기간을 정하여 둔 정기예금이나 일정기간 동안 고객이 계속 불입하여 두는 정기적금에 대하여는 다소 높은 이자를 지급하는 것입니다.

금융기관의 금리는 돈의 흐름 및 시장경제에 매우 중대한 영향을 미친다. 금리가 오르면, 사람들은 이자수익을 목적으로 금융기관에 예금을 많이 하게 됩니다.

이 경우 시장의 자금이나 주식에 투자된 자금이 금융기관으로 옮겨져 주가가 하락하고, 저축을 많이 하게 되어 소비가 위축되는 것입니다.

반대로 금리가 내리면, 은행에 돈을 맡겨도 수익이 되지 않으므로 금융기관의 자금이 주식투자로 옮겨져 주가가 오르고 저축을 하여도 재미가 없으므로 소비가 촉진될 수도 있는 것입니다. 따라서 정부는 금리정책으로 시장경제를 조절하는 것입니다.

금융기관의 금리는 중앙은행인 한국은행에서 조정하며, 이를 기준금리라고 합니다. 기준금리는 콜금리(일반 시중은행간 초단기 자금차입에 대하여 적용하는 금리로 대여하는 것을 콜론이라고 하며, 차입하는 것을 콜머니라 합니다.)의 기준이 되는 금리로서 기준금리를 낮추면 예금금리 및 대출금리가 낮아지게 되고, 기준금리를 올리면 예금금리 및 대출금리가 올라가게 됩니다.

한편, 금융기관 보통예금의 경우 이자율이 매우 낮아 단기간의 고액자금을 예치하더라도 이자가 거의 없지만, 종합금융회사 및 증권회사에서 고객이 자금을 매우 짧은 기간 예치하더라도 대출이 아닌 **다른 방법**으로 자금을 운용하여 올린 수익을 예금주에게 지급함으로서 보통예금 이자 보다는 높은 이자를 주는 예금상품이 있습니다. 이를 CMA라고 하며, 그 내용은 다음과 같습니다.

③ CMA

CMA는 고객이 예치한 자금을 금융회사가 기업어음(CP), 양도성예금증서(CD), 국공채 등에 투자하여 그 투자수익을 CMA에 예금을 예치한 고객에게 지급하는 방식으로 운용이 되며, 종합금융회사의 대표적인 수시 입출금 금융상품이었지만, 종합금융회사는 대부분 인가가 만료되어 현재 금호종합금융에서 운영하고 있습니다.

증권회사에서는 CMA-MMF. CMA-RP등의 상품명으로 판매하고 있으며, 보통예금과 같이 수시 입출금이 가능한 상품으로 높은 이자를 얻고자 하는 경우 및 단기자금에 대한 마땅한 투자처가 없는 경우 증권회사에서 판매하는 CMA 관련 상품에 예치를 하면 됩니다.

CMA는 초단기로 예치한 자금의 경우에도 연리 2%대의 이자를 지급하며, 예치기간에 길수록 더 높은 이자를 지급할 뿐만 아니라 금융기관의 보통예금과 같이 자유로운 입출금도 가능하므로 기업 및 가계의 운용자금등을 예치하여 두고 사용하면, 정기예금 정도의 이자수익을 얻을 수 있는 유용한 금융상품입니다.

한편, 은행에서는 MMDA라는 상품명으로 CMA와 유사한 형태의 상품을 판매하고 있으나 최소 5백만원 이상의 자금을 일정 기간 이상 예치하여야 일정 수익을 올릴 수 있는 금융상품입니다.

◉ CP(기업어음)

어음이란 원래 구매자가 물품등을 구입하고, 판매자에게 그 대금을 나중에 주겠다고 약속하고, 그 증거로 요식화된 양식(어음)에 발행금액, 발행일, 지급일(만기일), 지급장소등을 기재하여 교부하는 증표를 말합니다.

반면, 기업어음이란 주로 우량기업(부도 발생의 위험이 극히 적은 기업)이 물품등의 거래없이 단지 단기자금 확보를 목적으로 주로 만기 1년 이내로 발행하는 융통어음(물품 등을 구입하고 발행하는 어음은 진성어음이라 합니다.)을 말합니다.

예를 들어 단기자금 100억원이 필요한 기업이 일정기간 돈을 빌려쓰고, 그 대가로 은행금리보다 높은 금리를 주겠다고 약속하는 경우 은행에 이자수익을 목적으로 돈을 예치하여 두고 있는 예금주는 은행보다 높은 이자수익을 목적으로 기업이 발행한 어음을 매입하여 이자를 더 받을 수 있을 것입니다. 그런데 문제는 기업어음을 발행한 기업이 투자자로부터 돈을 받고 발행하여 준 기업어음의 지급기일에 자금이 부족하여 결제를 하지 못하는 경우입니다.

이 경우 기업은 부도가 나게 되고, 기업어음을 매입한 투자자는 지급기일에 투자한 원금을 돌려받을 수 없게 되어 투자자금을 전액 날려 버리기도 하는 것입니다. 예를 들어 동양그룹이 발행한 기업어음이 그 대표적인 사례에 해당합니다.

은행의 일반 정기예금이자율보다 높은 이자를 주는 금융상품의 경우 이자수익이 높아질수록 그에 따르는 위험은 더욱 높아진다는 사실을 투자자들이 잘 알고 있는 것만큼 중요한 사실은 없습니다.

동양그룹이 발행한 기업어음의 경우에도 투자자들이 비정상적으로 높은 이자수익이 무엇을 의미하는 것인지를 잘 이해하고 있었다면, 투자손실을 줄일 수 있었을 것입니다.

TIP 기업어음 및 어음발행

| 1. A기업 어음발행 | ▷ | 금 액 1억원
발행일 5. 1
만기일 11.30 | ▷ | 투 자 자
어음매입 | ▷ | 11.30 A기업
어음대금
1억원 결제 |

(1) A기업은 액면금액 1억원의 어음을 5월 1일 발행하고, 11월 30일날 1억원을 지급하겠다고 약속하고, 그 증표로 어음을 발행합니다.
(2) A기업이 발행한 어음을 사는 사람에게는 9천 5백만원만 받고, 11월 30일 (어음만기일)에 1억원을 주게 되면, 어음을 사는 사람은 6개월간 A기업에 돈을 빌려주고, 그 대가로 5백만원의 이익을 얻게 되는 것이며, 이 경우 연리 약 10%의 이자수익을 얻게 되는 것입니다.

일반투자자의 경우 '대기업이 부도가 나겠나' 하는 안이한 마음으로 현금성자산을 전액 투자하여 전재산을 날려 버리기도 하는 것이나 전문적인 투자자는 투자수익이 아무리 높더라도 투자의 위험성을 잘 알고 있기 때문에 투자자금의 대부분 또는 전부를 특정 상품에 투자를 하지 않는 것이며, 가능한 분산하여 투자를 하여 그 중 일부 투자상품에 손실이 발생하더라도 다른 투자상품에서 더 많은 이익을 남길 수도 있으므로 전체적으로 효과적인 투자를 하는 것입니다.

종금사는 기업이 발행한 어음을 할인하여 주고 수취한 기업어음을 다시 이자수익을 목적으로 하는 투자자에게 판매하여 이익을 남깁니다.

예를 들어 A기업에서 발행한 1억원짜리 어음을 종금사가 9천 5백만원에 할인(어음에 기재된 1억원을 지급하기로 약속한 만기일에 지급받기로 하고, 어음을 담보로 대출을 하여 주면서 이자를 먼저 받는 것을 말함)하여 준 다음 이 어음을 다시 다른 투자자에게 9천 7백만원에 판매를 하게 되면, 종금사는 돈을 일시 빌려주고 2백만원의 이익을 얻고 다른 투자자도 3백만원의 이익이 되는 것이며, 기업어음을 발행한 회사는 자금을 융통받은 대가로 5백만원의 이자를 지급하게 되는 것입니다.

■ 양도성예금증서(CD)

CD란 은행이 자금 확보(고객의 자금예치)를 위하여 발행하는 정기예금 증권의 일종으로 무기명으로 발행하며, 양도가 가능하다 하여 양도성예금증서라고 하는 것입니다. 단, 증서에 기재된 만기 이전에는 현금으로 교환할 수가 없습니다.

예를 들어 은행이 증서에 1천만원 및 만기일을 기재하여 두고, 9백 8십만원에 판매한 후 만기일에 이 증서(CD)를 가져오는 자에게 1천만원을 지급하는 것으로 투자자는 CD를 매입하여 2십만원의 투자이익을 얻을 수 있는 것입니다.

▣ 국채 및 지방채(공채)

정부는 나라 살림의 운용을 위하여 필요한 돈을 세금으로 징수하는 것이 원칙이지만, 세금이 부족하거나 특정 사업을 위하여 많은 돈이 필요할 때 국민으로부터 일정 기간 돈을 빌리고 나중에 상환을 하는 방식으로 재정수요에 충당할 수도 있습니다. 이 경우 돈을 빌려주는 국민 개개인과 금전차용계약서를 작성하고 돈을 빌리면 그 절차가 매우 불편할 것입니다.

따라서 국가가 요식화된 증서를 만들어 그 증서에 차용금액, 상환기간, 이자율 등을 기재하여 증서를 판매하고 국가는 이 증서를 매입하는 사람으로부터 돈을 빌리는 것입니다. 한편, 증서를 발행한 국가는 채무자가 되는 것이며, 증서를 구입한 사람은 상환일에 증서에 표시된 금액을 지급받을 수 있는 채권자가 되는 것입니다.

이와 같은 방식으로 국가가 발행하는 증서를 국채라고 하는 것이며, 지방자치단체가 발행하는 증서는 지방채라고 하며, 이를 통틀어 공채(公債)라고 합니다.

▣ 종합금융회사에서 운용하는 CMA 상품의 특징

은행의 보통예금처럼 입출금은 물론 자동납부·급여이체 등의 서비스 기능이 있으며, 실적배당 상품이 아니므로 원금손실이 발생하지 않을 뿐만 아니라 5천만원까지 예금자보호대상입니다.

또한 단기간을 예치해도 높은 이자율을 적용받아 여유자금을 은행의 보통예금에 예치하는 것보다 높은 수익을 얻을 수 있습니다. 다만, 기준금리에 따라 금리는 수시로 변동합니다.

🔲 증권회사에서 운용하는 CMA의 종류 및 특징

증권회사에서 취급하는 CMA상품에는 MMF형과 RP형과 이 있으며, CMA-MMF의 경우 예금자보호가 되지 않는 단점이 있으나 우량기업의 기업어음(CP), 양도성예금증서(CD), 국채 및 공채 등에 투자하여 예금 원금이 손실될 수 있는 가능성은 거의 없으므로 CMA-MMF 상품에 투자하여도 될 것입니다.

▶ **CMA통장을 개설하여 두시면 주식 주문이 가능합니다.**
주식에 직접 투자를 하고자 하는 경우 CMA 한매(해지)없이 주식주문이 가능합니다.

④ MMF(Money Market Fund)

🔲 MMF 개요

MMF는 **투자신탁회사**가 가입자들의 자금을 모아 **국공채** 및 CP(기업어음), CD(양도성예금증서), 콜론(Call Loan)과 같은 기존의 단기 상품에 집중 투자한 다음 그 운용으로 생긴 이익을 고객에게 돌려주는 초단기 **채권형펀드**라고 할 수 있습니다.

MMF는 채권형펀드의 일종이며, 펀드란 자산운용회사(KB금융, 미래에셋자산운용,등)가 주식이나 채권투자 등에 대한 전문적인 지식과 경험을 가진 사람(펀드매니저)을 채용하여 다수의 투자자로부터 투자자금을 모집하여 주식이나 채권 등에 투자하여 수익을 올린 다음 투자자금의 운용과 관련한 수수료 등을 공제한 금액을 투자자에게 배분하는 것을 말합니다. 즉, 펀드는 투자자가 직접 주식이나 채권을 매입하여 투자를 하는 것이 아니라 자산운용회사를 통한 투자이므로 '간접투자'라 합니다.

▶ 펀드상품 유통구조

MMF의 특징

① 저축기간에 특별한 제한이 없을 뿐만 아니라 환매수수료가 발생하지 않습니다. 환매란 쉽게 말해 예금을 인출한다는 뜻입니다. 기타의 수익증권은 가입 후 3개월 이전에 환매를 신청하면 이익금의 70%에 상당하는 금액을 페널티로 부담하여야 하는 경우도 있습니다.

② 입출금이 자유롭고, 단 하루를 맡겨도 연 2%대 이상의 이자를 지급하여 줍니다. 즉, '기간에 관계없이' 일자별로 계산해서 이자를 계

산하여 줍니다. 은행의 경우 수시입출금이 가능한 일반 보통예금의 경우 연 금리가 0.1%대이나 MMF 상품은 약간씩 차이가 있지만, 연 2% 정도의 이자를 받을 수 있습니다.

③ 예치금액에 따른 이자율의 차등없이 동일하게 고금리를 줍니다. 참고로 은행에서도 CMA와 유사한 상품인 MMDA라는 상품을 취급하지만, 은행의 MMDA상품은 예치금액별로 차등 이자율이 적용됩니다.

④ 자산운용회사에서 뿐만 아니라 자산운용회사에서 판매를 의뢰한 은행에서도 가입할 수 있으며, 이 경우 은행은 판매수수료수익을 얻게 됩니다. 또한 시중은행들과 각 투신운용사의 MMF 계좌는 온라인으로 연결되어 있어 한 번 계좌를 만들면 은행이나 증권사를 일일이 방문하지 않아도 전화나 인터넷으로 편리하게 입출금을 처리할 수 있습니다.

5 정기예금 예치 및 정기적금 불입

정기예금에 목돈을 예치하여 두거나 정기적금에 들고자 하는 경우 은행별로 금리를 비교하여 금리가 높은 은행에 정기예금으로 예치하여 두거나 정기적금을 불입하면 됩니다.

▶ **정기적금이나 정기예금은 금리가 높은 신협, 새마을금고 등을 이용합니다.**
신협, 새마을금고의 예금금리는 은행권보다는 약간 높은 편이며, 5천만원까지는 예금자보호가 되므로 예금하고자 하는 금액이 5천만원을 넘는 경우 다른 신협이나 새마을금고에 분산하여 예치를 하여 두시면 됩니다.

▶ 저축은행의 금리가 신협, 새마을금고 보다 조금 더 높은 편이므로 저축은행을 이용하여도 됩니다.
최근 저축은행이 부도, 비리등으로 저축은행에 돈을 예치하는 것을 꺼리는 경향이 있으나 저축은행의 경우에도 5천만원까지는 예금자보호가 되므로 5천만원 이하로 각각 다른 저축은행에 분산하여 예치를 하여 두시면 됩니다.

6 일시적으로 발생하는 고액의 현금 관리

주택구입자금, 학자금, 결혼자금, 목돈마련 등의 준비를 위하여 정기적금에 불입한 다음 만기가 되거나 또는 정기예금의 만기가 도래한 경우로서 인출하지 않는 경우 만기일 이후 인출시까지의 기간에 대하여 정기적금 또는 정기예금 이율을 적용하는 것이 아니라 그 이자율이 현저히 낮아집니다. 또한 보통예금에 일시 예치하여 둔 다음 나중에 필요시 인출하여 사용을 하는 경우 예금이자가 거의 없으므로 예금 또는 적금 등은 만기 도래 이후 즉시 인출하여 CMA통장에 예치하여 두거나 양도성예금증서를 구입하여 이자수익에 관심을 기울여야 할 것입니다.

CMA통장이 없는 경우로서 30일 이상의 여유기간이 있는 경우 은행에서 양도성예금증서(CD)를 구입하여 두었다가 나중에 은행에 다시 팔면(환매) 상당한 금액의 이자수익을 얻을 수 있습니다. 양도성예금증서는 모든 은행에서 매입할 수 있으며, 특별한 절차가 필요한 것은 아니며, 그 이자율은 수시로 변동하나 대개 연리 3%정도는 됩니다. 한편, 양도성예금증서는 별도의 절차없이 타인에게 양도가 가능하며, 은행은 증서에 기재된 만기일에 양도성예금증서를 제출하는 자에게 증서에 기재된 금액을 지급하게 되며, 만기일 이전에 환매는 되지 않습니다. (은행이 증권을 발행하였다가 다시 사는 것이므로 이를 '환매'라고 합니다.)

예를 들어 주택구입자금으로 불입한 정기적금이 만기가 되어 찾은 1억원이 있는데 잔금일까지의 기간이 60일이 있다고 가정하고, 보통예금에 넣어둔 경우 및 양도성예금증서를 구입한 경우를 비교하여 얻을 수 있는 수익을 비교하면 다음과 같습니다.

▶ 보통예금 입금시 발생하는 이자수익 : 32,876원
1억원 × 연이자율(0.2%) × 예치일수(60일)/1년(365일)
▶ 양도성 예금증서 매입시 이자수익 : 493,150원
1억원 × 연이자율(3%) × 예치일수(60일)/1년(365일)

SECTION 07

예금금리 비교
단리·복리이자

1 보험, 저축은행, 새마을금고, 신협 적금 비교

저축성보험에 대하여 충분한 이해가 되지 않은 경우 보험설계사의 말만 믿고, 은행 적금의 경우 복리로 계산하여 주지 않으나 보험회사는 복리로 계산을 하여 준다고 하여 장기 저축성보험에 가입을 하지만, 살다 보면 경제적 어려움이 있을 수 있고, 이 경우 부득이 중도해지를 하게 되면, 원금손실이 발생하게 됩니다.

예를 들어 한 보험회사에서 판매하고 있는 15년 만기 10년 납입 저축성보험의 경우 10년 동안 납입하고, 15년 뒤 복리로 이자를 계산하여 준다는 저축성상품이 있습니다. 이 보험에 가입을 하고 2년 뒤 중도 해지하는 경우 불입한 저축원금은 2,800,000원이나 해지환급금은 2,480,000원으로 원금만 320,000원의 손실이 발생합니다. 또한 이자를 복리로 계산하여 준다는 것은 원금에 대하여 복리를 계산하여 주는 것이 아니라 보험회사의 사업비(광고비, 보험모집수당 등)를 제한 금액에 대하여 복리로 계산하여 주므로 계약자가 실제로 얻을 수 있는 이자는 은행의 금융상품보다도 적은 금액의 이자수익이 발생할 수 있다는 점을 유의하여야 합니다.

참고로 월납 100,000원, 10년 만기, 공시이율 4.9%인 저축보험의 10년 후 원리금은 14,356,000원 정도이나 저축은행(연리 5%)에 저축을 하여 두는 경우 만기 시 이자는 3,025,000원으로 세금(이자소득의 15.4% : 465,850원)을 공제 후 14,600,000원 정도의 원리금을 받을 수 있는 것입니다.

또한 이자소득세가 비과세된다는 점(계약기간이 10년 이상인 저축성보험의 이자발생액은 이자소득세가 과세되지 않음)을 강조하고 있으나 신협 정기적금 이자발생액 3,025,000에 대한 이자소득세(이자소득의 14%) 및 지방소득세(이자금액의 1.4%) 465,850원을 공제하더라도 실제 수령액은 14,600,000원으로 보험회사의 저축성적금과 비슷할 뿐만 아니라 중도해지시에도 원금손실이 없으므로 보험회사의 저축성보험 보다는 유리하다고 볼 수 있습니다. 또한 복리방식으로 불입(복리 및 단리 계산 참조)을 하여 가는 경우 저축성보험보다는 다소 유리한 것입니다.

그리고 보험회사의 금리가 일반 시중은행보다는 다소 높은 편이나 저축은행, 신협 또는 새마을금고의 경우 보험회사의 공시이율과 비슷하고, 5천만원까지 예금자보호가 되므로 시중은행보다는 저축은행, 신협 또는 새마을 금고의 정기적금 상품을 이용하시면 됩니다.

▣ 보험상품의 공시이율 및 예정이율

예정이율은 보험회사가 보험의 제 지급금(보험금, 만기환급금, 해약환급금, 연금 등)이 확정된 정액보험의 보험료를 산출하기 위한 이율로서 은행의 고정금리와 비슷한 개념이라 할 수 있으며 주로 보장성보험에 적용됩니다. 공시이율은 제 지급금이 적용이율에 따라 변하는 변동성보험(변액보험과는 다른 개념임)에 적용되는 이율로서 은행의 변동금리와 비슷한 개념이라 할 수 있으며, 주로 저축성보험의 저축보험료의 이자 적용에 적용됩니다. 즉, 예정이율은 은행의 고정금리에 해당하고, 공시이율은 은행의 변동금리라고 볼 수 있습니다.

② 단리와 복리계산 및 복리이자 수익

단리 및 복리란 이자 계산방법을 말합니다. 예를 들어 정기예금을 일정기간 동안 예치하는 경우 원금에 대하여만 매 년 이자를 계산하는 방식을 단리라고 하며, 복리란 원금에 매년 발생한 이자를 더한 금액을 기준으로 이자를 계산하는 것을 말하며, 다음의 내용을 보면 예금이자를 복리방식으로 계산하는 것이 단리방식보다 더 많음을 이해할 수 있을 것이며, 이자율이 높을수록 단리와 복리의 이자 차액은 더 커집니다.

▶ 예금 및 이자적금계산, 대출이자 계산 등
모네타 [www.moneta.co.kr] 홈페이지 하단 [금융계산기] 대출계산기

③ 정기예금·적금의 복리이자수익을 얻는 방법

현재 시중 금융기관의 정기적금은 그 만기가 통상 **3년 이내**이고 이자는 단리로 계산하고 있습니다. 따라서 장기로 적금에 가입하여 목돈을 마련하고, 복리이자를 얻고자 하는 경우 다음과 같은 방법으로 적금을 하면 됩니다.

[1] 1년 만기 정기적금(월 적립금 100,000원 12개월 연리 5%)에 불입합니다.

[2] 1년 뒤 정기적금 만기 환급금 1,200,000원 및 이자 27,500원을 정기예금에 예치(1,227,500원)를 합니다.

[3] 2년차 월납 100,000원인 정기적금을 불입합니다.

[4] 2년차 정기예금 만기환급금 1,227,500원과 세금 공제 후 이자 51,900원 및 정기적금 만기환급금 1,200,000원과 세금 공제후 이자 27,500원을 합한 2,506,900원을 1년 만기 정기예금에 예치합니다.

[5] 3년차 월납 100,000원인 정기적금을 불입합니다.

[6] 3년차 정기예금 만기환급금 2,506,900원과 세금 공제후 이자 106,100원 및 정기적금 만기환급금 1,200,000원 및 세금 공제 후 이자 27,500원을 합한 3,840,500원을 1년 만기 정기예금에 예치를 하여 둡니다.

이와 같은 방법으로 1년만기 정기적금 및 정기예금을 계속 반복하여 불입하여 가면, 이자를 복리로 받는 결과가 되며, 원하는 기간 동안 정기적금 및 정기예금을 반복하여 목돈을 마련할 수 있습니다.

정기적금 불입 및 정기예금 예치를 매 년 반복하는 것이 다소 불편할 수도 있을 것으로 생각이 드나 정기예금 예치시마다 돈이 불어나는 기쁨을 맛볼 수 있으며, 가계에서 급히 돈이 필요한 경우 쉽게 마련할 수 있는 장점이 있는 점을 감안하면, 이와 같은 방법은 매우 유익할 것입니다.

SECTION 08

예금자보호제도

1 예금자보호제도

고객이 은행, 신협, 새마을금고, 저축은행, 종합금융회사, 증권회사, 보험회사 등 금융기관에 예치한 돈도 금융기관이 파산등의 사유로 해당 금융기관이 예금주에게 지급할 돈이 없는 경우 고객의 예금을 지급하지 못하는 일이 발생할 수 있습니다.

따라서 국가는 금융기관등이 부도발생하여 고객의 예금을 지급하지 못하는 불의의 사태에 대비하여 위하여 「예금자보호법」이라는 법을 제정하여 금융기관은 고객의 예치한 돈에 대한 예금이자의 0.2%에 상당하는 금액을 예금보험공사에 보험료로 지불하게 하고, 금융기관이 파산등의 사유로 고객의 예금을 지급할 수 없는 경우에 예금보험공사가 5천만원(원금과 이자의 합계액)까지는 대신 지급을 하도록 하여 고객의 예금 중 5천만원은 보호받도록 한 것이 예금자보호제도입니다.

이 제도는 은행, 신협, 새마을금고, 저축은행, 종합금융회사, 증권회사, 보험회사등에 모두 적용되나 금융상품중에서는 예금자보호가 되는 것이 있고, 되지 않는 것도 있습니다.

예를 들어 금융기관이 고객이 예치한 돈으로 주식이나 채권 등에 투자하여 그 투자수익을 배분하는 '실적배당상품'은 예금자보호대상이 아닙니다. 이러한 상품은 운용실적이 좋은 경우에는 수익을 올릴 수가 있지만, 운용실적이 나쁜 경우에는 원금도 손실을 볼 수 있기 때문입니다. 예금자보호가 되지 않는 금융상품은 예금보험공사에 보험료를 지불하지 않으므로 예금자보호가 되는 금융상품보다는 금리가 상대적으로 보험료상당액에 해당하는 금액만큼 높을 수 있습니다.

은행이 부도가 나는 경우는 실제 거의 발생하지 않지만, 저축은행의 경우 부실경영등으로 부도가 발생하여 예금주에게 예금을 반환하지 못하는 사태가 발생하여 해당 저축은행의 예금주들이 눈물짓는 안타까운 모습을 T.V에서 본 적이 있을 것입니다.

그리고 여러분은 저축은행에는 예금을 하지 않아야 되겠구나 하는 생각을 하였을 것입니다. 그러나 저축은행도 5천만원까지는 예금자보호를 받을 수 있습니다. 저축은행의 경우 예금금리가 은행, 새마을금고, 신협등에 비하여 상대적으로 약간 높은 편이므로 5천만원까지의 예금, 적금등은 저축은행을 이용하는 것도 하나의 재테크방법이 될 것입니다.

또한 저축은행은 해당 저축은행별로 예금자보호를 받을 수 있으므로 5천만원을 초과하는 경우 다른 저축은행에 분산하여 예금 또는 적금을 들어 두시면 됩니다. 참고로 저축은행이 다른 금융기관에 비하여 금리가 다소 높은 것은 대출시 대출을 받는 자로부터 대출이자를 다른 금융기관에 비하여 상대적으로 다소 높게 받기 때문입니다.

따라서 예금은 저축은행을 이용하되, 대출은 은행을 이용하는 것이 좋습니다. 이와 같이 금융기관이 취급하는 금융상품 중에서도 예금자보호법에 의해 보호되는 것과 보호되지 않는 것이 있습니다.

2 예금자보호 예금과 보호되지 않는 예금

■ 예금자보호가 되는 것과 보호가 되지 않는 금융상품

구 분	예금자보호가 되는 것	예금자보호가 되지 않는 것
은 행	예금	외화표시예금
	적금	양도성 예금증서(CD)
	부금	개발신탁
	표지어음	실적배당신탁
	원금보전형신탁	RP
		농,수협 중앙 공제상품
		간접투자상품(수익증권, 펀드)
증 권 회 사	외화표시예금	유가증권
	증권저축	청약자예수금
	고객예탁금	제세금예수금
		환매조건부채권(RP)
		간접투자상품(수익증권,뮤추얼펀드)
		MMF
보 험 회 사	개인보험계약	법인보험계약(퇴직보험계약 제외)
	법인보험 퇴직보험계약	보증보험계약
		재보험계약
		변액보험계약
종 합 금 융 회 사	발행어음	매출어음
	표지어음	환매조건부채권(RP)
	어음관리계좌(CMA)	종합금융회사 발행채권
상 호 저 축 은 행	예금 및 적금	수익증권
	부금 및 계금	
	표지어음	
신 용 협 동 조 합	출자금	공제상품
	예탁금	
	적금	

SECTION 09

리스와 할부 비교

1 리스

Q 리스 개요

리스란 '임차하다'라는 뜻으로 기계, 자동차, 통신설비, 컴퓨터장비 등 고가의 자산을 대여하는 회사로부터 임차(리스)하여 사용하는 것을 말합니다. 리스계약은 시설이나 장비를 대여하는 회사 즉, 리스회사와 시설이나 장비를 임차하는 자가 계약을 체결하고 리스 물건의 사용에 대한 대가인 리스료를 지불하며, 계약의 내용에 따라 금융리스와 운용리스로 구분합니다.

예를 들어 '갑'이라는 자가 기계장치를 리스하고자 하는 경우 리스회사와의 계약에 의하여 리스회사가 기계장치를 매입한 다음 '갑'에게 일정 요율의 임대료를 받고 일정기간(임대기간) 동안 기계장치를 빌려주며, '갑'은 임대기간(리스기간이라고 함)이 종료된 후 운용리스인 경우 임차한 물건을 리스회사에 반환을 하는 것이며, 금융리스인 경우 약정된 금액으로 매입을 하게 됩니다. 고가의 기계나 설비를 구입하고자 하는 자가 현금자산이 부족하고, 장기 할부구입을 할 수 없는 경우 대출을 받아 구입을 하여야 하는데 문제는 담보능력이 안되는 경우 어려움이 있을 것입니다.

이와 같은 경우 리스회사와의 계약에 의하여 리스회사에서 기계를 취득하여 그 소유권은 리스회사가 갖고 리스회사로부터 임대를 받아 설비투자를 할 수 있다면, 매우 유용할 것입니다. 리스의 원래 목적은 이와 같이 자금 및 담보능력이 부족한 사업자가 시설투자를 원활히 할 수 있도록 하기 위하여 발생한 것이나 최근에는 차량의 경우에도 리스를 하여 주고 있으며, 이를 오토리스라고 합니다.

차량 이외의 기계장치등 리스시 유의할 점

특정업체에만 필요한 설비자산의 경우 시장가격이 형성되어 있지 아니하여 리스를 한 회사가 사업부진등의 사유로 리스료를 지급할 수 없는 상황에서 리스회사가 리스물건을 반환받는다 하여도 정상적인 가격으로 처분이 어려울 것이고, 이로 인하여 리스회사는 불가피하게 손실을 입을 수밖에 없을 것입니다.

따라서 시장가격이 형성되지 않은 설비자산을 리스하는 경우 리스회사는 이러한 위험을 감안하여 리스료를 책정하기 때문에 은행의 금리보다는 높은 이자율을 제시할 것이며, 설비자산을 리스하는 자는 부득이하게 높은 이자(리스료)를 부담하면서 리스를 할 수 밖에 없으므로 리스를 쉽게 선택하여서는 안될 것이며, 가능한 금융기관으로부터 차입을 하여 설비투자를 하는 것이 바람직할 것입니다.

🇶 차량 리스시 유의할 점

자동차등의 구입시 대부분의 경우 할부로 구입을 하는 경우가 많을 것입니다. 이 경우 할부금대출은 자동차판매회사와 연관된 캐피탈회사(현대캐피탈 등)에서 대출을 하는 형식으로 구입을 하게 되고, 차량 구입자는 매월 원금상환과 이자를 지급하는 방식으로 구입을 하게 됩니다. 한편, 리스회사에서 리스(lease)를 하여 차량을 일정기간 임차하는 형식으로 이용을 하기도 합니다.

할부의 경우 소유권이 구매자에게 있고, 이자부담이 리스보다 높은 편이나 자동차판매회사가 판매촉진을 위하여 무이자 또는 시중금리보다 낮은 이자율을 제시하는 할부 프로그램이 있는 경우에는 할부구입이 유리할 수 있습니다. 반면, 리스는 계약기간 종료 후 반납, 연장, 구매 등 선택의 폭이 넓고, 차량의 취득과 관련한 모든 비용을 리스료에 포함하여 차량을 사용할 수 있는 장점이 있습니다.

또한 정비 및 차량관리 서비스를 모두 리스회사에서 부담하는 유지관리부 리스(Maintenance Lease)의 경우 관리적 측면에서 장점을 가지고 있습니다.

한편, 보험료, 범칙금 등을 리스회사가 부담하기로 하는 경우 리스이용자가 당장 지불하지 않아도 되나 이 경우 그에 상당하는 금액이 리스료로 할증되기 때문에 전체적인 비용 부담은 높아 질 것입니다.

② 금융리스 및 운용리스

◐ 금융리스

금융리스란 일반적으로 리스계약의 해지가 불가능하고, 리스계약기간이 끝나게 되면, 그 자산의 소유권이 리스이용자(임차인)에게 이전되거나 리스기간이 리스자산의 사용가능기간보다 긴 계약을 말합니다.

따라서 금융리스의 경우 리스이용자가 비록 해당 자산을 빌려서 사용하고 있지만 실질적으로는 해당 자산을 취득한 것과 동일한 효력이 발생하므로 금융리스의 경우 리스물건을 자산으로 처리를 하고, 리스료로 납부하여야 할 금액은 미지급금으로 처리한 다음 감가상각비를 계상하여 비용처리하여야 합니다.

■ 금융리스차량의 양도 및 세금계산서 발급 여부

금융리스의 경우 리스이용자가 새로운 리스이용자에게 당해 리스자산을 넘겨주는 것은 자산의 양도로서 부가가치세가 과세되며, 리스이용자는 새로운 리스이용자에게 세금계산서를 발급하여야 합니다.

■ 금융리스 회계처리

[예제] 3월 1일 차량운반구를 60,000,000원에 36개월간 사용하기로 리스계약을 체결하다. 6,000,000원은 보증금으로 지급하고 잔액 54,000,000원에 대하여 매월 1,800,000원씩(이자 매월 300,000원 가정) 36개월간 지급하기로 하다.

① 금융리스 차량 계약금 지급시 회계처리

선급금	6,000,000 / 보통예금	6,000,000

② 금융리스 차량 인수시

차량운반구	60,000,000	/선급금	6,000,000
		장기차입금	54,000,000

③ 금융리스 차량의 취득과 관련한 제비용 지급시

차량운반구	5,000,000	/보통예금	5,000,000

④ 매월 리스료 납부시 회계처리

장기차입금	1,500,000	/보통예금	1,800,000
이자비용	300,000		

⑤ 감가상각비 계상 및 회계처리

감가상각비	24,429,166	/감가상각누계액	24,429,166

* 감가상각비 : 취득가액 65,000,000원 × 0.451 × 10/12

운용리스

차량운용리스의 경우 통상 보증금 30%, 잔존가치 30%, 계약기간 3년을 리스기간으로 합니다. 월 리스료는 리스자산가액의 70%에 대해 원금과 이자를 지불하고 잔존가치 30%에 대해서는 리스회사의 기준에 따른 이자를 지급하게 됩니다. 그리고 리스기간 만료 시 30%의 보증금을 돌려받고 차를 반납하거나 보증금을 받는 대신 잔존가치 30%를 지급하고 차를 살 수도 있습니다.

운용리스는 일정한 기간(리스계약기간) 사용 후에 그 해당 자산을 리스회사에 반환하는 순수한 의미의 리스(임차)를 말하는 것으로 금융리스의 경우에는 리스물건을 자산으로 계상하여 감가상각을 하여야 하나, 운용리스는 동 자산에 대한 감가상각은 리스회사가 하는 것이며, 리스이용자인 해당 회사에서는 단순히 리스료만 지불하는 순수한 의미의 리스계약입니다.

기업이 부채비율을 낮추고, 자기자본비율을 높게 유지하려고 하면, 금융리스보다는 운용리스를 이용하는 것이 적절합니다. 왜냐하면, 금융리스는 미지급금이라는 부채를 계상하게 되므로 부채비율이 높아지게 되나 운용리스는 별도의 부채를 계상하지 아니하고, 리스료만 경비로 처리할 수 있기 때문입니다.

[예제] 2월 1일 차량운반구를 60,000,000원에 36개월간 사용하기로 리스계약을 체결하다. 6,000,000원은 리스보증금으로 지급하고 잔액 54,000,000원에 대하여 매월 1,800,000원씩(이자 매월 300,000원 가정) 36개월간 지급하기로 하다.

① 리스보증금 지급시 회계처리

리스보증금	6,000,000	/보통예금	6,000,000

② 매월 리스료 납부시 회계처리

리스료	1,500,000	/보통예금	1,800,000
이자비용	300,000		

• 리스료 : 지급임차료 계정을 사용하여도 무방하다.
* 리스료 연체시 납부하는 금액은 '이자비용'으로 처리한다.

③ 보험료 납부시 회계처리

보험료	1,000,000	/보통예금	1,000,000

* 운용리스와 관련하여 리스사용자가 보험료를 부담하여야 하는 경우 보험료 계정으로 처리한다.

□ 법인세법 기본통칙 121-164…6 【시설대여업자의 계산서 작성·교부의무】 「여신전문금융업법」에 의한 시설대여업자가 규칙 제13조의 규정에 의한 금융리스 이외의 리스(운용리스)를 실행하고 리스이용자로부터 리스료를 수취하는 경우에는 계산서를 작성하여 리스이용자에게 교부하여야 한다. (2008. 7. 25. 개정)

▣ 이용자리스(부가세 환급리스)

일반적인 운용리스의 경우에는 차량의 명의가 리스회사 명의로 되지만, 부가세 환급 대상차량의 경우는 이용자(고객)명의로 차량이 등록되고 부가세 환급을 받을 수 있는 리스상품으로 사업자가 매입세액공제 대상 차량을 구입하는 경우 이용합니다.

▶ 부가가치세 매입 대상 차종
- 경차 : 모닝, 스파크, 레이, 다마스, 라보
- 밴 차량 : 갤로퍼 밴, 무쏘 밴 등 화물을 적재할 수 차량
- 승합차 : 카니발, 스타렉스, 코란도투리스
- 화물차 : 봉고, 포터 등

▶ 부가세환급리스의 진행 방법
① 공급가액(부가세를 제외한 금액)으로 리스를 진행하게 됩니다.
② 부가세 금액은 차량회사(리스일 경우, 리스회사)에 입금을 하여 세금계산서를 받게 되며, 매입 세금계산서는 해당 분기에 부가세 신고를 하여 매입세액 공제를 받을 수 있습니다.

▶ 이용자리스 회계처리
이용자리스는 일종의 운용리스로서 부가가치세에 대하여는 별도로 회계처리를 하고, 그 외의 회계처리방법은 운용리스와 같습니다.

| 부가세대급금 | **** / 보통예금 | **** |

◨ **운용리스와 세금 절세**

리스회사에서는 법인이 차량이나 기계장치를 리스하면 세금절약효과가 있다고 말하고 있으나 이는 적절하지 않습니다. 왜냐하면, 차량을 직접 구입하는 경우에도 자산으로 처리한 다음 감가상각을 통하여 필요경비로 처리할 수 있고, 정률법으로 감가상각을 하는 경우 초기 절세비용은 리스보다는 차량을 직접 구입하는 것이 비용적인 측면에서 더 유리할 수도 있기 때문입니다.

다만, 차량을 직접 구입하고 그 대금을 캐피탈 등으로부터 할부로 매입한 경우 부채로 계상하여야 하나 운용리스의 경우 장차 갚아야 할 부채를 회사의 장부에 별도로 계상하지 않음으로서 기업의 신용도 측면(부채비율 증가하지 않음)에서는 다소 유리하다고 할 수 있습니다.

▶ **운용리스 관련 한국채택 국제회계기준** [K-IFRS 1116호 참조]
한국채택 국제회계기준을 적용하는 기업의 경우 2019년부터 리스회계기준의 변경으로 운용리스의 경우에도 금융리스와 동일하게 회계처리를 하여야 합니다. 단, 일반기업회계기준 적용대상 기업의 경우 운용리스는 종전과 같은 방법으로 회계처리를 합니다.

▣ **기업회계기준 적용 체계**

회계기준	적용대상	외부감사	관련법령
1. 한국채택국제회계기준(K-IFRS)	주권상장법인 및 금융회사	의무	주식회사의 외부감사에 관한 법률
2. 일반기업회계기준	외부감사대상 주식회사	의무	주식회사의 외부감사에 관한 법률
3. 중소기업회계기준	외부감사 대상 이외의 주식회사	면제	상법

◎ 유예리스

유예리스는 선수금으로 차량가격의 20%~30%를 먼저 지불하고 남은 가격을 계약 종료시 지불하는 방식으로 실제 이용금액은 20~30%이기 때문에 리스료가 상대적으로 저렴하다는 장점이 있습니다.

◎ 판매 후 리스

[1] 개요

판매 후 리스란 리스이용자가 리스회사에게 자산을 판매하고 그 자산을 리스하여 사용하는 거래로 실질은 리스회사가 리스이용자에게 자산을 담보로 금융을 제공하는 것과 같습니다.

□ 판매 후 리스에 대한 세금계산서 발급 (서면3팀-636, 2006.03.31.)
사업자가 신규로 제조하거나 구입한 시설 또는 사용하여 온 시설을 시설대여업법에 의하여 인가를 받은 시설대여회사에 판매한 후 그 시설을 리스하는 경우 당해 사업자는 자기를 공급자 및 공급받는자로 하여 세금계산서를 교부하는 것임.

[2] 판매 후 리스(금융리스) 회계처리

매매에 따른 손익을 리스실행일에 인식하지 아니하고 리스자산 감가상각기간 동안 이연하여 균등하게 상각 또는 환입한다. (5년 정액법 가정)

(1) 리스실행일 20×4.01.01

현금(보통예금)	100,000,000	/기계장치	80,000,000
		이연처분이익	20,000,000

(2) 회계기말 20×4.12.31

| 이연처분이익 | 4,000,000 | / 유형자산처분이익 | 4,000,000 |

☐ 법인세법 기본통칙 23-24…1 【 리스의 회계처리 】
⑦ 취득 또는 사용하던 자산을 리스회사에 매각하고 리스거래를 통하여 재사용하는 ˝판매 후 리스거래˝의 경우 회계처리는 다음 각 호에 의한다. 〈신설 2001.11.01〉
1. 금융리스에 해당하는 판매후 리스거래의 경우 매매에 따른 손익을 리스실행일에 인식하지 아니하고 해당 리스자산의 감가상각기간 동안 이연하여 균등하게 상각 또는 환입한다. 〈개정 2009.11.10〉
2. 판매 후 리스거래가 운용리스에 해당하고 리스료 및 판매가격이 시가에 근거하여 결정된 경우 제1호 및 제2호의 규정에 불구하고 당해 매매와 관련된 손익을 인식할 수 있다. 〈개정 2009.11.10〉

Q 차량리스(오토리스)

오토리스는 고객이 운행하고 싶은 자동차를 선택하고 리스회사에서 리스회사 명의로 차량을 구입하여 매월 사용료(리스료)를 받고 대여해주는 상품입니다.

고객에게는 차량을 직접 구입한 경우와 다름없이 사용할 수 있게 해주는 구입방식으로 [할부금융 + 임대차] 개념의 복합 형태의 새로운 방법으로 계약기간이 종료되면 차량을 반납하고 보증금을 돌려받거나, 잔존가치를 지불(잔존가치 - 보증금)하고 리스회사로부터 차량을 구입하거나, 해당 차량을 일정기간 다시 리스할 수 있습니다.

▣ 차량리스시 이용자가 체크해야 하는 사항

1) 리스료에 자동차세 및 보험료의 포함 여부를 확인해야 합니다.
2) 리스회사마다 약정거리가 다른데, 1년간 4만, 3만5천, 3만km의 약정거리를 정해 놓고 있습니다. 계약기간 동안 약정거리를 넘을 시에는 약정거리 초과에 대한 비용을 부담해야 합니다.

▣ 금융리스와 운용리스 및 할부 및 차량 렌트 비교

➡ 금융리스와 운용리스 비교

구 분		금융리스	운용리스	유지관리부 리스
상 품 개 요		대출	임대	임대 + 정비
차 량 명 의		리스회사/이용자	리스회사	리스회사
리 스 기 간		18 ~ 60 개월	24 ~ 42 개월	24 ~ 42 개월
리스 종료 시		매입/재리스	반납/매입/재리스	반납/매입/재리스
중 도 해 약		불가	가능	가능
리스료구성	차량대금	포함	포함	포함
	등록비용	이용자 부담	포함	포함
	보 험 료	이용자 부담	포함/미포함 선택	포함
	자동차세	이용자 부담	포함/미포함 선택	포함
	정비관리	이용자 부담	이용자부담	포함
	부 가 세	면세	면세	과세
회 계 처 리		자산/부채 등록	비용처리	비용처리
경비 인정범위		감가상각비 이자 비용	리스료 전액	리스료 전액
장 점		직접구입과 동일	비용절감 차량교체 용이	비용절감 유지관리 간편

▶ 운용리스와 차량할부 비교(비영업용 승용자동차)

구 분		운용리스	차량할부
상 품 개 요		임 차	구 입
차 량 명 의		리스회사	구입자
리스 및 할부 기 간		24 ~ 60개월	6개월 ~ 60개월
금 리		5% 내외 (48개월 기준)	8% ~ 10% 내외 (48개월 기준)
구 입 시 부 담		차량가격의 30% 내외	전액 할부가능
부 가 가 치 세		리스료에 포함	구입자 부담(불공제)
리스 종 료 시		반납/매입/재리스	-
중 도 해 약		가능(수수료 부담)	-
리 스 료 구 성	차량대금	리스료에 포함	할부구입
	등록비용	리스료에 포함	구입자 부담
	보 험 료	포함/미포함 선택	구입자 부담
	자동차세	포함/미포함 선택	구입자 부담
	정비관리	이용자부담	구입자 부담
	부 가 세	리스료 면세	
회 계 처 리		리스료 / 보통예금	자량운반구 / 미지급금
경비 인정범위		리스료 전액	감가상각비 이자비용
교 체		차량 교체 용이	리스에 비하여 불편

▶ 운용리스와 렌트, 직접 구입 비교

구 분	운용리스	할부구입	Rent Car
차 량 명 의	리스회사	구입자	렌터카회사
실 운 영 자	리스이용자 (임대인)	구입자	렌터카이용자 (임대인)
번 호 판	일반 번호판	일반 번호판	"허" 번호판
세금 / 보험료	분할 지급	일시 지급	일시 지급
중 도 해 약	가능	-	가능
보 험 요 율	이용자 요율	구입자 요율	렌터카회사 요율
보 험 경 력	경력 유지	경력 유지	경력 단절
부 가 가 치 세	면세 거래	과세 거래	과세 거래

구 분		운용리스	할부구입	Rent Car
매 입 세 액	승용차	불공제	불공제	불공제
	승합 등	공 제	공 제	공 제
기 간 종 료 시		반납/매입 재 리 스	-	반납/매입

▶ 운용리스(오토리스) 참고사항

구 분	내 용
리스료에 영향을 주는 요소들	리스물건가격, 리스보증금율, 리스기간, 잔가율, 금리, 자동차세 및 보험료의 부담자, 연간 주행거리
리 스 보 증 금	리스시 보증금으로 납부하는 금액이며, 리스기간 종료시 돌려받거나 차량인수시 인수대금으로 사용할 있습니다.
잔가(잔존가치)	리스기간 종료 후 이용자가 리스 차량을 인수하고자 할 경우 계약시 약정한 차량가액을 말합니다. 잔가비율이 높을수록 리스기간 종료 후 이용자가 리스 차량을 인수하고자 하는 경우 부담이 많아지므로 리스료는 줄어 듭니다.
리 스 료 산 정	[차량가격 - 리스보증금] ÷ 리스기간 + 약정이자 잔가 고려
취 득 세	리스회사 부담(차량가격의 7%)
부가가치세 매 입 세 액	리스회사 부담(차량가격의 10%)
취득관련 제비용	리스회사 부담 (공채할인료, 번호판대, 탁송료, 등록수수료 등)
자동차세/보험료	리스조건에 따라 달라집니다. 자동차세 및 보험료를 리스회사가 부담하는 경우 리스료는 그만큼 증가합니다

SECTION 10

자동차 세금 등

1 차량의 취득

Q 차량 취득과 취득세 납부 및 공채 매입

■ 차량 취득세

차량을 취득한 자는 그 취득한 날부터 60일 이내에 과세표준에 해당세율을 적용하여 산출한 세액을 신고 및 납부하여야 합니다.

구 분		세 율	비 고
승용차	비영업용 승용자동차	차량가격의 1천분의 70	
	경자동차	차량가격의 1천분의 40	
그 밖의 자동차	비영업용	차량가격의 1천분의 50	
	영업용	차량가격의 1천분의 40	
기타		차량가격의 1천분의 20	

■ 공채

차량의 취득시 지방자치단체에서 발행한 공채인 지방채를 매입하여야 하며, 지방자치단체별로 그 매입비율이 각각 다릅니다.

예를 들어 서울시의 경우 차종 및 배기량에 따라 차량가격의 5~20%에 상당하는 금액의 도시철도공채를 매입하여야 하며, 국공채는 상환기간이 길고 이자율이 낮아 통상 증권회사등에 할인하며, 할인료만을 차량 취득가액에 포함하여 처리할 수 있습니다.

❑ 차량운반구 취득과 매입세액공제

차량운반구 취득 및 구입시에 지출되는 매입 부대비용, 차량운반구의 취득과 관련한 세금과공과금(취득세 등) 및 제비용(등록대행수수료, 인지세, 번호판대 등)은 차량운반구 취득가액에 포함합니다.

▣ 매입세액 처리

화물차, 9인승이상 승합차등의 매입세액은 매출세액에서 공제를 받을 수 있으나 비영업용승용차의 구입 및 유지와 관련한 매입세액은 매출세액에서 공제를 받을 수 없습니다.

영업용승용차라 함은 운수사업자(택시운수업, 렌트카업체 등)가 승용차를 이용하여 직접 사업에 사용하는 경우를 말합니다. 따라서 운수사업자 등이 아닌 사업자가 사업을 위하여 구입하는 승용차는 모두 비영업용승용차에 해당하며, 그 취득 및 유지(유류대, 수리비 등)와 관련한 매입세액은 공제받을 수 없습니다. 또한 **비영업용소형승용차의 임차(렌트비용) 및 주차관련 비용도 그 매입세액을 공제받을 수 없습니다.**

▶ **매입세액을 공제받을 수 없는 승용자동차**
① 정원 8인승 이하 승용자동차
② 지프형자동차
③ 캠핑용 자동차(캠핑용 트레일러를 포함합니다)

④ 2륜자동차. 단, 내연기관을 원동기로 하는 것은 그 총배기량이 125씨씨를 초과하는 것 및 내연기관외의 것은 정격출력이 1킬로와트를 초과하는 것

▶ **매입세액을 공제받을 수 있는 승용자동차**
① 밴차량(운전석 앞자리에만 사람의 탑승이 가능하고, 뒷부분은 화물을 적재할 수 있는 구조의 차량)
② 배기량이 1,000cc 이하의 것으로서 길이가 3.6미터 이하이고 폭이 1.6미터 이하인 것(모닝, 마티즈, 아토스 등)
③ 2륜자동차 중 내연기관을 원동기로 하는 것은 그 총배기량이 125cc 이하인 것
④ 9인승 이상 자동차 및 승합차

◨ **기타 비용**
차량의 취득과 관련한 모든 비용은 차량운반구로 처리를 하여야 하므로 차량번호판대, 탁송료, 책임보험료(출고 및 인수과정)등은모두 차량운반구 가액에 포함합니다.

◨ **장기할부매입의 경우 이자비용처리**
차량의 판매회사가 아닌 캐피탈 등으로부터 할부대금을 차입하고, 그 이자를 매 월 지급하는 경우 당해 이자는 그 지급시 이자비용으로 처리합니다. 참고로 자산(차량 등)을 차량판매회사로부터 직접 장기할부조건 등으로 구매하는 경우 해당 이자는 자산(차량)의 가액에 포함하여야 합니다.

◨ **공채 매입 및 할인**
공채 매입 및 할인으로 인하여 실제 부담한 금액만을 차량운반구가액에 포함하여 처리할 수 있습니다.

② 자동차 보유와 관련한 세금 및 보험료 등

◎ 자동차 보유와 관련한 세금(자동차세)

자동차를 보유하는 경우 지방세인 자동차세가 부과되며, 자동차 연간세액은 배기량에 따라 CC당 세액을 곱한 금액으로 합니다.

[자동차세 자동계산 사이트] 서울특별시 중구청 홈페이지 → 세무
http://www.junggu.seoul.kr/minwon/web/w01/w01040701.jsp

영업용		비영업용	
배기량	cc당 세액	배기량	cc당 세액
1,000cc 이하	18원	1,000cc 이하	80원
1,600cc 이하	18원	1,600cc 이하	140원
2,000cc 이하	19원	1,600cc 초과	200원
2,500cc 이하	19원		
2,500cc 초과	24원		

1. 자동차 1대당 연세액 : 배기량 × CC당 세액
2. 비영업용 승용자동차 중 차령이 3년 이상인 자동차에 대하여는 다음의 계산식에 따라 산출한 해당 자동차에 대한 제1기분(1월부터 6월까지) 및 제2기분(7월부터 12월까지) 자동차세액을 합산한 금액을 해당 연도의 그 자동차 연세액으로 합니다. 이 경우 차령이 12년을 초과하는 자동차에 대하여는 그 차령을 12년으로 봅니다.
자동차 1대의 각 기분세액 = $A/2 - (A/2 \times 5/100)(n - 2)$
A: 자동차 연세액
n: 차령 ($2 \leq n \leq 12$)

② 자동차세 절세 방법

자동차세에는 자동차세의 100분의 30에 해당하는 금액이 지방교육세로 같이 고지됩니다. (자동차세 300,000원 + 지방교육세 90,000원)

자동차세는 6월과 12월에 고지가 됩니다. 다만, 1월 중(1월 16일부터 1월 31일까지)에 신고납부하는 경우 연세액의 10%를 공제받을 수 있습니다. 예를 들어 차령 2년이고, 배기량 3,000CC 차량에 대한 연간 자동차세는 600,000원이고, 지방교육세는 90,000원이지만, 1월 16일부터 1월 31일 기간 중 미리 납부하는 경우 69,000원의 세금을 절세할 수 있는 것입니다.

차량 취득과 지역가입자 건강보험료 인상

건강보험료 직장가입자가 아닌 경우(근로자가 없는 개인 사업자인 세대주 또는 직업이 없는 세대주 등)에는 지역가입자로 건강보험료를 납부하여야 합니다. 지역가입자의 경우 소득, 성별 및 연령, 재산 보유현황, **자동차의 종류** 등을 기준으로 건강보험료를 계산하여 건강보험공단에서 매 월 보험료를 고지합니다. 따라서 재산을 취득하거나 자동차를 구입할 시 건강보험료 추가 부담액을 미리 계산하여 본 다음 재산 취득 또는 자동차 구입을 하는 것이 도움이 될 것입니다.

지역가입자의 월별 보험료액은 세대 단위로 산정하되, 지역가입자가 속한 세대의 보험료부과점수에 **점수당 195.8원**(2020년 기준으로 매년 인상됨)을 곱한 금액을 고지합니다.

건강보험료 지역가입자인 경우 세대 단위로 세대구성원 전부의 소득금액이 500만원을 초과하는 경우 및 500만원 이하인 경우로 구분하여 건강보험료를 부과합니다. 세대구성원 전부의 소득이 500만원 이하인 경우 자동차등급별점수외에 다른 기준(생활수준 및 경제활동참가율에 부과하는 점수)이 추가되어 지역 건강보험료가 추가 인상되며, 그 기준이 매우 복잡하므로 이에 대한 자세한 내용은 건강보험공단에 문의하여야 합니다.

③ 경형자동차 유류 환급제도

ⓐ 경차 유류구입에 대한 환급

● 개요

승용자동차 및 승합자동차로서 배기량 1,000CC 미만의 경형자동차를 소유하는 자로서 다음의 요건을 충족하는 자가 2023년 12월 31일까지 해당 자동차 연료로 사용하기 위한 유류를 구입하고, 신용카드업자로부터 발급받은 환급용 유류구매카드로 결제하는 경우 신용카드업자는 국세청으로부터 환급을 받아 환급대상자에게 환급을 하여 줍니다. [조세특례제한법 제111조의2]

1. 해당 경형자동차 소유자 및 주민등록표상 동거가족이 소유한 승용자동차 또는 승합자동차 각각의 합계가 1대인 경우
2. 지원사업의 수혜대상자인 장애인 또는 국가유공자가 아닌 경우

● 환급용 유류카드 발급

경형승용차를 소유한 자로서 유류구입에 대하여 부과된 개별소비세의 일부를 환급받으려는 자는 경형승용차 소유자 본인명의로 신용카드업자에게 환급용 유류구매카드의 발급을 신청하여야 하며, 신용카드업자는 신청을 받은 날부터 15일 이내에 신청인에게 환급용 유류구매카드를 발급대상 여부를 통지하여야 합니다.

경형승용차 소유에 대한 환급금액

환급을 받으려는 자는 유류구입시 반드시 유류구매카드를 사용하여야 하며, 환급액은 신용카드업자로부터 다음의 금액을 환급받을 수 있으며, 연간 환급 한도액 등은 10만원으로 하되, 그 기간은 1월 1일부터 12월 31일까지로 합니다.

1. 휘발유 또는 경유의 경우 : 리터당 250원의 개별소비세
2. 석유가스 중 부탄의 경우 : 해당 물품에 부과된 개별소비세 전액